U0639524

美国内战最后一年

鲜血与救赎

1864–1865

[美] S.C.格温 著

李慧敏 译

山东人民出版社

国家一级出版社 全国百佳图书出版单位

·济南

图书在版编目（CIP）数据

鲜血与救赎：美国内战最后一年 / (美) S.C.格温
著；李慧敏译. -- 济南：山东人民出版社，2025.1
ISBN 978-7-209-14861-0

Ⅰ.①鲜… Ⅱ.①S… ②李… Ⅲ.①美国南北战争 -
史料 Ⅳ.①K712.43

中国国家版本馆CIP数据核字（2024）第001405号

HYMNS OF THE REPUBLIC: The Story of the Final Year of the American Civil War
Original English Language edition Copyright © 2019 by Samuel C. Gwynne
Simplified Chinese Translation copyright ©2024
By Beijing Qianqiu Zhiye Publishing Co., Ltd.
Published by arrangement with the original publisher, SCRIBNER, a Division of Simon & Schuster, Inc.
All Rights Reserved.

山东省版权局著作权合同登记号　图字：15-2023-160

鲜血与救赎：美国内战最后一年
XIANXUE YU JIUSHU：MEIGUO NEIZHAN ZUIHOU YINIAN
〔美〕S.C.格温　著　李慧敏　译

主管单位　山东出版传媒股份有限公司
出版发行　山东人民出版社
出版人　胡长青
社　　址　济南市市中区舜耕路517号
邮　　编　250003
电　　话　总编室（0531）82098914
　　　　　市场部（0531）82098027
网　　址　http://www.sd-book.com.cn
印　　装　山东新华印务有限公司
经　　销　新华书店

规　　格　32开（145mm×210mm）
印　　张　14.75
字　　数　290千字
版　　次　2025年1月第1版
印　　次　2025年1月第1次
ISBN 978-7-209-14861-0
定　　价　68.00元
　　　　　如有印装质量问题，请与出版社总编室联系调换。

致麦茜

我也看见了无数战士的尸体，

我看见了青年的白骨，

我看见所有阵亡战士的残肢断体，

但我看见他们不是人们想象的那样，

他们完全安息了，他们没有痛苦，

只是留下来的生者感到痛苦，母亲感到痛苦，

他们的妻子和沉思着的同伴感到痛苦，

还有那剩下的军人兄弟感到痛苦。

——沃尔特·惠特曼
《当紫丁香最近在庭园中开放的时候》

双方谁也不曾料到，战争会达到现在这种规模，持续这么久。双方谁也不会想到，冲突的缘由可能会随着冲突的结束而消失，甚至在冲突结束之前，它就已经不再具有任何意义。双方都在试图寻求一次轻而易举的胜利，一个不那么根本性的、惊人的结果。双方读着同一部《圣经》，向同一个上帝祈祷，祈祷上帝帮助自己，打败对方。这让人觉得不可思议，怎么有人竟敢公然祈求公正的上帝帮他从别人脸上的汗水中攫取利益？但让我们暂且不要评判别人，以免自己也被评判。

——亚伯拉罕·林肯
《第二次就职宣言》

中文版序

　　几年前，我写了一本关于"石墙"杰克逊的传记，这本书大概记录了战争前两年所发生的事情，时间截至1863年5月杰克逊在钱瑟勒斯维尔战役中战死。我写的早期战役——包括第一次和第二次布尔溪战役、安提塔姆战役、七天战役——于人民来说是令人震惊的暴力事件，事态逐步变得非常可怕，无论是北方人还是南方人，谁都没有想到战争会是这样的。每个人都以为战争将会是无比恢宏的，会很快结束，类似于球队胜利那样。男人和男孩们出发去打仗，眼中充满光明，心中充满希望，送行的乐队在城镇广场上演奏。即便后来他们死于创伤或疾病，早期荣耀的观念仍然存在。这一切是那么可贵且无辜。希望和乐观仍然在某种程度上战胜了仇恨和沮丧。

　　但在研究战争的最后一年时，我被战争本身的艰难、残酷、痛苦和仇恨所震慑，也被战争亲历者所经受的艰难、痛苦和仇恨所震慑，二者给我带来的心灵冲击是不相上下的。在写一个像内战这样庞大的主题时，我总是在寻找焦点，寻找某种能够缩小视线范围的方法。一种方法是写传记，专注于一个人去研究战争，这是我在2014年的"石墙"杰克逊传记中使用的技巧。所以在我看来，时间本身可能就是那个光圈。我觉得这是写书的一个好方法。我以为已经有很多关于战争最后一年的书，但很快就发现最后一位这样做的历史学家是《沉寂的阿波麦托克斯》的作者布鲁斯·卡顿，他获得了1954年的普利策奖。在书中，布鲁斯从美国格兰特的波托马克军团的角度来看待最后一年的战争。我的想法也是聚焦于战争的最后一年，但不仅仅以格兰特的军队为视角，我的书涉及的内容会更广泛。

战争的早期和最后一年之间有着明确的戏剧性差异，与它长期对美国政治和文化的影响有很大的关系。在最后阶段，出现了与以往类型不同的作战方式：声势浩大的游击战；在边境州进行的数千场非官方的平民或民兵作战；针对平民的"全面战争"——体现在联邦将军威廉·特库姆塞·谢尔曼和菲利普·谢里登的具有高度破坏性的战役中；南方经济的破坏；战俘营的激增，如地狱般的佐治亚州安德森维尔和未被战争完全侵害的纽约州埃尔迈拉。此外，18万黑人士兵（在战争的最后一年大约占联邦军队总人数的10%）的存在导致了非官方的"无怜悯"政策（这意味着所有的黑人战俘都被枪杀了），此时的战争与1861年时的完全不同。

我写作历史的主要挑战是通过密集的事实和数据来激发读者的兴趣。美国内战是一个非常复杂的主题。我所选择的简化它的方式是将叙述人性化，这意味着书中的每一章都以一个人物的性格和他（或她）的故事来呈现。我和我的朋友们喜欢称这些角色为"骡子":承担着叙述的负担。如果呈现得当,它们也会使叙述读起来更有趣。我们都更关心身处事件中的人,而不是枯燥的事实。所以在这本书中,我们的主题是与人交织的:1864年反林肯的强大政治运动是以他的主要挑战者——财政部长萨蒙·P.蔡斯的故事为背景展开的,莽原之役中的医疗灾难是由战场护士克拉拉·巴顿的故事展示的,联邦指挥官在1864年弗吉尼亚战役中的无能以联邦将军本·巴特勒为中心阐述,弗吉尼亚的游击战通过耀眼的南方联盟袭击者约翰·辛格尔顿·莫斯比来呈现。当然,我也在一些章节中将重点集中在南方联盟将军罗伯特·E.李、联邦将军尤利西斯·S.格兰特和双方总统亚伯拉罕·林肯、杰斐逊·戴维斯身上。

同时,我还有意避开了一个内战研究者容易落入的主要陷阱:把所有关于战争的研究都罗列到一本书中。战争是无限复杂的,历史上很多情况都是如此。一些研究者似乎想要跟踪每一颗子弹、一个旅的每一次行动。我觉得这样的作品非常无聊。诚然,这种作品有其存在的意义,我也必须阅读它们来准备我的书,但大多数读者,在面对一页又一页有关战斗的详细报道时,就会放弃阅读。所以我有意让战斗更简单,强调它们的意义——主题胜于细节,例如,我围绕"挖掘"写作关于史波特斯凡尼亚郡府之役的一章。[①]挖掘?是的,这些人开始以他们从未用过的

---

① 见第5章。

方式扎根，这实际上永远改变了战争。这就是这次战斗的意义。联邦在莽原之役中的惊人失误使李获得了胜利。

在写这本书的时候，我也不想简单地描述战后广为流传的李和格兰特的陈旧形象。我想读者会发现李的一个非常非传统的形象——一个认为自己是失败者的人。我希望我描述格兰特的方式能让读者感到新鲜和独特。这是讲述内战时所面临的一个很大的挑战：如何使我的贡献与众不同？

对美国历史上这一时期写作的最大挑战之一就是研究。关于这一时期的资料浩如烟海，有抱负的作者必须研读大量的书，这样才能开始具体的研究，比如关于1864年的选举，或邦联军队在阿波马托克斯投降的具体研究。我很幸运地住在得克萨斯州的奥斯汀市，这里是得克萨斯大学的所在地，有世界顶级的图书馆和档案馆。在写这本书的时候，我周围通常有150本或更多与之相关的图书馆藏书。我不一定会读完每一本，但我知道每本书里面包含什么，以及我是否可以使用它。内战历史学家必须熟悉所有重要的二手资料，阅读它们是为进行更详细的研究做准备的一部分。但同时代的叙述是最好的资料来源：回忆录、信件、政府文件、演讲、战争期间或战后不久写的战斗报告。它们都是具有真实性的资料，我最依赖的就是它们。除了得克萨斯大学，我还参考了全国各地的许多档案和收藏资源来完成我的内战作品，最有代表性的作品就是我2014年关于"石墙"杰克逊的传记。我试着一边研究，一边写每一章，这有助于我更接近主题。

　　我很荣幸能专门为中国的读者写这篇序言，并希望它有助于阐明这本书背后的思想。我曾经在中国待过一段时间，最初在香港从事银行方面的事务，当时我去过新界旅游。后来，作为一名记者，我在厦门写了一篇关于计算机行业的报道。20世纪70年代，我在普林斯顿大学学习历史专业，将中国史作为一门更宽泛的历史研究课程的一部分来学习，主要研修了从1920到1976年这一时期的中国历史。我希望有一天能再去中国！

S.C.格温

得克萨斯州，奥斯汀市

目 录

第1章 "结束"倒计时

在其短暂而平淡的历史中，华盛顿还从未经历过这样的社交季。1863—1864年的冬季异常寒冷，但寒冷的雨水和纷扬的雪花却无法阻挡人们高昂的兴致。恰恰相反，一种人们可以感觉到的乐观情绪正在空气中蔓延。残酷的战争已经持续了3年，联邦军①多次经历被邦联军击败的屈辱，如今终于看到了希望。一向用兵如神、令人难以捉摸的罗伯特·E.李终于在葛底斯堡败下阵来。¹拿下维克斯堡后，联邦政府终于征服了密西西比河流域。一支庞大的邦联军被赶出了查塔努加。希望的影子，终于出现在眼前。

这一年的社交季与往年相比，并没有什么不同——新年招待会如期举行，由林肯夫妇主持。人们在行政官邸开启了新一年的社交活动，这里迅速地刮起了这座城市新近盛行的跳舞风。华盛顿人热衷于此，他们像着了魔一样沉浸在四方舞、华尔兹和波尔卡中。他们在国家专利局舞会（US Patent Office Ball）上跳，在征兵筹款舞会（Enlistment Fund Ball）上跳，甚至在威拉德家酒

---

① 南北战争时期，是美利坚联盟国。一般而言，北方属联邦，南方属邦联。

店[2]和国家酒店也常常能见到他们跳"怪兽舞"的样子。在这些地方，无人置身其外——所有人都沉浸其中，翩然起舞。在饰有雕花玻璃窗的大厅里，在摇曳的灯光下，在幽僻的阴影处，没有无聊观望的乡绅，也没有眼含哀怨的老姑娘。没有人能枯坐一旁，大家都兴致勃勃地加入即兴表演，动感的现场宛如一幅不断变幻、色彩斑斓的织锦：名媛淑女们着蕾丝、丝绸和衬裙，穿紫色云纹绸和深红色天鹅绒的长裙，用玫瑰和百合花点缀着她们那如瀑布般垂下的卷发，钟形身材的她们被身着黑色燕尾服、佩各色领结的男人们围绕。

在社交场所举办的盛大派对只不过是看得见的部分而已。那年冬天，私人聚会如雨后春笋般涌现。聚会的规模不断扩大，预算超支，派对上的食物品种丰富多样，鹌鹑、鸸鹋、龙虾、水龟以及各式甜点摆满了长长的餐桌。政界人士如国务卿威廉·西沃德和国会议员"微笑者"斯凯勒·科尔法克斯频频在家中举办社交晚宴。财政部长萨蒙·P.蔡斯的女儿凯特·蔡斯和参议员威廉·斯普拉格气派的婚礼将这个时代的精髓体现得淋漓尽致。斯普拉格送给凯特的礼物是一顶镶嵌有珍珠和钻石的冕状头饰，价值5万美元。新娘在《凯特·蔡斯进行曲》的旋律中款款出场，这首曲子是知名作曲家专门为这场婚礼创作的，由美国海军军乐队在婚礼现场演奏。[3]

关于这些灯光摇曳、舞步游移的夜晚，最有趣的地方不在于它们的奢华闪耀，而是这种奢华闪耀的舞会的举办背景——此时，外面的世界危机重重，战火纷飞。这里不像一个真实的世界，更像孩子们水晶球中的世界：一个被难以穿透的屏障包围着的安全的、璀璨的小小空间。1863—1864年的冬天，华盛顿是地球上防御最严密的城市。这里的房屋和公共建筑被围拢在精心设计的长达37英里（约59.5千米）的壕沟和防御工事中，以及由5万名士兵把守的60个独立堡垒里。这条装甲战线装备了900门大炮，其中有不少都是大口径的，它们足以炸掉地面上的任何军队。[4]驱使这项宏大的防御工程被建立起来的"恐惧"明显带有中世纪色彩。

危险并非捕风捉影。自内战开始以来，华盛顿曾3次受到罗伯特·李领导的大军的威胁。[5]1862年8月，联邦军在第二次布尔溪战役（也称"第二次马纳萨斯战役"）中败北，李将军的中尉"石墙"杰克逊率领邦联军直逼首都，在距首都仅有20英里（约32.2千米）的地方，将6万联邦军赶回防御工事之内。在这里，蓝衣军们蜷缩在一起，一边思谋如何重整旗鼓，一边由衷地感谢由堡垒和大炮构筑的庇护所。[6]

一年半以后，事实再次证明，如果没有一道道安全防线，就不会有这些光怪陆离的聚会。华盛顿繁华的社交场景就是一场富丽堂皇的幻象：这只不过是首都居民刻意营造的一个理想世界，而并非真实的世界本身。

这座被严密地守护着的花哨的首都仍然是一座小而龌龊、腐败、臭气熏天还离奇地自命不凡的城市。连同立法和制造战争，

《圣经》中所描述的种种罪行都在这里轮番上演。这座城市的大部分建筑于1812年在战争中被毁，取而代之的是低调奢华的新型公共建筑。大量的钱财被花在建造这座城市的几栋珍贵建筑上：美国国会大厦（1863年12月完工）、邮政大楼、史密森学会、美国专利局、美国财政部和行政官邸。[7]（华盛顿纪念碑因缺乏资金于1854年停建，成为一座孤零零的、无人问津的烂尾楼。）

但那些建筑仿佛矗立在一片贫瘠的平原上。邮政大楼科林斯式的立柱的艺术水平也许能达到文艺复兴鼎盛时期的水平，但其周遭的建筑却乏善可陈。这就好比把香榭丽舍大街铺在一片沼泽中，看起来很不协调。这里的一切，从血腥的、旷日持久的战争到狂风肆虐的广场上人造的繁华景象，都是一副"未完待续"的样子。就像尚未完工就搁置在那里的华盛顿纪念碑一样，似乎总是处于正在进行时，竣工却遥遥无期。这座战时城市只有大约8万永久居民，和纽约（80万）、费城（50万）相比，居民少得可怜，更不要说与伦敦（260万）和巴黎（170万）相比了。[8]来首都旅行的外国游客发现，这座城市的特点是空洞、虚荣。英国作家安东尼·特罗洛普曾在战时访问过这座城市，那次旅程令他大失所望。他写道：

华盛顿到处都有破烂不堪、尚未完工的宽敞的街道……在我去过的所有地方中，它是最不体面、最不尽如人意的；恐怕我还得说它是最自命不凡的。尽管带着地图……但你在华盛顿的大街上也有可能会迷路。和你在伦敦肖尔迪奇和拉塞尔广场之间迷路不一样，这有点儿像在圣地的沙漠里迷路……美利坚合众国还有许多人们尚未涉足的土地，但我想这些地方都没有华盛顿那尚未开发的四分之三的土地荒凉。[9]

特罗洛普还可以再加上一句：这座城市臭气熏天。运河成了藏污纳垢之地，波托马克河退潮时，沿岸恶臭弥漫。猪和牛在结冰的街道上游荡。在冬日的阳光下逐渐腐烂的死马屡见不鲜。记者在战争区域发现："那儿的排水沟里堆积着1英尺（约0.3米）深的黑色烂泥，作为肥料装满一车值50美分。"[10]竣工无期的华盛顿纪念碑建了一半的大厅成了放牧区，填饱首都守卫者肚子的屠宰场也设在这里。[11]这座城市是一个战争的避风港，也是一个垃圾场——不同的人类渣滓聚集在战争地带的边缘：作战双方的逃兵、商贩（向士兵出售粮食的平民）、间谍、骗子、妓女等。

华盛顿已然成了美国最大的奴隶避难所，成千上万逃跑的奴隶纷至沓来，在车辙纵横的首都街道上到处可见他们的踪影。1862年，国会宣布城中的3300名奴隶获得了自由，这一政府决策引发了大批难民涌入，这些人主要来自弗吉尼亚和马里兰。[12]截止到1864年，已经有5万名奴隶逃到华盛顿的堡垒圈内。许多人住在"走私品营地"，他们在疾病肆虐的肮脏世界里饱受折磨，所承受的偏见并不比他们在所逃离的那个世界少多少。但是，他们绝不会走回头路，也绝不会再做任何人的奴隶。这是移民的核心意义。你可以在华盛顿城里的任何一个街角看到他们的身影。他们中有不少人会加入北方政府的联邦军队。到1863年年底，联邦军队已经在全国各地征召了5万名士兵，其中多数人曾经是奴隶。

但是，在街头最常见的景象却是士兵在来回走动。战争仍在进行，年轻人对此兴趣不减。1861年4月以来，几十万穿着蓝制服、戴着平顶软布帽、背着背包的士兵踏遍了这座城市的每个角落。他们在街角徘徊，在郊外扎营，还有数以万计的人在战时医院里受苦受难。但大多数情况下，他们只是路过，正走在去战场或参加某场伟大战役的路上；幸运的话，则是走向自己的家。无数人正在走向伤残甚至死亡。和他们一起出现在首都的是看似无穷无尽的补给列车、大嗓门的卡车司机、隆隆驶过的马车和嘶鸣的马，以及踩在路上吱吱作响的大头钉鞋。

年轻的士兵们背井离乡，孤独无依。他们来了，一项古老的产业——卖淫——也蓬勃兴起，论其兴盛程度，连欧洲同类城市的情况也无法与之相提并论。这不是战争带来的微不足道的副产品，暗娼占这座城市成年人口的百分之十以上。1863年，据《华盛顿明星晚报》报道，首都有5000多名妓女，附近的乔治敦和河对岸弗吉尼亚州的亚历山大德里亚也各有2500多名这一行业的从业者。这些数字还不包括被养在军官公寓里的情妇和高级妓女。1862年，军方调查后曝光了450处住所，这些地方无一例外都提供酒精饮料和性服务。[13]在一个被称为"谋杀湾"的地区，路人常常看到近乎裸体的女性出现在一些豪华大宅的门窗前。而"黑鬼山"和"锡杯巷"等藏污纳垢之地则是体力劳动者、卡车司机、军痞等不太富裕的人所钟情的消费场所，抢劫、打架、枪杀甚至私酿威士忌致死事件在那里屡见不鲜。《华盛顿明星晚报》评论说，如果看到家中尊贵的成年男子在首都如此挥霍他们的时光，这些士兵的母亲和姐妹们该多么惊讶。[14]这些场所大多处于闹市区，与总统府和灯红酒绿、舞步摇曳的时尚街区仅仅相隔数个街区。

这就是1863—1864年那个躁动不安的冬天的情况。那时正进行一场旷日持久的战争，而谁也看不清这场战争的结局。

＊　　　＊　　　＊

3月8日，星期二，晚上。尽管骤雨滂沱、狂风大作，但白宫公开招待会依然如期举行。这一季所有的派对、集会和舞会都不像在这个风雨飘摇的夜晚举办的招待会那样深深地铭刻在华盛顿人的记忆中。林肯总统在一个星期之内举办了两次这样的聚会——当时叫作"招待会"——他会携妻子玛丽站在蓝厅门口迎接所有到场的嘉宾。总统边和来客握手，边打招呼说："你好。"有时，他还会多寒暄几句，不过他握手的方式就像是在锯木头。之后，客人会被引到玛丽·林肯面前，依次接受她的问好。星期二的招待会更加正式一些。据在场的一名记者说，衣着考究的招待会来客像往常一样"蜂拥而至，从画室进入宽敞的东厅，和着候在隔壁房间的海军军乐队的演奏翩翩起舞"。[15]

只是，今晚不同寻常。9点30分左右，林肯坐在他一贯坐的位子上，他的衣服领子松松垮垮，领带系得很随意，脸上挂着常见的忧郁和茫然。这时，房间的入口处突然出现一阵嘈杂和骚动。[16]

在门口的一小群人自发排成队，一个男人从中走过。他身材消瘦、微微驼背，有着温和的蓝眼睛，蓄着平平常常的胡须，穿着联邦士兵的制服。[17]总统看到他后，脸上的悲伤瞬间消失，他冲向那个人。

"哎呀，格兰特将军来了！"林肯大声地说，兴奋之情溢于言表。"荣幸之至，太好了！"[18]

两人亲切地交谈，围观的人群一刻也不肯移开他们注视的目光。如果说哪里有那么一点点不协调的话，就是像鹳鸟一样高挑的总统比格兰特整整高出了8英寸（约20.3厘米），他不得不俯身与将军交谈；之后，格兰特被引荐给国务卿威廉·西沃德，后者又将他介绍给第一夫人。将军来到现场的消息像火箭一样迅速通过蓝厅传到拥挤的东厅，房间里的人瞬时骚动起来。在狂热的欢呼声和热烈的掌声中，发生了一场骚乱，海军部长吉迪恩·韦尔斯认为它太"闹腾、不成体统"。[19]正如一位目击者描述的那样，现场的"蕾丝被撕碎，裙撑被扯毁"。没几分钟，西沃德和尤利西斯·S.格兰特——来自西部的战争英雄、联邦希望之所在——被汹涌的人群吞没了。[20]

从现场人群的热情行为可以看出，格兰特将军的到访并不是随便的拜访。他出现在华盛顿是因为国会刚刚提拔他为陆军中将；在他之前，美国历史上只有 2 个人获此殊荣——乔治·华盛顿和美墨战争的英雄温菲尔德·斯科特——而他们获得的仅仅是荣誉称号而已。低调、谦虚的尤利西斯·格兰特不赞成军队里浮华、虚荣、讲排场的风气，这位被军中的朋友们叫作"萨姆"的人即将成为美国历史上第一位手握实权的三星上将。[21]

格兰特晋升的直接原因是他在 1863 年 11 月取得田纳西州查塔努加战役①大捷。他在那里突破了布拉克斯顿·布拉格将军的包围，使布拉格带领的 4 万邦联士兵节节败退、溃不成军，从而证实了亚伯拉罕·林肯的猜测：在一群胆小怯懦、优柔寡断、统率无方的联邦指挥官中，格兰特是最有可能赢得战争的人选。但查塔努加战役的胜利只是格兰特最近获得的功勋。1862 年，他率兵全歼田纳西州唐纳尔逊堡一支 1.2 万人的邦联军，要求他们"无条件投降"，他用奇特、冷酷而又坚定的语气说出的这些话很快就为人传颂。1863 年，他在密西西比州的维克斯堡战役中俘获了一整支邦联军，人数多达 3 万人，而他也借此再次名震全国。格兰特并不比以前更仁慈，他仍然坚持要求对方必须无条件投降。当对方将领谦卑地提出通过谈判来敲定投降条件，防止"再流更多无谓的血"时，格兰特回答说："只要你无条件交出城市并让驻军投降，停止无谓流血的期望马上就能成为现实。"这和拿下唐纳尔逊堡时奏出的乐曲一致——明亮但不和谐，似乎从

---

① 卢考特山战役、果园诺加战役和传教士岭战役构成了查塔努加战役。

未有人有幸听闻。在其他指挥官拖延妥协、犹豫不决的时候，格兰特埋头干活儿，像一只铆足了劲儿往前冲的公羊。

除了这三场胜利之战，和格兰特有关的故事多得举不胜举——比如，他因喝酒遭军队除名，他在夏洛战役中可疑的表现，以及1862年发生的一起奇怪的反犹事件——但目前来说，取得胜利才是重中之重。在1863—1864年的冬天，对联邦政府让推行"无条件投降"的将军格兰特升职这件事，鲜有要人持异议。他代表着不肯妥协的一方，是来自西部的难以抵挡的力量，那里的军人还不习惯打败仗。

应总统提议，国会提拔了格兰特。3月，战争部长埃德温·斯坦顿邀请格兰特赴华盛顿接受联邦军总司令的职位。格兰特带着他13岁的儿子弗雷德、亲密助手约翰·罗林斯以及另一位军官，先乘船从路易斯维尔到辛辛那提，然后再搭火车去华盛顿，于3月8日下午到站。他是当时西部的明星，是国民狂热追捧的对象、迷恋的焦点。格兰特在北方可能比林肯还要受欢迎。他的名望使一幅他拿着望远镜、站在一门被摧毁的敌军大炮旁的全身肖像画被挂在国会大厦的一个会议室里。[22] 他的肖像还出现在进行爱国宣传的海报上——描述他在战场上取得的胜利可没少费打印机油墨。

但在东部，他的长相不为人知。他长得一点儿都不像西部人，这让事情变得更有迷惑性。他在俄亥俄州长大，在19世纪中叶，那里属于典型的"西部"地区。他尽管曾在纽约州的西点军校就读，但一生中只去过华盛顿一次，而他的整个军事生涯（包括内战时期）都是在中西部、远西部或者墨西哥度过的。

他于3月8日黄昏时分到达华盛顿，出场的方式随便得让人觉得滑稽。由于工作失误，后勤部门竟然忘了安排人去火车站接他。格兰特头戴军帽，身穿亚麻长外套，如果当时有人看到他，会觉得他和其他受风吹日晒的士兵无异。他们走出车厢，茫然四顾，想看看是谁受命来接他们。遗憾的是，他们没有找到接待人员。

于是，格兰特一行人乘马车去了陆军总司令亨利·韦杰·哈勒克的办公室，希望在那儿看到一张熟悉的面孔。但是哈勒克不在。他们又去了哈勒克的家，可他也不在那里。一连三次都没有找到应该迎接他们的人，格兰特决定去威拉德家酒店——有人告诉过他，已经为他和他的同伴在那儿预订好了房间。

格兰特的这次华盛顿之行和19个月之前联邦军主将乔治·麦克莱伦在里士满东七天战役败北后的首都之行截然不同，二者的区别值得一书。[23]25辆6英尺长9英尺高（约1.8米长、2.7米高）的马车满载麦克莱伦和他属下的行李，组成了浩浩荡荡的车队。那些被漆成了深棕色的马车闪闪发光，由4匹栗色的马拉着——它们的颜色和鬃毛都是为了达到某种效果而精心设计的；并且，每辆马车都由2个身穿整洁的蓝色制服的黑人侍从驾驶。每辆马车的两侧都刻着巨大的金色字样："行李·总部·波托马克军团"。麦克莱伦像帝国的总督一样，带着100匹马和50个随从来到这里。与之形成鲜明对比的，格兰特只带着他的儿子、助手和一位军官以及一个轻便的手提箱就来到了首都。[24]事实证明，威风凛凛的麦克莱伦大人是个尴尬而怯懦的将军——他是被哄着、劝着、威胁着才满心"后悔"地参加了抵抗邦联的战争，所以最终必然会被淘汰。

格兰特因"籍籍无名"而遇到的挫折还没有完全结束。他到了威拉德家酒店，低调地登记信息，"格兰特父子，伊利诺伊州，加利纳市"；没有人知道他是什么来头，他和弗雷德下楼去吃饭，路上也没被人认出来。[25]在餐厅里，金子的光芒终于被人看到了。这个人和那个人咬耳朵，那个人再将话传给另外一个人，一阵骚动之后，距离格兰特不远的一位先生"哐当"一声把餐叉扔在桌子上，站起来宣布："我很荣幸地向在场的朋友宣布，格兰特将军在此。"人们纷纷站了起来，雷鸣般的欢呼声响彻整个房间。弗雷德·格兰特后来回忆道，"我父亲站起来，向人群鞠躬。激动的人们包围了他，继续吃饭是不可能了。这场非正式的招待会持续了40多分钟，聚集的人群还毫无离开的意思。父亲只好离开餐厅，回到酒店的房间。"[26]格兰特在首都的消息迅速传播开来。前战争部长西蒙·卡梅伦很快就赶来接他，护送他到2个街区外的林肯的招待会上。

与格兰特在东厅的遭遇相比，威拉德家酒店发生的人群的骚动算是温和的了。大厅里传出一浪高过一浪的欢呼声，说"格兰特险些被激动的人群踩伤"一点儿都不为过。最后，还是国务卿西沃德让他爬到沙发上才解决了问题。《萨克拉门托联合时报》的记者诺亚·布鲁克斯记录了这个场景：

> 站在沙发上可以被大家看到，至少暂时是安全的，可以脱离几近疯狂的人群一会儿。人们被卷进了"东厅的激流"中……他们跳到沙发上和椅子上，一是怕被人踩伤，二是也方便看热闹。这是我在白宫里见过的绝无仅有的"真暴徒"——至少这次，美利坚合众国的总统不是主角。这个站在猩红色沙发上、受到惊吓的小个子男人才是那个瞬间的偶像。[27]

这样的情形持续至少 1 个小时后，林肯和满脸通红、大汗淋漓的格兰特才有机会进行交谈。[28]人们为看到格兰特本人而激动不已：他长相平平，谦虚朴素，清澈而冷静的蓝眼睛透露出内心的笃定与自信，表明他是一个摆脱了他的某些前辈的虚伪和虚荣的人。[29]格兰特以其高超的指挥才能和谦逊的态度，成功地成为美国人中超凡脱俗的那一个。

作为西部来客（格兰特就是这么看自己的）——他鄙视华盛顿的阴谋、腐败、内讧、欺诈和人情驱动的政治。出于本能，他不想和这个地方产生任何联系。他在正规军中已经看够了这些东西。他是一个勇往直前的斗士，不想屈从于任何政治风向。他想用战场上的成绩来证明自己。他的亲朋好友都赞同他远离华盛顿，远离那座城市，也远离和那座城市有关的观念。约翰·罗林斯在谈到他上司的华盛顿之行时写道："我正在尽我所能地帮他离开这里。"[30]格兰特的朋友、时而有政治良心的威廉·特库姆塞·谢尔曼在祝贺他升职的信中写道："不要待在华盛顿……看在上帝的分儿上，看在国家的分儿上，离开华盛顿！"[31]

现在，在伟大的林肯面前，格兰特清楚地知道了原因。林肯虽然刚刚会见了格兰特，但已经开始预备第二天的活动了——届时，格兰特将正式接受新的任命。总统跟格兰特讲话，就像和一个聪明的中学生讲话那样，感觉这位小个子将军很难理解如此复杂的成人事务是如何运作的。

"我会做一个简短的致辞，"林肯说，"你需要做出回应……我把稿子写了下来，好让你做准备——总共就四句——到时候我根据草稿来讲，你可以像我这么做，读你的回应稿。因为你可能不像我那样已经习惯了做演讲，所以我把我要说的话写下来给你，这样你就可以参考着提前组织语言了。"似乎觉得这么做还不够，林肯便直接告诉格兰特他明天该说些什么——总统当时可能忘了，格兰特掌管着西部战场从阿勒格尼到密西西比河的联邦军队，这是需要一些公众演讲技巧的。总统是这样对他说的：

我想请你在回应中强调两点。第一，不要对其他在任将军嫉妒你的话做出回应，或说一些打消他们对你已有的嫉妒的话；第二，说一些可能有利于你和波托马克军团友好相处的话。[32]

在第二天的仪式上，林肯致辞，赞扬了格兰特，并宣读了任命。接着，格兰特发表了一段简短的演讲。林肯担心的事情发生了：格兰特的演讲时断时续，前后并不连贯，他以一位亲历者所说的"摇摆不定"的方式发表了演讲。格兰特用铅笔在半张便签条上写下的演讲稿，潦草到连他自己都看不清写的是什么。他说了"总统先生，在为我们共同的祖国浴血奋斗的伟大军队的帮助下，我怀着对崇高荣誉的感激之情接受任命……"之类的话，试图让演讲简短一些。有意无意地，他完全没有说林肯教他的话。林肯的秘书约翰·尼古拉尖锐地指出，格兰特"要么完全忘记了，要么完全无视了总统头一天晚上给他的建议"。[33]

格兰特采纳了谢尔曼的建议，事情一结束，他就马不停蹄地离开了华盛顿。他甚至拒绝了林肯的晚餐邀请，说"晚餐对我来说，意味着国家每天损失 100 万美元"。这很合林肯的胃口，因为他正费尽心思地削减财政支出。格兰特还告诉林肯，他"已经厌倦了表演"，而这让已经厌倦了将军们哗众取宠的做派的总统甚感欣慰。格兰特在弗吉尼亚州北部的白兰地车站进行了一次短途旅行，拜访了波托马克军团及其指挥官乔治·G.米德将军——在那里，铜管乐队在倾盆大雨中迎接格兰特——之后，他乘火车去纳什维尔见他的朋友谢尔曼，并把西部联邦军队的指挥权交给了谢尔曼。[34]

几天后，格兰特返回东部时，没有去华盛顿特区，而是去了弗吉尼亚州一个名叫卡尔佩珀的小镇。作为联邦军队的总负责人，格兰特不像他的前任亨利·韦杰·哈勒克少将那样，把总部设在华盛顿的"政治老鼠窝"，而是放在了前线。几英里外，在拉皮丹河对岸安营扎寨的是北美大陆上最强大的军事力量——北弗吉尼亚军团，它由内战时期另一位卓越的军事天才统率。他是格兰特在战场上从未遇见过的人。格兰特的任务简单明确，就是在一场史无前例的战争中摧毁罗伯特·E.李，征服土地而不是其军队，攻克城市而不是同化其居民。格兰特为此付出无数努力，他将在短短的几个月内发动一场场血雨腥风的战争，将葛底斯堡和钱瑟勒斯维尔变成屠宰场。他将要面对一个充满痛苦、暴力、仇恨和报复的世界；相比之下，战争的最初几年反倒显得清白而体面。他和李将军很快就会把南北战事演变成一场场他们的国家和饱经风霜的老兵们从未经历过的战争。

第2章　以暴制暴

如果你想在1864年的初春找到一个看起来比田纳西州的皮洛堡更不起眼、在战略上更不重要的落后地区，还真不是一件容易的事。皮洛堡位于密西西比河畔孟菲斯城的上游80英里（约128.7千米）处，坐落在一座高高的悬崖上。这里的防御工事很原始——只不过是把土堆成高墙，然后又贴着墙根挖了一条壕沟而已。[1]这种建筑看起来很像是早期的凯尔特人为了阻止古罗马军队入侵而建造的。这座堡垒是在战争初期由邦联将军吉迪恩·皮洛建造的，建造者胆小懦弱、办事不力——皮洛堡也无愧于它的名号（英文名中的pillow意为"枕头"，含"软弱"之意），从未成功地保卫过占领者的利益。最初，皮洛堡被南方邦联军占领，结果邦联军屡屡失利；1862年被北方联邦军夺取后，联邦军又开始频频败北。在战争中，皮洛堡实在起不到任何积极作用，于是，1864年1月，威廉·特库姆塞·谢尔曼少将下令关闭了它。令人意想不到的是，它后来又奇迹般地再次崛起，并恢复了其久经考验的功能——在阻止敌军的袭击方面一败涂地。

然而，在尤利西斯·S.格兰特结束尴尬至极但影响深远的"华盛顿之旅"1个月后，这里发生了一场小规模的军事冲突。这比那年春天发生的任何一件事都更能解释格兰特和李即将展开激战的原因——和三年前南北双方打响第一次布尔溪战役的原因不同。皮洛堡将成为一个战斗口号，一个分界线，一个鲜明而残酷的革命性变化的标志，这种变化将影响整个战争，甚至会改变战争的性质。

1864年4月12日，星期二，时任皮洛堡联邦卫成部队二把手的威廉·F.布拉德福德少校，对于即将发生的事，没有任何预感。他觉得一切都很顺利——如果他知道自己即将成为一个糟糕的历史注脚，一定会大吃一惊。这位36岁的军官是田纳西人、联邦主义者，他的邦联同胞嘲笑他这样的人是"田纳西托利党"或"自制北方佬"。简而言之，就是叛徒。他出身名门，曾亲自征募志同道合的年轻人组建了一个营，其中有许多人都是田纳西州南军的逃兵，他们作为田纳西州第十三骑兵队加入了联邦军。[2]布拉德福德没有多少军事经验，不太适合指挥军队作战。他的士兵只接受了很有限的训练。1864年的2—4月，他一直是要塞的高级军官。

布拉德福德的主要职责是在受联邦控制的田纳西州西部追捕邦联军的游击队员，招募新兵，并为逃入他的辖区的奴隶提供安全的避难所。同时，他还有另一项任务：让南方的普通民众感受到他们的"北方主人"的强硬——这是1862—1863年从维克斯堡战役之始流行的想法。现在，战争进入第四年，这一流行观念已成为成熟的联邦政策。南方的普通民众一度被视为无辜的旁观者。在大多数情况下，他们的个人财产受到联邦指挥官的尊重甚至保护。但是现在观念变了——平民是敌人。他们是邦联军游击队的庇护者，为邦联军提供粮食，是那些辛苦地生产粮食的奴隶的主人，还向联邦军开枪。他们的土地、庄稼、牲畜、谷仓、栅栏、机器和奴隶，现在被视为邦联军的战争机器的一部分。因此，土地所有者受到骚扰，并被威胁说他们的背信弃义会波及其家人和后代，他们的父亲、兄弟和儿子要么可能惨遭屠戮要么可能致残。推行新的战争政策也是为了报复——或者说，至少执行这项政策的普通联邦军士兵是这么认为的：这是在替所有牺牲的联邦军男儿复仇，是对战争发动方的惩罚。[3]

因此，布拉德福德下令"自主觅食"——这是委婉的说法，其实就是在堡垒附近的农场就地解决军队的补给和装备问题。他们夺取马匹、抢走粮食，这些扰民的行为在当地居民眼里无异于抢劫、掠夺和迫害。[4]为此，田纳西人对布拉德福德和他的军队恨之入骨，加上因为他们原本也是本地人，所以田纳西人对他们的这种"恨"就来得更加猛烈。他们如果在追捕游击队员方面稍有成效，就会被恨得更深。除了为奴隶、逃兵和联邦主义者提供庇护所外，皮洛堡一直是个无足轻重的军事阵地。[5]

3月底发生的事件将彻底改变皮洛堡和布拉德福德少校的命运。当时，联邦军增援部队带来了4门重炮、1架轻炮。这不是一支普通的增援部队，因为队员全都是黑人，是美国第六有色重炮部队和第二有色轻炮部队的成员。他们全都是从田纳西州招募来的逃亡奴隶——现在受命占领和维护的地区正是他们逃离的地方。黑人士兵尽管在1862年和1863年参加过几次战斗，但在当时还是崭新的存在，直到1863年1月，林肯总统才正式授予他们合法战斗的权利。他们几乎没和邦联军打过照面。这些新兵是由莱昂内尔·F.布思少校指挥的。布思少校是一名白人军官，由于资格比较老，他的职位比布拉德福德高得多，他接手了这个要塞的指挥权。援军到来后，北方联邦驻军大约有600人，其中一半是黑人、一半是白人。

他们的实力很快就会被检验。4月12日清晨，一支1500人的邦联军骑兵部队从天而降般出现在皮洛堡。没人知道他们是怎么进来的。太阳升起来，突然出现的邦联军吓得联邦军哨兵不知所措。邦联军杀死了一部分哨兵，又把一部分哨兵赶进碉堡里，然后袭击了堡垒。上午9点，邦联军的神枪手射中了布思少校。尽管联邦守军击退了几次进攻，其炮艇"新纪元号"也对着密西西比河岸上奇怪的灰色影子连连开火，但是到了中午，他们在邦联军的逼迫下退回到悬崖上的防御工事内，邦联军还在堡垒周围形成了严密的包围圈。虽说联邦军的新手搞不清对方葫芦里卖的是什么药，但邦联军突袭成功，与其说是联邦军无能所致，倒不如说是因为堡垒的布局有缺陷——在这里，联邦军防御者无法躲藏或有效回击。[6]

联邦军迅速溃败还有其他原因。因布思阵亡接过指挥棒的布拉德福德还没有意识到这一点——那天早上，他面对的是内森·贝德福德·福雷斯特。此人是邦联军杰出的指挥官之一，是一个天生的战争奇才。威廉·特库姆塞·谢尔曼少将一向吝于表达赞美之辞，却说他是"内战造就的最杰出的将领"。福雷斯特是在一场孤注一掷的战争中脱颖而出的不可多得的军事天才。与绝大多数邦联方军官不同，他没有受过什么教育，出身也并不高贵。在田纳西州中部长大的福雷斯特家境贫寒，他的父亲是个铁匠；福雷斯特16岁时，父亲去世，照顾大家庭的重担就落在了他的身上。福雷斯特下定决心要摆脱贫困，他用土地、棉花和奴隶贸易建立了一个小小的"商业帝国"，并成为孟菲斯最大的奴隶贩子[7]。战争伊始，他是南方顶级富豪之一。当时，他对战争和军事行动还一无所知——他从未参加过民兵组织，也从未读过任何一本关于军事史或战术的书，因为他几乎不识字。

不过，这一切都不重要。福雷斯特非凡的能力完全符合战争的特殊需要，他以惊人的速度熟悉了他的"新工作"——仅在1年之内，他就从一个普通士兵升职为骑兵准将。他身材高大、相貌英俊、没有幽默感、易怒，勇敢到甚至可以说是鲁莽的地步，善于激发士兵对他的忠诚——显然，没人比他更能胜任"指挥者"这个角色。他还善于发现和利用敌人的弱点。1862年，他发动了一系列极具破坏性的突袭，使他成为战争中令人恐惧的骑兵军官之一，也成了联邦最高司令部永远无法完全解决的一个军事难题。布思和布拉德福德以前没遇上他，只是因为他们的同伴够多，暂未轮到他们与之决一胜负。

对于福雷斯特这种有着出众才能的人来说，攻克有防御缺陷的皮洛堡、对付一个经验不足的指挥官并非什么难事。据福雷斯特的副官说，在中午的某个时候，福雷斯特说："任何一个有一点儿常识的人都清楚，无论从什么角度来看，堡垒无疑都是我们的了。"[8]

威廉·F.布拉德福德少校显然不这么认为。战斗打响时，他盲目乐观。他和布思都认定没有多少危险，所以甚至连堡垒外的一组营房都没有摧毁。结果，这给敌人提供了掩体和一道通往内部的清晰的火力线。[9]布拉德福德相信，"新纪元号"这艘明轮船的船尾装备了6门榴弹炮，在数量上可与对手抗衡。然而福雷斯特的部下十分清楚，这艘船已经发射了282发无效炮弹，对战斗的结果影响并不大。[10]在没有任何确凿证据的情况下，布拉德福德仍固执地认为，中午在河上出现的三艘客轮正在为他们输送增援部队——然而那些只不过是商船。

下午2点，福雷斯特——一个若非必要坚决不流一滴血的实干派战士，给布思少校送了一张便条（他还未得知其死讯）要求休战，便条上面写着：

你们浴血奋战保卫皮洛堡的行为使得你们有资格享有勇者的待遇。我现在要求你们无条件投降，同时保证把你们当成战俘来优待。我新收到了一批弹药，足够突破你们的防御工事。如果还要继续打的话，你们就等着看结果吧。[11]

这封招降信看似平常，实则不然。在当时的战争中，邦联军的指挥官通常拒绝给予黑人战俘应当享有的权利。黑人战俘要么被处决，要么被送回他们的主人手中，要么再次作为奴隶被出售。但是，众所周知，福雷斯特将军言出必行，但不知何故，他现在竟然把黑人战俘包括在他提供给联邦军指挥官的优待协议中。布拉德福德替代了布思的职位，稍作思考后征询了其他军官的意见，想向福雷斯特争取更多的时间，未果。于是，他最终给出了他的答案——他可能觉得自己很勇敢——"誓不投降"。[12]

这并非明智之举。邦联军不到 10 分钟就占领了碉堡内的重要工事，打死了大多数冲锋在前的联邦军官兵。[13]勇敢的布拉德福德的反应是逃跑。"伙计们，逃命吧！"他喊道。几分钟后，联邦军开始溃退，不幸的联邦军士兵——无论是黑人还是白人——都做了他们唯一能做的事：翻过堡垒另一侧的土墙仓皇逃离，连滚带爬地沿着陡峭的斜坡跑到密西西比河岸边。[14]黑人新兵试图为保卫碉堡而英勇战斗，但他们的白人军官几乎立即就被打死了，没有人指挥他们如何在喧嚣、混乱和从悬崖上升起的白烟中战斗。后来，有几个黑人士兵跟着溃退的布拉德福德的第十三骑兵队白人穿过防御工事，沿着山坡逃了出来。[15]

从堡垒中猛烈的炮火下逃出来的人，在呼吸着河岸清新的空气、满怀庆幸地看着"新纪元号"炮艇的炮口时，一定感到过喜悦，但那只是一瞬间的事情。刚刚逃到城墙外，联邦军士兵就发现他们是在自投罗网——他们被困在了一个给他们"量身定做"

的杀戮区，这里的情况比他们在堡垒里所面对的情况要糟糕得多。现在，他们被三个方向的敌人射杀：山坡上和护墙上的邦联军士兵，以及福雷斯特部署在堡垒上、下游河岸的两个分遣队。布拉德福德曾指示，如果敌军攻破了堡垒，就用"新纪元号"散弹枪一样的弹药筒对着他们开火——这个主意听起来不错，但是当福雷斯特下令让碉堡内的一门大炮对着"新纪元号"开火时，它轻而易举地就被吓跑了。除了进入密西西比河，这艘战舰既无处藏身又无路可逃。炮艇上的许多人掉进了400码（约365.8米）宽的河里。有证据表明，大多数被围困的联邦军士兵做了明智的选择——缴械投降。

就这样，屠杀开始了。邦联军士兵对着手无寸铁、高举双手投降的联邦军士兵开枪了。杀戮似乎无人组织，就自发开始了。没有一个高级军官下这种命令。[16]当时发生的事情似乎是一场酝酿已久的怒火的爆发，也许是因为对有这么多黑人士兵参加战斗感到不满，也许是因为厌恶白人和黑人并肩作战，也许是因为某些黑人士兵在休战期间有过嘲弄邦联军的行为——这一切都激发了邦联军士兵的愤怒。[17]后来，邦联军准将詹姆斯·R.查尔默斯试图向一名联邦军炮艇军官解释他的部下的所作所为。这位联邦军军官转述了查尔默斯的话："福雷斯特将军的手下对黑人武装怀恨在心，一旦捕获黑人，就控制不住自己把他们杀了……他说只要我方让黑人参军，就别想有什么好结局。"[18]

的确，南方白人对这场他们坚持称为"奴隶暴动"的战争有着根深蒂固的、几乎是最原始的恐惧，以至于无法说出"奴隶暴动"这个词。1859 年，约翰·布朗武装进攻哈珀斯费里的行动虽然以失败告终，但武装奴隶、教唆他们反抗自己主人的想法却开始萌芽。这次突袭在南方造成的恐怖与其说和其军事特点有关，不如说与"许多北方人认为这一想法没有错"有关。北方人民显然乐意支持南方白人男女和儿童被肢解、黑人男子强奸白人妇女以及烧毁南方农场和房屋之类的行为。这种行为也有先例：1831 年，纳特·特纳在弗吉尼亚州泰德沃特率领黑人起义，有 55 名白人被砍死。现在，美国政府正式将斯普林菲尔德步枪交到逃跑的奴隶手中，教他们如何杀死南方白人。正如一首歌所唱的：约翰·布朗的灵魂继续鼓舞人们勇往直前。

在接下来的 20 分钟里，发生了一场直截了当的屠杀。这些被屠杀的人要么试图投降，要么已经投降，要么完全手无寸铁。许多人在被射杀或砍杀时已经受伤；很多人被多次射中，大多是头部中枪。尽管大部分暴行是针对黑人士兵的，但白人士兵的遭遇也好不到哪里去。

事发 2 天后，邦联田纳西州第二十骑兵队的中士阿基利斯·V.克拉克在给他姐妹们的信中描述了这一场景：

杀戮的场景非常可怕，无法用语言描述。那些鬼迷心窍的、可怜的黑人跑到我们的人跟前，双膝跪地，高举着双手求饶，但他们被命令站起来，然后被击中、倒下。白人的命运也没好到哪儿去。他们的堡垒成了屠宰场，血流成河。如果想收集人头的话，要多少有多少。[19]

联邦军的一位军官麦克·J.莱明的描述营造了同样的恐怖气氛："接下来的场景……令人难以置信……我们的人被无情地击倒……这是在这些勇敢的人投降后发生的大规模屠杀——无论是白人还是黑人，都被一视同仁。"[20]

一名联邦医生发现自己身处"正在求饶"却依然被射杀的联邦军士兵中，他亲眼看到20名按要求"排队投降"的男子被就地击倒。尽管其中有2个人设法逃走了，但其他18名士兵"被刀砍成了碎片"。[21]据一名目击者称，想游到河对岸逃走的士兵"多如牛毛"，可惜他们要么淹死在河中，要么被射死在河中。[22]福雷斯特将军后来写道："联邦军士兵的鲜血染红了宽达200码（约182.9米）的河流。"他观察准确，并非夸大其词。[23]

大屠杀继续进行。很明显，投降即死亡，于是，许多原本打算投降的北军士兵——特别是黑人——重新拿起步枪，试图冲锋。这使得场面更加混乱。不管怎么说，一个人在激烈的战斗中投降是无奈而痛苦的抉择，尤其是当碉堡被突然攻破时。这一刻，一名士兵还在奋勇杀敌；下一刻，他乞求他的对手不要这么对他。究竟是什么让他配得上这种突然的怜悯和恩典？

大屠杀并不仅仅发生在战场上。战地医院里的伤员、堡垒帐篷里生病的士兵也失去了性命。有些人在帐篷里被大火活活烧死。后来，个别黑人士兵的证词表明，这种肆无忌惮的残杀行为几乎让人怀疑自己的信仰：丹尼尔·泰勒曾是密西西比州的奴隶，也是美国第六有色重炮部队的一名士兵，在投降后被近距离枪击，倒地后又被另一个俘房者打了一枪，眼睛也被戳了出来。随后，他与死去的士兵一起被活埋，在一名富有同情心的邦联军士兵的帮助下，他才被从土里挖了出来。和泰勒在同一部队的亚瑟·爱德华兹也曾是密西西比州的奴隶，在投降后遭到枪击，先是头部，然后是肩部。半小时后，他又被击中头部。其中一个袭击者说："该死的，你在和你的主人战斗！"士兵曼纽尔·尼科尔斯，同样是第六有色重炮部队的士兵，在战斗开始时就在堡垒内受了伤。他投降后又遭到枪击，这次子弹打在他的左耳下。后来，他的右臂又中了一枪。[24] 这些人是幸运儿——毕竟，大多数黑人士兵都没有在屡次中枪后活下来。

错误地拒绝投降，导致全军覆灭的布拉德福德少校呢？有知情者说，他沿着河岸逃了出去，双手举在空中"高喊投降"。当邦联军继续向他开火时，他迅速跳进河里。后来，他游回岸上，向悬崖跑去，双手依然高高举起，尖叫着："我投降了！"他能活下来完全是因为攻击他的人枪法很差。最终，他找到了一个容许他投降的邦联军士兵。[25] 当天晚上迟些时候，他试图逃跑，结果第二天被邦联军士兵再次捕获，并被立即枪杀。

福雷斯特和其他高级官员在30分钟后阻止了河岸上的流血事件。然而，后来有证据表明，屠杀受伤的黑人士兵和黑人战俘的行为一直持续到当天深夜，甚至到第二天早上（福雷斯特受了轻伤，在别处过夜）。当最后一个战俘被处决时，皮洛堡的600名守军死亡人数几乎过半，其中三分之二是黑人。[26]邦联军俘虏了168名白人、58名黑人，可黑人的死亡率却几乎是白人的2倍。[27]联邦军士兵中的幸存者认为，皮洛堡的大规模屠杀违反了最基本的战争规则，而暴力行为主要针对的是非裔美国人。

当时，这起事件在北方轰动一时。《辛辛那提公报》称这起事件是"使现代战争史蒙羞的最恐怖事件之一"。[28]《哈珀周刊》的头条以"皮洛堡大屠杀"为标题，附有邦联军用刺刀和枪屠杀手无寸铁的黑人士兵的画面。《弗兰克·莱斯利画报》刊登了无助的联邦军士兵被乱砍滥杀的场景。[29]人们在震惊、恐惧的同时，还提出了一些尖锐的问题。不少北方报纸质疑在战斗中起用黑人士兵是否合适。《芝加哥论坛报》在谴责福雷斯特和他的士兵的同时，暗示是黑人逃跑造成了大屠杀。《波特兰广告商》所持观点甚至更富偏见："给猴子穿上政府制服……不代表能把猴子变成真正的士兵，不代表可以把战俘被豁免的权利送给猴子。"[30]

奇怪的是，最具煽动性的报道竟然来自美国国会。5月，战争指导委员会根据对证人的采访整理出一份耸人听闻的报告，并出版了6万份。这份报告的言辞直截了当、残忍且激昂：

接下来是在文明战争中绝无仅有的残酷的谋杀场面……邦联军开始了不分青红皂白的屠杀，对象不分年龄和性别，不分白人和黑人，也不分士兵和平民。军官们似乎在这项邪恶的"工作"中展开了竞赛。男人、女人和他们的孩子，无论藏在哪儿，都可能被故意击中、殴打，甚至遭到刀砍。一些不到10岁的孩子被迫站起来面对即将枪杀他们的凶手，等着子弹打在自己身上。伤病员惨遭无情屠杀，邦联军甚至进入医院大楼，把他们拖出来击毙。

这份报告记录了联邦军士兵在河里被枪杀、被钉在燃烧的帐篷和建筑物上烧死、被活埋的血腥细节。[31]

国会报告中的内容大部分所言非虚，尤其是关于屠害手无寸铁的和受伤的士兵的描述；但也有部分细节纯属虚构。抱着起诉福雷斯特及其手下的热情，参议院调查人员对他们听到的所有证词——即使是最离谱的部分——全都不加选择地信以为真。虽然有平民死亡，但并没有证据表明妇女和儿童遭到了屠杀（妇女和儿童几乎都乘船逃走了）；确实有联邦军士兵被活埋，但没有证据表明这是有组织地进行的——有些人被活埋是因为他们装死；有目击者称看到两具被钉在木桩上烧焦的尸体，但这只是传闻，没有谁真正看到这一画面；确实有几个待在帐篷里的伤兵在南军士兵纵火时惨被烧死，但这些个例中至少有一些是偶然所致，并非有意为之。[32]

福雷斯特认同报告的作者们的说法——当时确实发生了大屠杀。毕竟，成堆的尸体是无法否认的。问题的关键在于，是什么让邦联军士兵们这样做？杀害手无寸铁的人是福雷斯特将军下的命令吗？南方和北方数以千计的报刊都在追问这些问题，美国军方和国会都在调查真相，以期获得合理解释。一些目击者的早期陈述表明——这也是许多北方人最早得出的也是最令人震惊的结论：所谓"战斗"就是谋杀。

一夜之间，福雷斯特在北方人眼中成为邪恶的化身，而他本人对这一指控断然否认。在他提供的"事件真相"版本中，他的对手从来没有表达出投降的意思，战斗转移到河岸时仍在负隅顽抗。福雷斯特坚持说，联邦军士兵拒绝停战并且逃跑，才给他们招来了杀身之祸。大多数参战者和目击者的证词都表明：福雷斯特的话不可信。但也没有任何具体证据表明福雷斯特命令手下屠杀手无寸铁的联邦军士兵。福雷斯特认为黑人士兵的高死亡率和他的白人士兵天生具有的种族优越性有关。他在战后第二天写的一封信中提道："希望这些事实能向北方人民证明，黑人士兵不是南方人的对手。"对福雷斯特来说，当白人军队面对黑人时，就会发生"屠杀"。[33]

这种观点在北方被嗤之以鼻。国会报告传达的信息清晰易懂：皮洛堡发生的惨案是美国内战中规模最大的暴行，这证明了南方士兵本性的残忍、道德的沦丧和野蛮的种族主义倾向。

这场战斗成为美利坚合众国——或者说留在联邦的那部分人为恢复联邦而进行的一场战争。这就是亚伯拉罕·林肯总统反复强调的战争的意义。那些身穿蓝色制服、眼睛炯炯有神的年轻人大步走进南方邦联神秘的土地，只是想迫使 11 个物产富饶的南方州回到北方联邦的怀抱中。国土完整是战争的目标。国会也认可这是战争的目的，并在 1861 年几乎一致通过的《克里滕登－约翰逊决议》中明确表示，联邦政府不会对奴隶制度采取任何行动。在华盛顿，大权在握的"智者们"说：毋庸置疑，战争的目的并不是解放奴隶。因此，联邦军在战争中赢得"胜利"和联邦重建并不意味着亚拉巴马州或北卡罗来纳州的奴隶主会失去他们的财产或者改变他们特有的社会经济制度。"胜利"意味着恢复原状，回到在单一联邦政府管辖下的统一的共和国的状态。唯恐他的选民仍然不清楚他的意图，林肯在 1861 年 3 月的第一次就职演讲中说："我无意——无论是直接地还是间接地——干涉各州的奴隶制度。我认为我无权干涉，也不打算这么做。"

　　当然，他的立场纯粹是出于政治考量，是对 50 年来沸沸扬扬的局部冲突的巧妙处理。他是在表演给包括新英格兰以及边境奴隶州在内的所有支持奴隶制的选民们看。他需要选民支持正在进行的战争。他如果暗示战争的目的仅仅是废除奴隶制或拯救黑人，方便他们作为廉价劳动力涌入北方就业市场，就不会得到选民的支持。

　　这面取巧的旗帜激怒了废奴主义者，最愤怒的莫过于在奴隶制问题上最著名的林肯批评者弗雷德里克·道格拉斯。道格拉斯是那个时代众多出类拔萃的人物中的一个。他逃离了马里兰州的奴役，北迁到马萨诸塞州，成了一名作家兼社会活动家。他引人入胜的演讲和两本战前自传中关于他自己的悲惨故事，极大地改变了北方人对奴隶制的看法。最重要的是，在战争的头两年，道格拉斯决心改变林肯的想法，迫使他公开承认自己所看到的现实：战争的目的必然是废除奴隶制。[34] 道格拉斯和其他废奴主义者认为，为了政治平衡，不提废除奴隶制是不切实际的，甚至是不道德的。道格拉斯坚持认为，他"有权要求亚伯拉罕·林肯对镇压这次叛乱带来的任何灾难或失败承担首要的责任"。《纽约每日论坛报》编辑霍勒斯·格里利写道，林肯"在履行其官方职责和重要义务方面的失职是灾难性的"。[35]

林肯憎恶奴隶制。但他相信，这个问题只有和平的、统一的、完好如初的联邦才能予以妥善解决——无论是通过有补偿的解放或逐步的解放，还是一些着眼于未来的计划，比如把黑人送回非洲（林肯喜欢这个做法）。林肯在致格里利的公开信中表达了他的观点，展现了面对这个问题所需的语言技巧：

在这场战争中，我的首要目标是拯救联邦，而不是拯救或消灭奴隶制。如果不解放任何奴隶能拯救联邦，那我就这么做；如果解放所有奴隶能拯救联邦，那我就这么做；如果需要解放部分奴隶而保持其他奴隶身份不变可以拯救联邦，那我就这么做。我对奴隶制和有色人种的所作所为，是出于我相信这对拯救联邦有利。

这就是林肯的实用主义，他的现实政治。这里的潜台词对当时的人们来说是显而易见的：任何解放奴隶的行动，或宣布战争的目的是废除奴隶制，都会立即威胁到"边境州"的忠诚。这些蓄奴州像一个个炸药桶一样，随时可能炸得四分五裂，但它们毕竟尚未脱离联邦，比如马里兰州、特拉华州、肯塔基州和密苏里州。林肯认为它们对联邦最终取得战争的胜利至关重要：边境州拥有公路、铁路和河流，是通往南方的重要通道；边境州拥有260万白人，占整个南方邦联11个州总人口的一半，这让其成为一个可以扭转战争局势的强大的军事招募基地；此外，边境州叛离联邦对工业的影响可能是超乎想象的，仅仅马里兰州和特拉华州脱离北方联邦，南方邦联的制造能力就会立即翻倍。在战争的第一年，林肯取消了马里兰州的人身保护令——这是被捕者出庭并被告知被指控的理由的神圣权利。他的这一做法足以表明他是多么渴望将这些州团结在联邦周围。

多数北方人还没有意识到这一点。战争伊始，政治家和其他大多数北方人都不是废奴主义者。总的来说，他们都是白人至上主义者，相信白人无论是在经济上还是在社会中都具有不可剥夺的优越性，都对让400万黑人奴隶突然与白人混在一起的想法深感不安。他们不提倡普遍解放。他们中的大多数人不相信他们的父亲、兄弟和儿子奋勇捐躯仅仅是为了使黑人摆脱奴役，好让黑人可以有机会与白人竞争工作岗位，或者与白人通婚。在种族问题上，北方人也是慢慢才受到一定程度的启蒙。

但作为一场建立在"所有奴隶立即获得自由"基础上的运动

的核心，废奴主义以惊人的速度发展，从战争前的政治边缘走到了舞台中心。废奴主义者曾经被大部分民众视为狂热分子和暴徒，现在，为了应对这场十分血腥而又昂贵的战争，公众舆论正在发生彻底的转向——在道格拉斯和威廉·劳埃德·加里森等废奴主义者不断发表的演讲和文章的刺激下，公共舆情持续发酵。[36]

林肯的决心因此经受了几次考验。

第一次是在1861年8月，当时联邦将军约翰·C.弗雷蒙下令密苏里州戒严，并单方面宣布没收邦联军的财产，还解放了他们的奴隶。1个星期之后，林肯愤怒地撤销了这项命令，由此引发了反奴隶制人群的集体抗议。8个月后，联邦将军大卫·亨特——时任南卡罗来纳州、佐治亚州和佛罗里达州的海岸部队指挥官——宣布这些州的奴隶获得了自由。林肯否定了他的主张，让他立即撤回命令。著名的废奴主义者威廉·劳埃德·加里森指责总统"严重失职"，并暗示他尽管"身高6英尺4英寸（约1.9米），却是思想的侏儒"。[37]林肯也不想执行国会通过的《没收法案》，对这部"允许联邦没收邦联军财产并给予南方军民的奴隶自由"的法案并不感兴趣。林肯认为该法案破坏了他与保守党共同的事业，最重要的是，它还威胁到神圣的边境州的忠诚。所以，他在颁布法案的道路上且行且停。[38]他还没有做好解放奴隶的准备。道格拉斯和其他废奴主义者四处呼吁以示抗议。林肯撤销弗雷蒙的命令1个月后，道格拉斯在纽约罗切斯特发表了一篇题为《美国启示录》的措辞激烈的演讲，批评那些为了北方的团结而拒绝支持彻底废除奴隶制的政客。

林肯以超乎寻常的认真态度仔细聆听了他的演讲，并且以出人意料的速度彻底地改变了观念。

林肯一边拖延执行《没收法案》、撤销亨特将军的命令，一边忙着起草《解放黑人奴隶宣言》。1862 年夏天，他向内阁提交了该宣言的草案，只等联邦军在战场上取得一次胜利后就正式颁布。1862 年 9 月 17 日，联邦军在安提塔姆战役中没有输给邦联军（实际上也没赢，但只要接近胜利就足够了），林肯看到了他的机会。[39]

同年 9 月 22 日，他发布该宣言，声明除非各分离州在 1863 年 1 月 1 日前重新加入联邦，否则这些州的所有奴隶将 "从此永获自由"。林肯将利用他的战时权力没收邦联军的财产，而忠诚的边境州的奴隶则不受这一命令的影响。这一例外表明，总统仍然深深地受制于这些州折磨人的政治束缚，这也让道格拉斯和其他废奴主义者感到失望——尽管他们很高兴林肯至少解放了南方邦联的奴隶。

当《解放黑人奴隶宣言》在 1 月生效时，林肯已经在这一颇具革命性的、足以改变国家的文本中增加了一个澄清段落："我补充声明，这些人（前奴隶）若符合条件，则将被纳入美国的武装部队，成为堡垒、阵地、车站和其他地方的驻军，他们可以在上述武装部队的各种舰只上服役。"[40] 黑人此前只被允许参军，但现在可以拿着武器作战了。林肯认为这不仅仅是道德上的要求，也是军事上的需要。他必须为那些在联邦后方寻求庇护的50万到70万逃亡奴隶安排工作。他需要夺取南方邦联的劳动力。在一场迫在眉睫的消耗战中，他需要给前线补充"温暖的身体"。林肯相信，黑人士兵的参战将有助于赢得战争，他也是这样告诉格兰特将军的。他写道："我相信这是一种资源，如果现在大加利用，那么我们很快就能结束这场战争。"[41]

就这样，林肯大笔一挥，就把这场道德悬置、使分裂的国家走向统一的战争转变成一场为400万奴隶争取自由的战争——一场解放黑人奴隶的战争。同样激进的是，他断言：一支由黑人组成的军队将从本土发展起来，成为黑人解救自己的工具。虽然普遍废除奴隶制的目标在战争的迷雾中被悬置，但林肯解放黑人奴隶的第一步是征兵：黑人聚在一起穿上制服，学习射击和如何与白人并肩作战，这也是最关键的阶段。黑人入伍很可能会带来真正的社会革命。道格拉斯写道："这是自开天辟地以来，给长期受奴役和压迫的人民提供的最好的机会。一旦让黑人穿上带黄铜字母U.S.（'美利坚合众国'的缩写）的制服，扣上带着一只鹰的纽扣，肩上扛起一支步枪，口袋里装上子弹，世上就没有任何人有权力否认他在美国获得了公民权。"正如南方邦联副总统亚历山大·斯蒂芬斯所说的那样，一名黑人士兵出现在军队中是全世界与之为敌的最好论据，"黑人与白人不平等是真理。奴隶制、服从优等种族，对黑人而言再自然和正常不过了"。[42]

在皮洛堡战役中，黑人士兵——无论是自由人还是前奴隶——都只参加过几次战斗。他们无一例外，在战争中都有过惨痛的经历。他们遭受白人军官的虐待，鞭笞和殴打让他们想起那些身为奴隶的日子。他们受到普通士兵的侮辱，得到粗暴的医疗护理，分到白人讨厌的带有歧视性的工作（如挖厕所），拿到质量差的，有时甚至毫无用处的武器。他们没有享受到最初被承诺的平等。[43]1863 年和 1864 年，他们在路易斯安那州哈得孙港、路易斯安那州米利肯湾、南卡罗来纳州瓦格纳堡和佛罗里达州奥拉斯蒂的战斗中英勇奋战，黑人军团的努力使瓦格纳堡战役成为军事传奇——但这是以他们的高死亡率为代价换来的。

　　这是因为邦联军集中火力攻击黑人，枪杀或刺杀受伤的黑人士兵，处决黑人战俘，并在很大程度上遵循非官方的邦联政策，即"黑人求饶也没用"。在哈得孙港之战以后，一名战地记者写道："无论是在医院还是在镇上，都没有发现黑人战俘。"[44]在米利肯湾战役之后，邦联军高级官员为需要带走黑人战俘而感到愤怒，将其称为"令人不快的两难境地"。[45]除了开枪射杀或重新奴役他们之外，这些军官不知道该如何处置他们，而这两种做法都会招致报复。许多被俘虏的黑人士兵——甚至一些原本不是奴隶的黑人士兵，都重新沦为奴隶。①南方人拒绝给予他们白人战俘所能享有的权利。

---

　　①　南方对逃跑奴隶的再奴役政策延续到 1863 年的葛底斯堡战役。在此期间，多达1000 名黑人在宾夕法尼亚州被捕，其中许多人被送回他们原来的主人手中。这些被俘虏的人不是士兵，但却遭受着与许多黑人武装者同样的命运。

在皮洛堡发生了内战中人人皆知的最骇人听闻的暴行。这场战争无比血腥，人们无力想象。从阿肯色州到佛罗里达州，人们的脑浆和肠子在战场上四处散落。但除此之外也有些新情况。北方报纸上铺天盖地的图片显示，邦联军白人士兵砍杀联邦军伤员，用军刀将投降的黑人士兵砍成碎片。它们展示了邦联军士兵怒气冲冲地残杀他们曾征服的，而现在却奋起反抗的"家伙"的场景。这种行为既耸人听闻，又毫无意义，也许这就是黑人解放战争的意义所在。黑人士兵正在改变战争的道德底线和生理逻辑。到战争结束时，将有18万黑人应征入伍，其中一半以上曾是奴隶。他们占整个联邦军队兵力的10%以上，是足以改变战争胶着状态的一支重要力量。

第3章 春日之师

1864年5月2日，罗伯特·E.李将军在位于克拉克山山脊的信号站集结他的高级将领。他们骑马抵达那里，呼吸着令人振奋的空气，凝视着弗吉尼亚州中部那片微微隆起的土地。这个地方真可爱，多层次的绿色形成了最美的春天。在他们脚下800英尺（约243.8米）的地方，拉皮丹河在太阳的照耀下闪闪发光。河那边有一片开满鲜花的辽阔草地。乍一看，人们还以为这片广袤的土地仍是古老的山麓地带，超脱于流逝的时光，悦目而宜人，和凶猛的军队到来之前一样。

然而，透过望远镜，刚刚肉眼所看到的幻觉全部消失了。拉皮丹河的岸边东一片、西一片地筑起了防御工事。山谷里的田野依然绿意盎然，但因无人料理而杂草丛生。树木被整齐地砍倒了，放在地上，或者用作燃料，或者用来建造棚屋、木排路等军队所需的各类设施。房子、篱笆、谷仓都消失在各个连队的篝火中。坍塌的烟囱、破烂的蓄水池是许多农场仅存的一切。牲畜被屠宰、吃掉。这片土地被掠夺、毁坏、压榨殆尽。[1]

柯里尔和艾夫斯笔下的弗吉尼亚成为军事要地，其人口总数排全美第九，几乎是华盛顿人口的2倍。这个庞大的人工怪物几乎吞噬了人们从山顶上所能看到的一切。①格兰特的部下乔治·G.米德曾在葛底斯堡战役中获胜，指挥着有史以来北美大陆最大的军队——波托马克军团。

波托马克军团出现在拉皮丹河，是李将军那天手拿望远镜、召集北弗吉尼亚军团指挥官会面的原因。克拉克山是这场战争中具有战略优势的绝佳地点之一，从这里可以轻松地看到敌军全貌，甚至连他们的厕所、电报线、艺术公园、火炮仓库和粪车都能看到。²营地的白色圆锥形帐篷和木屋沿着拉皮丹河北岸绵延数英里，蚕食了白兰地车站、卡尔佩珀和斯蒂文斯堡等城镇，成千上万的烟柱从这些地方懒洋洋地升起。³其规模之大，使那些习惯于管理庞大军队的人都目瞪口呆。邦联将领们可以在西侧清楚地看到联邦的补给线——在那像黑色伤疤一样弯曲的奥兰治和亚历山德里亚铁路线上，火车运送着似乎无穷无尽的新兵和补给物资。东边是一片被称为"莽原"的深绿色灌木丛。将军们特别重视这片区域。几乎就在1年前，这里见证了罗伯特·E.李最伟大的胜利，也是战争史上的战术杰作之一——钱瑟勒斯维尔战役。

李将军对兵力悬殊的状况早已习以为常。但现在，他清清楚楚地看到了格兰特的兵力优势——那天，他根据对两个营地的士

---

① 根据1860年的人口普查数据，华盛顿的人口总数为7.5万人。格兰特的军队有12万士兵。拉皮丹河北侧的联邦营地里除了士兵之外，还有很多人，如军需官和医务人员、货车司机、小商小贩和逃跑的奴隶。

兵数量的估算，推测北方联邦军多出 2 万人，稍具优势。[4]不过，他很快就会改变这种情况。在这场迫在眉睫的战斗中，他只派了6.4 万名士兵与波托马克军团的 12 万人作战。格兰特所有的增援请求都得到了满足；李将军能指望的援助却屈指可数，而且他还不得不动用现有储备。如果李将军之前没有在弗雷德里克斯堡战役和钱瑟勒斯维尔战役中以少胜多，那么任意一个旁观者都可能会说他获胜的机会非常渺茫。

李将军的部队就驻扎在他脚下那片崎岖而树木繁茂的河岸上。凭借一个由泥土和木材搭建的堡垒保护，李将军的人马已经在那儿度过了整个冬天。除了挫败联邦军在 2 月进行的一次短暂的渡河行动外，邦联军的工作主要是盯着横穿拉皮丹河的联邦纠察队，热切地盼着雨季结束，战争重新开始。尽管南北士兵之间只隔着一条狭窄的水域，但他们在许多方面都有着天壤之别。北岸的蓝军是有史以来吃得最好、穿得最暖、训练最有素、装备也最好的军队，由一个迅速工业化的、货币供应充足的国家鼎力支持。对军中的士兵来说，过去几个月的生活基本称得上舒适而幸福。"这是我们在营地度过的最愉快的冬天，"纽约第七十七团的外科医生乔治·T.史蒂文斯回忆道，"一个令人愉快的特征是，女人们来来往往，军官的妻子来到这里和她们的丈夫一起过冬……在晴朗的日子，人们可能会看到女士们在营地和荒芜的田野上骑马，她们的出现明显增加了一成不变的评论的趣味。"[5]北方士兵饮食均衡，有猪肉、牛肉、蔬菜干、苹果干、洋葱、土豆、萝卜、卷心菜、泡菜，甚至有软面包，而不是通常那种硬邦邦的压缩饼干。他们有糖可吃，咖啡供应也很充足。[6]

南岸的士兵却没有如许欢乐。邦联军士兵的胡桃色和灰色制服破旧不堪，鞋子已经烂得没法再补，他们靠一堆几乎消化不了的咸猪肉和玉米粉过活。咸猪肉的主要成分是脂肪，盐味很重，通常呈蓝色，上面常常有毛发、污垢和肉皮残留。他们的咖啡是用橡子或者其他什么更糟的东西做的。邦联军垂涎联邦军的咖啡，每每缴获一批咖啡，都欢呼雀跃。北弗吉尼亚军团是一个行将败落的政府的附属物，这是对1864年春天的南方邦联最恰当的描述。北方联邦海军成功地阻止了食品、药品和工业产品流入南方，而南方的主要收入来源——棉花出口，体量下降了95%。南方物资奇缺，随着食品、衣物、种子、农具等所有物品供应减少，通货膨胀日趋失控。从1861年10月到1864年3月，南方的物价年均上涨120%。邦联的货币越来越不值钱，一套衣服要700邦联美元，连一双鞋都要40多邦联美元。过去，里士满人把一个装满钱的钱袋带到市场上，然后带着一篮子食物回家；现在，他们带着满满一篮子钱，却只能带着装满一个钱袋的食物回家。[7]美利坚联盟国几近破产，因为被承受不起的战争和受战争摧残而产能急剧缩水的经济榨干了。[8]士兵们从他们破烂的鞋子、日益减少的口粮、劣质的帐篷中深切地感受到了这一切；不过，最让他们忧心的是他们远在家乡的亲人同样陷入了贫困之中。种种困难导致军队的缺勤率高得惊人：李将军的军队缺勤率达10%。[9]这些人中有些不告而别，兴许还会回来；但有些人这一去就再也不会回来了。

尽管如此，北弗吉尼亚军团却依然士气高昂，真令人惊讶。许多人再次应召入伍，他们中的大多数人都瘦骨嶙峋、眼睛凹陷、皮肤发黄，但这毕竟是美国历史上最接近"无敌之师"的军队。在战争的前3年，他们在东部战区占据了主导地位。他们在第一次布尔溪战役、七天战役、雪松山战役、第二次布尔溪战役、弗雷德里克斯堡战役和钱瑟勒斯维尔战役中都取得了戏剧性的胜利。在安提塔姆战役中，他们与兵力相当于他们2倍的联邦军对垒，结果打了个平局。联邦军向邦联首都里士满进攻了5次，李将军带领这支队伍打败了他们5次。一批曾经战绩辉煌的联邦军将领屈辱地败在他的手下，北军因此遭遇接连换将的命运：乔治·麦克莱伦、约翰·波普、安布罗斯·伯恩赛德和约瑟夫·胡克（1863年深秋，乔治·米德虽未遭撤职，但也未能在雷奔战役中打退李将军）。葛底斯堡战役是邦联军唯一落败的战役，但李将军和他的手下不一定认同这种说法，因为他们并未投降。战斗结束后，联邦军甚至没有乘胜追击。在邦联军官兵心中，他们是把战争推向北方腹地的人，是进攻者——他们迫使在兵力上占优势的联邦军打了一场差点沦陷的防御战。战后第二天，李将军在写给妻子的信中说："我们没能把敌人赶出他们的阵地。"就客观事实而言，他的这种表述是对的。他的手下崇拜他，邦联军炮兵爱德华·波特·亚历山大写道："我敢肯定，没有任何军队的成员对自己指挥官的信心能比得上（北弗吉尼亚军团的成员）对李将军的信心。我们期待着在他的带领下赢得胜利，就像期待着永不缺席的日出。"[10]

现在，过往的一切胜利都是于事无补的安慰。站在克拉克山的最高处，这位须发斑白的57岁将军看到的不仅仅是眼前的风景。他知道，在弗吉尼亚州偏远地区，处于他视线之外的军队正在集结，准备对他发动大举进攻；还有即将开始的大规模的部队调动，其目的是把他困在某个地方，使他无法逃离，然后瓮中捉鳖，把他就地消灭。已经有16.5万名联邦军士兵被调往弗吉尼亚州。他们的目的和行踪都是联邦的机密，只有联邦最高司令部知道详情。维克斯堡战役和查塔努加战役的胜利者、联邦的拯救者尤利西斯·S.格兰特，作为联邦军总司令，要继续参与两军之间的博弈。

虽然李将军没有专职的情报局长，只有2名参谋协助其整理战事情报，但根据他的观察，再加上情报人员和侦察兵的报告以及媒体的报道，他准确地推测出了格兰特军队的去向。这实在令人惊叹不已。[11]李将军说，由于波托马克军团无法正面攻击他们，所以军团会从左侧向东、南两个方向移动。当他和军官们向远处凝望时，他指了指拉皮丹河下游的两个地方——格尔曼娜渡口和伊利渡口。"北方佬会穿越这些地方。"他说。他还推测出，有一支联邦军队将沿着詹姆斯河而上，至李当前位置的南部和东部，以威胁里士满。[12]他甚至准确地猜到，另一支联邦军军队将攻击弗吉尼亚州西部的邦联军，攻击还会特别针对弗吉尼亚州和田纳西州的铁路。他预测之事——应验，而这些都需要他去处理。

但是，现在他不得不担心摆在眼前的事情。在过去的几个月，李将军多次去过克拉克山，想看看河对岸的人马在干什么。基本上，除了消耗大量的食物和饲料并制造排泄物以外，他们什么都没做。但这种情况正在发生变化——营地的活动日渐频繁。正如李将军所预测的那样，5月4日午夜刚过，联邦军就开始了行动，他们摆脱了冬天的最后一丝懒散，开始在坚硬、干涸的道路上向左行军。行军的那个早晨是人们所认为的通常发生在大屠杀之前的一个完美时刻：空气温暖，天空布满星辰，斯蒂文斯堡周围的路边长满了紫罗兰。[13]

黎明时分，人们看到了一幅壮观的景象：美洲大陆有史以来规模最大的军队正在向东南方向移动，好似一片波涛起伏的蓝色海洋。士兵们以师、旅、团为单位大举进军，来势汹汹，步伐坚定，纵队绵延数英里。他们沿着缓坡的小道蜿蜒而下，抵达格尔曼娜渡口和伊利渡口。之后，他们以每小时约3000人的速度，大踏步地走过急流上的浮桥，一如李将军的预测。[14]这支军队的行动与其说是传统行军，不如说是一场盛大的庆典。数万支步枪的枪管在晨曦中像日冕一样闪闪发光，团旗啪啪作响，军号嘹亮，战鼓隆隆。随军行进的有6万多匹战马。人马的后面跟着数量庞大的军用运输资源的队伍，在树林中绵延数英里：有4300

辆货车、835辆救护车，还有一群牛。[15]

行军过程堪称完美，米德的参谋长安德鲁·汉弗莱斯夸口说："在我们这个国家，一支带着大炮和作战车队的庞大军队要走20英里（约32.2千米）并在此过程中穿越一座自建的河桥，没出一次意外，没有中断、延误，非常不容易。这一天的活儿干得可真不赖。"格兰特也认为那天的行动"非常成功"。[16]

尽管如此，整个行动还是让人情不自禁地觉得有些古怪。格兰特认为，他们极有可能会受到敌人的攻击。行军中的士兵通常不堪一击，军队的补给车队也是如此，而且它像一条龙尾巴一样在队伍后面拖了数英里。但李将军竟然没有阻拦他们，甚至试都没有试一下。所以，时间一点点地流过，队伍继续向拉皮丹河以南推进。现在是时候提问了：罗伯特·E.李——也许是两军中最具侵略性和最热衷于战斗的将军——到底打算做什么？

无论答案是什么，格兰特都不必等太久就能知道——李将军的行动将由一个单纯而周密的想法驱动。尽管人们无法预料战争会如何发展，结局何时才会到来，但在1864年春天，一个毫无争议的事实隐约出现在人们眼前。双方都承认这一点——尽管他们几乎无法就其他问题达成一致。这个事实是，所有这些流血事件的最终解决方案，现在都取决于一个事件：11月的北方联邦总统大选。双方的命运都取决于一个人的政治前途。美国人民曾希望交战双方能在某处的红木桌旁坐下来，最终恢复理智，实现和平。战争太可怕、太血腥，代价太高昂，不应再持续下去，必须停止。南方人特别希望英国、法国甚或俄国会进行外交干涉，最终促成作战双方均可接受的和平状态。有人认为，美利坚联邦可以恢复到战前的状态；也有人认为，和平将由南北各自独立为主权国家实现，一个是奴隶制的，一个是自由的。不管怎样，和平的理念——通过谈判达成的和平的理念，似乎总是像战场上的烟雾一样飘在空中。

最后，所有这些期盼都化为泡影。亚伯拉罕·林肯的想法和他们都不一样，只要他连任，就没有其他可能。那时，关于国家和平谈判，他提出了两条简单而又从大局出发的要求：第一，不完整的美利坚联盟将不予考虑；第二，这个联盟不能有奴隶制。双方的政客们就此争吵不休，但如果南方邦联总统杰斐逊·戴维斯和他的国会想进行和平谈判，就必须满足这些要求。尽管南方的反战情绪日益高涨，但南方邦联政府的掌权者们这辈子都不会同意林肯的要求。

因此，半个世纪以来的激烈的政治斗争最终聚焦在这场选举上，两军在拉皮丹河博弈的主要目的是影响选举结果。如果北方联邦在战场上获胜，那么林肯将再次当选；如果林肯再次当选，那么联邦军在金钱、人力和物资上的压倒性优势将使其很快在战争中获胜。不管怎样，南方邦联的政治生命很可能只剩下几个月了。如果北方联邦在战场上落败，那么林肯将在选举中失败，击败他的人将是为结束战争而选举出来的民主党人。双方都是这么认为的。在战争的新逻辑中，战场上的伤亡损失和北方投票站的选票息息相关。1864年1月2日，佐治亚州奥古斯塔的《每日立宪者》记载："我们射出的每一颗子弹……都是反对（林肯）获胜的最好的选票……这一具有决定意义的选票就在1864年的战场。"[17]

林肯遇到了他政治生涯中最大的麻烦。他觉得自己很可能在即将到来的选举中落败。在他的反对者眼中，他之所以不受欢迎——体现在一场激烈的反战、反林肯运动中——是由一连串的罪行引起的：他指挥不利，尽管花费了大量的精力和金钱，却未能在战争中获胜；他通过了中止人身保护令，在动荡的边境州实行戒严并监禁持不同政见者；他"专制"地滥用国家赋予他的权力；他不负责任地发布《解放黑人奴隶宣言》，将战争从恢复联邦的合理尝试转变为普遍解放黑人奴隶的跑偏的运动。对于许多北方公民来说，正如反战的民主党人乐于提醒他们的，最后一条是林肯犯下的最严重的错误。"让每一张选票都有利于白人，"一位俄亥俄州民主党人在《代顿日报帝国》上怒气冲冲地呼吁，"反对废奴大军，是他们将黑人儿童安置在你们的学校，是他们把黑人陪审员安置在你们陪审团的包厢、让黑人将选票放入投票箱！"[18]北方人不必非得是种族主义者才会对战争深恶痛绝。林肯的感觉并没有错，他的政治前途日益黯淡，他的影响力正在迅速下降。

因此，当尤利西斯·S.格兰特的庞大军队在5月4日清晨行动时，所有的赌注都被摆在了桌上。同一天，他几乎动用了弗吉尼亚州所有的联邦士兵，组织了一系列没有先例的协同攻击：一支军队越过詹姆斯河威胁里士满，另一支军队向南穿过谢南多厄河谷，威胁李将军的补给线；在西弗吉尼亚州的另一个部队打击包括铁路、盐场和铅矿在内的关键基础设施。格兰特认为，他必须在 6 个月内打败邦联军，事实证明，他没有浪费一点儿时间。[19]李将军也有了同样的紧迫感。尽管他并不幻想自己能赢得这场更大的战争，但如果他现在击败格兰特，就可能会使战争结束，而且可能是以有利于南方邦联的结果结束。所以，恶战将至，一切都暴露在危险之中。不会再像早期战争时那样漫无目的了：四处作战却没有明确的目的，除了保卫或者夺取不动产，这些行动简直毫无意义。5 月 4 日，那些闪闪发光的钢铁制品的移动是终极之战的开始。格兰特对战罗伯特·李。整个国家的人都知道这件事，人们屏息以待，想看看结局是什么。联邦日记作家乔治·坦普尔顿·斯特朗写道："这是非常关键、让人焦虑的日子……美洲大陆接下来几个世纪的命运在很大程度上取决于现在正在发生的事情。"[20]

第4章　血染莽原

在内战中，北方联邦军遭受的最惨烈的一次打击发生于1863年5月的钱瑟勒斯维尔战役。在托马斯·齐纳森·杰克逊（即"石墙"杰克逊）的出色协助下，罗伯特·E.李麾下的官兵击败了由约瑟夫·胡克少将指挥的人数相当于他们2倍的联邦军。这支庞大的军队渡过拉帕汉诺克河，灰溜溜地撤退了。从这样的奇耻大辱中可以得出两个主要结论。第一，李将军和杰克逊比任何一位联邦将领都更聪明、更足智多谋、更有胆量。第二，联邦军和邦联军在莽原进行战斗，意味着联邦军放弃了自己在兵力和火力上的优势，这对于任何一位士兵来说都是最糟糕的战斗场所。这片林地在拉皮丹河和拉帕汉诺克河南侧，12英里（约19.3千米）长、6英里（约9.7千米）宽，与其说这里是一片森林，不如说是一片由矮橡树、矮松、雪松、山核桃、荆棘和黑莓错综纠缠在一起所形成的无路之境。此处带刺的黑莓尤其多。这片土地是当地发展钢铁工业的副产品，人们为了制造木炭，砍去了所有的原始树木。之后，在原来的地方衍生出了一片又丑又密的沼泽般的次生林。

由于历史的偶然（实在没有更好的理由来解释他的选择，只能这么说了），乔治·G.米德少将选择的那条穿越拉皮丹河浅滩的路线直接穿过莽原的中心。（格兰特至少在一段时间内给了米德作战的决定权。）这并不是因为米德想在那里打一仗。打仗是他最讨厌的事。还有什么战略是比让罗伯特·E.李重新拥有过去的地形优势并夺走联邦军炮兵优势更愚蠢的吗？因此，1864年春天，联邦军的想法是尽最大可能迅速穿过莽原，穿过那茂密的灌木丛后迅速西行，进入更加开阔的区域。这样做是想把李将军从拉皮丹的防御工事里引出来。这项计划是由做事谨慎但脾气暴躁的乔治·米德和他的下属拟订的，看起来很不错。唯一可以想到的危险是北弗吉尼亚军团可能会在那令人窒息的灌木丛中伏击波托马克军团。不过米德认为这不可能发生。他和他的幕僚们确信，李将军动作再快也不可能完成这样一个行动。

这是内战中相当愚蠢、不明智和代价高昂的指挥错误之一，成千上万的人为此丢掉了性命。人们所说的"莽原之役"开始了。那片错综复杂的林地，包括在地图上都找不到清晰的路线的灌木丛和折磨人的偏僻的小路，都损害了联邦指挥官的判断力。[1]

李将军看到联邦军队一大早就开始了行动。他决定不去争着渡河，而是和向他报告敌人行踪的骑兵一起在莽原发动进攻。到了5月4日上午10点，他知道波托马克军团的主力正朝着莽原的中心前进。李断定格兰特和米德犯了一个严重的错误。于是，他把第二和第三军团交给理查德·尤厄尔中将和A.P.希尔中将指挥，自己则率军向正东直奔米德的军队。李的计划是尽快拦截这支军队，将其困于莽原，但要等到他的第一兵团司令詹姆斯·朗斯特里特中将抵达后，才开始全面战斗，给联邦左翼军队以致命重击。这个计划有两个问题：第一，李的部队出发较晚，可能来不及在灌木丛里拦截联邦军士兵；第二，李牵制的敌人兵力只占对方兵力的三分之一左右。但李对自己战术的信心令人惊讶。如果这次行动成功，那么李很有可能像"石墙"杰克逊1年前那样重创联邦军的侧翼。（杰克逊在钱瑟勒斯维尔战役后，因伤口感染引发肺炎而去世。）一如李的诸多决策，此举同样冒着巨大的风险。

与此同时，米德和格兰特又出现了一系列失误，李发现后，不失时机地利用了这些机会。米德以为李不会在莽原攻打他，于是就把他的大部分骑兵——军队的眼睛和耳朵——派往东部执行一项毫无意义的任务，即追捕幻影般出没的邦联军，让一个没有多少经验的指挥官带着不到3500名骑兵保护一条10英里（约16.1千米）长的战线。[2]他们实在无法胜任各自的新工作，结果，联邦最高司令部根本不知道大部分邦联军的行踪——他们推断邦联军在西边的某个地方，远在他们的追及范围之外。

但是，这一错误与下午由格兰特默许、米德犯的错误相比，真是"小巫见大巫"。李的军队正在疯狂地追赶他们，而联邦最高司令部却做出了惊人的决定——命令军队停止行军，就在莽原中部安营扎寨。这一决定的目的是等补给车跟上来。相比之下，"石墙"杰克逊的胜利之师从不会出于这种考虑而减缓他们行军的速度，（如果联邦军也能做到如此）格兰特在维克斯堡战役中的行动也不会因此受阻。但现在，这种考虑使他们的军队停了下来，也中断了格兰特整个春季的攻势。对供给线的执着体现了联邦军根深蒂固的谨慎和胆怯，这是麦克莱伦时代的旧习惯，即强迫性地担心所有可能出错的事情。和他的许多联邦军将领前辈一样，进攻让米德感到不安——无论如何，他都相信李的军队需要走很长的路才能追上他们，所以他决定停下来挖战壕。于是，米德麾下艰苦行军的士兵们开始在温暖宜人的春风里安营扎寨，生火做饭。

当联邦军士兵喝着咖啡放松的时候，李的指挥官们正让他们的部队沿着两条狭窄的东西向公路往前开进，这两条路是穿过莽原的奥兰治收费公路和奥兰治栈道。第二天，联邦军惊讶地发现大批邦联军出现在他们眼前。当军队准备战斗时，李选择的地形的优势立即显现出来。虽然米德有2倍于李的兵力，但他的师长们却很难把他们的士兵带到前线作战或转移到合适的位置。一个师需要4个多小时才能走1英里（约1.6千米）。米德刚把一个旅的人调动过来，军官们就发现几乎不可能把他们组成连贯的战斗线，也不可能让他们和其他旅联合作战。上午7点15分，米德命令高佛勒·沃伦少将麾下的第五兵团——约有2.4万人——在奥兰治收费公路上向尤厄尔的部队发起进攻。但沃伦的手下需要5个多小时才能准备就绪——即使这样，他们准备得还是不够充分。真的付诸行动时，沃伦只有部分兵力可以调度，于是不情不愿地开始了行动。他们没有得到联邦炮兵的帮助，因为这种地形对他们非常不利。即使炮兵参与行动意义也不大，因为茂密的丛林极大地限制了炮的部署，也使炮手往往看不到他们在射击什么。因此，许多所谓的联邦军优势并无实际价值。

这场战斗可怕到了极点，连老兵都两股战战，惊惧不已。这就像在黑暗中参加战斗，成千上万飞流的铅弹将这黑暗刺穿。如果不是距离极近，人们根本看不到彼此。整个军团都被淹没在灌木丛中；同一部队的士兵互相射击。人们在荆棘丛生的沼泽和沟壑中艰难地前行，或者选择任何一条看起来像是通往前方的路来走。他们一边摸索着看不见的敌人的位置，一边听着子弹穿透树木、灌木丛和周围的每个人的声音。火力如此激烈，以至于小树都被射倒了，其中大部分都是在3—5英尺（约0.9—1.5米）这种旨在伤人的高度断开的。大部分的战斗都是近距离进行的——因为只有彼此靠近才能看到敌人。

除了战场上常见的恐怖景象——流血、肠子流出来、脑袋爆炸——现在又增加了一种不太常见的东西：火。先是胸墙着火，接着是林地、田野，熊熊燃烧的大火吞噬了伤员，他们尖叫着求救，但无济于事，只能试图靠手的力量把自己从炼狱里拽出来。许多人就这样被活生生地炙烤至死。从烧焦的尸体上看，许多人死于窒息——但很难分辨他们到底是因为高温缺氧，还是吸入有害空气。[3]火的"功劳"不限于此：它还引爆了士兵们腰部的子弹带。包裹在软包装里的火药和子弹在爆炸时发出快速、尖锐的爆裂声，炸裂了士兵的腹部。许多士兵宁愿自杀，也不愿被自己身上引爆的子弹炸死或在身上烧出窟窿。人们仅凭士兵被活活烧死时的尖叫声，就能想象前方恐怖的景象。一位士兵写道："我看到一个人，他的两条腿都断了，他躺在地上，身侧是待击状态的来福枪，他手里握着推弹杆，眼睛盯着前方。我明白他这么做是准备在火烧过来时自杀。"[4]格兰特的助手霍勒斯·波特说："似乎基督徒变成了恶魔，人间变成了地狱。"[5]

士兵行为的改变为战斗带来了更加致命的危险。在战争中，战壕是常见之物。在战争最初的2年里，它们主要是在军队锁定固定阵地时使用。之后，军队在积极作战时用木头和泥土筑起防御工事。但是在莽原以及随后的一系列战斗中，一边打仗一边挖战壕成了规则，而不是例外，士兵们很快又开始不断完善它们，直到其达到艺术品的水准。他们就像招潮蟹，每当在某处停留一会儿，就自动开始挖战壕。后来，有关奥兰治收费公路附近的林中空地"桑德斯农田"的照片显示，尤厄尔（防御工事）的胸墙上有2英尺（约0.6米）深的枪弹坑，枪弹坑前面堆着5英尺（约1.5米）高的沾满了泥巴的圆木。[6]兴建这些防御工事的速度颇为惊人。米德的一名下属在家信中写道："1小时内，这里就出现了一个可以抵挡子弹的庇护所，高度足够掩护一个跪着的人……我们的防线延长时，敌军也在建防线。除了刺刀和防御工事上空的战旗外，什么也看不见。"[7]

第一天战斗的结果是第二天早上联邦军在奥兰治收费公路溃

败，最终，理查德·尤厄尔的第二军团取得了战术上的胜利。南部的地形对李同样有利，而联邦军的情况只稍微好一点。下午，葛底斯堡的英雄之一温菲尔德·S.汉考克少将率领的3.3万名联邦军士兵袭击了A.P.希尔的6500名邦联军士兵，但未能将他们赶尽杀绝。到5月5日下午6点，两条公路上的战斗暂时停止。使北方联邦遭受重创的莽原之役也阻止了南方邦联取得压倒性的胜利。对阵双方都瘫倒在地，一片沉默。

第二天，两条大路上发生的近距离战斗更多，伤亡率一样居高不下，一样的大火吞噬了树林和田野，一样可怕的是：敌友依然难辨。两军在战场上你来我往，进攻和反击仍在继续。具有讽刺意味的是，米德和格兰特在早期过于谨慎，后来又变得过于急躁：他们一再命令尚未准备就绪、人员不足的军队发动进攻。第二天的进攻是由两支出色的邦联军侧翼部队发起的，战斗场面令人难忘。一支邦联军部队根据李的计划行事：希尔成功地将联邦军锁定在一处；詹姆斯·朗斯特里特的第一兵团利用一个旧的铁路切口对联邦军第二兵团的左翼发动了一次惊人的攻击并将其彻底打败，几乎在那儿结束了战斗。但在莽原中，想维持优势却很艰难。朗斯特里特的脖子和肩膀被己方的炮火误伤——这不禁让人想起1年前"石墙"杰克逊的命运——进攻失去了动力。几个小时后，另一支邦联军侧翼部队沿着奥兰治收费公路在其北部几英里处向联邦军发起攻击，并将其击溃，给联邦最高司令部造成了巨大的恐慌。

　　烟雾最终消散，尸体被清点之后，人们发现：邦联军取得了巨大的胜利。李虽然没有彻底摧毁波托马克军团——他只不过是阻止了格兰特的大举进攻，但给格兰特的军队造成了重创。严格地讲，如果以伤亡人数来衡量的话，这次战斗给邦联军造成的影响甚至比邦联军在钱瑟勒斯维尔战役中的还要严重。在那场战斗中，联邦军3天内的伤亡（死亡、受伤、失踪）人数为1.4万人，而邦联军的伤亡人数为1万人。在莽原的2天里，联邦军损失了将近1.8万人，李损失了1.1万人。从数字上讲，这是联邦军迄今为止在战争中遭遇的最严重的挫折。李的胜利完全是战术上的：军队甚至没有离开在战斗伊始占据的阵地就迅速结束了战斗。格兰特却突然遭遇大败，他麾下成千上万的官兵惨遭杀戮。

　　然而，格兰特——以一贯的方式——并不这么认为。尽管他的大举进攻失败了，两军陷入了僵局，但他坚持认为：这不过是一场打成平局的战斗，李并没有实现他的目标。格兰特对他的部下坦诚地说，这一天的交战"并不是对实力的考验……我对这次交战的结果感到非常满意——因为很明显，李试图通过大胆的举动，在我们的军队投入战斗之前先从侧翼打击我们……但在这一点上，他失败了"。

　　格兰特就是这般沉着的人，对看似可怕的消息不屑一顾。但第二天在他等待战争的消息时，气氛紧张得简直让人无法忍受。格兰特抽了20多支雪茄，即使对他这个烟不离手的人来说，这也太多了。他紧张地削了无数根小棍（这是他的一种习惯）。但此时，他过于心烦意乱，以至"成功"削坏了他妻子送给他的好几副花哨的棉线手套。傍晚，联邦军侧翼在奥兰治收费公路以北转弯，一个接一个的信使带着联邦军溃败的消息赶来，一个惊慌失措的军官走近格兰特，告诉他，李"要将自己的军队楔入到我们和拉皮丹河之间来完全切断我们的联系"。格兰特把雪茄从嘴里拿出来，用透露出焦虑且大得反常的声音说："哦，我真的听腻了'李要做什么'。你们有人似乎觉得他会突然翻两个筋斗，然后同时落在我们的后方和两侧。做好你的本职工作，想想我们要做什么，而不是李要做什么。"[8]

当天晚上迟些时候，所有关于格兰特心烦意乱的怀疑都烟消云散。他的一位助手承认格兰特是"表面上冷静而自信地"接受这个坏消息的，但同时也描述了格兰特"退到帐篷里，脸朝下趴在小床上，用这种方式发泄自己的感情，毫无疑问，他深受触动"。这听起来很像是格兰特在对着枕头尖叫。这位助手补充说，格兰特"没有向他们隐瞒军队所受到的威胁的严重性"。[9]

接着，格兰特做了一件事。在一场漫长、血腥而复杂的战争中，还没有人见过哪位东部战区的联邦指挥官这么做过。它将作为战争的转折点和格兰特生命中的重要时刻之一被载入史册。要了解他做了什么，以及他是如何做到的，就必须了解他的过去。

一位联邦将军曾经把尤利西斯·S.格兰特比作"雷神托尔"，这和描述任何一位在内战中突然变得举足轻重的人一样，描述得很精当。[10]抡起雷神之锤暴击是他的作战风格。他直接冲向

第4章 血染莽原 / 059

你，一次又一次地袭击你，直到把你打败，然后强势地要求你投降。他有一种前任联邦高级将领们都没有的固执，一种貌似平平淡淡、毫不妥协、轻易不露感情的气质，如果他是你的敌人，那真的很可怕。他坐在自己的营地里不停地抽烟、削东西，不举行任何战争会议，也不在地图上做标记——他在脑子里打仗，面对胜利无动于衷，面对严重的挫折时则给人一种"都在他的意料之中"的感觉。他讨厌防御战。他的主要作战方式是直接楔入敌人的心脏，然后才开始考虑敌人会怎么对付自己。当然，他不是只有匹夫之勇。他在维克斯堡战役中使用的策略——从在密西西比河围堵邦联军，到自断补给线、对城市展开迂回攻击，都是这场战争中极为大胆和复杂的抉择。他对自己不幸的对手造成的影响主要来自连续猛攻——从河上进攻、从河口进攻、从铁路进攻、从后方进攻，最后是漫长而猛烈的围攻。他永不停息，也不会被吓倒。

这就是亚伯拉罕·林肯眼中的格兰特，他提拔其为中将，也将赢得战争的重担放在其肩上。真实的格兰特当然比这要复杂得多，他也有过去，这个过去——算上所有好的、坏的、不好不坏的，只不过是一把灰尘而已，并没有什么意义。在战争开始之际，这个坐在伊利诺伊州加利纳市一家皮具店办公桌后面的不起眼的店员，这个"有雷神之力"的人似乎是在神的引导下出现的，当时正是美国需要他的时候，他从惨败中获得了超凡的成功。他是如何做到的？谁都想知道这个答案。

他曾是西点军校的一名普通学生，在数学和骑术两门课上的表现很出色。在数学上，他的水平高到足以授课；在骑术上，他是他的同学所见过的最优秀的骑手之一。（他在还没有学会阅读时就学会了骑马。他12岁时已经是一个技艺高超的驯马师了。）他害羞、低调，他从他那高声大嗓、咄咄逼人、爱出风头的父亲身上吸取了一个教训：最谨慎的做法是坐在后排并闭上嘴巴。他不喜欢引起别人的注意。毕业后，格兰特在美墨战争中表现一般。这可以被看作他内战前生活的高光时刻——他至少没出什么大问题。

这一切很快就会改变。战后，他一直在部队里，在中西部和纽约州的几个岗位服役，之后分别在温哥华堡（现在的华盛顿）和北加州的洪堡服役。由于他作为军需官所需执行的任务相对较少，他把大部分空闲时间都花在了思考上，然后开始了一系列的商业活动。1852年，他生活在西部，当时正值淘金热时期。在那里，似乎人人都在发财——包括他的表兄弟们。他激动地给在东部的妻子朱莉娅写了封信，表示确信自己也会发财——只是有3个主要的障碍需要克服：糟糕的想法、可恶的运气，以及容易上当受骗的性格。

结果，他遭遇了一系列的失败。他在旧金山投资了一家商店，然后被商店经理欺骗，经理用他的股票换了一张无担保票据。后来，经理卖掉票据逃跑了，带走了格兰特投资的1500美元。格兰特在秋天买了猪和牛，在春天售卖，却赶上价格下跌——他赔了钱。他听说旧金山有人出高价买冰，于是投资了西北部的冰船。船在海上延误，冰融化了，他的投资化为泡影。他也尝试过用鸡来套利，但这次，鸡在运输过程中死了。他和他的两个军官同伴一起种土豆和洋葱去市场销售，砍伐木材卖给汽船制造商。但在哥伦比亚河泛滥时，这三种商品全部被冲毁。他和几个合伙人在旧金山开了一家社交俱乐部和一间台球室，没想到经纪人携款潜逃，害他们血本无归。他的一位商业伙伴说："格兰特和我都丝毫没有商业天赋。他拥有正直、诚实的完美灵魂，认为每个人都像他自己一样天真。"

但他还没有触底。所有投资都失败后，他被困在加州偏远海岸旁的红木森林中的一个孤零零的军事要塞里。他感到无聊、孤独、痛苦，想念留在圣路易斯的家人，于是开始喝酒。当时，美国军队的烈酒供应十分充足。军官们不仅喝酒，而且喝得很多。堡垒所在的地方越偏僻，人们就喝得越多。用现代术语来说，很难把"酗酒者"和那些"仅仅喜欢不停喝酒的男人"区分开来。

不幸的是，格兰特虽然身高5英尺7英寸（约1.7米），体重135磅（约61.2千克），但对酒精几乎没有耐受力。几杯酒下肚，一般人会变得快乐、健谈，但那却足以使格兰特从一个沉默寡言的年轻人变成一个说话含糊不清的邋遢醉汉。因为这个，和其他人相比，他喝酒的频率低得多。但大家都记得他四处滥饮的日子。从1853年开始，他越喝越多，渐渐影响到了他的工作。有一天，他在出勤时明显露出了醉态，他的指挥官给他两个选择：

要么辞职，要么接受军事法庭审判。他不忍心让妻子知道他是因为喝酒而被指控的，所以就离开了军队。[11]

格兰特的厄运还没到头。他回到在圣路易斯的家人身边，当时几乎身无分文。他被迫向专横的父亲借钱。在接下来的7年里，也就是内战爆发前的那几年，他的挫折际遇将变得更加戏剧化。他的生意继续亏损，这次是和农业相关的，有时是因为天气，有时是因为市场价格暴跌。他向军队的老熟人讨要工作，但没有成功。有好几次，他沦落到在圣路易斯街头卖柴火。他的军队和西点军校的朋友们看到衣衫褴褛、憔悴不堪的格兰特上尉在沿街叫卖柴火，都对他现在的样子感到惊讶。一个从美墨战争后就再也没见过他的军官喊道："天哪，格兰特！你在做什么？"他回答说："解决贫困问题。"[12]他试着做收银员、贷款谈判者，还和他的侄子一起在一个小公司做过房地产推销员。但他对处理这些业务也都没有天分。他的公司只能被迫停业了。

有一个关于他生命中的至暗时刻的故事，这个故事可以让人透视格兰特本人和他的烦恼。1858年，一群军官在圣路易斯的普兰特酒店驻扎，玩当时流行的勃莱格牌戏。他们还需要一个玩伴，不知怎么就约来了尤利西斯·S.格兰特。其中一名玩家是詹姆斯·朗斯特里特少校，佐治亚人，他是格兰特在西点军校的好朋友之一，也是格兰特婚礼的见证者。[13]两个人看见对方都很高兴，尽管朗斯特里特难过地发现"格兰特很不幸，而且……经济状况真的不好"。[14]

第二天，朗斯特里特在酒店外面散步时，又遇到了他的老朋友。正如他后来描述的：

我又和格兰特碰面了。格兰特把一块5美元的金币放在我的手掌心，坚持让我拿它来抵15年前的债务。我断然拒绝，说他已经停止服役，比我更需要它。

"你一定要拿着，"他说，"我不能忍受我手里的任何东西不是我该拥有的。"看到他的决心，为了不让他感到羞耻，我收了钱，和他握手告别。[15]

这就是格兰特——即使身处困境，依然诚实、坚定、高尚。1864年5月，朗斯特里特作为罗伯特·E.李在北弗吉尼亚军团的首席中尉与格兰特对峙时，格兰特仍保持着他曾经熟悉的那个人的行为方式。但正直对格兰特毫无帮助，反而使他的运气更差了。1859年，从西点军校毕业16年后，他在商业生活中的成功前景出现的可能性接近于零。他被迫做他曾发誓坚决不干的事——帮他傲慢的父亲做制革生意。他在加利纳做一个卑微的小职员，在两个弟弟的管理下，拿着微薄的工资。这时，内战发生了，那年他38岁。

格兰特的故事是这场战争中最著名的励志故事，他一次又一次地失败，然后出乎意料地获得了成功。在讲述格兰特取得成功的故事里，常常缺少两方面的描述：一是他在逆境中非凡的适应力，二是他忍受痛苦和逆境的顽强精神。朗斯特里特的叙述只是众多例子中的一个。促使格兰特出类拔萃的不是失败，而是他忍受失败的能力；不是他一直黯淡的经商前景，而是他不让失败变成使人堕落的道德缺陷。每次经历挫折之后，他都勇敢地尝试下一个目标。他聪明，足智多谋，有着一流的头脑和分析周围世界的能力——现在，没有人怀疑格兰特的实力——格兰特自己也一定想知道，为什么他在西点军校和军队里结识的伙伴中有那么多人获得了成功，而他却这么倒霉。

他没有放弃。即便是在离开军队后的那些困苦煎熬的日子里，他也没有借酒消愁，至少没有沉迷酒精。喝酒本来是最容易的逃避方式。当别人认为他已被彻底打败时，格兰特坚信自己还有机会。他是对的。只是这机会要在20年之后才出现。"他没有欺骗任何人的企图，除非是出于正当的目的，比如为了军事战略。"美国联邦将军、后来的战争部长约翰·M.斯科菲尔德写道，"最重要的是，他无法欺骗自己。"[16]这意味着他明白正在发生着什么。不过，他认为不管发生什么事，关键的是自己看待事情的方式。

莽原之役也是如此。在邦联军第二天实施最后一次进攻后的几个小时里，战场上出现了令人不安的宁静。"那令人印象深刻的难忘的夜晚的突出特点是沉寂——战斗喧嚣之后的沉寂。"南方邦联将军约翰·戈登回忆说。当两支大军"隔着能听见彼此动静的距离休息"时，只有"伤员低沉的呻吟和呼救声打破了寂静，双方士兵都得到了医疗队的救治"。[17]

联邦军这边，熟悉的沮丧感在士兵们的心中再次升起。他们认为自己即将掉头北上，或者，用他们的话来说，"灰溜溜地逃走"。"我们大多数人都认为这将是另一场钱瑟勒斯维尔战役，"一名来自马萨诸塞州的士兵说，"明天，我们要重渡这条河。"[18]联邦军的大量伤亡证明，在与李的较量中，新任指挥官并不比他的前任强到哪儿去。"格兰特没干什么，他就在那儿静静地坐着，削东西，听任他的助手约翰·罗林斯说大话。"联邦将军马森纳·帕特里克如此写下他对新上司的看法。[19]

后来发生的一件事，立刻改变了格兰特军队的官兵对自己、对战斗，甚至是对战争本身的看法。当天晚上，当温菲尔德·斯科特·汉考克少将率第二兵团的士兵在他们的防御工事后面等待行动命令时，他们看到一群骑兵在疾行。领头的人骑着一匹强壮的马，戴着军帽，穿着普通衬衫和沾满了泥土的骑兵靴，那人个子矮小，有些驼背。[20]他们通过之后，士兵们认出了那些人是格兰特将军和他的部下们。与此同时，他们也突然意识到：这些骑兵正在向南行进。南方！去里士满。这改变了一切。他们没有被打败，这只是终结战争的伟大战斗的第一轮。这是格兰特的思维方式，而成千上万的士兵立即接受了这种想法。突然，士兵们都站了起来，冲上前去，疯狂地欢呼。他们挥动帽子，点燃了松枝和树叶，照亮了格兰特前行的路。[21]最终，这里被一个一生都坚决拒绝承认失败的人注入目标、方向和勇气。这些感觉像野火一样席卷了全军，点燃了他们的激情。这也包括美国第九兵团的黑人士兵，他们的兴奋不比任何人少。当他们向邦联首府进军时，一个魁梧的中士用步枪的枪托戳了戳那些人，说："宝贝们，这里要关啦。"[22]

他们一起走向南方，走向战争的结局。

第5章　铁锹及其他战争武器

史波特斯凡尼亚郡府之役绕不开"挖掘"这件事。

这场战役中还包括枪击战，士兵们行军、撤退、进攻，以及战争中常见的大量死亡和伤痛。但这场战役的核心是挖掘，挖掘决定了几乎所有的事件。人类自创造文明之初就会挖洞来保护自己；在内战时期，士兵们也挖了很多洞，最近的一次记录是在莽原之役。但所有那些都和这次战役中的情况不一样。士兵们所挖的战壕改变了战斗的结果，也改变了战争的本质。[1]在史波特斯凡尼亚郡府之役以前，还没有哪一场战争主要是依托地面工事，但随后的每一场重大战役——一直到20世纪——都像是那场战争的一个衍生版本，蜂窝状的战壕向远处的地平线延伸，将军们无助地谋划着如何攻破它们。军队曾经在开阔的土地上进行的大规模的调动、包围和大胆的侧翼攻击等策略战，现在都被简化为从厚而坚固的防炮战壕后面窥探敌军。

但士兵们必须先行军，然后才能挖战壕。

莽原之役后的博弈始于两支大军的赛跑，距离是10英里（约16.1千米）。起初，格兰特拥有绝对优势。一方面，他知道自己要去的目的地——尽管李很快就意识到对手的目的地是史波特斯凡尼亚²郡府的一个不起眼的十字路口；另一方面，格兰特的军队比李的军队更接近目的地。如果格兰特先行到达，那么他的军队将处于李和里士满之间的位置。这样的话，李就不得不向南方邦联的首都撤退，或在可以发挥格兰特兵力和火力优势的开阔地带发起进攻。北方联邦最高司令部认为李不可能打败他们——"他们"就是曾以为李不可能把他们困在莽原的那群人。

可惜的是，他们输了赛跑。

他们落后得不多，但这于事无补，邦联军的险胜足以让李的骑兵——很快还有他的步兵——占领阵地。联邦军继续他们蹩脚的行军——他们中有一位将军说，这是他所见过的最丢人的行军——联邦军想插到李和里士满之间，但在遭遇了一系列不协调的步兵袭击后，再次失败。虽然他们拥有2倍于邦联军的兵力，但和以往一样，只带了庞大兵力中的一小部分。

这是罗伯特·E.李的机会，因为这让他有充足的时间布置防守。这段间歇改变了一切。李沿着6英里（约9.7千米）长的新月形路线自西到东封锁了通往史波特斯凡尼亚郡府的那个十字路口的道路，从而也堵住了通往里士满的道路。然后他下令驻扎在此，开挖战壕。³尽管由于整夜行军而精疲力竭，但他们不需激励就自动地以惊人的速度疯狂地挖掘，让看到现场的人不免想到海狸。他们把树木砍倒后纵向堆好。接着挖沟，把泥土堆到木头上。建木护墙或石护墙是为了将泥土固定在适当的位置。这些工事通常齐胸高，宽4—6英尺（1.2—1.8米）。⁴为了给他们的护墙加顶盖，士兵们将可以做椽子的原木固定在护墙两头，形成一个 3—4 英寸（7.5—10.1 厘米）宽的开口。这样，他们就可以在保护头部的同时开火。他们把灌木和削尖的树枝堆在壕沟前。防御工事前方留下的任何树木都会被砍倒，以开辟一片干净的火力圈。[5]

在更靠北的区域，北方佬（名义上的进攻者），正在做的事大同小异——按照工程师们部署的路线同样辛勤地挖掘。他们的防御墙是邦联军的长 6 英里（约 9.7 千米）加固墙的翻版。他们乐意牺牲睡眠时间来建立防御系统，是为了防止他们的脸、手臂和阴囊被炸毁。这是自战争发生以来，两军在战场上近距离对峙时第一次这样做。[①]连绵不断的防御工事立刻成为战争取胜的关键因素，士兵们表现得十分自然，好像这是他们习以为常的工作。

这是怎么回事？要知道格兰特和李都是进攻型的指挥官。在早期战争中，他们都避免打防御战，尤其是避免建防御工事，因为他们都认为挖战壕的习惯会使军队失去进攻的激情。[6]他们俩都以行动敏捷闻名。但现在，战争发生了变化，变化之大甚至使人们无法区分防御工事和进攻工事。没人知道下一步会发生什么，但人人都在挖战壕以防万一。士兵们知道一系列坚固的防御

---

① 双方在 1863 年维克斯堡的围攻中都已站稳脚跟，并且实力相当。但在此之前双方都是在极其陡峭的地形上建造城市防御工事，而不是"野战工事"。二者的主要区别是：野战工事是在战场上匆忙建造的，很快就被遗弃了，而半永久性工事是为长时间的围攻而建造的。攻城战中精心布置的防御工事并非罕见之物。

工事决定了取得胜利的概率。"把一个士兵放在战壕里，把一排火炮放在他身后的山上，就算他不够能干，也能以一挡三。"米德的助手西奥多·莱曼写道。[7]

然而，战术上的优势并不能完全解释士兵们疯狂的挖掘欲望。莽原之役是关于死亡偶然性的一个特别可怕的证明。人们置身于茂密的树林里，周围一片晦暗，什么都看不清，也什么都听不见，似乎把对生活和命运的控制权都交给了身边飞舞的铁质和铅质的弹药。这令人十分不安，特别是他们中的许多人是虔诚的教徒，把世上的一切都看作上帝意旨的表现。有些人相信这是一个一切都已经被决定好的宇宙，在这个宇宙中，一切都是按照上帝的安排发生的。著名的长老会神学家——"石墙"杰克逊的前幕僚长罗伯特·刘易斯·达布尼发表了这一非凡的信仰宣言："即使成千上万的死亡之弹在人类肉眼看不见的情况下被发射它们的人漫无目的地发射出来，在战场上莫名其妙乱飞，上帝之眼依然能根据智慧的安排，给每颗子弹一个目标、一个方向。"[8]

交战双方都相信上帝站在他们那一边，这使上帝决定每一颗子弹飞到哪儿的想法颇令人不安。某人18岁儿子的头被炮弹打掉了，意味着什么呢？这是对信仰的肯定还是否定？如果上帝站在他这边，那为什么会让他掉脑袋？为什么上帝的神圣安排表现得像纯粹的混乱？从神学视角来看，这种想法很复杂，甚至还引发了一场以达布尼牧师为主角的战地笑话。在莫尔文山战役中，"石墙"杰克逊的部队遭到炮火袭击，达布尼被迫躲在门柱后面避难。之后，一个参谋走近他喊道："怎么啦，达布尼博士？如果上帝指挥每一枪，那么你为什么要在你和上帝之间立一个门柱呢？"达布尼的回答是："因为这里的门柱就是上帝的安排。"[9]

虽然没有什么能够阻止死亡和躯体损伤，也没有什么能够阻止这些不幸在战场上随机发生，但一条坚固的战壕为士兵们提供了减少他们遭遇不幸的可能性的机会。那些像达布尼一样相信是上帝在指挥所有这些索命流弹的人也许不需要防御工事。但是，任何一个罪人——集结的军队中这种人显然不少——或者任何怀疑上帝完全站在自己这边的人，或者被战场上的虚无主义所吸引的人，都可能想要得到些许帮助。一个6英尺（约1.8米）厚的土堆，由12英寸（约30.5厘米）宽的圆木加固，就能阻挡一阵子炮火，这看起来比上帝实际得多。

指挥官们支持修战壕也对这种狂热起到了推波助澜的作用。到了1864年春天，对设防阵地进行正面攻击的后果已经得到了很多证据的支持。早在1862年6月，乔治·麦克莱伦率领的联邦军就在里士满以东的河狸坝溪岸边修建了坚固的防御工事，盲目攻击他们的1.1万名叛军被撕成了碎片。几天后，在盖恩斯磨坊的野战工事掩护下开火的联邦军士兵再次给敌方造成了可怕的伤害。但作战双方的将军们并没有以此为未来的战争设定模式，而是接受了相反的教训。由于麦克莱伦在七天战役中打了败仗，输给了李将军，而李将军并没有修建坚固的防御工事，所以建防御工事被认为可有可无，甚至不是一个好主意。双方在第二次布尔溪战役时都没有挖战壕，但"石墙"杰克逊麾下的部队在一条未完工的铁路切口后作战，拥有了绝佳的机会。[10]尽管李将军的时间充足，但他还是没有在安提塔姆战役时修建防御工事；他回到波托马克河，打了一场纯粹的防御战。

但军事观念在改变。1863年5月，在钱瑟勒斯维尔战役中，联邦将军约瑟夫·胡克修建了美国历史上最坚固的野战防御工事。这反映了战术思想的重大转变。尽管胡克在这场战役中输给了杰克逊——杰克逊以著名的侧翼行军方式在防御工事周围转来转去——大家都知道，如果从正面攻击，那这些工事几乎是无法被摧毁的。（客观地说，胡克的防御工事坚固得过了头。与城市防御相比，野战防御旨在诱使你的对手从正面攻击。）[11]1863年夏天的葛底斯堡战役显示，作战双方有效地利用了战壕和胸墙。在西线战场，人们在石头河战役和奇卡茅加战役中挖了堡垒。在弗雷德里克斯堡战役中，李目睹了一浪接一浪的蓝衣军在詹姆斯·朗斯特里特将军的战壕前倒下。在莽原之役中，A.P.希尔的邦联军第三兵团提供了作战双方都可以借鉴的教训：他们先是因未能挖好战壕而蒙受了巨大的损失，后来又在攻击一个设防的联邦军阵地时死伤惨重。[12]

现在，李将军的军队有足够的时间来修建精心设计的战壕。米德的助手西奥多·莱曼写道："这是一种规则。邦联军停止行军，第一天修建一个不错的步枪坑；第二天修一道带火炮的正规的步兵护墙；第三天，在护墙前面修建护墙板，后面再修一个坚

固的炮台。"人们的新知越发悲观。波托马克军团的官兵们已经
开始相信——而且很快就会完全相信，用他们的一位将军的话来
说就是："如果敌人比我们早六七个小时占领了一个阵地，那么
我们就无法攻下它了。"[13]

这一切，改变了战斗规则。

*　　　*　　　*

高佛勒·肯布尔·沃伦少将的名字看起来复杂，34岁的他是
波托马克军团中最年轻的指挥官。很多人都认为他是一个笨蛋，
但他的履历表可不是这么说的。他曾是西点军校的优秀学生，以
班上第二名的成绩毕业。后来他被提拔为波托马克军团的总工程
师。在葛底斯堡战役中，他把联邦军防线布置在小圆顶上，因此
成了那场战役的英雄之一。他在炮火前镇定自若，有勇有谋，不
苟言笑。格兰特认为，如果有必要进行人事调动的话，他是最有
可能接替乔治·米德的军官。1864年初，沃伦可能是联邦军队
中晋升最快的明星。

尽管他为人古怪，甚至还被很多人认为性格有严重缺陷，但
这丝毫不影响他的事业蒸蒸日上。他穿着邋遢，做事心不在焉，
总能让人想到心神恍惚的教授。他生性阴郁、粗鲁、唐突、狭
隘，对周围的人都很挑剔。他对部下很苛刻，对上司也不尊敬，
常常觉得他们不配做他的上司。他的炮兵指挥官对他暴躁的脾气
和"表现出的恶棍行为"感到十分惊讶。[14]波托马克军团的参谋
说他"令人厌恶、傲慢无礼"。[15]葛底斯堡战役之后，他在国会

作证时公然批评自己的最高指挥官。他对自己的部队事务事必躬亲，细致至极，他还热衷于插手其他将领的事务。格兰特把波托马克第五兵团交给这样一个人负责，让他指挥这支能影响战局的重要部队，着实让人觉得奇怪。

5月8日，沃伦和约翰·塞奇威克少将率领的兵团在史波特斯凡尼亚郡府一块叫作劳雷尔希尔的高地上袭击了邦联军坚固的战壕。联邦军遭到了猛烈的反击，并被击退。2天后，沃伦接到命令再度攻击劳雷尔希尔。这次，他拥有更多的兵力，准备时间也更充分。但他的进攻再一次演变成一场血腥的、毫无攻击力的战斗，看起来很像是5月8日那场战斗的再一次上演。[16]他发现，他的大炮在对付李将军的防御工事上几乎是不起作用的：铁炮弹以平滑的轨迹砸进敌方的原木和土堤里。[17]

人们可能觉得，沃伦一定会从中吸取教训。当然，沃伦的幕僚、下属军官和士兵也都认为袭击劳雷尔希尔的风险已经得到充分的证明。但总部的想法却没有改变。现在不是米德，而是格兰特控制着战场上的行动。格兰特已经受够了米德在莽原之役时的犹豫，但当时眼前的难题还没有得出最终的解决方案。确实有很多人伤亡，但这并不会使他失眠。他只是更加怀疑沃伦，因其在莽原之役时就已经表现不佳了。[18]

几个小时后，第五兵团再次奉命进攻劳雷尔希尔的邦联军战壕。这次，沃伦退缩了。他是一名出色的工程师，除了认为自己的上司愚蠢外，还很清楚邦联军的工事有多强大。他只是在假装努力战斗。他所率领的三个师中，有一个师根本没有前进；有一个师刚前进了很短的一段距离，就掉头回去了；第三个师虽然勇敢地迎击敌人，但很快就溃不成军——因为沃伦的手下都害怕了，认为战斗肯定会引起死伤，所以就撤退了。沃伦取消了进攻。他内心从不赞同进攻的决策。他的一名参谋说："今天晚上不会进攻……沃伦将军说，生命的损失太大了，不能冒这个险。"[19]

沃伦和他的军官们是对的：毫无成功希望地一次次攻打那些防御工事，本身就是疯狂的行为。但是，格兰特的想法不同。对格兰特来说，打败李将军的方法是沿着他的防线发动快速而持续的进攻，使他顾此失彼，阻止他掌握战斗的主动权。有些袭击只是为了把邦联军牵制在原地，这样，他们就无法增援其他部队了。在格兰特看来，进攻失败或在进攻中牺牲生命都是可以接受的。这是"锤击敌人"的真正含义，也是格兰特掌握战争主动权的标志。他不介意牺牲成千上万的士兵。但对于普通士兵来说，这是最可怕的。[20]他们被蓄意且无情地牺牲了。

但沃伦的痛苦还远未结束。事实上，最糟糕的事情就在眼前。令他大吃一惊的是，他接到命令，须于5月12日展开对邦联军在劳雷尔希尔的据点的第四次进攻。格兰特下达这个命令是因为他猜测李将军已分出兵力去支援其他战线，所以劳雷尔希尔的防御线会有所松动。沃伦知道格兰特预测失误，所以拒绝进攻。尽管他给出了他不能进攻的合理理由，但真正的原因是他不想牺牲士兵。高级司令部对这位脾气暴躁的指挥官已失去了耐心。格兰特考虑免去沃伦的职务。米德的参谋长安德鲁·汉弗莱斯恼怒地写道："司令的命令是不容置疑的，不管有没有危险，你都得立即进攻。"

沃伦别无选择，只好下令发动全面进攻。他的士兵刚冲上前去，就立刻遭到自邦联军战壕发出的猛烈的炮火反击。这些士兵在血雨腥风中冲锋，先要面对威力莫测的大炮，然后要面对从厚厚的、加固的土方工事和胸墙后面射出来的子弹。那些步枪的枪口穿过经过圆木加固的炮眼所形成的缝隙，喷出一片片火焰。沃伦及其幕僚和士兵都预测到了这即将到来的屠杀。沃伦提醒过他的上司，但于事无补，现在只能眼睁睁地看着他的属下一个接一个地在他面前倒下。更糟糕的是，这场屠杀是由一支只有5000人的精简的邦联师对拥有2.5万兵力的联邦军部队展开的。这场毫无意义的大规模杀戮一直持续到米德仁慈地命令第五兵团回到自己的工事内才结束。沃伦曾试图在一位想办法挫伤对手的将军的领导下采取理性和人道的行动，让他们也损失一部分兵力，但这位年轻的少将未能如愿。这是一场新的战争，是格兰特的战争，在这样的战争中，沃伦的那种理智的、人道的克制做法是行不通的。

史波特斯凡尼亚郡府之役标志着沃伦这颗冉冉升起的新星熄灭了。他的上司再也不会信任他了，他曾经光彩夺目的军事生涯迅速垮塌。之后，沃伦和米德、菲利普·谢里登将军不时发生激烈的争吵，他还公然批评格兰特浪费人力的作战策略。于是，沃伦在军中逐渐变得无关紧要。1865 年 4 月，他突然被解除了指挥权。

到史波特斯凡尼亚郡府之役的第四天，格兰特将军面临着一个改变战争优势比例的问题。他对李的加固防线所发动的进攻悉数失败，并付出了高昂的代价。其他兵团指挥官的表现并不比沃伦好，这意味着格兰特在人数上的压倒性优势并未发挥出来。李将军又想出了其他策略来消耗敌方的力量。在重重掩护下开火的士兵是不可战胜的——难道这个明显的事实不能给人更多启示吗？如果波托马克军团不能拿下敌军的阵地，这对战争的未来走势意味着什么？

格兰特参加过无数次战役，并且是这些战役的胜利者。关于如何打破僵局，他还剩下一个清晰的想法。这个想法来自一个年仅 24 岁的年轻人，他叫埃默里·厄普顿，3 年前刚从美军院校毕业。这位年轻的上校在去年秋天表现不俗，当时他所在的旅使用了他独创的战术，端掉了邦联军在拉帕汉诺克河的一个加固的桥头堡，俘虏了 1000 名邦联士兵。厄普顿用简单的方法思考复杂的事情，他傲慢，对上司的智慧不屑一顾。他曾写道："我们兵团的一些指挥官连当个下士都不够格。""懒惰，散漫，连骑马都骑不好。"[21] 他的想法和他火爆的脾气一样激进，但出于某种原因，他得到了当权将领的支持——也许这是因为他们自己没有什么想法。

5月10日晚，厄普顿带着一支5000人的队伍出发了。他让精心挑选的蓝衣军排成一个狭窄、密集的蓝色长方形——这与通常铺开的队形完全相反，是火炮和步枪最乐意攻击的目标——并把他的队伍带到李将军战线上一个倒U形的凸起处，这个凸起被称为"骡子掌"。士兵们接到的命令是穿过护墙之前不要开枪。他的目的是用突如其来的巨大力量在邦联军的护墙上戳出一个洞来。

这个计划竟然成功了，而且精彩至极。厄普顿的士兵们握着刺刀冲上前去，短短几分钟就占领了邦联军的防御工事。他们把数百名战俘赶到前面。"数量上占了上风，"厄普顿后来写道，"就像一股无法抵挡的巨浪倾泻在防御工事上。"就这样，他们到了难以穿透的战壕的另一边。他们兴高采烈地向前走了将近四分之三英里（约1.2千米），这时才发现自己有了麻烦。为了保住他们刚刚占领的阵地，并维持住他们撕开的缺口，他们需要增援，但并没有别的联邦军出现。这一指挥失误意味着厄普顿和他的士兵们只能孤军奋战。面对邦联军的猛烈反击，他们很快就寡不敌众，只能被迫撤退。他们中的许多人为浪费的进攻机会、毫无意义的生命损失而哭泣[22]。

但从不为任何损失哭泣的格兰特决定重复执行厄普顿的策略，只是规模更大而已。5月12日早上，整个兵团的2万名联邦士兵浩浩荡荡地出发了，兵力几乎是葛底斯堡战役中"皮克特冲锋"的2倍。他们袭击了"骡子掌"突出的"鼻子"部分，4500

名邦联军士兵看到眼前的一幕，不禁目瞪口呆。在这场战争之前，没有一个士兵见过这么多人挤在这么壮观、紧凑、律动着的纵队里；像"厄普顿冲锋"一样，这违反了公认的步兵战术规则。发动突袭的士兵一路开火射击，直到他们翻过护墙为止。这部分联邦军士兵很快就占领了邦联军的工事，其他联邦军部队也很快冲破了附近的邦联军防线。他们俘虏了3000名邦联军士兵，占领了战壕。李的部下再次反击，但这次联邦军没有撤退。现在，双方开始近距离互相攻击。这是这场战争中最让人沮丧的一次战斗，士兵们展开肉搏战，他们拼刺刀、斗枪托，直截了当地朝着对方的脸开枪，在堤顶上刺伤彼此。沟渠里满是雨水，而雨水已经变成了猩红色。一位邦联军士兵说："开枪时头都不从战壕伸出来肯定是自寻死路。枪装上子弹，上了膛，举到战壕上……用食指扣动扳机。"[23]一名亲历者认为这是一场"彻底的屠杀"，当天有9000人伤亡。

最后，联邦军的进攻以失败告终。尽管邦联军的堤防一次次地遭到袭击，他们的战壕里满是流血的尸体，但他们最终还是守住了阵地；他们被打穿，但没有被打散。第二天早上，李已经重新规划了自己的战线兵力，减少了薄弱地带，使之比以往任何时候都更加坚固。

令人惊讶的是，格兰特竟然认为5月12日的战斗是成功的——至少他是这么告诉他的上司的。"战斗第八天就会结束。"他在给联邦军总参谋长亨利·哈勒克的信中直截了当地说，"我们将安排3000—4000名战俘做日常工作，还包括2名军官和30门大炮。"无视大量证据，格兰特坚持认为李的军队已经疲惫不堪，濒临崩溃了。他认为李不断地修战壕就说明他的军队已经"摇摇欲坠"。格兰特很快就会发现他错了——战争还要持续将近1年。但这就是格兰特，一个从来不肯承认失败的人。他很沮丧，但没有被吓倒。

史波特斯凡尼亚郡府之役仍在继续。5月8日到5月20日，发生了一系列的战斗，更多联邦军士兵袭击了邦联军防线。但这些都没有改变李对防御的底层逻辑。在"骡子掌"和"血腥角"的战斗中，格兰特几乎就要冲破敌人的防御阵线。格兰特在弗吉尼亚州其他地方发动的进攻要么速度放慢了，要么彻底失败了。这意味着李很快就会得到增援，到那时逼他出战壕的难度就更大了。没什么解决办法，只能再次向南进发，向南部邦联的首都进发，去寻找新的战场——也许波托马克军团的运气会因此发生改变。

5月11日，"骡子掌"血腥战斗的前一天，格兰特给华盛顿发了一封电报，这封电报成为这场战争中著名的文件之一。他对这场战役做出了温和的、大体上乐观的评价：虽然伤亡数字很大，但结果"对我们有利"，敌人也蒙受了重大伤亡，等等。格兰特还表了决心："即使需要耗费整个夏天，我……建议在这条战线上战斗到底。"他在写这句话的时候并没有细究措辞，就只是这样写进了报告中。但当这句话在报纸上出现时，它像冲击波一样穿过北方。和他的前任不一样，格兰特不会退缩。他要坚守到底。这些话就像他两年前要求敌军无条件投降时所说的话一样，是人们闻所未闻的。它们又一次引起了轰动——尤其是在华盛顿。林肯立即将其公之于众，用报纸记者诺亚·布鲁克斯的话说就是，这座城市迸发出了"巨大的欢乐"，"空气中流淌着精神错乱的因子。似乎人人都觉得战争会马上结束"。[24]

更有趣的是，严格来说，格兰特彪炳史册的金句并不符合实情。

发表这一声明几天后，格兰特又得出了结论：他不可能整个夏天都沿着李在史波特斯凡尼亚郡府据点开辟的"战线"战斗，因为那是一种愚蠢的、会造成惨烈伤亡的，而且是对李有利的战略。继续这种战略的话，再牺牲2万个联邦金发小伙子也不会起什么作用，况且这种做法在政治上是无法被接受的。总统选举迫在眉睫，军队必须至少有一个明确的目标。所以，格兰特做了他唯一能做的合理的事情——继续向南进军，离开了他信誓旦旦地说他即使耗上整个夏天也会坚持下去的战线。他既没有这样做的勇气，也没有这样做的政治资本。很显然，李将军才是那个愿意整个夏天都在这条防线上奋战的人。

正如格兰特在4月9日写给米德的信中概括的那样："李的军队就是你的目标——他去哪儿，你就跟到哪儿。"这同样没有发生。李哪里都没有去，也没有去任何地方的计划。如果联邦军队要留下来消灭李，且并不打算占领和控制城市以及其他被认为有价值的不动产等，那么应该留在史波特斯凡尼亚郡府以北的那条宽阔弧线上的战壕里。正如邦联军将领约翰·B.戈登后来所说："格兰特向里士满进发了，但李并没有向里士满进发。他哪里都没去。他稳稳地驻扎在史波特斯凡尼亚郡府，恭候格兰特将军。"[25] 无论如何，格兰特打算进军里士满。这是因为李改变了他的战斗风格，而这改变了他的整个进攻逻辑，也改变了战争本身的逻辑。

第6章 另一种恐怖

现在，杀戮已经成为一种日常。这是这场战争早期未曾出现过的状况。1864年春天以前的大部分战役是相对孤立的：敌对双方迅速投入大量兵力到通常持续几天的战斗中。战斗结束之后，失败者撤退，枪声沉寂，清点人数，埋葬死者，把伤员送去医院。但这次杀戮的规模太大，导致不得不为战争按下暂停键，至少让战争暂停一阵子。在精心设计的补给线、医生、救护车和野战医院等基础设施及人员开始崩溃前，一支精疲力竭的军队所能承受的破坏是有限的。所以，在下一场大战之前，会出现一段寂静、和平的间歇期。在里士满进行的"七天战役"是个例外，那次战役包括1862年6月25日至7月1日的5次主要会战，给两军的后勤系统带来了巨大的压力。

但莽原之役和史波特斯凡尼亚郡府之役的状况与之前的战争的状况有些不同。两军连续作战2个多星期，如果不是格兰特转向东南部进军，那这两场造成近4万人伤亡的艰苦卓绝的战斗几乎没取得任何进展。[1]这与过去的"七天战役"不同，那次邦联军取得了明显的胜利之后，双方便开始了为期5个星期的休战。而现在，什么都没有解决——得胜之师没有坚守阵地，失败之师也没有离开战场去舔舐自己的伤口，双方都没有停下来去喘口气。等待他们的是更多骇人听闻的、近距离的肉搏战以及无尽的、同样无情的进攻。

这对伤亡人数巨大的联邦军来说意味着什么？如今，为处理集中爆发的暴力事件而建立的战地医疗系统突然严重超负荷运转。这最终导致了美利坚内战时期一场巨大的、难以预测的医疗灾难，这场灾难给数不清的联邦军士兵带来了难以描述的痛苦。[2]要了解这场灾难是如何发生的，人们就必须了解在莽原之战开始后的几天里，美军医疗部所处的不确定的、四面楚歌的境地。

毫无疑问，是子弹引发了这些问题。具体来说，是标准口径为0.57英寸（约1.45厘米）或0.58英寸（约1.47厘米）的圆锥形铅块米尼弹①，这种弹丸以其发明者法国人克劳德-艾蒂安·米尼耶的名字命名。[3]它们会造成极具破坏性的伤口，其杀伤力与尺寸极不相称。当它们以低速移动时，经过撞击后变形，然后旋进身体柔软的肌肉中，经常缺乏穿透躯体的速度或力量。一颗子弹明明击中了一名纽约士兵的脸颊，可却要从他的肩膀取出。另一颗子弹射入另一名士兵的左腰，沿着对角线爬到了他的右肩上，在途中撕裂了他的肾脏、肠子、胃和肺。一名被俘的邦联军士兵的脖子、胸部、肩膀和手臂四个不同的地方被同一颗子弹所伤。老兵甚至告诫新兵，在向敌军方向前进时，不要蹲下，因为这种

---

① 米尼弹最早是在19世纪50年代被当时的美国战争部长杰斐逊·戴维斯选定并为美军所使用的。

姿势会让子弹游过整个身体。[4]当子弹击中骨头时，子弹经常会变得扁平并扩到一枚银元的宽度，骨头随之严重碎裂，无法复原。此外，炮弹、弹片和弹药筒也会造成锯齿状的伤口。

一名无法自行从战场脱身的受伤士兵给医疗队提出了另一个难题：如何从战地解救他。担架员首先遇到这个难题。担架员通常是笨手笨脚的次一级的士兵，他们做这份工作是因为他们的指挥官担心他们在前线破坏兵团纪律。担架员把受伤的人集中起来，然后送他们上停在队伍后面500码（约457.2米）处的救护车。莽原为他们处处设阻：树林太过茂密，担架很难通过；整个战场陷入一片火光之中；敌友之间的分界线往往并不存在，意味着敌兵会不断地冒出来，而且子弹无眼，分不清医疗队和战士。与此同时，在地上痛苦呻吟的人们还有可能遭遇其他恐怖的事儿：被没了骑手的马和逃窜的骡子踩踏，被马拉的炮车碾压，[5]或者早在消极怠工的担架员出现之前就被活活烧死。

那些被抬出来的伤员由救护车送往军队后方野战医院的医疗帐篷群里，外科医生在那里给他们止血、清洗和缝合伤口，或者截肢。手术室里的场景是战争中最可怕的。人们痛苦地尖叫，他们的血染红了地面，有涌出来的，有喷涌出来的，还有汩汩流出的。在手持钢锯的医生们的两旁，胳膊和腿越堆越多。帐篷里很臭，既有像屠宰场散发出的人类内脏的味道，也有裸露的肠子和膀胱的伤口散发出的味道。最常见的手术是截肢，人们使用一种叫作"断头台"的方法：先用氯仿把伤员麻醉倒（用海绵给药），接着外科医生用刀切开伤口上方的软组织，然后用锯子把骨头锯断。医生夹住喷涌着鲜血的动脉，用浸了油的丝线缝合，再把截下来的胳膊或腿扔到断肢堆上，然后开始处理下一个伤员。一个熟练的外科医生可以在2分钟内完成一次完整的截肢手术。[6]

但截肢者或野战医院的其他伤员很快就面临着比做手术更大的风险。内战发生在发现致病微生物之前，意味着：虽然对手术本身精益求精，但依然会发生感染，医生并不知道是什么导致了感染，也不知道如何预防感染。野战医院受到严重的细菌污染。几乎所有接触伤员的东西上面都有细菌。医生们穿着被脓血浸透的工作服做手术。他们对无菌技术的理解就是用脏抹布擦拭血淋淋的刀子。毫不奇怪，感染和伤病是内战中比子弹和炮弹更可怕的杀手。受伤的患者也是伤寒、疟疾和肺炎等疾病的受害者。腹泻和它的近亲痢疾是这场战争的两大杀手：一个患痢疾，也就是急性、血性腹泻的士兵，通常每小时会排出一升以上的液体。[7]

医疗队的首要目标是让这些人尽快离开食尸鬼般的野战医院。5月7日早晨，在莽原之役最后一次战斗发生后的第二天，米德将军下令把7000名伤员向西运送到位于奥兰治和亚历山德里亚铁路上的拉帕汉诺克火车站。[8]他们将从那里乘坐火车经70英里（约112.7千米）到达华盛顿，然后被安置在首都的医院里。[9]这些火车将沿着格兰特的主要补给线南北向移动：向南运送枪支、人员、食品和医疗用品给12万人的军队；然后同样还是用这些火车车厢，将伤员运回北方。把伤员送到华盛顿的计划看起来很合理，但这其实是无数噩梦的开始。

第一个问题是米德的军队已经没有救护车了，虽然这与后来发生的事情相比显得微不足道。医疗服务与战争刚开始时的第一次布尔溪战役时期相比已经大有改善，正如一位观察者所说，以前军队的医疗部门"无计划，无组织，无人员，无补给，无救护车队"，尽管医疗服务进行了升级，然而莽原之役的伤亡率和伤病人员数量依然让它不堪重负。[10] 军需官做了他唯一能做的事：把空弹药车和配给运送车集中起来运送伤员。

在付诸实践之前，这主意听起来很不错。内战时期的救护车是由两匹马拉的四轮有篷货车，车上设置有带垫座椅、带垫平板和厚厚的弹簧，以帮助缓冲颠簸。但是那些简陋的、没有弹簧的军用货车上并没这些装备。唯一的"垫子"是匆忙扔到座位上的常绿树枝。这样的一辆车在车辙很深或崎岖不平的道路上行驶时，车上的人会感到颠簸、摇晃，骨头嘎嘎响。那些坐在马车里剧烈摇晃的重伤员有时不得不紧紧地抓住临时搭扣，但每次颠簸仍会引发痛苦的哭喊声，这哭喊声在马车出现在人的视线里之前就已经先行传到人的耳朵里。[11] 伤口撕裂、敷料和绷带撑开——许多伤员就这样死在了货车上。[12] 一旦发现有人死了，司机就停下来，把尸体拖进旁边的树林，埋在一个浅坑里，或者索性把尸体丢在那里留给别人去埋葬。[13] 就算是使用标准的救护车运送伤员，情形也很糟糕——在崎岖的道路上行驶时，它们同样会让伤员们感到痛苦不堪，但与军用货车相比，已经是舒适和豪华的典范了。不过，即使增派军用货车也不足以运送所有伤员，许多伤员只能被留在战地医院接受最低程度的护理。[14]

然而，对伤兵们来说，没有最糟糕，只有更糟糕。当米德的7英里（约11.3千米）长的火车车厢装载着不停呻吟的"货物"穿过滚滚尘埃向拉帕汉诺克火车站驶去，准备驶向获救之地时，他收到了新的命令，这将改变关于伤员处置的各种你能想象到的情况。[15]阵地从莽原转移到史波特斯凡尼亚郡府的决策广受欢迎，但同时也带来了一个严峻的问题：随着波托马克军团在李的右翼疾进，军团距原来的基地白兰地车站也越来越远——超过了40英里（约64.4千米）。这段距离太远了。这意味着军队的生命线比以往任何时候都更容易受到邦联军骑兵的袭击。所以，这条线必须迅速向东移动。

开始转移。格兰特大笔一挥就改变了每一份补给的路线和目的地，从饼干、弹药筒到骡子、炮弹、干菜和新兵，同时也为伤员的转移指定了一条新的路线。格兰特宣布，新基地将是一艘默默无闻的汽船，停泊在波托马克河一个不起眼的河湾处。这个河湾被称为贝尔平原（Belle Plain），但它既不漂亮也不朴素（"Belle"有"美女""朴素"之意），只有一片几百码（1码等于0.9144米）宽的泥泞的深红色黏土地，再加上一个灌木丛生、了无生气的悬崖。汽船将把补给沿波托马克河送到贝尔平原，在那里，物资将被卸下来，再用马车运到史波特斯凡尼亚郡府。

5月7日晚上，满载着伤员的一整列火车奉命掉头。[16]伤员们被告知要调头回到东部随军行动。在华盛顿某家医院里远离战争、安享太平的梦想破灭了，他们重返弥漫着腐肉味道的莽原的灌木丛中。对此，他们目瞪口呆，难以置信。到5月8日上午，最高司令部决定，医疗列车应开往由联邦控制的弗吉尼亚州弗雷德里克斯堡市，该市位于贝尔平原西南10英里（约16.1千米）处。于是，火车又隆隆地前进起来。有些伤员是走着去目的地的，还不得不向路过的骑兵讨水喝。[17]对于伤势严重的人来说，联邦总部的迟疑不定意味着他们要在火车车厢里多待24个小时。许多人因此而死。

＊　　　＊　　　＊

1864年，弗雷德里克斯堡已经成为战争的中心。这座充斥着18世纪流行的红砖建筑的沉寂的城市是罗伯特·E.李取得最伟大的胜利的地方。这一胜利曾使亚伯拉罕·林肯沮丧地说："如果有比地狱更糟糕的地方，我就在那里。"在1862年12月的弗雷德里克斯堡战役中，军队第一次炮击了一个重要的平民区。1862年12月11日，联邦军队以最高每分钟100发炮弹的频率炮轰这座城市，将之夷为平地。[18]作战双方的目击者对这种野蛮的袭击行为都感到震惊。没有被彻底摧毁的地方布满了参差不齐的洞，部分城市设施被烧毁。炮击停止后，联邦军队洗劫了残余的一切。

5月9日凌晨1点，在漆黑的夜色中，第一批医疗列车开进了这座几乎被夷为废墟的城市。那场面煞是诡异，很不真实。军队没有派先遣部队通知居民有7000名伤员将要来到他们的地盘。在伤员到来之前，这里没有任何军需品、医生、帐篷或医疗设备，而且这个城市本身也没有医疗或其他物资储备。只有火车车厢的碰撞声、马的嘶叫声以及人们的呻吟声，提醒人们即将发生变化。与此同时，货车上的伤员正在以更快的速度死亡；很多人已经两三天水米未进了。[19]

当长达数英里的火车进入沉睡的城市时，几位医生征用了他们能找到的所有建筑物。受伤的士兵被运到教堂、仓库、磨坊或者较大的房子里。[20]还有许多伤员被直接放在街道上。一些受伤的军官则被安置在私人住宅里，但这些地方却禁止普通士兵进入——这一政策很快就会引起激烈的争议。这座城市的居民紧闭门户。许多空荡荡的建筑里到处都是刚下的雨留下的积水。伤员被放在水坑里，他们的血与积水混合在一起，流得到处都是；在一个仓库里，血、雨和洒在地上的糖浆混在一起。[21]因为镇上没有足够的地方容纳所有的伤员，所以许多人被留在车厢里，他们中不少人在那里死去。在24小时内，不到30名医生要照顾7000名伤员。[22]在一些仓库里，伤员躺在冰冷、混着血水的水池里数日，没有食物，无人护理，而蛆虫和坏疽在吞噬他们的手臂或腿上剩下的部分。一名目击现场的护士写道：这些临时医院"肮脏不堪，无人照管"。[23]

但是，这场医疗灾难才刚刚开始。在这些来自莽原的伤员被安排妥当之前，从史波特斯凡尼亚郡府出发的一列列长长的火车就已抵达这座城市。很快，弗雷德里克斯堡的伤员就超过了1.4万名。这就是无休止的战争的含义：灾难层出不穷。医疗队被迫同时救助两个战场的伤员，意味着：虽然涌入弗雷德里克斯堡的伤员越来越多，但医生和医疗用品仍被困在战地医院。也就是说，对所有人而言，一切都是紧缺的。资深护士简·斯图尔特·伍尔西的描述令人毛骨悚然：

> 没有语言能准确描述现场的混乱。每天都有一列满载伤员的火车抵达这里，火车有好几英里长。断桥和各种事故堵塞了道路，路况十分糟糕；火车陷在泥淖里，需要花两三天才能抵达这里；食物匮乏，到处都是昏厥、饥饿、肮脏的写照。受了重伤的伤兵把胳膊搭在肩膀上，他们的脸上和头上都有可怕的伤口。我宁愿看一个朋友在战场上被杀死1000次，也不愿看到他这样受苦……死在路上的伤员不计其数。[24]

直到5月10日，也就是莽原之役开始整整5天之后，第一批携带医疗用品的船只才抵达贝尔平原的码头。

更让人不安的是，5000名联邦军士兵无心应战。他们搭乘医疗列车漂来这里。其中，有些人仅仅是轻伤，有些人故意弄伤了自己，还有些人从死去的士兵身上扯下血淋淋的绷带缠在了自己身上。他们中有许多人是战场上的懦夫，试图策划一次貌似合理的逃跑行动来逃离战场上的飞弹和随机的死亡，并使医生相信他们真的受了伤。他们与伤员争夺食物、住宿资源和交通工具。这样的人太多了，没人知道该怎么处理他们。像重伤者一样，他们是恐怖战争的产物。[25]他们在精神上受到了创伤，再也不能忍受关于战斗的念头，宁愿被公开羞辱也不愿被肢解或打死。

但是，把伤员送到弗雷德里克斯堡的"仓库医院"只是一个临时的解决办法。最终的计划是先用马车把他们带到距贝尔平原10英里（约11.6千米）处，然后用轮船沿波托马克河把他们送到华盛顿。（从弗雷德里克斯堡到阿基亚河的波托马克港原本有一条火车轨道，但它于1863年被摧毁后，就再也没有被重建；另一条路是沿拉帕汉诺克河，但沿途埋雷无数，而且游击队横行。）[26]

不幸的是，贝尔平原上也有棘手的问题。随着每天有1500多名伤员北上、大批军需物资南下，贝尔平原的泥滩成为一个巨大的运输瓶颈，造成了更多难以形容的痛苦。更多的伤员死在马车里。据一位观察家说，平均每英里有6具尸体躺在通往弗雷德里克斯堡的公路旁，是司机们把尸体丢弃在那里的；[27]也有些尸体留在他们死去时的货车里。伍尔西写道："我们今天在救护车上发现35人死亡，还有6人在被送往轮船时死在了担架上……骡子、担架、军用货车、战俘、死去的士兵和官员……乱七八糟地堆在这个环境恶劣的码头上，每隔一段时间就会发生一件让火车等上好几个小时的事情。"[28]

因此，当军队和医疗部门努力适应格兰特的奇特战术时，痛苦和死亡始终与之相伴。不过，在这样的恐怖环境中，偶然也会有一些充满甜蜜和希望的瞬间。一天晚上，《哈珀周刊》的一位记者走过教堂时听到了风琴声，便走进去。在十几盏灯笼散发出的鬼火般的光亮中，他看到受伤的人挤满了每一排长椅和过道，而在他们上方的风琴阁楼里，一个胳膊缠着绷带的人正在弹奏《家，甜蜜的家》。士兵们唱着、哭着，歌声结束时，一个声音从教堂远处的角落传来："来一首《扬基·杜德尔》！"[29]

第7章　战地天使

5月13日早晨，莽原之役开始8天后，一个身材矮小、长着黑色头发的迷人女子从一艘来回运送乘客的驳船上走下来，踏上了贝尔平原的临时码头。她戴着一顶有红色蝴蝶结的帽子，穿着朴素的衬衫和深色的裙子。[1]因为通常妇女在这种地方并不受欢迎，所以她得拿着一张特殊的通行证才得以乘轮船沿波托马克河航行。当其他有选择权利的人都想远离被战争恐怖的氛围笼罩的弗吉尼亚时，她却费尽周折来到了这里。仅仅说她是"战时护士"远不足以表达对她的仰慕，于是报纸都称她为"战地天使"。在内战中，她在男性主导的充满杀戮的世界里为女性创造了一个全新的角色。[2]无论在美国还是全世界，她都是一个名人。当她大步迈向贝尔平原的血腥与混乱时，很可能有人指着她说："看，克拉拉·巴顿来了。"

眼前的景象让巴顿感到十分惊讶，她写道："我永远不会忘记我从船上走到山顶时看到的情景。站在泥泞的平原上，我看到至少有200辆6匹骡子拉着的军用货车，上面挤满了等着被载上船送去华盛顿的伤员。"所有车都陷在齐膝深的淤泥中无法移动。当可怕的交通堵塞发生时，伤员们无处可去。巴顿很快就意识到，这些受苦受难的人是从弗雷德里克斯堡来的，不会很快就到达华盛顿。因为她没有能力送他们上船，同时又没人关注他们，于是她决定解决他们的吃饭问题。她逼着一个懒散的牧师替她干活，收集可以生火的东西，把锅挂在有权的树枝上，很快就有了"一打装着热气腾腾的咖啡的军用壶"。她找到一些饼干桶装咖啡，踩着厚厚的淤泥，把咖啡和硬面饼送到马车上的伤兵手里。[3]

但这不是巴顿来这里的目的。贝尔平原只是她的中转站。她要去的地方是弗雷德里克斯堡——她在华盛顿听说的那场巨大的医疗灾难的发生地。1862年，在弗雷德里克斯堡战役期间，她去那里护理过伤兵，是前线唯一的女人。她曾在一个燃烧着熊熊大火的城市里照料他们，炮弹的弹壳划破了她的裙子。第二天，也就是5月14日，当从贝尔平原来到弗雷德里克斯堡时，她看到了莽原之役后噩梦般的世界，而现在由于在史波特斯凡尼亚郡府受伤人员的到来，这里的情况变得更加扑朔迷离。满载着受伤和垂死的人的马车排成一列，蜿蜒而去，消失在山外。她回忆说："泥泞中的黑点……诉说着那些可怜人在这可怕时刻逐渐凋零的生命。"[4]在一家旧旅馆里，她发现"在光秃秃、湿漉漉、血淋淋的地板上，有500个快被饿晕的人无助地躺在那里"，他们"以上帝的名义向我乞求一块饼干，以免饿死（而我一块也没有）；或者乞求我给他们一个能装水的杯子——当然，前提是他们能找到水"。[5]

比这场突如其来的不幸更让她在意的是她从负责管理弗雷德里克斯堡仓库的一位联邦官员那里听到的话：

一个衣冠楚楚的小队长和城里最好的住宅的主人住在一起，他吹嘘说，自从前天进城以来，他已经改变了自己的看法；事实上，对于弗雷德里克斯堡的上流人士来说，打开家门接纳这些"肮脏、讨厌的普通士兵"是很难的事情。而他不打算强迫人这么做。[6]

这就是这些伤员躺在街上和血泊中的原因：城里的居民——联盟国叛徒——拒绝让伤兵进自己的家，而这得到了联邦指挥官的自私的支持。他们的门仍然紧闭着，巴顿在日记中写道："那些高贵的住户们自己建了个堡垒。"他们把杂货店也锁住了。带着许多被当权者尊重的那种冷静的愤怒，巴顿决定自己解决这个问题，而且就在那天解决问题——尽管她没有军衔，也几乎不认识城里的任何人。不到一小时，她就征用了一辆4匹马拉的轻型军用货车。她被带到了贝尔平原，从那儿登上了一艘开往上游40多英里（约64.4千米）处的华盛顿的蒸汽拖轮。黄昏时分，她已经到了城里，并"派人"去请她的密友——马萨诸塞州参议员亨利·威尔逊。他是参议院军事委员会主席，也是美国颇有权势的政治家之一。那天晚上8点，威尔逊已经到了她的公寓，想听听是什么使不可一世的克拉拉·巴顿如此心烦意乱。[7]

通往那一刻的路对她而言崎岖且漫长，也许是因为以前从未有女性走过这样一条路。她在马萨诸塞州靠近伍斯特的牛津镇长大，害羞、敏感而又聪明，她的父亲是一个成功商人。她端庄漂亮，是个真正的淑女；她还是个出色的骑手和擅用左轮手枪的神枪手；同时，她使用工具也很拿手。总之，她非常能干。巴顿很崇拜她的父亲，特别喜欢听他讲他在密歇根州与安东尼·韦恩将军一起服役的故事。她喜欢听战争故事，对有关战争的一切都感兴趣。

长大后，巴顿成了一名教师，大家都说她是个了不起的教师。不像那些严厉古板的女教师，她热情、友好，关心自己的学生。24 岁的时候，她在马萨诸塞州创办了一所学校，报名的人的数量很快就超过了招生计划。29 岁时，她在新泽西州的博登敦建了一所公立学校。这所学校是该州最早一批公立学校之一，广受欢迎。由于入学人数激增，巴顿建校 1 年后，该镇就出资另建了一座能容纳 600 名儿童的全新建筑。她靠一己之力重新定义了镇上的教育观念。[8]

她还拓宽了 19 世纪 50 年代职业女性的愿景。新校舍完工时，镇上的官员们做了一件可能除了克拉拉·巴顿之外每个人都觉得正常的事：他们雇了一个男人做最高层的管理工作，付给他 2 倍于她的工资。她的新头衔和那里的其他女人一样——"女助理"。她感到非常失望。她有强烈的公平意识，而她遇到的事太不公平了。

她辞职了，移居华盛顿，成为美国专利局首批女职员之一。在这里，她的智慧、魅力和出色的能力再次让她迅速获得成功。她的年薪很快就达到 1400 美元，这对女性来说是一份非常高的薪水，与她的男性同行的薪水相当。（相比而言，女记账员的年薪为 500 美元，教师的年薪则是 250 美元。）男人们还不能豁达地接受这个事实——他们认为女人不应该有野心，而应该端庄地坐在家里照顾孩子。巴顿气场强大、漂亮、直率，尽管不乏追求者，但她却坚持不婚，这更让她身上笼罩着神秘的影子。于是这些人散布谣言，说她滥交，有私生子，其中一些孩子还有"黑人"特征。早上，当她走向办公桌时，有时会受到嘘声和口哨声的"欢迎"。有些人甚至对她吐口水。[9] 虽然她忍了下来，并且把工作做得很好，但最后还是失去了这份工作——1856 年的选举带来了新的政府班子。她回到马萨诸塞州的家中，申请了许多工作，但都被拒绝了，大多是因为她的性别。她开始了宅在家中的老姑娘的生活，变得十分沮丧。

就像因为战争而变得有影响力和出名的其他人一样，克拉拉·巴顿在 19 世纪 60 年代的前 10 年是个失败者——至少她是这样看待自己的。1860 年 6 月，38 岁的她觉得自己毫无用处，绝望、孤独，身体和情感几近崩溃。在和朋友们一起疗养时，她甚至想过自杀。她在日记中写道：死亡降临时"一定是我一生中最甜蜜的时刻"。[10] 1860 年，随着林肯入主白宫，共和党政府开始执政，她在美国专利局得到了另一份工作，但职位较低，薪水只占她先前薪水的一小部分。当时，在专利局工作的女性比以前多了——也就是说，在1861年4月战争爆发时，她和其他女性一样，处于一个令她感到"低人一等"的地位。

但这场战争彻底改变了克拉拉·巴顿，就像它改变了战前屡屡失败的尤利西斯·S.格兰特、威廉·特库姆塞·谢尔曼和"石墙"托马斯·乔纳森·杰克逊一样。[11] 她从一开始就想为联邦的战争事业做出个人贡献。她本想应征入伍 她迫切地想参军——然而，那是不可能的。合乎逻辑的下一步行动是加入多萝西娅·L.迪克斯领导的全新的军队护理队。多萝西娅·L.迪克斯是一位正直、严肃的"战士"，以照顾精神病患者、穷人和被囚禁者而闻名。成千上万的妇女前往华盛顿加入她的团队。（在此之前，所有的军队护士都是男性。）

不幸的是，大多数女性都达不到令人望而生畏的迪克斯小姐的要求，尤其是那些年轻、有魅力的未婚女人。她想要的是年纪大的、相貌平平的女性，最好没有吸引力。她希望护理队里没有30岁以下的人。她讨厌长着"蜂腰"的女性，毫不掩饰对"苗条、有气质的年轻女子照料受伤或生病的年轻男子"这一想法的恐惧。据一位观察者说，迪克斯要雇用的求职者，必须"衣着朴素到几乎令人反感的地步"。[12] 虽然克拉拉·巴顿快40岁了，但她看起来比实际年龄年轻10岁，而且确实有着纤细的腰肢、明亮有神的双眸、迷人的性情——她身上具备迪克斯小姐厌恶的一切特征。

此外，巴顿也有自己的想法。在专利局工作的业余时间，她开始从她家乡所在的州募集食物、衣服和医疗用品，并将其分发给马萨诸塞州的军团。从馅饼、蛋糕、果冻、腌菜到威士忌、烟草、衬衫和绷带，应有尽有。她还自己花钱买供给品送去军队。她为士兵们做餐点，甚至租了一个仓库。然后她将这一切都分发给了马萨诸塞州的志愿团，这些志愿团是响应亚伯拉罕·林肯的号召由平息叛乱的7.5万名士兵组成的军队的一部分。星期天，在去教堂的路上，人们可能会看到她那小小的身影。她高高地坐在一车物资上，穿过华盛顿的街道。[13]（所有这些通往军营的旅程，都有一名男子陪伴着她——通常是她的侄子。独自一人进入军营的妇女会收获"妓女"或者"小老婆"的蔑称。）这也是她的自救行动。在战争的头一年和一半的时间里，她一心一意地追求着这个目标（为前线筹集补给）。

不过，巴顿想做的更多。她想参战，但这个梦想实在无法实现，她只好去战斗发生的地方，或尽可能靠近战场的地方。她知道军中有大量未得到满足的需求——军队的医疗服务仍然有严重缺陷，为伤病员提供的食物和其他物资在最好的情况下也是时断时续。一个叫"卫生委员会"的民间救援机构在努力满足这一需求，但越靠近前线，服务就变得越不可靠。迪克斯所带团队的护士大部分都在远离战场的城市。

1862年夏天，巴顿以她出色的沟通能力说服了华盛顿军需仓库的负责人，允许她独自带着6辆配备马匹的马车和通行证前往远离前线的"非交战"地区的军营。她分发了3个仓库的全部食物和其他物资。然后，她通过关卡，直奔前线——或者说到了她所能到达的最接近前线的地区。卡尔佩珀法院小镇离雪松山战役的战场只有几英里。在那里，"石墙"杰克逊手下的一支邦联军部队刚刚击败了纳撒尼尔·班克斯手下的一支联邦军部队。伤兵蜂拥而至，医疗部门一如既往地没有准备好处理他们。午夜时分，巴顿带着1辆马车和4匹马到达这家野战医院。在那里，浑身是血的医生已经把各种类型的伤口敷料都用完了。她给他们送来了补给。她发现自己置身于一个从未想象过的悲惨世界：身体部位被炸掉或被砍掉的人的肠子在身体外边拖曳着；外科医生在地上布满血迹和粪便的医院里挥舞着骨锯。[14]她不吃不睡地埋头工作了2个晚上，不停地刷地板、分发绷带。

3个星期后，她设法来处理联邦军大败造成的又一个医疗灾难，这次是在第二次布尔溪战役中。她和随行同伴是那里仅有的志愿者。[15]她仍旧带了食品、绷带，为人们做饭；但这次，她除了是一名志愿者，还是一名护士。她照料伤兵、做敷布、挂三角巾吊胳膊、敷止血带、换绷带。她在弗吉尼亚州费尔法克斯的医院里连续工作60个小时没睡觉，然后在一个到处是水的帐篷里睡了一觉。[16]"石墙"杰克逊的先头部队到达时，她刚刚离开。

但巴顿骨子里的坚强让她并不满足于此。她想去子弹飞来飞去的地方，想去战争发生的地方——尽管这种想法听起来很疯狂。虽然巴顿确实拥有很强的自我意识，但她这么做不仅仅是为了追求荣耀。她目睹了军队医疗系统的无能，知道战地医院是多么不堪重负、供应不足。那些地方没有女性，也没有女性出现的先例——但这对她来说无关紧要。她相信她能帮上忙。事实会证明她是对的。

1862年9月，罗伯特·E.李带领北弗吉尼亚军团穿过波托马克河进入马里兰州，不久，他们将与乔治·麦克莱伦少将领导的波托马克军团交战。尽管还没人知道战斗会在哪里进行，但巴顿还是出发了——带着一辆装满食物、绷带和敷料的6匹骡子拉的军需马车。9月14日，她离开华盛顿。这位身材娇小、衣着朴素的女士坐在一辆过载的货车上，旁边坐着一名货运司机和一名男性同伴——她的朋友科尼利厄斯·韦尔斯牧师。货车在首都的街道上嘎吱嘎吱地走着。

巴顿的通行证只允许她到哈珀斯费里，但她忽略了它的限制。她跟在麦克莱伦率领的8.5万人的波托马克军团之后，晚上在开阔的田野里扎营，一大早就起来，在军团长达10英里的补给车中奋力前进。[17]她设法跟在他们周围，选择狭窄、崎岖的小路，经过数千个联邦的营地。（在她的日记中，她提到了这支庞大军队所散发出来的"有害"的臭味。）[18]她停在安布罗斯·伯恩赛德第九兵团的左翼，靠近马里兰州夏普斯堡镇附近一条名叫"安提塔姆溪"的狭窄溪流。第二天早晨，北方几英里外的联邦右翼开始了战斗。她朝响着隆隆炮声的地方前行，绕着麦克莱伦的军队转了一圈，然后跟着约瑟夫·胡克将军手下的一个步兵纵队来到了战场——竟然没人阻止她。她靠近于一个被称为"麦田"的地方——约瑟夫·胡克和"石墙"杰克逊就是在这里制造了美国历史上最血腥的一天中最血腥的时刻。炮火在她周围轰鸣。她终于如愿以偿——"上"了战场。

当她冒着枪声前行时，在麦田以北的波芬伯格农场里工作的外科医生们被大量的伤员压得喘不过气来。人们从没见过这样的杀戮行为。救护车的服务质量有了很大的改进，现在可以把更多的伤员更快地送到医院。这意味着医院里的储备几乎都用光了。巴顿很快就找到了医院。医院里有一位外科医生——詹姆斯·邓恩，他是她在第二次布尔溪战役和雪松山战役时的旧相识，他很钦佩她。他告诉她，他们"撕毁了在这所房子里能找到的最后几块床单，（我们）没有绷带、抹布、棉布或绳子，所有这些被流弹射伤的人都在流着血等死"。[19]士兵的伤口是用玉米皮包扎的。巴顿拿出她带过来的医疗用品，然后就去工作了——准备食物，舀出一大桶稀粥，召集闲散的士兵帮忙引导伤员进来，照顾和安慰伤员。男人们像服从高级军官一样服从她。夜幕降临时，令外科医生们惊讶的是，她做了一些蜡烛灯，以便他们继续手术。

她在隆隆炮火之中做着这一切。当巴顿正在给一个士兵喂水的时候，突然感到袖子被猛拉了一下，接着就看到那个士兵倒下了——一颗错过她的子弹立刻击中了他。后来，一名表情痛苦的士兵让她帮忙取出一颗卡在他脸颊上的子弹。她抗议说她不能给他带来这么大的痛苦，他回答说："你不会伤害我的，亲爱的女士。我能忍受你的手所能造成的任何疼痛。"于是，当另一个男人抱着这名士兵的头时，她用她的小刀挖出了子弹，然后给他清洗、包扎伤口，送他回到自己的营地。[20]这段时间里，巴顿很可能也患过伤寒。

当硝烟散去时，波芬伯格农场的每个人都知道克拉拉·巴顿在战争中做了一件前所未有的、非同寻常的事。她单枪匹马地为一个治疗了多达1500人的野战医院带来物资，既做护士又做管理者，表现出色。她的成就使人们扩大了对英雄主义的定义。在这里，一个身材矮小、意志坚定、浑身沾满泥土和鲜血的女人在照顾男人们。炮声隆隆，子弹在她周围呼啸而过，男护士和助手们都逃走躲了起来，只有巴顿和首席外科医生留在原地。

克拉拉·巴顿在以她自己的方式战斗，她自己就是一个女性救济和护理机构。她重新定义了女性可以做什么，刷新了那个时代的人对女性能做什么的思考。而到了1864年春天，其他地方也开始出现追捧她的做法。关于她战时护理士兵的故事在北方的报纸和杂志上都有报道。美国卫生委员会和基督教委员会已经成为巴顿个体补给任务的大型、制度化版本，从数千家当地分支机构收集和分发物资。迪克斯小姐的护士们已经从城市转移到了分区野战医院。军队的医疗服务，从担架到救护车和医院，都有了很大的改善。战场独立护士的日子结束了——他们人数本来也不多。巴顿很有名气，但现在单枪匹马地做这件事已经没有必要了。她离开华盛顿，随军在卡罗来纳州海岸待了1年。回来之后，她发现时代已经变了——她与专利局的协议终止了，而它实际上资助了她的战争工作。她第一次无法获得进入战区的通行证——战争部长埃德温·斯坦顿拒绝了她，军队的医疗部门也不肯施以援手。1864年4月，当军队为莽原之役备战时，她陷入了绝望、沮丧的低谷。她在日记中写道："这是我人生中最消沉的一段日子。""整个世界都显得自私而奸诈……我一遍又一遍地审视着整个道德领域，一切都那么黑暗……那么死气沉沉，自私，精于算计。"[21]

但格兰特在弗吉尼亚开展的战争行动让她兴奋不已。3月的一个晚上，当尤利西斯·S.格兰特走进白宫震惊全场时，她就在人群中。她满怀希望，比以往任何时候都更想接近这场战争。当战争在莽原开始时，她利用所有关系，花了一个多星期的时间在华盛顿的走廊里苦苦恳求，终于拿到了去贝尔平原和弗雷德里克斯堡的官方通行证。她在那儿看到了可怕的场景，于是前往华盛顿报告这些情况。

5月14日晚上，她一回到自己在首都的小公寓，就让参议员亨利·威尔逊去见她。他放下手头事务，急匆匆地跑过去看她。一个没有官职的女人怎么能如此专横地"使唤"一个华盛顿极富权势的男人？答案是：巴顿和威尔逊关系暧昧。他们在林肯就职后不久就见过面。他来自她的家乡，她认为他是一个可以帮助她的人。当他成为参议院军事委员会主席后，便更有能力提供帮助了。她和他建立了友谊，而他可能爱上了她——至少他的表现让人得出了这样的结论。没有证据表明这段关系有"性"的因素在内，但人们肯定谈论过这一点。巴顿不屑于与已婚男子发生婚外情，她在1863年对她和南卡罗来纳州的希尔顿黑德的一名陆军中校的关系的处理就是例证。会有这番相见是因为这位意气风发、身材魁梧、头发花白、出身贫寒的参议员多年来一直在拜访她——当然，她也去拜访过他。有时他每天都去看她。她一如既往地才华横溢、颇有魅力且健谈。他被她的谈吐和轻松随意的举止所吸引，也被她在战场上所做的一切深深打动。她变得和他一样有名了。他帮她了解美国军队及其错综复杂的规章制度。

当晚，在她华盛顿的公寓里，她向他详细讲述了弗雷德里克斯堡的严峻形势，以及联邦政府不让普通士兵进入当地住宅的政策。他听到后很是震惊。当晚10点，他在战争部转述巴顿带来的消息。他们对这场医疗灾难一无所知，也没有接到相关的报告，所以选择不相信。威尔逊参议员随后通知联邦官员，下面两件事中必须做成一件——要么战争部当晚派人去调查在弗雷德里克斯堡发生的虐待伤员事件，要么参议院第二天派人去调查。战争部选择了前者。凌晨2点，陆军军需官蒙哥马利·梅格斯和他的手下正奔向华盛顿第六街码头。上午10点，他们已经身处弗雷德里克斯堡。用巴顿自己的话说，到了中午，"受伤的人吃上了城里的食物，城中的居民开始开门接受'肮脏、讨厌的联邦士兵'"。[22]

3天后，巴顿带着3车补给回到弗雷德里克斯堡。5天后，贝尔平原的临时军事设施被遗弃，它从地球上消失的速度和被建起的速度一样快——它的浮船坞和浮码头被拆除，补给船、驳船、拖船队和长长的货车队伍随着军队补给站的再次遭殃而消失。到了月底，贝尔平原附近又出现了一艘丑陋、肮脏的浅水小汽船，它停靠在文明一闪而过的地方。它的恐怖永远冻结在26191名伤兵的记忆中。他们就是来自弗雷德里克斯堡医院并在那儿待了近2个星期的伤病人员。[23]在战斗开始3个星期后，也就是5月的最后一个星期，131名受伤人员仍在莽原的野战医院里受煎熬。直到6月8日，他们中的最后一个才离开那个死亡之地。那时，军队在詹姆斯河以南很远的地方，战局又发生了变化。[24]

第8章 无能马戏团

格兰特的战争计划是由一个简单的、基本的想法驱动的：他要尽可能多地歼灭邦联军士兵，而且必须行动迅速——迅速到对方补给的速度跟不上。为了实现这个目标，他愿意以牺牲己方相当数量的生命为代价。如果能在战场上彻底获胜，那他对于这么做不会有一丝犹豫。即使他无法取胜，也能打击他的对手——这个对手的白人人口只占北方白人人口的四分之一，其工业和通信正处于崩溃之中——那日渐减少的人力资源和物力资源。[1]战争中从来都免不了死亡和受伤，现在更是如此——更多的人以更快的速度死亡或受伤。南方邦联的波特·亚历山大将军将其称为"灭绝之战"。[2]如果说这项战略有任何可圈可点之处，那就是对格兰特的令人震惊的复杂战争机器的全国性管理；就是让战争机器大杀四方以阻止邦联军按李希望的那样行动：集中兵力给予打击，从而影响11月的选举结果。

5月的第一个星期，格兰特调动了大约27万人，在总长逾1000英里（约1609.3千米）的5条战线上同时作战。这种战争规模前所未有，也从来没有人尝试这样去联合多种力量以打败南方邦联。当格兰特向林肯汇报这个计划时，总统异常激动。后来总统告诉他的私人秘书海约翰，当时他"强烈地想起"自己的"老建议，这些建议经常被提出来，却遭到忽视……（就是）立即向敌人全线移动，使我们在人数上的巨大优势发挥作用"。[3]林肯敦促将军们全面作战的努力一次又一次地失败了。这让他十分不解，也让他品尝了失败的痛苦——威胁也好、讨好也罢，都不奏效，将军们就是不去他们不愿意去的地方。

但这一切都在改变，或者说至少看起来是这样。

格兰特战略的核心是在弗吉尼亚州中部打败罗伯特·E.李，那里有12.2万名联邦士兵。但在该州其他地方，还有4.9万名联邦军也在行动，这意味着联邦军大规模地包围了弗吉尼亚北部的邦联军。当格兰特在莽原之役和史波特斯凡尼亚郡府之役与李将军对决时，本杰明·巴特勒少将正率领3万名联邦军，在詹姆斯河上游威胁李将军后方的里士满。在李的远西翼谢南多厄河谷，弗兰兹·西格尔少将率领9000人向南进军，试图夺取为李的军队提供补给的斯汤顿。还有1万人的行动目标是西弗吉尼亚州的铁路、铅矿和盐厂，之后转移到林奇堡的火车站和仓库——林奇堡也是李的军队补给提供之地。格兰特从三方对李进行包围的战略同时意在防止外援进入。格兰特对这一点尤其重视。如果敌人源源不断地得到补给，那消耗战就无从谈起。

格兰特也在西部战线部署了大量兵力。就在同一个星期，他派他最喜欢的下属威廉·特库姆塞·谢尔曼带着10万人从田纳西州进入佐治亚州。谢尔曼的目标是摧毁邦联将军约瑟夫·约翰斯顿在田纳西州的6万士兵，这是南方邦联在西部的最后一支强大的军队。①

但格兰特的当务之急是拿下弗吉尼亚州。这里是16.5万名联邦军士兵和9万名邦联军士兵的对决之地，也是格兰特和他的上司们认为极有可能结束战争的最终战场。这不是什么模糊的想法。他们的人数优势很明显，而对手的兵力在整个州十分分散，而且邦联军的补给线很脆弱，摧毁或至少削弱邦联军在弗吉尼亚州的兵力并非不可能。

然而事与愿违，一场军事灾难发生了。在这场将被载入史册的战争中，联邦军的无能和怯懦都表现到了极致。这场战争很快就成了一个经典教训，告诉我们为什么占资源优势的联邦军未能赢得这场战争。

弗兰兹·西格尔身上集中了北方军队的所有缺点。他把政治而不是战斗技巧当作自己的工作内容。他热衷于建立小团体，极力保护自己的地盘，嫉妒并打击他的对手，对自己认为不公平的事敏感到病态的地步；一旦他的行政权力受到威胁，他表现出的不合作行为便到了近乎叛国的地步。除了作为一名师长在1862年的皮里奇战役中难以解释地表现出色外，这位39岁的联邦将军在战场上像一只受惊的兔子：他觉得到处都有威胁，而他一看到它们，就拼命逃离。

---

① 在格兰特的西部战略的另一部分中，纳撒尼尔·班克斯少将带着3万名士兵被派往亚拉巴马州的莫比尔市。然而，班克斯在路易斯安那州陷入了一场考虑不周的战斗。

西格尔在德国出生并长大，参加过失败的欧洲1848年革命，后来在自1820年开始的庞大的德国移民潮中移居美国。他很快就成了德美社区的领军人物，先是在纽约，之后在圣路易斯，最终成为亚伯拉罕·林肯和共和党的坚定支持者。他帮助镇压了在动荡的密苏里州发生的分裂主义运动。

这种支持给他带来了回报，使他成为战争中最早的"政治将领"之一。林肯之所以提拔他们，在很大程度上是因为他们可以帮他拉选票，而不是他们的战斗能力有多强。事实上，他们最终会对联邦的战争行动造成巨大的损害。西格尔在早期战争中就表现不佳。但和其他政治将领一样，他不会轻易地被推到一边。当他被迫移交指挥权时，他的德国支持者组织了大规模的抗议活动，并向林肯递交了大量的请愿书。他们吵吵嚷嚷的抱怨为西格尔剩余的战争生涯定下了基调。每当他感到自己受到轻视时——他经常在主要说英语的军队里体验到这种感觉——就会到林肯那里去表达他的不满，并得到他那些吵闹的德裔同胞和他们的国会代表的支持。1862年，当一位年轻的军官被提拔到他之上后，他就派人去找林肯抗议他受到的不公对待。林肯告诫他"不要抱怨个不停"。在林肯看来，西格尔"只关心自己"。几个月后，当西格尔的另一位代言人出现在白宫申诉西格尔所经受的一系列新的不公正对待时，林肯高声说："别再跟我谈那个人了！"⁴ 1863年，西格尔犯了一个错误，于是主动要求解除职务，林肯立即愉快地答应了他的请求。1年后，他恢复原职，只是因为林肯迫切需要他把投给自己的主要竞争对手、1864年共和党提名的约翰·C.弗雷蒙的选票拉过来。[5]要想打赢内战，林肯就必须在选举中获胜。而战场上是否多一个不称职的将军，则并不会有多大影响。

虽然总统的想法如此，但是西格尔并不仅仅是通过打政治牌确保他在谢南多厄河谷的指挥权的。他断然拒绝参与格兰特最初的计划，因为这项计划包括派格兰特选出来的军官爱德华·奥德少将组织一次从西弗吉尼亚到弗吉尼亚州的全面战役，而西格尔指挥着西弗吉尼亚的军队。他不喜欢外来者指手画脚，于是干脆把奥德拒之门外。他给奥德的兵力仅仅是格兰特承诺的兵力的一半，还拒绝给奥德提供补给。奥德不得不撤退，于是形成了一个新的计划——行动由1次改为3次。可以预见，西格尔将指挥其中的一次。[6]格兰特和哈勒克显然对林肯的选举行动帮不上忙。

谢南多厄河谷是东部战区的战略宝地之一。这是一条150英里（约241.4千米）长的倾斜走廊，由两座山脉之间肥沃的农田组成，是在北方作战的邦联军的粮仓所在地。粮食都存放在河谷南端的斯坦顿市，通过弗吉尼亚中央铁路运送到里士满，最后作为口粮按配额分发给李的军队。河谷还提供了一条为入侵里士满量身打造的路线。因此，斯坦顿——一个具有巨大价值甚至能改变战争的战利品——成了西格尔的目标。他意气风发，高举着战旗，沿着简单铺设的河谷收费公路向南行军。

随后发生的事情清楚地表明了政治将领对战争的影响。西格尔的得意很快就消失了。他引以为傲的 9000 人大军在小心翼翼地穿过河谷时，先是被南方骑兵的一个小分队吓了一跳，后来又被有关邦联军集结了 2 万名士兵的谣言吓到。（实际兵力只有谣传数量的四分之一。）西格尔在一个叫伍德斯托克的小村庄里驻扎了好几天，试图弄清楚敌人的数量、战斗力。从乔治·麦克莱伦时代开始，许多过于谨慎的联邦将领的特点就是严重高估敌人的实力。麦克莱伦将军为此专门聘请了情报主管阿伦·平克顿。如果你的对手的力量是你的 2 倍，那么进攻就没有意义了，是吗？最好撤退并请求增援，或等待最佳时机。西格尔和麦克莱伦一样，草木皆兵。

联邦军将领们——尤其是波托马克军团司令及其副手，之所以在关键时刻畏缩不前，还有更复杂的原因。[①]行军在这片颇具异国情调的邦联荒野上，在一块充斥着满怀敌意的公民的土地上，在距离敌军补给基地只有数英里之遥的地方，难免感到危险重重。光是地形就令人恐惧不已：这里有大片未知的、地图上标识不清的土地，有险峻的山峦、难以逾越的河流和沼泽、杂乱无章的森林。每一条河流都潜伏着危险，每一片沼泽地都可能布满死亡陷阱，每一个角落都可能让人命丧黄泉。如果指挥官犯了错误，可能就会使许多军官和士兵受伤或死亡。在战争中，将军们的死亡率是远远高于士兵的。如果一位将军撤退或者投降，那么

---

①　管理无能并非北方将领专有，但在不良环境作战的北方将领们比他们的南方对手更容易受到影响。

他的名誉和事业可能会一落千丈，这比死亡更糟糕。他可以——像许多内战将领那样——用余生为一天甚至一小时的行动辩护。结果，胆小的将军们很容易被说服，认为任何风险对他们来说都是百分之百的危险。只有少数将领能做出涉及大片陌生土地和体量不清、下落不明的敌人的决定，并毅然坚持执行。在战争中，时时刻刻都有重新思考的机会。

在位于谢南多厄河谷中部的纽马基特镇，西格尔遇到了可怕的敌人：一支由5335名邦联军士兵仓促凑成的杂牌军，其中包括弗吉尼亚军事学院的学员、非正规军以及老兵们，还有近1000名年龄较大的预备役军人（他们大多数人装备着鸟枪和猎枪），他们都听命于可能是终极政治将领的约翰·C.布雷肯里奇的指挥——此人于1857—1861年担任美国副总统。[7]在1860年的选举中，他是极端支持奴隶制的一位候选人，在选举投票中排名第二，仅次于林肯。与西格尔不同，布雷肯里奇知道怎么打仗。而且和大多数南方将领一样，他习惯了兵力悬殊的战斗。

这场战斗发生在开阔的耕地上，其规模和简单程度还是拿破仑式的，应该对西格尔有利。他的军队的人数与邦联军士兵的人数比约为2∶1，更不用说对手中还有老人和少年。但西格尔从一开始就指挥不当，他层层部署自己的士兵，结果削弱了自己的力量。他被迫用一支小部队攻击一支规模大得多的部队。[8]冲锋失败后，他的部队士气崩溃，战线瓦解。"敌人在混乱中逃跑，"一名邦联军军官写道，"把死者、受伤的人、其他战俘留在我们手中。"[9]仅军校学员就俘获了100名战俘，他们自己只有55人伤亡。

西格尔的部队向北溃退。尽管他们的人数仍然大大超过邦联军的，而且他们还烧毁了一座桥，有效地阻止了敌军追击，但他们还是继续逃跑，一直逃到32英里（约51.5千米）外的斯特拉斯堡镇。战斗至此结束。西格尔再也不肯发动进攻。他对布雷肯里奇、斯坦顿、弗吉尼亚中央铁路或李的补给线再也构不成威胁，而他凯旋的对手则很快就要向北弗吉尼亚军团派遣增援部队了。

格兰特大发雷霆。与西格尔向来不和的哈勒克直截了当地告诉格兰特："如果对西格尔有任何期待，那你就大错特错了。他除了逃跑什么也不会。他从没做过逃跑以外的事儿。"[10]（邦联军士兵嘲笑他为"会飞的荷兰人"。）[11]2个星期后，西格尔在谢南多厄河谷的指挥权被解除了。2个月后，在另一次令人尴尬的战斗之后，林肯对他彻底失去了耐心，完全解除了他在军队的指挥权。这可能让战争部的人感觉好多了。但这对于结束邦联对河谷的占领是无济于事的。尽管西格尔找到了借口，战斗报告归档时也给出了合理的解释，但实际上在纽马基特战役中打败弗兰兹·西格尔的主要是恐惧：害怕罗伯特·E.李和他出色的军事才能，害怕下一道山脊存在着的可怕的可能性，以及对自己失败前景的想象。没有别的什么理由可以解释他的行为了。[12]

西格尔所在部队的另一翼也打了败仗，虽然方式不同，但失败的原因却没什么差别。乔治·R.克鲁克准将针对弗吉尼亚州和田纳西州之间的铁路的远征旗开得胜，在克洛伊德山战役取得胜利，还破坏了一座铁路桥。但是当克鲁克看到叛军的急件称格兰特输给了李之后，就"熄火"了。[13]尽管格兰特和李的战斗地点在230英里（约370.2千米）外，但克鲁克担心增援的叛军袭击他，于是以最快的速度撤退到了安全地带，带着他的人在恶劣的天气下向西弗吉尼亚山脉行军150英里（约241.4千米），度过了8个极其难熬的日夜。[14]他的部下威廉·艾夫里尔在一次小规模的交战中败给邦联军，破坏了几段铁轨后加入克鲁克的行列，仓促撤退到由联邦政府控制的西弗吉尼亚的安全地带，并对所有催促他们进攻的命令置之不理。[15]

这些失败的结果是，邦联将军约翰·布雷肯里奇向李报告说西格尔、克鲁克和艾夫里尔都在撤退，不足以构成任何威胁。很快，2500名邦联军士兵——崩溃的联邦世界中珍贵的有生力量——踏上与李的军队的会师之路。开战3年，经过无数次的交战和多次军队改组，一个奇怪的事实是：在一个名义上重视服从和纪律的组织里，联邦将领们竟然会坚持不去他们不想去的地方。

但与本杰明·巴特勒少将的致命过失相比，西格尔、克鲁克和艾夫里尔的罪过是微不足道的。1864年5月初，当格兰特在莽原之役和李对峙时，巴特勒得到了一个战争中其他将军从未得到过、也没有人相信会出现的机会：执行一个轻松的任务，即带领3万人长途跋涉直奔里士满——邦联不设防的心脏地带，并伺机切断李的补给线，在那里摧毁他的军队。

巴特勒是如何失败的？这是内战中值得注意的故事之一。

本杰明·富兰克林·巴特勒是个聪明人——很少有人会对此持异议。无论从哪方面来说，他都是杰出的军官之一——如果只衡量智力的话，他也许是最聪明的。然而，他擅长的不是打仗——尽管他看起来很适合打仗。事实上，正是他惊人的天分和他在战术上惊人的无能相碰撞，才使他成为美国内战中生动而引人注目的人物之一。

他在马萨诸塞州的新兴工业城市洛厄尔长大，是一个早熟、待人不恭的孩子，比其他人都聪明，也不打算隐藏这一点。他善于言辞，对事实有超乎寻常的掌控能力，愿意改变规则，而且有获胜的天赋。他是这个国家相当富有的律师之一——27岁时，他成为有史以来美国最高法院最年轻的律师。

他身材魁梧，秃顶，斜眼，留着下垂的小胡子，永远眯着眼睛（令人难以置信的是，他的妻子是一位聪明美丽的女演员，对他关爱有加）。他常常惹人生气，被许多敌人视为最坏的以权谋私者和幕后操纵者。作为马萨诸塞州立法机关的一名成员，他被当地报纸称为"臭名昭著的煽动者和政治恶棍""腐朽的尸体"。[16]他从不被这些批评困扰。巴特勒就是巴特勒，不管你喜不喜欢他，都无法忽视他。作为1860年民主党代表大会的代表，他57次投票提名密西西比州参议员杰斐逊·戴维斯为总统。这导致他家乡所在州的6000多人焚烧了他的肖像。[17]战争发生后，他在一年内从一个同情南方的民主党人转变为林肯的支持者、支持废除奴隶制的共和党人。

他是战争中最早的一批英雄之一。在1861年4月13日萨姆特要塞陷落时，除了与当地民兵打交道外，没有任何军事经验的巴特勒智胜对手，率领两个马萨诸塞州民兵团前往华盛顿。当时，由于马里兰州的电报线和铁路桥梁遭到破坏，首都与世隔绝。[18]他的一个团在巴尔的摩与武装暴徒展开了内战的第一场冲突。他带着另一个团疯狂地穿过了支持分裂的马里兰州，还占领了敌对的州首府安纳波利斯。后来，他占领了巴尔的摩和俄亥俄之间铁路的一个关键枢纽，还在没有上级命令的情况下，继续前进并占领了巴尔的摩市。他被视为在关键时刻把动荡的、蓄奴的马里兰州留在联邦的关键人物。北方以举行盛典和燃放烟火的方式来庆祝这个好消息。[19]很快，巴特勒就被授予少将军衔。

几个月后，他再次名震天下，但这次出名的原因与上次的截然不同。

在马里兰州的冒险结束之后，巴特勒接受了一项在弗吉尼亚州沿海的门罗堡的新任务。在那里，他遇到了一个不少联邦指挥官很快就会面临的问题：如何处置向联邦军寻求庇护的成千上万的奴隶。当时，战争的目的还不是解放他们——17个月后，林肯才发表《解放黑人奴隶宣言》，而林肯本人此时还坚信，解放奴隶对其主人而言是不公平的。[20]在没有任何其他计划的情况下，大多数联邦指挥官都遵守《逃亡奴隶法》（该法要求他们将逃跑的奴隶交还给其主人）。由此，他们避免了更实际的问题——这些奴隶的吃住问题。

巴特勒认为这个问题是一个纯粹的法律问题，因此是可以靠他的敏捷思维解决的问题。当一个南方邦联上校的3个奴隶来到他的堡垒里避难时，巴特勒认为他有充分的理由不归还这些奴隶。他和惊讶不已的邦联少校M.B.凯里的谈话如下：

"我听说马洛里上校的3个奴隶逃入你的防线内了，"凯里少校说，"……你这么处置这些奴隶是什么意思？"

巴特勒说："我想留下他们。"

"你的意思是要对要求你归还他们的宪法义务置之不理？"

"我的意思是听从弗吉尼亚州的安排，正如昨天通过的《脱离联邦法令》宣称的那样。我对现在自称外国的弗吉尼亚州没有任何宪法义务。"

"但你说我们不应该分裂，所以你不能继续留着这些奴隶。"

"但你们说自己已经脱离联邦，所以你们不能继续声称拥有这些奴隶。我认为这些黑人是战时违禁品，因为他们在给你们建炮台，还被称为'你们的财产'。"[21]

"战时违禁品"，巴特勒不仅用这几个字以南方的立场攻击它的法律依据，而且为思考战争和奴隶制问题提供了一种新的思路。他的做法迅速传开。很快，大多数北方人——尤其是废奴主义者，都为他简单优雅的解决方案而欢欣鼓舞。[22]然而，在华盛顿并非人人都赞同这个主意——比如，林肯就拒绝承认邦联是独立的国家，也不同意正式释放逃跑的奴隶——但其无情而实用的逻辑是无法否认的。战争部赞同巴特勒的做法。数百名逃亡奴隶出现在巴特勒的军营里，想确认他们的新身份——不是逃跑的奴隶，而是"战时违禁品"。他供他们吃喝，供他们住宿，还为他们提供军队中的工作。因此，他为数千奴隶提供了一条通往自由之路，预示了一年半后颁布的《解放黑人奴隶宣言》。

为此，南方人鄙视他。在他作为指挥官对所占领的新奥尔良进行严酷的统治时，人们对他的憎恨更加强烈。在那里，他逮捕持不同政见者，审查报纸，处决过一名撕毁联邦国旗的男子，并用他极具争议性的第二十八号总命令将矛头对准了邦联妇女。为了阻止妇女骂街、随地吐痰、随处倒夜壶、与联邦官员对抗等现象发生，巴特勒颁布命令状："以后任何妇女如果用语言、手势或者其他行为侮辱联邦官兵，或对联邦官兵表示蔑视，那么将被视为一个从事街头职业的女人来处理。"换句话说，他会把新奥尔良的妇女当作妓女对待。一位愤怒的批评者说他鼓吹强奸，是不道德、不虔诚和暴虐的北方性格的证明。邦联国会称他为"战犯"，发誓说如果抓获他就将他处决。他在整个南方通用的称号是"野兽"。

所有这些，却让他在北方大受欢迎。1864年初，他受欢迎的程度可从他获得总统、副总统或内阁职位的候选人提名来体现。他就是弗兰兹·西格尔的一个波及更大范围、更强大的版本。正如格兰特从几个场合所了解到的那样，他太强了，不可能被解职。让巴特勒加入军队是亚伯拉罕·林肯的政治盘算，他认为巴特勒在军队里所造成的损害要比投入国家政治舞台所造成的更少。

5月5日，"野兽"抵达里士满。那天，巴特勒率领詹姆斯军乘一支由59艘船组成的舰队沿着詹姆斯河逆流而上，在一个名叫百慕大韩垂的地方靠岸。这个地方距里士满南部15英里（约24.1千米），距彼得斯堡北部8英里（约12.7千米）。一支庞大的联邦军队竟然能如此轻而易举地接近邦联首都，在今天看来都令人震惊，更别说在当时了。联邦军通过控制从阿巴拉契亚山脉流经里士满、一直延伸到切萨皮克湾的詹姆斯河达到了这一目标。但他们的势力范围终结在百慕大韩垂以北。那里河床急剧变窄，而且非常可怕——埋着地雷，部署着夯锤和铁甲。在90英尺（约27.4米）高的德鲁里悬崖上，达令堡的大炮保护着这条河。没人敢乘船到里士满。因此，巴特勒的命令是尽可能靠近这座城市上岸，并从陆地进攻——要么直接进攻，要么与格兰特的军队联手进攻。

巴特勒离邦联首都只有几个小时的路程。他还掌握着也许是战争中最重要的情报。[23]他登陆后，里士满间谍集团的一名成员找到了他。这个间谍集团由一位名叫伊丽莎白·范·卢的古怪的、在社会上鼎鼎有名的废奴主义者操纵。范·卢是战争中出色的间谍之一，在邦联战争部甚至杰斐逊·戴维斯总统的家里都有线人。她使用密码、隐形墨水、信使系统或者空心鸡蛋把信息偷运出去。她的情报一直都很可靠，波托马克军团的情报官员称赞她说："1864年和1865年从里士满获得的（情报）大部分来自她。"[24] 巴特勒曾与她共事，对她颇为信任。

特工给巴特勒带来一个惊人的消息："所有的兵力都从里士满转移到李的军队"，而且从北卡罗来纳州派来的援军还没有到位。[25] 这意味着：詹姆斯军攻入邦联首都时不会遇到军队抵抗。事实证明，这只是稍微有点儿夸张。实际上，邦联将军乔治·皮克特率750名士兵在里士满随时待命，也许还有几千名守卫者散布在城市周围。彼得斯堡的守兵不超过1000人。[26] 范·卢是对的：里士满和彼得斯堡唾手可得；李的整条补给线同样如此。巴特勒偶然遇到了战争中的一个大好机会——如果这两个城市被联邦军占领，那么李的所有补给都将被切断，邦联政府将被解散，其领导人也会被囚禁。如此一来，战争基本就结束了。邦联跳动的心脏在本杰明·巴特勒和他的3万人马面前暴露无遗。值得称赞的是，巴特勒对此毫不怀疑。

使他永远名誉扫地的是，他竟然没有采取行动。巴特勒的第一反应是合乎逻辑且正确的：在敌人增援之前，赶快行动。他去找他的部队指挥官——昆西·吉尔莫尔少将和"秃头"威廉·F.史密斯少将，并提议当晚就向里士满进军。巴特勒说，士兵们在船上已经待了24个小时，有些不耐烦了，他们会很高兴向前开进的。当时，里士满在16英里（约25.8千米）外，天气温和，道路通畅，并且那晚会是满月。

吉尔莫尔和史密斯都是经验丰富的战士和西点军校的毕业

生。格兰特不信任巴特勒，所以安排他们做巴特勒的手下。格兰特对史密斯评价甚高，认为是他把巴特勒从自己的错误中拯救了出来。不过，格兰特很快就会发现，他给了巴特勒一对胆怯、心胸狭隘、自以为是的无能之辈做下属，他们会把事情搞得更糟。

这两位将军都不想袭击里士满。他们害怕未知的、一切可能出问题的事物，一听到巴特勒提出的建议就怕了。吉尔莫尔直截了当地说，如果接到这样的命令，那他会觉得自己有义务不服从它。[27]巴特勒没有被阻挠的声音所困，转而向他的朋友、前西点军校教授戈弗雷·韦策尔寻求建议。戈弗雷按照波托马克军团长期以来的传统，将军事问题转变成了政治问题。他指出，在其他军队指挥官如此激烈的反对之下，如果巴特勒坚持出击却打了败仗，那么"这一切将彻底毁了你"。不仅如此，戈弗雷还说，吉尔莫尔和史密斯会竭尽全力使任务失败，从而帮助他们实现自己的预言。[28]简而言之，他认为巴特勒是在冒着自己的事业和名誉受损的危险向北进军。于是巴特勒放弃了对不设防的里士满进军的想法。巴特勒准备用不那么重要的目标来满足自己。

无论以什么标准衡量，巴特勒在接下来的10天的表现都是无能至极的。巴特勒的部队没有向敌人占据的阵地行军，而是花时间挖掘横跨百慕大韩垂半岛的防御工事。这种想法完全是出于对防御的考虑：建立一个强大的、无懈可击的基地作为行动基础。在接下来的日子里，他的士兵不行军、不打仗，除了挖掘什么也不干。就在他们挖战壕时，敌人意识到巴特勒的军队距离其首都非常近，于是惊慌失措，匆匆赶去现场增援。于是，里士满毫发无伤。

不去攻打里士满，巴特勒先去袭击了铁路，然后又去进攻彼得斯堡。但他的进攻总是三心二意、断断续续的，所以贻误了战机。尽管他的军队在人数上有3：1的优势，但他们的进攻还是被击退了。[29]当巴特勒提议对彼得斯堡发动更大规模的进攻时，吉尔莫尔和史密斯与他进行了激烈的争论。他们不同意巴特勒的观点，这次他们还把反对意见付诸文字。所以，最后什么也没发生。阅读吉尔莫尔、史密斯和巴特勒之间的来往信件，可以观察到那些迷失在细微末节、喜欢诡辩和自我保护的人的内心。[30]彼得斯堡，这块邦联重要的战术阵地之一也安然无恙。与此同时，联邦官兵们脾气越来越暴躁，挫败感越来越强，他们彼此指摘对方的失误，但仍然没什么实际行动。而邦联军的兵力稳步增长。（到5月10日，也就是巴特勒登陆5天后，将有1.25万人盘踞在里士满周围，守护这座城市。）[31]

华盛顿的战争部也给他添乱。5月9日，就在巴特勒试着下定决心进攻彼得斯堡时，他收到了战争部长埃德温·斯坦顿发来的一系列惊人的电报。第一封电报说："星期五晚上（5月6日），李的军队向里士满全线撤退。格兰特率军追击。"写于几小时后的第二封电报语气同样急切："刚刚收到格兰特将军的一封急件。他正率全军与你们会合，但还没有确定具体路线。"[32]

以下这些消息并不属实：格兰特赢了，李正在向里士满撤退，格兰特正在与巴特勒会合的路上。它们都是战争部未经证实的谬论。在巴特勒收到消息时，格兰特正在攻击李在史波特斯凡尼亚郡府的战壕，并且在 11 天之内不会离开战场。但是巴特勒并不知道实情，这些消息最终使他敢于北上里士满——毕竟格兰特"已经"在路上了。所以，巴特勒带着一个模糊的想法向北进军。他并不打算真正进攻，而只是简单地"作"一段时间"秀"，等待格兰特的到来。他没有进攻，又挖起了防御工事，在原地一动不动地待了好几天，直到邦联将军皮埃尔·古斯塔夫·图坦特·博雷加德率领 1.8 万人的军队袭击了他。由此导致的普罗克特河战役（亦称"德鲁里悬崖之战"）没有什么意义。博雷加德造成了巴特勒方 1500 人伤亡，俘虏了 1500 人，但未能赶走他。随后，巴特勒终于得到格兰特不来了的消息，于是立即撤退到他在百慕大韩垂半岛挖的安全战壕里。他的部队抵达那里后，便沿着从詹姆斯河一直延伸到阿波马托克斯河的 5 英里（约 8.0 千米）长的防御工事线避难。在他们的挖掘成果的庇护下，他们是安全而快乐的。所有的挖掘工作显然都得到了回报。

后来，发生了一件巴特勒和他的团长们都没想到的事情：博雷加德的手下——追击 3 万人的军队——的这 1.8 万人，做了詹姆斯军做过的事。他们一直追击到半岛中部，也挖了自己的战壕——就像巴特勒他们的一样坚不可摧。从百慕大韩垂的地图上可以看出，这意味着巴特勒绝妙的防御阵地突然变成了一个完美的陷阱——三面是水，第四面是博雷加德的防御工事。巴特勒现在被牢牢地困在自己的基地里。不仅如此，博雷加德还发现只需一支小部队就可以把巴特勒的军队困在那里。正如尤利西斯·S.格兰特说的，巴特勒的军队"对里士满的进一步行动完全被切断了，就好像他们被塞进了一个瓶子一样"。很快，又有一支7000多人的增援部队赶去罗伯特·E.李处。再加上西格尔撤退时释放的兵力，这些兵力相当于史波特斯凡尼亚郡府之役后李的军队的兵力的19%。[33]

巴特勒被困，束手无策，他的2万士兵被派去增援格兰特。尽管在百慕大韩垂惨败，但他的政治支持实在过于强大，因此他还不会被免职。在他被免之前，至少还要犯两个大错。[34]不过，他获得了一个与"野兽"齐名的新绰号——瓶装巴特勒，这个绰号在北方很快就流行起来。他的战事既是一场灾难，也是联邦的灾难即将到来的预兆。

第9章　火药的威力

这片土地是许多士兵的噩梦，树木、青草……只要是带一点绿色的东西都被除掉了。于是，这里被踩躏成了一片隆起的、千疮百孔的荒原，上面布满了生土和削尖了的木桩。在这场战壕有着重大意义的战役中，没有一处防御工事比得上1864年7月弗吉尼亚州彼得斯堡市前的防御工事。两军在彼此的步枪射程内挖壕沟，建造了极其相似的防线——即使从26英里（约41.8千米）外的里士满看去，也一目了然。在这些拥挤的土地王国里，隐藏着大量的士兵。与史波特斯凡尼亚郡府的情况不同（那里的战壕是仓促修建的），这里的北方佬和邦联军工程师有足够的时间来完善他们的防御工事。[1]丑陋的土堆看起来更像是草原犬鼠的作品，而非人类的作品，但正是其表面的不堪掩饰着地下工程的精妙。

战壕越来越深，也越来越坚固。正面是12英尺（约3.7米）厚的土，由巧妙堆叠、交错在一起的木材加固。[2]横贯线垂直于战场线，主体工程前有步枪坑、睡洞、小巷，还有各种与后方贯通和连接的战壕。许多战壕由木制顶覆盖，其宽度足以容纳补给车。[3]在这个巨大的"蜂巢"里，每隔一段就有一座装甲堡垒，里面存放的迫击炮和大炮可以通过斜面门向敌军进行发射，仅联邦一方就有41个这样的斜面门。[4] 此外，还有防弹罩，即被人们称为"囊地鼠洞"的深坑。在主要防御工事前，他们挖了许多宽15英尺（约4.6米）、深8英尺（约2.4米）的壕沟。壕沟对面放置了各种令人不快的障碍物：伐倒的树木被堆成一排以阻挡敌人（拒木），一排排拔地而起的磨尖的木棍（路障），还有用钻孔的原木固定的8—10英尺（约2.4—3米）长的尖锐的利器（防栅）。

士兵们根据自己的需要重建了这个世界。不幸的是，他们挖掘的战壕并不能保证他们百分之百远离死亡的陷阱。双方的神枪手仍能以恶魔般的精准度击中任何在其面前一闪而过的人类躯体或衣服。在工事上方瞬间出现的头部可能会被炸得粉碎——皮肤、头发、牙齿、骨头和血液四处分离。[5] 在前面步枪坑里的人特别容易受伤。最可怕的是连续不断的迫击炮弹袭击。双方都把炮弹按抛物线轨迹扔向对方的战壕。炮弹看似在空中一动不动地悬挂了一会儿，然后轻轻地向前翻滚，引信发出嘶嘶声，最后引爆。无数滚烫的锯尺状铁块就砸进了壕沟里的血肉之躯中。[6] 最大的一门迫击炮是联邦军的，叫作"独裁者"，重达17120磅（约7765.5千克），它射出的炮弹有13英寸（约33厘米）宽、220磅（约99.8千克）重，爆炸的时候连防弹衣都可以炸毁。

这样的杀戮几乎是无可避免的。现在大家都知道，在全面进攻战争中建造最强大的防御工事无异于自取灭亡。6月中旬，格兰特和米德在李的大部分士兵到达彼得斯堡之前数次错过了突围的机会。这意味着他们的敌人有时间进行增援并加强防御。当时普遍认为邦联军的阵地是无懈可击的，就连"雷神"尤利西斯·S.格兰特也这样想。5月初那个豪情万丈的结束战争的计划在2个月后的彼得斯堡的末日战壕前以令人沮丧的失败告终，终归是虎头蛇尾。

这就是为什么亨利·普莱森茨中校提出的建议在他的军队深受欢迎，尽管这听起来很激进，而且可能还很疯狂。普莱森茨在入伍前是一名采矿工程师，现在指挥着宾夕法尼亚州的一个兵团，他手下有许多煤矿工人。他注意到南北方军队在彼得斯堡的战壕仅隔135码（约123.4米）。[7]因为挖洞和炸毁东西是他和他的部下的主要任务，所以他向指挥官安布罗斯·伯恩赛德建议，他们可以在放置砍倒的树木和磨尖的木棍的无人区修建一条通往南方工事的隧道，让他的矿工们装上1200磅（约544.3千克）火药，然后把包括防御工事、士兵、大炮在内的一切都炸上西天；这样，他们就能在敌军的防御线上造成巨大的缺口。伯恩赛德虽然不是一名出色的将军，但在技术上颇有研究——他发明了一种在战争中广泛使用的后装卡宾枪。伯恩赛德觉得普莱森茨这么做在技术上是可行的——这个提议非常好。但米德却讨厌这么做。"他认为这'完全是哗众取宠'。"普莱森茨后来说，"他还说'从来没有在哪次军事行动中埋过这么长的地雷'。"[8]伯恩赛德直接向格兰特汇报了这件事，格兰特表示赞成——因为他的军队这么做也不会有什么特别的损失。他对米德的反对置之不理。

　　于是，6月25日，宾夕法尼亚人拿起他们的铲子和镐，着手挖掘工作。从一开始，爱找碴儿、好嫉妒的米德就极力破坏这次行动，他拦阻伯恩赛德的士兵干活儿，不给他们提供设备和援助。[9]米德拒绝给他们提供独轮车，于是普莱森茨的部下就用饼干盒和山胡桃树枝做出了手推车。[10]米德自然不会给普莱森茨其需要的全部火药，尽管普莱森茨抗议说，如果火药量少，那他造出的弹坑就要窄得多，这样联邦军士兵就很难通过。最后，他也只拿到8000磅（约3628.7千克）火药。[11]这种卑鄙、恶劣的政治操作很快就会祸及整个军队。

　　作战计划简单直接：从理论上来说，炸弹爆炸之后，伯恩赛德第九军的士兵会涌进他们在邦联战线上炸出来的豁口，然后调动兵力守住阵地，以等待更多的援军随后而至。这个计划唯一复杂的部分是伯恩赛德派谁去进攻。他的新生力量在第四师，由白人军官和4300名黑人士兵组成。这些新兵没有经验——因为他们是黑人，几乎还没打过仗，所以被米德认为更适合做守卫和勤务工作。但是伯恩赛德对他们很有信心，他向格兰特——而不是米德——汇报了这些。他们决定派黑人来带头发动这场战争的决定性进攻。

　　伯恩赛德是少数支持黑人参战的联邦将领，美利坚有色军团总的来说战果不错。他们的战斗力与白人同胞没什么不同：他们有时很勇敢，有时也怯懦。黑人士兵竟然和白人士兵没什么不同——很多人都惊讶地发现了这一点。同时，他们在1863

年夏天对查尔斯顿附近的瓦格纳堡发动的一场注定失败的进攻中表现出的勇敢已在军中广为人知。（这场战役最终以邦联军的胜利而告终。这也是在《独立宣言》之后，联邦军以黑人军团为主进行的一场战役。）几个星期前，北军刚刚抵达彼得斯堡时，他们取得了巨大的成功。6月15日，在炮火的掩护下，本杰明·巴特勒的詹姆斯军中的2.2万名黑人士兵穿过长为400码（约365.8米）的空地，向躲在战壕里的邦联军发起进攻。他们冒着炮火，虽然伤亡惨重，但最终还是冲进了邦联军的工事，俘获了100名战俘和16门大炮。他们喜不自胜，抱着俘获的大炮不肯放手。[12]然而，很不幸——对他们自己和联邦的命运来说——他们由无能至极的"秃头"史密斯指挥。史密斯又一次得到直取邦联的机会——又一个足以改变战局的月夜，天气宜人，几乎没有邦联守军防守——但决定最好等一等。接着，联邦在一系列失败行动后失去了获胜的机会。但这否认不了这些非裔美国人做出的贡献。

现在，伯恩赛德派出他的第四师。7月初，伯恩赛德告诉师长——一位来自纽约的西班牙裔舞蹈教师和舞蹈编导——爱德华·费雷罗准将，他的部下要带头冲锋。[13]费雷罗尽其努力视察了地形，制订了进攻计划，并对部队进行了必要的战术训练。他们都明白这项任务的重要性。7月30日凌晨3：30，邦联防线内的黑暗之门即将打开，自由的力量将蜂拥而至，然后冲向胜利。这将是战争中最重要的一个时刻，而黑人士兵一马当先。

双方的白人士兵都看到了身着制服的黑人士兵，他们将其称为"有色人""黑人"或"黑鬼"。他们认为黑人只有一种性格类型或种族类型，黑色代表了这一切。但是，如果仔细去观察（虽然没人这么做）波托马克军团第九军第四师的实际组成，就会对它的多样性感到惊讶。这些人来自康涅狄格州、伊利诺伊州、俄亥俄州、印第安纳州、宾夕法尼亚州、马里兰州和弗吉尼亚州。他们来自城市或者农场，大约有一半是边境州的奴隶。康涅狄格州第二十兵团则包括新英格兰人和弗吉尼亚州先前的奴隶。来自北方城市的有文化的黑人与南方的文盲奴隶围坐在篝火旁，虽然他们觉得自己比南方同胞优越，但也很乐意跟着南方奴隶学唱灵歌儿，并把这些歌儿带回北方的教堂。[14] 自由黑人中有农民、侍者、厨师、卡车司机、水手、石匠、泥瓦匠、马夫、工人、屠夫和鞋匠。他们中有些人亲眼看到过战斗，有些人甚至从来没见过打仗。[15] 有些黑人士兵皮肤非常黑，有些则是盎格鲁－撒克逊白人，肤色介于黑白之间。就像白人军队一样，这个师有很多勤劳善良的人。许多军官说，他们掌握基本训练的速度要比白人士兵快得多，但也有懒汉、酒鬼和小偷。如果说他们的队伍有任何一致性的话，那就在于他们的宗教信仰、他们对音乐的热爱，以及他们的招募日期：波托马克军团第四师的大多数士兵都是在1864年年初的冬天招募的。

人们一致同意这种说法：在并不想要黑人的军队里，黑人士兵的生活是异常艰辛的。虽说这场战争在很大程度上应该是关于人人平等的，但被招募的黑人士兵发现：他们依然生活在一个充满歧视的世界，人们歧视他们的士兵身份，也包括他们做人的权利。这些歧视像在南方一样根深蒂固。

首先，报酬不平等，这是迄今为止最让他们感到悲哀的事。黑人和白人的收入水平悬殊，且是蓄意为之，这种状况一直持续到战争后期。1864 年 5 月 1 日，《芝加哥论坛报》发表了一篇社论，标题是《阅读和脸红》，文中谴责黑人和白人每月收入的巨大差异，并揭示了差距有多大。[16]

其次，福利不平等。他们拿不到 100 美元的入伍奖金——这金额比他们一年的总收入还要高，而自战争爆发以来，入伍的白人士兵都享受到了这个福利。牺牲的黑人士兵的家属也不像白人家属那样可以领取联邦抚恤金。马萨诸塞州第五十四兵团的士兵——瓦格纳堡的英雄们，因为这种双重标准而感到沮丧，于是用拒不接受他们的工资来表达抗议，他们已经连续 18 个月拒领薪水了。[17]也有黑人把他们的步枪堆放到一起，组织了类似于罢工的行动。

这种联邦政策纯粹根植于政治：任何形式的完全平等都是北方许多白人所深恶痛绝的。比较薪酬的理念挑战了白人深植于心的定型的观念：黑人智力低下，比起白人更接近动物；他们孩子气，不负责任，缺乏纪律性和自制力。简而言之，黑人的经济价值不如白人高。许多白人不希望黑人浴血奋战，一方面是因为这一举动可能会把非裔美国人从奴隶制度中解放出来，另一方面是他们讨厌需要黑人士兵来忙打仗这样的想法。他们痛恨自由黑人涌入市场，靠廉价劳动力夺走他们的工作机会。1862年，芝加哥一家包装厂的工人们甚至发誓"不为任何雇用黑奴来与白人竞争的包装厂老板工作——不管他们出于何种原因、以何种方式雇用黑人"。白人劳工认为雇用黑人有故意降低白人工资之嫌。1863年夏天，纽约市的游行开始于征兵抗议，后来演变成种族暴乱，这是由包括许多爱尔兰移民在内的贫穷白人的愤怒所导致的，和在种族问题上抱持的悲观情绪一样，他们对自己的经济前景也不抱任何期待。

战争政治变成了种族政治，和其他人一样，林肯也受到这些风向的影响。1863年夏天，即血战瓦格纳堡的那年，林肯告诉弗雷德里克·道格拉斯，由于黑人"比白人有更强烈的当兵动机……他们应该愿意在任何条件下参军"。并且，低工资"似乎是一个必要的让步，以使他们成为军人的道路变得通畅"。[18]林肯说出了大多数人的想法。

然而，他很快就改了主意。直到1864年8月，经过国会激烈的辩论，黑人士兵的薪水才最终与白人士兵的持平。直到1865年3月，也就是战争结束前的一个月，大多数黑人才获得了追溯补偿，而这是他们在入伍时本就该得到的。到处都有失信的行为，而这些行为对黑人新兵的士气、对他们为之奋斗的目标所造成的伤害是无法估量的。

薪水低只是他们遇到的不公之一。军队种族主义最基本的形式是"杂役",即士兵工作中的非军事性劳动。换言之,就是那些单调枯燥的杂活儿——厨房里的差使、挖盖厕所、挖掘沟渠、建造防御设施、装载和运输物资和设备、拾木柴、运送水。原则上,这样的工作应当在各级士兵中平均分配。但事实上,这些活儿基本上都落在了美利坚有色军团的黑人身上。这不仅仅是因为质疑他们的战斗力。实际上,所有北方军官都明白:主要是因为他们认为黑人是劣等动物,最适合从事艰苦的体力劳动——尤其是在炎热的南方气候条件下。

这意味着:尽管向黑人允诺待遇平等,但黑人的白人军官们却往往扮演着奴隶主的角色。有人把自己看成"黑鬼监工",强迫黑人士兵在地狱般的夏季气候下,在蚊虫滋生之地(比如路易斯安那州的莫甘扎)从事繁重的工作。一名黑人士兵写信给斯坦顿部长,抱怨说他被安排在"奴隶监工"的指挥之下,这些人让他去"清理农场和砍伐树桩"。另一名黑人士兵说,他和他的战友"像马或骡子一样"工作。[19]1863年,过度劳累导致路易斯安那州的黑人死亡率上升。这种做法很快就引起了公众——尤其是废奴主义者——的强烈抗议。《芝加哥论坛报》等多家报纸发表了讨伐性的社论来表示抗议。1864年6月14日,战争部长终于下令禁止此类行为。但响应该禁令的行动通常是心不在焉的——歧视性"杂役"一直持续到战争结束。

黑人士兵经常受到严厉的惩罚。在一些被记录在案的案例中,他们或长期挨鞭子,或长时间被捆绑。种种束缚让逃亡奴隶想起了他们以前被奴役的日子。他们痛恨这种生活。在一起很有名的案件中，一位白人军官架起一名黑人，给他全身抹上糖浆，还鞭打了另外两名黑人。看到这位军官似乎不会受惩罚，黑人士兵们发起了暴动。尽管军事法庭裁定这名军官有罪并将其开除，但2名黑人士兵却因叛变被处决，另外6名士兵则被监禁。[20]在战争中，黑人士兵叛变的事儿很常见。在内战中，因叛变被处决的非裔美国士兵占所有被处决的士兵的80%。[21]

黑人士兵在几乎所有的服役领域都受到了伤害。比如，发给他们的武器装备经常是过时的。直到1864年，他们还拿着过时的口径为0.54英寸和0.69英寸（约1.4厘米和1.8厘米）的奥地利和普鲁士步枪。[22]此外，当他们受伤或生病时，受到的照顾没法和白人相比，死亡率也是高于白人的。"很少有外科医生会像对待白人那样为黑人做同样的事情。"一位被分配到黑人兵团里的来自马萨诸塞州的外科医生说。他说出了大家心知肚明的事实。[23]甚至某些表面上友好的军官也虐待黑人。许多案件记录了白人军官偷窃或贪污黑人交给他们保管的钱财的事。[24]

黑人士兵的亲属也未能幸免。虐待从边境州加入联邦军的奴隶家属的情况也很普遍，这些都有记录可查。在一起典型案例中，一名联邦军士兵的妻子在丈夫入伍后被人用马具上的皮带殴打。她在给丈夫的信中说："他们虐待我是因为你去参军了，他们说他们不会照顾我们的孩子。""（他们）还一直和我吵架，前天打我打得很厉害。"妇女和儿童经常被人殴打，有时仅仅因为她/他们的丈夫/父亲入伍了，他们就会被人赶走。[25]

如此普遍的虐待，再加上南方拒绝给予黑人当兵的权利，按理来说黑人参军的热情会被磨灭。但不知为什么，这竟然没有消除黑人的参军兴致。从黑人第一次参军入伍到1864年10月，已有135089名非裔美国人参军，比一年前增加了一倍多。[26]新招募的黑人士兵不断涌入，为第四师等新部队充实了人力。对许多人来说，战争为有关他们自己身份的问题提供了答案。他们到底是谁？一首名为《黑人战斗赞歌》的营地流行歌曲中的副歌部分给出了一种答案：

他们看起来像男子汉，他们看起来像男子汉，

他们看起来像战士。

他们全副武装，穿着制服，

他们看起来像战士。[27]

这名战士不是奴隶，也不是无足轻重的人。他是一名美国人、一位军人，有一份体面的工作和一个明确的目标。

军队也给士兵提供了真实清晰的关于未来的构想，这是前所未有的。一位前奴隶经过9天的艰辛逃亡，闯过加利福尼亚的沼泽地，来到联邦营地。他告诉罗德岛的一名士兵，他之所以能够忍受这些苦难，是因为"我在前方播种生命之灯，在身后播种死亡之灯"。另一个逃亡奴隶说："我看到那面旗，就觉得很兴奋。"[28]

＊　　＊　　＊

第四师的士兵奉命进攻彼得斯堡前，就已经和尤利西斯·S.格兰特用了整整2个月穿过拉皮丹河。他们那个时候还是新兵，没人见过战争是什么样子。[29] 如果指挥他们的将军能做主的话，他们也不会看到任何前线战斗。林肯和废奴主义者可能相信黑人士兵在战斗中的生存能力，但林肯的大多数将军仍然不相信。因此，当格兰特的军队在5月初投入莽原的黑暗灌木丛中战斗时，第四师的4300名士兵被留下来保护货车。这不是打仗，但也不是不光彩的工作——至少比挖厕所要强。虽然他们主要是起威慑作用，但也参加了2次小规模的战斗。邦联骑兵攻击他们2次，都被他们轻而易举地击退了，而且伤亡很小。

黑人主要是做哨兵。当格兰特从南线和东线向李将军的方向进军时，第四师作为货车卫兵跟随其后。因此，这些人得以免于感受到战斗即将开始所带来的越来越浓烈的恐怖氛围。在史波特斯凡尼亚郡府陷入僵局之后，格兰特又一次南下，这次他去了北安娜河。通过一些不痛不痒的战斗，格兰特觉得李的军队太强大，难以被打败，于是继续行军，朝里士满的方向横向推进他的军队。他的军队抵达一片不起眼的森林中的一个不起眼的十字路口，这个地方——冷港——还保留着2年前在此战斗的惨痛记忆。

6月3日，第四师在后方掩护，格兰特派全军进攻李将军全副武装的7英里（约11.3千米）长的防御工事。格兰特希望他有一个师可以取得突破。[30]这就是唯一的计划——如果这也能被称为计划的话。实际上，格兰特在冷港重复了他在史波特斯凡尼亚郡府之役时犯下的错误。他下令进攻是因为他觉得他不能什么都不做。他不能再次因为李的防御工事坚固而退缩。在巴尔的摩召开的共和党全国代表大会的开幕之际，如果不做些什么，就会把主动权让给敌人，而格兰特则会给人留下胆怯、懦弱的印象。[31]

格兰特很清楚，他的将军们也清楚——他为自己的决定后悔了一辈子。许多参加战斗的士兵认为自己必死无疑。正如大家所料，他们被屠杀了。就像一个士兵说的，他们就像猪圈里的猪一样。在不到 1 个小时的时间里，联邦军伤亡达 7000 人，却一无所获。"我们觉得这是谋杀，不是战争，"一名纽约士兵说，"或者说我们犯了一个非常严重的错误。"[32]

这个错误是相信——并期望其他人相信：邦联军的战地工事是脆弱易攻的，攻克办法就是继续朝他们投入兵力。然而，邦联军并不脆弱。他们在史波特斯凡尼亚郡府不脆弱，在北安娜河、冷港也都不脆弱。在这场可怕的血腥战役中，战争本身发生了变化。只是需要过一段时间，大家才会相信这是真的。将军们和工程师们还没有注意到新出现的防御理论中的一些弱点。6 月的前 2 个星期，格兰特在冷港还进行了一些战斗，但也没能赶走李的军队。因此，除了堆积更多的尸体，格兰特一无所获，他再一次失败了。格兰特在李的军队周围部署了一次全面行动。这一次，他秘密开始这项任务，将他率领的 11.5 万人的军队通过水路和陆路进行转移，穿过汹涌的河流、沼泽遍布的洼地、茂密的灌木丛和宽阔的詹姆斯河，同时，他的骑兵巧妙地躲过了邦联军的侦察。李很快就赶上了，全速向南冲，以缩短他们之间的距离。格兰特完成了这场行动，这使他越过了里士满，以一个巨大的弧线轨迹行军将他的军队带到了彼得斯堡的东郊。不幸的是，按照他的策略，军队还不足以攻占这座城市——在那里，他再一次发现自己面临着难以逾越的邦联军防御工事。

7月29日，第四师就在这里准备第二天早上的重大进攻。

第 10 章　计划周密的屠杀

那年春天，真正让乔治·戈登·米德少将恼火的是，他名义上是波托马克军团的指挥官，格兰特却只把他当作跑腿的小兵来对待。这是显而易见的。早在竞选活动开始之前，米德就向妻子抱怨说："从格兰特来到这里开始，所有公众媒体都在努力把他塑造成这支军队真正的指挥官。"[1]媒体是对的，米德做出任何重大决定的能力变得越来越弱。事实上，他就是个打杂的，这点他心知肚明。

米德是费城贵族，盛气凌人，藐视平民，对真正的或感觉到的轻视非常敏感。他在葛底斯堡战胜了罗伯特·E.李，但因让李逃脱而遭人诟病。结果，本来有可能授予他的中将头衔给了他的竞争对手，后者在维克斯堡和查塔努加战役中战胜了与李的实力相距不远的敌军将领。[2]格兰特对米德很是包容，对他施以家长式的仁慈，但对他的建议不以为然。雪上加霜的是，军队里流言四起，说米德要走了。他对此的反应是让自己变得更难以忍受。他脾气本来就不好，现在更坏了。"我不认为他在整个军队中有朋友，"战争部长助理查尔斯·安德森·达纳在给战争部长埃德温·斯坦顿的信中说，"任何人，无论是谁，接近他时都难免受到侮辱；除非他先说话，否则哪怕是他自己的参谋人员也不敢和他说话，因为怕遭到冷嘲热讽或咒骂。"[3]

到7月下旬，米德失去权力的显著迹象可以从他和格兰特批准的炸毁邦联军战壕的计划的冲突看出来。米德从一开始就反对，很大程度是因为这不是他的主张。他也不喜欢黑人军队带头冲锋的想法。他不信任他们。[4]他担心如果这次袭击失败，废奴主义者会大喊大叫，说黑人被当成了炮灰。因此，他尽其所能阻止这项计划。他阻挠普莱森茨拿到计算隧道长度所需的科学仪器。第四师的士兵在炎热的夏日里，疲惫不堪地挖掘战壕，做着繁重的劳动，自然无法进行突击训练；对此，米德不管不问。但不管怎样，这个计划还是被推了。而且如果出了什么问题，那米德自然难辞其咎。于是，一如既往地，格兰特随心所愿，而米德却在帐篷里大光其火。

一直到7月26日，米德的忍耐到了极限。他召见了安布罗斯·伯恩赛德，要求他全面阐述计划如何进行。2天后，米德告诉伯恩赛德，他绝不允许第四师带头冲锋。伯恩赛德说服米德把这个问题交给格兰特。7月29日中午，在进攻前16小时，顽固的米德再次出现，这次他公然挑衅格兰特的命令，禁止第四师进攻。[5]

伯恩赛德后来做了一些事，即使在他错误与失误频频发生的战争生涯中，这些事也因其十足的愚蠢而格外突出。他不去主动选择带头冲锋的师，而是让他的指挥官抽签来决定。结果抽到签的是詹姆斯·莱德利准将，这人是个酒鬼，还很胆小，很快就会在羞辱中离开军队。5月24日，有人在北安娜河发现他睡在地上，喝得酩酊大醉，人事不省，人们不得不踢醒他。[6]但是，即便如此，他领导的第一师也将带头冲锋，紧随其后的是另外两个师。之后才是第四师的黑人士兵。他们被这个消息重重打击，因为这种安排看起来十分不公平。但就在7月29日这个闷热的夜晚，他们将成为战斗的一部分。这似乎仍然是他们证明自己的绝佳机会。

7月30日凌晨3点30分，宾夕法尼亚的矿工们点燃了导火索。

什么动静都没有。

于是，两个非常勇敢的人回到隧道里，凌晨4点44分，重新点燃引信。这次成功了。鉴于刚刚引爆了4吨炸药，噪声很小，只是一阵低沉的隆隆声。地下摇晃着，颤抖着，一束呈小麦形状的巨大火舌冲向200英尺（约61米）高的天空。[7]据一位目击者说，随之而来的是大量红土"缓慢而雄伟地升起，仿佛一座火山刚刚爆发，紧接着，一股巨大的烟雾向四面八方滚滚而来"。[8]伴随着冲上天空的尘土，人、枪、木头、木板和各种各样的残骸也随之腾空；然后，一切都随着"巨大的震荡声"轰然塌下，一位来自密歇根的士兵说。[9]在这场由烟雾、尸体和冲上天空的泥土制造的混乱中，联邦的110门大炮和54门迫击炮射出了它们所有的弹药。[10]

连续炮轰之后，联邦士兵们从战壕里站起来，穿过无人区，进入笼罩着灰尘和烟雾的旋涡中。莱德利的军队排在最前面，后面是第三师和第二师。他们没有人为应对眼前的恐怖和残骸做好准备，也没有人知道当他们面对这一切时该怎么做。这在一定程度上是因为他们从一开始就没有什么可以射击的目标。

爆炸在地面上形成了一个170英尺长、100英尺宽、30英尺深（约51.8米长、30.4米宽、9.1米深）的洞。里面有邦联士兵的尸体和残骸，还有被炸翻的士兵，其中一些正奋力把自己挖出来。爆炸后，碉堡的残骸散落在地上。两边蜂窝状的工事、战壕和防弹罩都被削开了，现在从断面上可以看到它们。成千上万的联邦士兵涌进了这片狭窄、陡峭、被炸毁的土地。他们有人下到弹坑，有人绕过它斜着走向炸开的战壕。然后他们停了下来，环顾四周，仿佛在感受一个全新的世界。

这种行为有几个原因。第一个也是最主要的原因是弹坑的墙壁非常陡峭，向任何方向移动都很困难。一名士兵回忆说："这些人除了向内看，找不到立足点。他们把脚后跟埋进土里，背对着弹坑。"[11]第二个原因是，似乎没有人了解具体的战斗计划。莱德利的人肯定不知道，因为他懒得跟他们说。很快，3个师所有人都挤进了弹坑内的一个狭小区域。他们堵住了通往爆炸区和邦联军防御工事的通道，目瞪口呆地盯着他们的团长，因为他们发出了互相矛盾的命令。詹姆斯·莱德利本人也不见了踪影。他藏在附近一个用于手术的防爆装置里，身边还带着酒。他在这个安全的避难所向部队下达了行动命令，其中一条是"将军希望你把你的部队带到山顶上并占领它"。[12] 人们只能想象他那些惊慌失措的官兵们站在弹坑底部，深陷泥土、废墟和邦联士兵的残骸中，接受一个根本不知道发生了什么，甚至不知道这个地方是什么样子的人发出的命令。在最初的计划中，核心思想是向前推进，占领距离防线500码（约457.2米）的墓地山的高地。但就在那一刻，这个想法和其他一切一样，在一个奇怪的新世界里蒸发了。蓝衣军在混乱中行动，试图从乱麻中理出头绪；茫然和受炮弹惊吓的邦联军恢复了意识，开始还击。

与此同时，费雷罗的第四师在联邦战壕里焦急地等待着前进的命令。一个小时又一个小时过去了。他们在等待，因为他们的指挥官爱德华·费雷罗准将和醉酒的詹姆斯·莱德利一样放松，在防爆装置里和外科医生聊着天，分享朗姆酒；他平静地回应命令，提出温和的抗议，说他不能这样做，因为太多人行军，堵住了路。这种状况持续了一段时间。最后伯恩赛德下达了费雷罗无法逃避的命令：现在马上进攻。

尽管非裔美国人渴望进攻，但附近的一些军官清楚地看到，再让4300名未经战争考验的士兵陷入迅速扩散的混乱是一个可怕的错误。这个想法太荒谬了，伯恩赛德的一个助手立刻反驳了这个想法，并当面劝说他不要这么做。伯恩赛德不想遂了米德的愿，于是只是重复了一下命令。第四师的人继续前去冲锋，看起来他们确实被当作炮灰了。

　　早上7点30分左右，费雷罗的人终于向弹坑前进了，他们到那儿就遇到了一群没有组织的士兵。他们精密的战线立刻瓦解了。突然间，士兵们没了组织，只好跟着团旗走。尽管如此，他们还是从弹坑中走了出来。正如所有证人后来都同意的那样，他们完成得相当漂亮且表现得相当勇敢。但向前行进之后，他们很快就发现自己处于一个不利的境地——他们遇到了邦联军的猛烈反击。更糟糕的是，他们的许多白人军官都倒下了，而费雷罗不在战争现场。于是，士兵们开始撤退了，他们惊慌失措，最后大部分都牺牲在了弹坑里。[13]

　　上午8点30分，爆炸后将近4个小时，邦联军开始有条不紊地夺回他们失去的东西。虽然场面让人难以相信，但弹坑里确实挤满了联邦军士兵，很多人甚至连胳膊都抬不起来。邦联军现在已经逼近弹坑边缘。他们的迫击炮已经找准位置，可怕的射击开始了。这场屠杀持续了一个小时又一个小时，即使在杀戮遍地的战场上，这种规模的屠杀也前所未见。弹坑变成了死亡陷阱。一名邦联军军官回忆说："当敌人冲向我们的防线时，我们会对他们进行一次凌空扫射，迫使他们回到坑内。"[14]上午9点，米德的办公室发出撤军命令，但这些命令竟然用了3个小时才到达几百码外的弹坑内。格兰特去了攻击的发出点，很快就得出结论，正如他对伯恩赛德所说："必须马上撤军，留他们在那儿必死无疑。"事实确实如此。

　　倒霉的第四师被派到血泊和死亡的旋涡中的时机太晚了。现在他们和其他人一起被困在那里，面临最可怕的命运。无论如何，邦联军都痛恨他们。有关黑人士兵大喊"不可饶恕"的谣言已经在南部邦联士兵中传播开来，于是黑人被单独挑出来杀死，而且大部分杀戮都是通过刺刀和枪托近距离进行的。黑人的死亡率远远高于白人的。500名黑人伤亡，第四师的死亡率与其他师的相比高得惊人。黑人再次成为攻击目标，他们投降的请求遭到拒绝。一名白人军官和一名黑人士兵一起躲在一个防弹罩里，被迫投降。当他们从掩体后出来时，"黑人就在我身边，"白人军官回忆道，"邦联军离我大约8英尺（约2.4米）远。他们中有人喊，'打黑人，别打白人'。然后我身边的黑人立即被枪杀了。"这名军官被带到后方，看到"邦联军跑来跑去，在我前面射杀黑人，许多人应声倒下。有人被射了4次"。[15]南部邦联上校威廉·佩格拉姆在一封家信中写道："白人和超过200名黑人一起跑进了我们的战线。他们有人投降，有人乱跑……我估计到达后方的人不足半数。"[16]一名联邦军官看到一名邦联军官用手枪对着5名受伤的黑人头部开枪。[17]

有不少报道记录了美利坚有色兵团的勇敢。宾夕法尼亚州一位上尉回忆说，他看到一个黑人士兵"爬到二十具尸体堆成的小山上开火，在匆忙地重新装弹的时候，（他）脸上中弹了；他继续装弹，结果后脑勺又中了一枪，而他还在装弹，但第三枪使得他和他脚下的人一样俯卧在地上了。这一切发生在几秒钟之内"。[18]在后来的证词中，伯恩赛德在承认黑人部队"惊慌失措地跑到后方"的同时，也指出他们"在第一声枪响之后英勇前进，直到他们的队伍像我在战斗中所看到的那样支离破碎……他们所遭受的炮火可能是那天所有部队遭受过的炮火中最猛烈的"。[19]联邦军官小查尔斯·弗朗西斯·亚当斯对他们的表现做的总结可能最为精彩。他说："他们表现得和其他人一样好，也一样糟，而他们承受了更大的痛苦。"[20]

这并没有改变战斗的结果。战斗一直持续到下午3点30分，直到最后一批血迹斑斑、衣衫褴褛的联邦士兵在弹坑里投降。这次袭击以惨败告终。邦联军伤亡1491人，而联邦军伤亡人数则为3798人。从米德干涉到伯恩赛德抽签，再到莱德利和费雷罗可悲的懦弱，波托马克军团一次又一次蒙羞受辱和失败。几乎总是能从坏消息中发现好消息的格兰特十分伤心。据他的一名助手说，他躺在床上，悲痛万分。[21]8月1日，他写信给亨利·哈立克说，这场战斗"是我在战争中目睹的最悲惨的事件。执着于保护防御工事这样的事情，我以前从来没有见过，也不希望以后再发生"。不出所料，伯恩赛德饱受非议，第九军的遭遇也是如此。"所有不喜欢黑人军队的人都把责任推到他身上。"一位观察家写道。[22]国会展开了冗长的调查。

不过，奇怪的是，黑人伤亡人数如此之多，在北方却并没有太多宣传。国会调查时，没人就此提出任何问题。报纸基本上忽视了这一点，部分原因是这场战斗非常混乱——白人士兵和黑人士兵在战斗中混杂在一起。[23]另外，南方的人们公开对大屠杀和黑人士兵的死亡幸灾乐祸。[24]对他们来说，弹坑之战是一次标志性的胜利，证明了战时黑人服役政策的失败，以及黑人的劣等性。当被俘虏的联邦士兵在战争结束后的第二天排成黑白相间的队列在彼得斯堡的街道上行进时，这种感受是显而易见的。"看看白人和黑人，他们都是平等的士兵。"人群中一名男子喊道。另一个说："北方佬和黑人睡在同一张床上。"

很快，防御工事就修好了，彼得斯堡又安全了，这一切都像爆炸前一样。格兰特再也没有机会打破李的防线。悲伤也好，死亡也罢，在所有的失败和毁灭中，这些都是荣耀的碎片，也是无法抹去的历史碎片。由于他们在弹坑之战中的勇敢表现，费雷罗第四师的4名士兵获得了国会荣誉勋章。其中3个被颁给了白人士兵。第四个被颁给了美国有色步兵第三十九团一名25岁的下士，名叫迪凯特·多尔西。他是出生于马里兰州的奴隶，4个月前在巴尔的摩加入联邦军队。作为第三十九团的黑人旗手，他在面对猛烈的炮火时，冲在其他人前面，把团旗插在了邦联军的防御工事上。当他的团被击退时，他又一次在猛烈的炮火之下，鼓起勇气召集战友们进行了另一次攻击，在此期间，他们俘虏了200名邦联军士兵。在弹坑之战这一可怕的灾难面前，多尔西作为一个旗手而非持枪者面对炮火时表现出的非凡勇气，也是证明南北战争与以往战争不同的一个标志。

第11章 一无所有的人

格兰特的军事行动惨败，给北方人带来了致命的打击，人们因为期望过高，所以失望也更甚。4个月前，他抵达华盛顿，也带来了一种充满希望、几乎是喜悦的感觉，让人们以为战争很快就要结束了。现在，这些都烟消云散。取而代之的是一种新的失败形式，作战双方在彼得斯堡布满战壕的荒原上陷入了僵局。这些战壕成了战争本身以及战争的丑陋和残酷、缺乏意义、难以解决问题的象征。

它们也是死亡的象征。自5月4日格兰特的第一支部队横渡拉皮丹河以来，共有6.5万名联邦军士兵伤亡，超过波托马克军团总伤亡人数的60%。[1]尽管牺牲这么大，联邦政府却几乎一无所获。罗伯特·E.李在南方邦联暂定的首都前驻守，像以往一样难以被打败且致命，无惧对手攻击他牢不可破的防御工事。他在弗吉尼亚其他地方的部队很容易就摆脱了联邦军的威胁；西格尔、克鲁克和艾夫里尔都被驱逐出了战场；本杰明·巴特勒的军队被困在詹姆斯河的一个河湾上。邦联军轻而易举地就做到了这些，真是令人费解，联邦胜利的前景似乎比以往任何时候都更为渺茫。

接着，佐治亚州也传来了坏消息。6月27日，在亚特兰大北部的肯纳索山，发生了谢尔曼成功的军事生涯中最大的一场战役。结果，约瑟夫·E.约翰斯顿领导的一支邦联军取得了战术上的胜利。谢尔曼的兵力远远超过约翰斯顿的，可他们却无法突破邦联军的防线，伤亡人数是邦联军的3倍。他并没有失去什么特别的东西，甚至连伤亡人数也不算多。但他也没有赢，而且随着秋季大选的临近，"没有赢"看起来就像输了一样。

然后，盛夏时节，不知是从哪里冒出来的——兴许是从亚伯拉罕·林肯的噩梦里——一支敌军袭击了华盛顿特区。虽然说李对躲在彼得斯堡战壕里的格兰特无能为力，但他很早就集结了军队，派他那不信教的满嘴烟草味儿、留着先知胡子的部下朱巴尔·厄尔利率军北上。厄尔利曾在林奇堡痛击弗兰兹·西格尔的继任者大卫·亨特。后来，令所有人吃惊的是，他竟然带着1.6万人沿着谢南多厄河谷，越过波托马克河，进入美利坚合众国——一路上如入无人之境。他在马里兰州弗雷德里克斯堡附近击败了卢·华莱士将军领导的一支小型联合部队，随后集中注意力向华盛顿特区前进。[①]

当时，格兰特并没有部署兵力保护华盛顿。这座城市的保卫者是一堆杂七杂八的文员、军队医院的疗养员、各军事部门的工作人员、民兵、非正规军和匆忙召集起来的军需雇员。7月10

① 华莱士有6000人保卫首都。虽然他在战争中只取得了令他喜忧参半的成功，但这不妨碍他未来写下畅销书《本虚》(Ben-Hur)。

日，火烧火燎的亚伯拉罕·林肯致电格兰特，告诉他首都正处于危险之中，而且几乎没有任何防御。林肯写道："我们这里没有适合上战场的部队。"林肯知道原因，尽管他可能出于礼貌而没有提及。几个月前，格兰特在弗吉尼亚州与李决战，从城市护卫队中带走了1.8万人。现在，李用他从里士满和彼得斯堡抽调的部队瞄准了格兰特造成的防御缺口。[2]李被困在战壕里，却再次成功地智胜了波托马克军团。

无人阻拦，厄尔利继续向华盛顿进军。一天之后，他的军队在离白宫6英里（约9.7千米）的地方扎营，凝视着远处朦胧中刚刚完工的国会大厦穹顶。华盛顿方面惊慌失措，谣言四起——大半是由从附近乱糟糟的城镇仓皇逃进华盛顿的难民传播开来的。一位观察者说，李亲率全军再次入侵北方。[3]这个城市充满了匆忙来往的信使、疾速行军的兵团和隆隆作响的补给车。当地民兵接到了令人绝望的电话。[4]美国财政部长弗朗西斯·E.斯宾纳把钱收集到财政部的金库里，准备装到一艘拖船上运走。[5]"我们知道，这座城市与北部和东部的联系被切断了，"《萨克拉门托联合时报》记者诺亚·布鲁克斯写道，"市场上物资奇缺，如纽约的报纸和其他生活必需品，这都是因为向北的铁路线被切断了。两三天来，我们没法收发邮件，没法收发电报，铁路也不可用……华盛顿正处于动荡之中。"[6]

亚伯拉罕·林肯急躁不安，致电格兰特要求他"尽全力摧毁敌人在这附近的势力"，这意味着格兰特应该把他的军队带回北方。[7] 但是格兰特不想这么做。他并不打算解除包围，去对付一个邦联将领带着的一小股兵力。他留在原处，派遣训练有素的第六兵团的大部分兵力——逾2万人——出发去守卫首都。他们乘着蒸汽船穿过波托马克河，在紧要关头到达了华盛顿码头。

厄尔利颇具侵略性，但他不是盲目冲杀的那种类型。在华盛顿防线前与联邦军队短暂交战后，他注意到一面代表整个军团的旗帜在防御工事后面飘扬，就知道敌方现在太强大了，于是迅速做出了撤退的决定。[8] 华盛顿侥幸脱险。一天前，厄尔利是有可能走进国会大厅的。一支小小的邦联军，在战争的第四年竟然可以做到这些，真是让人吃惊。厄尔利险些夺取华盛顿，他对华盛顿造成的威胁比格兰特围攻里士满带去的危险更甚。两个星期后，厄尔利的骑兵部队烧毁了宾夕法尼亚州钱伯斯堡镇的大部分地区，原因是他要求得到50万美元以当作联邦士兵在谢南多厄河谷烧毁的建筑物的补偿，但钱伯斯堡镇拒绝了。[9] 300个家庭支离破碎。[10] 对林肯来说，厄尔利轻易逃脱是这场不断激化的战争中令人恼火的事件之一。[11]

在北方，从希望到绝望的转变来得十分突然。布鲁克斯写道："在战争的前几年，人们心中确实充满了悲伤、沮丧，甚至痛苦……但是1864年夏天降临在我们身上的黑暗因其不可预见性而变得更加难以忍受。格兰特在弗吉尼亚州展开军事行动时，我们怀抱的希望已经破灭了。现在，军方并没有喜讯传来。最近，一种致命的平静占了上风，代替了对胜利的呼声。"[12]

其他地区的人似乎也有同感。《伦敦时报》断然宣称："邦联比以往任何时候都更可怕。"美元的外汇储备跌至战争期间的最低水平。与此同时，北方日记作家乔治·坦普尔顿·斯特朗总结了这种深深的沮丧情绪："我在任何地方都看不到亮光。"他还写道："为这个夏天进行的军事行动所流出的血和花费的财物没给这个国家带来任何好处。"他描述说，战争一贯的支持者也似乎变得"灰心丧气、疲惫不堪、胆怯"。他们满怀哀怨地问："为什么格兰特和谢尔曼不做点儿什么？"[13]当时的流行歌曲是《当这场残酷的战争结束时》，其中绝望的流行语是"哭泣，悲伤，孤独"。"今夜在旧营地扎营，"新罕布什尔州一名刚刚应征入伍的新兵这样写道，"我们厌倦了在旧营地上的战争，许多人已经永远离去。"[14]仿佛这一切还不够糟——那令人痛恨的征兵活动又开始了。林肯总统下达了一项新的命令，要求增加50万人去"喂食"格兰特位于弗吉尼亚州和佐治亚州的"绞肉机"。

所有这些都发生在弹坑之战之前。弗吉尼亚州的其他军事挫折让北方市民感到不安，但这场战役使他们把目光转向别处。到了仲夏，联邦一方的士气甚至比1862年雪松山战役、七天战役和第二次布尔溪战役失败后黑暗时期的还要低落。反战的民主党人大声疾呼，就像一家报纸宣称的："每一小时都会让我们陷入更深的凄凉和绝望之中。"[15]

亚伯拉罕·林肯强烈地感受到了这一切。刚开始，像许多人一样，他觉得自己不会在11月连任。他的心情越来越阴郁，他对他的朋友安德鲁·汉密尔顿将军说："你以为我不知道我会被打败？我很清楚，除非发生重大变化，否则我肯定会被打败……民众相信格兰特将军会在 6 月攻占里士满，结果他没有，于是他们就责怪我。我从未向他们许诺这种事，而他们现在却要让我为这一结果负责。"[16]

罗伯特·E.李并非导致那年夏天席卷北方的绝望情绪的唯一原因。战争涉及的范围大、战场多、参与者众，但是这位头发花白的 57 岁将军的存在无疑是北方无法打败南方的唯一的压倒一切的原因。2 年来，无论在政治上还是军事上，他都让联邦陷入困境。他把北方的将军们耍得团团转。接连打了几场胜仗之后，一个复杂的关于他的个人神话就形成了。他的对手不仅要面对他的军队的实际情况，还不得不与他这个传奇的、不屈不挠的、不现实的、故事化了的形象做斗争，这种神话常常比军队本身更让人害怕。在钱瑟勒斯维尔，乔·胡克就是被这个神话吓得逃之夭夭的。约翰·波普率领庞大的联邦军队在第二次布尔溪战役后仓促撤退到华盛顿，并不是因为他们兵力不足或火力不足，而是因为他害怕神话般的李。

这一现象在 1864 年夏天尤盛。李的北弗吉尼亚军团被困在堡垒里无处可去，忧心他们的补给线。但是北方的政治专家、将军、报纸编辑和普通民众永远不会这般看他。李——至少是神话中的李——在他们看来和以前一样危险。2 个多月的时间里有 6.5 万名联邦军士兵伤亡就是明证。厄尔利的突袭更是证明了这一点。虽然西格尔、克鲁克和艾夫里尔在他们的战斗报告中不会这么承认，但很可能是李的光芒把他们吓跑了。罗伯特·E.李仍然是北方人的噩梦。

具有讽刺意味的是，罗伯特·李本人，这位男子汉、英雄、传奇、北方的灾星，那年夏天却在悲伤、沮丧、不快和失落中沉沦。除了偶尔以他人察觉不到的方式表现出来，他控制得很好。他真正的感情隐藏在他传奇般的名声、自制力和持久的荣誉感及责任感的背后。但这位伟大的将军，有时看起来几乎过于完美了，他西点军校的同学给他起了个绰号叫"玉石雕像"，因为他有着超凡的外貌、完美的性格、出色的成绩，以及完美的纪律记录。他的痛苦不仅仅源于战争。在那之前很久，无论在世俗世界还是在上帝眼中，他都把自己看作一个失败者。

到1864年中期，如果说罗伯特·E.李所熟悉的世界还没有彻底消失，那也早已是一片废墟。逐步崩溃的邦联正在稳步地摧毁一切，摧毁所有人，这一切都从经历过最激烈战斗的地方开始。三分之二的南方财富消失了，另外消失的还有40%的牲畜、一半的农业机械以及25%的20—40岁的白人。李的家乡弗吉尼亚州的大片土地已经变得面目全非了，一拨拨的军队使那些土地变得荒芜。因此，李面对的悖论是：他打的胜仗越多，他熟悉的世界和美国南部的世界就消失得越快。

他个人的损失是惊人的，最明显的是他失去了房子和庄园。虽然他来自弗吉尼亚显赫的家族之一，他的父亲"轻骑哈里"李是独立战争时期一名颇具传奇色彩的骑兵军官，后来成为弗吉尼亚州州长；他的母亲来自卡特家族——曾被认为是美国颇为富有的家庭之一。但李本人并非在富裕的环境中成长。他娶了一个有钱的妻子。他的妻子玛丽·卡斯蒂斯是乔治·华盛顿的妻子玛莎的曾孙女。玛丽的父亲乔治·卡斯蒂斯来自美国颇为富有的家庭之一，由华盛顿家抚养长大，继承了家庭的土地和房屋。1857年他去世后，玛丽成为弗吉尼亚州三处富丽堂皇的庄园的唯一拥有者，继承了房屋、5000英亩（约20平方千米）农田和150名奴隶。其中最气派的是李的主要住所——阿灵顿之家。这是一座希腊复兴时期的宅邸，有一个60英尺（约18.3米）宽的多立克柱形门廊，还有一个可俯瞰波托马克河的占地1100英亩（约4.5平方千米）的庄园，对岸就是首都。虽然李四处征战，但玛丽经常待在阿灵顿的家里，他们的7个孩子基本上都是在那里长大的。对他们来说，阿灵顿之家不仅仅是希腊赫菲斯托斯神庙的奢华仿造品，更是他们作为弗吉尼亚人、南方人和美国人的本质的体现。

但不幸的是，阿灵顿之家位于哥伦比亚特区内——与美国政府办公室只隔着一条河的距离——战争开始则意味着李一家只能离开他们的庄园。1861年5月，萨姆特要塞陷落1个月后，玛丽·李（即玛丽·卡斯蒂斯）把家里的银器装进箱子，带上乔治·华盛顿的文件，逃离了阿灵顿之家，再也没有回去过。[17]短短几个星期之内，阿灵顿之家就变成了一个简陋的联邦军营：花园里的草和林地里的树木尽数被拔光；建筑里的东西被洗劫一空，成了纪念品；庄园的土地变成了前奴隶的自由民村。莽原之役后的几天里，联邦政府开始在那里埋葬联邦士兵，这又是一个具有讽刺意味的转折：李正在杀害的士兵被安葬在他的前院里；而且他杀得越多，他心爱的老庄园就越被那些人的坟墓吞没。当李和他的军队在弗吉尼亚过冬时，由于欠税，政府正在拍卖阿灵顿之家。[18]不久，李家剩下的地产——白屋和罗马可乐——也落入敌手。因此，他们家族所有的战前地产实际上都消失了。玛丽·李和女儿安妮及米尔德里德曾在七天战役时短暂地被乔治·麦克莱伦的军队俘虏。后来，联邦将军为他们安排安全通道以穿过联邦防线。

对李来说，这些是身份、自我和遗产的严重损失。他曾在这三处房产上投入了大量的时间。1857年，他的岳父乔治·卡斯蒂斯去世时，除了执行遗产这项费力不讨好的任务外，他几乎没有留给李什么遗产。李继承的产业经营不善，债台高筑，还得遵守卡斯蒂斯遗嘱中的许多规定。这是一个不负责任的人最后的不负责任的行为。李，穿梭于不停奔波的军旅生涯和家庭义务之间，多年来一直在努力修复这些房产。

处理这项工作的大部分时间都是困难且不愉快的。债务人必须得到偿付。李必须找到钱来履行对家庭成员过分慷慨的遗赠，因此不得不卖掉各种各样的土地。卡斯蒂斯的奴隶们立即向李抗议，因为遗嘱规定他们在李的岳父去世后5年内可以获释。李最终答应了，但他想让奴隶留足够长的时间，以改善农场及庄园的经济效益，这样才能使他满足岳父苛刻的遗嘱要求。①

　　与此同时，他的奴隶也明白，根据遗嘱，他们已经自由了。于是他们极其躁动，拒绝工作并逃跑了。李逮捕了他们，惩罚了他们中的一些人，把一些人租了出去，还卖掉了一些人，从而分裂了家庭。[19]尽管李曾经写道奴隶制是"一种道德和政治上的罪恶"，但他仍然相信这个制度，正如他在1856年给妻子的信中所写的那样：

　　然而，我认为这对白人犯的罪比对黑人更甚，虽然在情感上我坚定地维护后者的利益，但我对前者的同情更强烈。黑人在道德上、社会上和身体上都比在非洲时要好得多。他们正在经历的痛苦的训练对于他们作为一个种族的指导是必要的，我希望自己能做好准备，带领他们走向更好的处境。至于他们需要服从多长时间，这是明智仁慈的上帝的旨意和命令。[20]

　　因此，李认为只有上帝才有权力解放奴隶。尽管根据法律，李得给这些奴隶自由，但他还是做了种植园主，让奴隶做劳动主力。到1859年，这3个农场都在赚钱，其中大部分是奴隶劳动的产物，李还清了卡斯蒂斯的巨额债务。从某种意义上说，他一直深陷于乔治·华盛顿的遗产之中，因为卡斯蒂斯继承了华盛顿

---

　　①　李最终释放了他的奴隶，他们中的许多人——包括阿灵顿之家的所有奴隶——在脱离了他的控制之后，加入了联邦军队。

的一些财富。李敏锐地意识到了这些联系。

但是，李的勤奋只是增加了他的家庭的损失，这让他们不仅失去了土地，而且感到极度悲伤。"你的老房子，即使没有被我们的敌人破坏，"李写信给玛丽道，"也已经被亵渎了。我不忍心去想它。我宁愿把它从地球上抹去，宁愿它美丽的小山沉入地下，宁愿它神圣的树木被埋入土中。"[21]他后来对她说："至于我们的老房子，即使没有被摧毁，也很难被认出来了……我们最好下定决心接受损失。它们无法抹去我们对这个地方的记忆，也无法抹去那些对我们来说神圣的记忆。"[22]

到1864年夏天，李的个人财富也几乎消失殆尽了。据他自己估计，他剩下的财产大部分都是以越来越没有价值的邦联债券计价的。1863年8月，他告诉大儿子卡斯蒂斯：

不算那些在敌人手中的，我现在已经一无所有了，除了5000美元的邦联债券……以及5000美元或8000美元的北卡罗来纳州债券，我记不清了……我有3匹马、1块手表，还有我的衣服和露营设备。你知道你祖父的财产状况。它们要么在敌人手中，要么在我能力范围之外。黑人解放了，庄园、房屋、栅栏等一切都被扫荡一空。剩下的这片土地还是一片荒芜。[23]

李在军队还有收入。但这些邦联的货币正在迅速贬值，很快就会一文不值。

1863年圣诞节期间，就在李与格兰特大决战的前夕，李一家人住在里士满的出租屋里。可以看出，他们的生活发生了多么巨大的变化。他们现在是难民。他们或分散在没有永久住所的地方，或住在朋友家里，或住在弗吉尼亚州或北卡罗来纳州一些还没有被联邦军队占领的地方。他们再也不能像一个完整的家庭那样聚在一起了。他的3个儿子都在军队里，正好凸显了流亡的严重性和不稳定性。像李本人一样，他们没有其他真正的家。他的妻子玛丽，一个被自己父亲宠坏的、以自我为中心的独生女，从来就没有健康过。她经常生病，40岁时患上类风湿性关节炎，而且年纪越大病情越严重。到了战争的第二年，她只能坐在轮椅上，需要有人一直照顾着。她看起来比实际年龄老得多。李本人身体也不好，经常受到一种我们现在称为心绞痛的心脏病的折磨。他的视力在衰退。他曾经红润的面容已变得苍白。他的体重增加了不少，头发也变成了灰白色。他曾经被男人和女人都认为是军中最英俊的人。他敏锐地意识到这一转变，并经常在信中提及。他让妻子为他量身定做制服夹克，"把它们裁得大一点儿，这样才适合一个胖老头儿"。

李的家庭也频频承受死亡的打击。1862年，李的女儿安妮在北卡罗来纳州死于伤寒，年仅23岁。同年，他的孙女夏洛特·李离世。1863年，李的儿媳夏洛特·威克姆·李也病入膏肓，于当年圣诞节期间离开了这个世界。她是1862年去世的夏洛特·李的母亲，李将军一直把她当女儿一样看待（怜爱地称呼她"查斯"）；当时，李将军的儿子威廉·亨利·菲卓·李，他们都戏称为"鲁尼"的那个，却无法照顾自己因病重离世的妻子，因为他正在纽约的一个联邦战俘营里受苦。①

鲁尼和查斯曾住在里士满以东的一个名为"白屋"的卡斯蒂斯庄园，在那里开始了颠沛流离的生活。"上帝知道我是多么欣赏、喜欢你亲爱的妻子，"李后来给鲁尼写信道，"记起来有关她的往事，是多么美好；她离去，我是多么哀伤。"那一季，李的女儿艾格妮丝还患上了神经痛。

在这种不断叠加的哀伤和悲痛中，李内心的疏离感越发强烈。到达里士满的那个圣诞节，他觉得自己已经不太适合他的家庭环境了。这种情况早有端倪。1860年，他在得克萨斯州给女儿安妮写信说："如果你想见我，就必须到这里来，因为我不知道什么时候我才能去那里（阿灵顿）。"他对她解释说："你知道我对每个人来说都很碍事，我的品位和追求与家里的其他人并不一致。"现在，他在疏离之路上越走越远——他的家人和朋友给他提出的许多要求都让他感到负担沉重、心烦意乱。他和妻子一直相处得不好，现在，他们吵得可能比以前更凶了。他完全是自愿选择缩短他的圣诞假期的。虽然拉皮丹河并没有军事行动召唤他离开，但是12月21日，他还是离开了里士满回到军队和他冰冷的帐篷。因此，12月26日，当他心爱的儿媳离世时，他不在家。

---

① 鲁尼·李后来参与了囚犯交换，于1864年3月被送回南方邦联军军队。

这一切是他自己造成的吗？他选择离开美国军队，站在南部邦联的一边，这个决定最初遭到了他的大部分家庭成员的反对——包括他的妻子和他几乎所有的孩子。[24] 为北方而战——北方曾许诺他可以指挥全军——可能使他和玛丽保住"阿灵顿之家"。但他们谁也无法料到后事，而李从来没有后悔或怀疑过自己的决定。

这并不意味着他不认为自己对家庭的损失负有个人责任。要理解这些感受，我们需要了解李与上帝的关系。就像战争双方许多人一样，他认为上帝是站在他这一边的，站在他的国家一边的。他每天祈祷，阅读《圣经》，像北方的传教士一样频繁地在书信和演说中援引上帝。他心目中的上帝是《圣经·旧约》中好战的神，忌邪施报，不喜欢被忽视。正如《士师记》所述，李的神曾引领基甸率领 300 名以色列人，只以号角作为武器就屠杀了13.5 万米甸人。上帝——而不是人，是战争的仲裁者。上帝决定谁赢谁输。一只神圣的手——而不是罗伯特·E.李和他的将军们，指挥着北弗吉尼亚军团。屠杀北方佬是上帝的工作，邦联的胜利是上帝的胜利。[25]

怀有这种信仰的人必然认为上帝奖赏义人，惩罚恶人。因此，战争中的损失——特别是在战争中重复出现的损失，比如1863 年末的维克斯堡战役、葛底斯堡战役、查塔努加战役，再加上 1864 年春夏血淋淋的消耗战，都是失宠的结果。没有比这更为合理的解释了。获胜时，李感谢上帝保佑他的军队胜利。失败时，就像早年在西弗吉尼亚州的一次失败的竞选中一样，他看到了同样的神力在起作用："我已经采取了一切措施来确保成功……但是，宇宙的统治者却不这么想，于是发动了一场风暴，破坏了我周密的计划。"[26]1862年，在邦联经历灾难性的兵败之后，他在给女儿安妮的信中写道：

很明显，我们遭受的痛苦还不够，我们也不够努力，悔改之心不够虔诚，所以我们不该获胜。但我相信，过一段时间，这一切就会改变。我相信仁慈的上帝会唤醒我们的危机感，祝福我们诚实的努力，并把我们的敌人赶回他们的家园。我们的人民还不够努力，太看重自我和个人的安逸。[27]

这意味着，从某种程度上说，李本人和邦联建立的国家都与上帝疏远了。他是这么认为的，也经常在信件中提起。（他的部下"石墙"杰克逊也有同样的感受，也常常说起这些。）战争的失败表明他的士兵们自私、虚荣，他们把胜利归功于自己，而非上帝赐予的荣耀。因此，他认为"我们必须谦卑，力戒自吹自擂、自私自利，为正义而努力"。[28]葛底斯堡战役之后，他表达了同样的看法。这一次，他的态度更为明朗：

战士们！我们得罪了全能的神，忘记了他的怜悯，培养了一个个记仇的、傲慢的、自矜的灵魂。我们忘记了正义事业的捍卫者在上帝的眼中应该是纯洁的；我们过于相信自己能够实现我们的独立，而忘记了我们的命运其实掌握在上帝的手中。[29]

他的妻子玛丽，从更具启示性的角度看待这场战争。她给丈夫写信说：

我认为，千年一定会到来，撒旦将被释放到地球上，玷污和破坏它美丽的表面。虽然我们必须承认，我们应该因个人和国家的罪恶受到全能的上帝的惩罚，但仍然可以恳求他宽恕我们，在愤怒中发慈悲，不要降罪于我们。[30]

李和玛丽对失去"阿灵顿之家"也有类似的感觉。李坚信这是因得罪了上帝而受到的惩罚。在战场上的失败可能和同胞的过失有关，但是失去家园无疑是因为他自己犯下的罪，这种话李说了很多次，大多是在给家人的信中，他的诚意不容置疑。比如，在玛丽最后一次离开家后不久，他写信给她：

我担心我们对自己得到的幸福不够感激，于是我们的天父发现有必要剥夺他所给予我们的东西。我承认我忘恩负义以及我的过错、我的失格，并服从他认为应该加在我身上的东西。[31]

读到这样的文字是令人惊讶的，特别是当它们出自内战中著名的人物之一，也是那个时代著名的人物之一时。你尊重他也好，厌恶他也罢，但不可否认他取得的辉煌成就。然而，很久以来，无论是生活中，还是在其军旅生涯中，罗伯特·E.李一直遭受折磨，失败连连，挫折不断。和他童年的不幸相比，这些挫折正常多了，倒不算有什么离经叛道之处。

他父亲，即著名的哈里，前半生和后半生经历迥异。哈里早年的人生可谓轰轰烈烈，甚至算得上一段传奇。后半生却由连连失败、债务人监狱和流亡构成。罗伯特（即罗伯特·E.李）2岁时，笼罩着哈里的荣耀光环已经消失殆尽，他想方设法逃避债主的追查。他恨透了坐牢，于是抛家别子，去了西印度群岛，这一去再也没有回来。罗伯特同父异母的兄弟"黑马"亨利·李四世也有道德缺陷。他与妻妹有染，挪用信托资金，还想通过嫁掉妻妹隐瞒罪证。丑闻败露后，亨利·李被迫变卖祖产——他兄弟罗伯特的出生地——斯特拉特福德庄园来挽救。

罗伯特痛苦地意识到这些无法忽视的罪孽对其家族的伤害。他完美的军事记录和严格的个人纪律是对所有这些做出的反应。"玉石雕像"正在为他家族的罪恶赎罪。作为温菲尔德·斯科特将军的参谋部的一员，他在美墨战争中的战绩堪称典范，当他从那场战争中归来时，无愧英雄的称号。

至于他其余的军旅生涯，虽然在名义上是成功的，但大都平淡无奇，与他父亲神话般的生涯相去甚远。李在军队里待了32年，大多数时间都是工程师，负责建筑工程。他沉默寡言、聪明勤奋、处事温和。他没有婚外情（虽然他也对某些女人态度暧昧），不抽烟，只喝少量的酒。他做的代表性的工作是花了 5 年在纽约汉密尔顿堡重建老化的防御工事。这些都不是什么特别令人兴奋的事，仅仅是工程师的工作而已，工作任务单调而乏味。他大部分时间都和家人分离，长期缺席家庭生活。他常常觉得自己的生活很无聊，深陷官僚主义和政治派别的泥坑之中。但除了跟着得克萨斯州第二骑兵队与印第安人短暂交战，他从来没有参加过什么战斗。

最糟糕的是，他升职的速度极其缓慢。到 1846 年，他在军队里已经待了 17 年，却仍然只是个上尉，拿着微薄的工资。虽然他在墨西哥被任命为一名正式的上校，但直到南北战争前夕，才获得了真正的军衔和薪水。尽管他从 1852 年到 1855 年一直担任西点军校的负责人——这足以说明他在军队中是多么受人尊敬——但他的西点军校同学约瑟夫·E.约翰斯顿在 1860 年被提升为准将，在军衔上超过了他。

李在战争前 10 年的信件里开始流露出失望之情。他越来越频繁地提到自己的不完美之处，而不再像以前那样自信不疑、从容不迫。当被派到遥远的兵营时——这意味着他与家人见面的次数会越来越少——他认为这是"对我的罪行的公正惩罚"，"我可以真正地为我生活中犯的许多错误忏悔，这样我的罪就有可能得到宽恕"。在给他最喜欢的堂兄弟的信中，他写道："我意识到我的错误……做了很多决定和尝试想要做得更好，但是失败了……你知道我的弱点，我怕你对我没有信心。"正如他经常说的那样，他是"不够感恩且罪孽深重的"。这不是一个快乐的人所说的话。

与这种罪恶感相伴的是一种无价值感。尽管在墨西哥有过短暂而辉煌的职业生涯，但他并不像他的父亲那样在这世上留下了一些特别的痕迹，也没有显赫的故事来证明自己的存在。他一无所有——所有的地产都是玛丽的。他大部分时间都不在家。也许最糟糕的是，他没有做任何事情来改善家族的名声以及抹掉父亲和同父异母的兄弟所留下的污点。这使得他在一封祝贺鲁尼的儿子出生的信中做出了惊人的断言："我希望我能给他一个更值得尊敬的名声和一个更好的榜样。他必须进一步提高前者，并借后者避免我犯下的错误。"[32]这封信中体现的决心似乎用处不大，内战伊始，他的表现并不出色，由此他被称为"撤退李"和"奶奶李"。1862年6月，当他被任命为北弗吉尼亚州军团的指挥官时，几乎没有得到邦联军官的任何支持。当然，在那之后，一切都变了。但在其漫长的一生中，他作为传说中神话般的、坚强无敌的李的时间不到2年。

在弹坑之战前夕的结婚30周年纪念日，李在写给妻子的一封信中说：

你还记得30年前的那天是多么幸福的一天吗？上帝对我们一直都是那么仁慈、那么和善，而我却一直不知感恩、罪孽重重。我祈祷他能继续对我们施以仁慈和祝福，给我们一点和平和安宁，最终把我们联结在一起；我祈祷在未来的世界，他给我们的一切都围绕着他的王座！

这些话听起来很像是死亡遗愿，也是他晚年重复的另一个主题。那些支持这一理论的人也可以找到证据：在莽原之役和史波特斯凡尼亚郡府之役发生时，李身先士卒，带领他的部下投入战斗，甚至不得不在他的部下高呼"李到后面去"时被强行带到后面去。他在"骡子掌"2次想要往前冲——这无异于自杀。[33]

在彼得斯堡的战壕里，传闻中的李是一个略显病态的肥胖老人，失去了他潇洒的容貌和以前的乐观精神。他对手下的要求非常苛刻，他们害怕他愤怒的目光，那似乎"能刺穿一块2英寸（约5.1厘米）厚的木板"。尽管他仍然对他的国家和总统杰斐逊·戴维斯充满信心，但结果却越来越不明朗。正如他在那年夏天写给南方邦联战争部部长詹姆斯·塞登的信中所说："除非能想出一些措施来弥补我们的损失，否则后果可能是灾难性的。如果不增加我们的力量，那么我看不出我们如何能逃脱敌人数量优势所带来的必然的军事后果。"尽管措辞温和，但这种情绪却是极其悲观的。李和其他人一样清楚，南方除了奴隶，没有任何明显的未开发的人力资源。他的军力的每次补充都是微不足道的。虽然他在南方联盟大权在握，但仍然不像格兰特那样指挥着一支军队。同年夏天，当戴维斯总统想找人接替约瑟夫·E.约翰斯顿在佐治亚州的职务时，李建议戴维斯不要任命约翰·贝尔·胡德，但戴维斯并未理会，还是提拔了胡德。

考虑到李所肩负的巨大负担，战争中凄凉无情的伤亡数字，以及他被困在里士满和彼得斯堡的防御工事中的实际情况，也许他身上最值得注意的是那顽强的韧性——他没有在帐篷里独自闷闷不乐，也没有在官兵面前表现出泄气；他并没有失去希望，即使摆在他面前的大部分证据表明他本该如此。他既没有抛弃上帝，也不相信上帝已经抛弃了他——既然上帝是战争的最终裁决者，那任何事情都是有可能的。虽然骑着马很不舒服，但他仍然骑着马跟着他的队伍，有时一天能跑30英里（约48.3千米），有时还详细地给士兵讲解怎么加固防御工事。他往返于里士满，为他的部下争取更多的食物和补给。星期天，他去教堂。他全神贯注于管理军队的所有细节。当世界在他周围崩溃的时候，他继续做着这一切。不过，他的世界还没有完全崩溃。

第12章　格兰特的思想

格兰特有时喝酒，有时不喝；有时偶尔喝一次，有时不停地喝；也或许只有在联邦的命运岌岌可危的时刻，他才喝酒。谣言满天飞。军官们总是这样——他升得越高，他们就变得越恶毒越执着，嫉妒和恶意就越明显地从那一刀切的谴责中表达出来——格兰特将军是个酒鬼。他要是滴酒不沾就好了，但他有时确实会饮酒，而且一旦喝起来，就不会少喝，而这些正好坐实了那些人对他的糟糕评价。

格兰特一旦喝起来就要喝得尽兴，但他并非那种一直需要酒精刺激的人。他陶醉其中的时间很短暂，而且这种事情一般发生在公众视线之外，没有证据表明这会影响他的指挥能力。在19世纪，酗酒虽然不被看作一种疾病，却被认为和道德败坏、无能、自我放纵有关。虽然他的对手大肆宣扬他的弱点，但格兰特在控制酒瘾方面做得很好。而要在他漫长的职业生涯中做到这一点，他承受的压力非普通人所能想象。在他被迫离开军队、生意屡做屡败的那些绝望岁月里，他始终滴酒不沾。就任美国总统期间以及退休后，他再没沾过酒。他千方百计让他身边的人——包括他的妻子朱莉娅和他的忠实的助手约翰·罗林斯——阻止他喝酒。

在内战期间，他只喝过几次酒。尽管关于格兰特酗酒的故事含沙射影、层出不穷，但多数建立在臆测和捕风捉影的基础上，而且大半来自像亨利·哈勒克这样受人尊敬的、有影响力的将军之口。其实，在这段时间，真正的格兰特饮酒事件只发生过3次。第一次是在1863年6月的维克斯堡战役期间，当时他自己指定的监护人罗林斯不在他身边，而他得到了一些药酒。第二次发生在3个月之后，在新奥尔良，他又一次身处罗林斯的监督之外，这次他从马上摔了下来。①

最后一次是发生在1864年6月下旬的彼得斯堡，这符合他旧病复发的常规模式：他感到无聊或者无所事事时就想喝酒——比如围攻彼得斯堡和维克斯堡失利时，或者当他远离妻子或约翰·罗林斯的道德监督时。这背后可能还有另一重原因：一种前所未有的失败感。他在春季发起了一系列军事行动，但结果全都令人非常沮丧，最后以他的部下在冷港遭受无意义的屠杀为结局。战争在彼得斯堡陷入僵局。他旧病复发的现象也符合另一个

---

① 关于格兰特在亚祖河烂醉的故事被人讲了又讲，这实际上是报纸记者西尔瓦努斯·卡德瓦莱德精心编造的。但是格兰特确实曾在1863年6月初喝得酩酊大醉，证据是约翰·罗林斯在事发后写给格兰特的一封信，信中说："我是在刚喝空的酒瓶旁边找到你的，周围还有劝你和他们一起喝酒的人……你需要控制自己的酒量，不要再饮酒。"尽管新奥尔良事件的始作俑者是反对格兰特的那些将军——比如纳撒尼尔·班克斯和威廉·B.富兰克林，但衡量真相的标准是罗林斯本人相信此事。格兰特在1862年初醉酒希罗的著名故事和大多数格兰特酗酒的故事一样都是假的。参见詹姆斯·H.威尔逊的《约翰·A.罗林斯的一生》的第91页及其后。同样，格兰特在查塔努加酗酒的故事也是杜撰的。那次，他可能喝了一杯酒，但并没有醉。严格古板的罗林斯在反对格兰特酗酒方面从不手软。他存有一封准备就查塔努加事件向将军发出的严厉批评信。罗林斯没有发出信件是因为他知道什么都没发生。

熟悉的模式：为了服务于某些政治目的。格兰特酗酒的故事掺杂着谎言、夸张成分，最终演变成攻击他的武器。

最初，格兰特遭受非议完全与喝酒无关，而是因为他试图将本杰明·巴特勒从战场指挥部除名。尽管格兰特一直钦佩巴特勒的行政能力，但他和军队其他成员以及任何对战争有所了解的人都认为巴特勒没有打仗的天赋。最初，在百慕大韩垂，格兰特任命他欣赏的"秃头"威廉·F.史密斯做巴特勒的属下以补救后者的弱点所带来的问题。结果却发现这种安排是一场灾难，而格兰特也不清楚为什么会这样。他的新计划是不伤巴特勒的自尊，让其明升暗降，继续负责自己的部门，但要被调到东南方向80英里（约128.8千米）外的弗吉尼亚州的门罗堡。"秃头"史密斯将在百慕大韩垂接管巴特勒的军队。这一切似乎很合理，林肯也批准了这个调令。

但是波托马克军团险恶的政治浪潮几乎立刻就开始了反击。格兰特会见了粗鲁、直言不讳的史密斯，而史密斯是个令人讨厌的人，他把他的上司——包括米德和巴特勒——说得像白痴一样无能，并对整个弗吉尼亚州的军事行动指手画脚。他对谁都嗤之以鼻，谁都不放在眼里。终于，他通过自己的努力成功地让格兰特明白：史密斯不应该被提拔，而应该被解除管理权。

巴特勒经过仔细思考最终得出了结论，即他不想被困在约克－詹姆斯半岛的空荡荡的行政指挥部里。[1]一旦做出决定，借助他那灵活的法律头脑，他很快就想出了如何破坏愚蠢的林肯、哈勒克、格兰特想除掉他的计划。作为弗吉尼亚州和北卡罗来纳州的代表，他不仅指挥着所有的部队，而且可以决定他的总部所在地。巴特勒仍然具有相当大的政治影响力，他决定哪里都不去，把总部仍设在原来的地方——百慕大韩垂。7月9日，巴特勒与格兰特会面后，他的调动命令被撤销。与此同时，"秃头"史密斯因为他一视同仁地对所有人进行卑鄙的漫骂，为自己买了一张退出战争的"单程票"。7月19日，格兰特正式解除了史密斯的指挥权，派他去纽约"等待命令"，并解释了原因："你说得太多了。"

史密斯大怒。在两个星期多的时间里，他从第十八军一个享有盛誉的指挥官，变成了一个被发往遥远的北方的可耻的流放者，而他的对手——无能的本杰明·巴特勒又重获了原来的指挥权。史密斯以为他知道真正原因是什么。在写给佛蒙特州参议员所罗门·福特的一封信中，纯粹出于恶意，他捏造事实，详细地解释了缘由：所有这些可耻的政治诡计都是格兰特将军酗酒的副产品。

"秃头"史密斯编的故事是这样的：几个星期前，格兰特去了伯恩赛德的总部，在那儿要了一杯酒以缓解头痛。后来，在史密斯的总部，在史密斯和巴特勒的陪同下，格兰特又喝了一杯。史密斯在信中写道："过了1个小时，将军又要了一杯酒。过了不久，他的声音清楚地表明他酒劲儿发作了。过了一会儿，他就走了。"

但格兰特醉酒并不是故事的关键部分。最重要的——以及史密斯的说法的核心是——"谁见证了这一事件"。"我一回到帐篷里,"史密斯补充道,"就对一位目睹他离开的参谋说:'格兰特将军喝醉酒走了。巴特勒将军已经看到了,他一定会使用他手中的武器。'"[2]

史密斯的预言奇迹般地实现了。他写道:"我从两个不同的渠道听说巴特勒将军去找格兰特将军,并威胁要揭露其醉酒行为。"而格兰特在企图歼灭李的军队失利后,感到异常脆弱,在史密斯的版本中,他同意了巴特勒的要求。史密斯在信末带着不怀好意的暗示,即他对格兰特的坏习惯了解得比这多得多:"我离开时没有提到总部发生的这些情况,也没有提到格兰特将军当时有偷偷喝酒的习惯。"

史密斯的大部分话都不是事实。他可能见过格兰特喝酒,但巴特勒威胁格兰特的说法无疑是谎言。巴特勒坚决否认他见过格兰特喝酒,也否认了史密斯关于他威胁格兰特的说法。巴特勒说:如果我做了那些的话,"那格兰特应该会像他该做的那样,把我从军中开除"。此外,格兰特喝酒的事在军队里也不是什么秘密。这样的指控完全是老调重弹,通常会无疾而终,这次也不会产生什么决定性的影响。几个月后,格兰特成功地免除了巴特勒的职位,毫不留情。如果正如史密斯所说,巴特勒的威胁真的在那年夏天起了作用,那为什么之后不起作用了呢?[3]

格兰特的道德监督员约翰·罗林斯——格兰特最重要的参谋、最亲密的朋友,也一直是将军是否酗酒最可靠的见证人——

也不相信这个故事。他不假思索地就将这种说法置之一旁。既有趣又让人迷惑的一点是，罗林斯确实认为格兰特在史密斯描述的事件发生的那几天喝了一杯或几杯酒。罗林斯对此感到非常不安，他在6月28日的一封信中提道：

我发现将军在我不在的时候偏离了正道。上帝知道，作为这位受人尊敬的人的习惯的守护者，我还能为我的国家服务多久……由于他的动摇，我还不能离开这里，得等到马里兰州的叛乱被解决、亚特兰大的命运尘埃落定后才能离开。[4]

无论格兰特做了什么，都足以使罗林斯下定决心再也不离开他左右了。

最后，"秃头"史密斯被派往纽约，格兰特再也没有向这位暴躁的将军下达新的任命。但史密斯编造的故事以及他的积极宣传，成功地塑造了格兰特军中酗酒的形象。这是一个关于谣言如何困扰格兰特的例子，同时说明他自己也对这些谣言做出了"贡献"。虽然格兰特并没有醉得像史密斯说的那样厉害，但那时候确实已经醉了。于是，事实和谎言交织，许多人得出了同样的老结论：联邦军总司令是个酒鬼。

如果一定要说出战争中的一个符合格兰特的饮酒模式的时刻，那就是1864年初夏。他牺牲了成千上万的生命，却一无所获。他的军队被困在泥泞的防御工事里，无法脱身。在北方，民众对这场战争的关注热情直线下降，而格兰特是联邦军失败的主要责任人。甚至连他的军队也开始不信任他了。正如来自俄亥俄州的国会议员詹姆斯·阿什利对约翰·罗林斯所言："波托马克军团的参谋人员中滋生了很多不满和叛乱思想。"[5]格兰特应该感到十分沮丧。其他人也是这样。

但这不是格兰特的风格，他总是在一切都陷入绝望的时刻处于最佳状态。在这个脆弱的、决定命运的时刻，他看到了和世人眼中相反的一面。不管是什么使他在6月底短暂地喝醉了，他现在对胜利前景的态度比以往任何时候都更乐观。而且，随着时间的推移，这种感觉越来越强烈。喝酒的插曲到此为止。在接下来的2个月里，他的行动将清楚地表明：他看透了整个战争。他在千里之外看得非常清楚，相信自己知道如何赢得战争。当亚伯拉罕·林肯为11月的失败做准备时，当民主党人已经在为即将到来的胜利干杯时，格兰特却对自己在军中的指挥权自信满满，这相当于他一个人私下接管了整场战争。这种变化发生在7月中旬到9月中旬，外界基本看不出来什么。当其他人都在为这个国家黯淡的前景忧心忡忡的时候，格兰特有关勇气和希望的信念开始从他在锡蒂波因特的营地向外传递。起初传递是缓慢的，然后随着时间的推移，信念以越来越快的速度和越来越强的势头穿过数千英里的电线，最终尽人皆知。回顾过去，可以看到内战中几个重要的转折点。那年夏天，格兰特平静地假设自己拥有完全且不受挑战的权力就是其中之一。

第一个表明波托马克军团内部发生了根本的变化的迹象出现在朱巴尔·厄尔利率军到达华盛顿特区的门户时。李完全明白这次突袭的潜在影响。联邦战争部和它的将军们很容易受惊，他们臆想中的危险总是比实际情况更甚。李就是利用他们的恐惧本能一次又一次地取得了军事胜利。像厄尔利展开的这种突袭行动，在过去会让大量联邦军集结，迅速北上拯救被围困的首都，而这将改变弗吉尼亚州正在推行的战术。这正是李想要看到的。①

但格兰特没有惊慌失措——他不是束手待毙之辈。格兰特依然毫不犹豫地从华盛顿的防御工事中抽调军队到弗吉尼亚作战；李后来试图利用这一点，但也没有给他带来太多困扰。他看到了一个简单得多的事实，那就是：朱巴尔·厄尔利最终不会造成多大的破坏。格兰特清楚自己的力量，奇怪的是，联邦的其他将军们似乎从来无法做到这一点。"这场行动在格兰特将军的眼里就是一次突袭，不会产生决定性的影响。"一位联邦将领写道。⑥因此，当华盛顿特区的一切似乎都陷入失控状态时，格兰特冷静地将他的第六军派遣到北方，问题就这样解决了。而对罗伯特·E. 李来说，围困的计划没有带来他所愿见的结局。如格兰特所见，战争开始发生变化。他用靴子卡在李的脖子上，同时，谢尔曼正稳步向南移动。在一个人们越来越相信天要塌下来的国度里，格兰特这样的人是罕见的——他是一个乐观主义者。

---

① 1862年，"石墙"杰克逊在谢南多厄河谷战役中，以一小股部队转移了联邦军围攻里士满的行动中的大量资源。这是此类现象的一个很好的例子。

　　不过，他不是唯一的一个。尽管亚伯拉罕·林肯对赢得选举感到绝望，但他对格兰特的信心仍然没有动摇。他相信这个乐观主义者。这两个来自伊利诺伊州的人第一次见面就相处得很融洽。在接下来的几个月里，他们变得更加亲密了。不同于东方政治或者军事机构中的许多人，他们更坦率、更直接、更明智，不为嫉妒和阴谋所困扰。他们更少受恐惧拖累。他们的外形不符合人们对伟人的想象。此外，两个人都深信，尽管南方的恢复力几乎是不可估量的，但他们必须取得这场战争的完全胜利，对方必须无条件投降——他们不接受任何让步与媾和条件。林肯一直钦佩格兰特的坚强，钦佩他能就现有条件展开行动，而不是像大多数将军那样抱怨缺少兵力、缺少支援。与此同时，格兰特对林肯也产生了钦佩与仰慕之情，他很感激总统放手让他独自指挥。（林肯给过格兰特一些建议，但从未强加于他什么。）格兰特也曾是林肯进化政治学的勤奋学生。林肯不仅说服了格兰特相信奴隶制度是巨大的罪恶，也让他相信解放本身就是一个强大的战争武器。[7]1864 年夏天，两个人都对战争最终的胜利充满了信心，也都对 11 月的投票结果忧心忡忡。

　　7 月 31 日，林肯和格兰特在弗吉尼亚州海岸的门罗堡会面。这次会面意义重大，不可忽略，具体有以下几个原因。首先，他们谈论的内容没有记录，格兰特甚至在其回忆录中都未置一词。其次，它似乎改变了战争的进程。时机——从这个词最消极的意义上说——非常重要。会面是在格兰特第一次进攻彼得斯堡失败2个星期后举行的，那天也是厄尔利袭击华盛顿的2个星期后，以及弹坑之战和厄尔利纵火钱伯斯堡之后的一天。这次会面的主题自然不是关于战争带来的好处。但人们可以猜测到它的指导思想，那就是尽管当时所有的证据都对格兰特不利，而且国内和军方反对格兰特的趋势愈演愈烈，林肯却力排众议，决定支持格兰特。林肯不会屈服于公众舆论、政治观点、媒体意见等。他不打算换将，也不会削减格兰特的权力。林肯相信格兰特，并告诉了他这些。

随后发生的一系列戏剧性事件证明了这一点。两人谈论的话题之一，当然是朱巴尔·厄尔利，他的军队仍然在弗吉尼亚州北部、马里兰州和宾夕法尼亚州阴魂不散。会面的第二天，格兰特在林肯的授意下给陆军参谋长亨利·哈勒克发了一封简单但不寻常的电报："我命谢里登带领战场上（谢南多厄河谷）的所有部队行军至敌军以南，誓死追击敌军。"[8]

格兰特提到的人是菲利普·H.谢里登，当时他33岁，是陆军中低级的少将之一。他是一位傲慢的骑兵军官，直到战争第二年才真正知道打仗是什么样。格兰特绕过了好多比谢里登更有资格的军官，公然与哈勒克和战争部长埃德温·斯坦顿的意志对抗。格兰特此举无异于颠覆军队的资历制度。他不仅相信谢里登能保卫华盛顿，而且还派了3个步兵团和2个整编师的骑兵共4.8万人去保卫华盛顿。林肯也曾反对任命谢里登，直到他和格兰特会面，才被格兰特说服接受这个决定。[9]

2天后，1864年8月3日，林肯给格兰特发了一封电报：

我看过你的报告，你在信中说："我准备让谢里登指挥战场上的所有部队，并指示他守在敌军的南方，追击他们至无路可逃。敌军去哪儿，我们的军队就跟到哪儿。"关于我们的军队应该如何行动，我认为这么做没有问题。但是，你下达命令之后，请仔细看一下你从这里收到的信件，如果可能的话，你会发现这里所有人的头脑里都有"派我们的军队守在敌人南方"或"誓死追击敌军"的想法。我向你重复一遍，除非你每天、每小时都看着他们，催着他们这么做，否则他们既不会做也不会去试着做。[10]

这样一来，林肯既鼓励了格兰特，又提醒了他战争部会试图破坏他的计划。（2个星期前，常常玩弄阴谋诡计的哈勒克借用一段充满恶意的流言蜚语，向谢尔曼吐露了心里话："我担心格兰特在詹姆斯河以南的地方犯了一个致命的错误。他现在要到达里士满，就必须攻克防守坚固的彼得斯堡，穿过阿波马托克斯河之后，再过詹姆斯河。"[11]虽然这里的参照点是詹姆斯河，但这正是林肯所说的秘密游说活动。）格兰特的行动很激进：他不仅仅是让一个年轻人、一个还不曾经过多少考验的将军领导一支庞大的军队，而且也让华盛顿失去保护。而此时，格兰特的心腹正在首都腹地追击危险的厄尔利。这两件事都让首都会议室里的人坐卧不安。在那里，负责战争事务的人已经谨慎成性，习惯了按他们自己的意愿行事。最近，战争部的干涉以命令的形式下达，这些命令名义上是为了保护华盛顿，但实际上却使谢南多厄河谷的军队处于半瘫痪状态，不确定该前进还是撤退，不确定是要保卫首都还是攻击敌人。林肯就是要告诉格兰特，同样的事情有可能再次发生。①

关于林肯的电报最重要的一点在于格兰特怎么解读它。格兰特解释说，这不仅仅是一条有益的建议，还说明个体在呼吁以武力来解决问题。在他看来，林肯是在告诉他：他需要完全控制军队的指挥结构，包括战争部错综复杂的官僚机构。而且他现在就需要这样做——如果他这样做了，将得到总统的全力支持。别的联邦将领不太可能会这样解读林肯的电报。

格兰特没有浪费时间。收到电报2个小时后，他就登上一艘船，向波托马克河上游而去。他的目的地不是华盛顿——他在那儿停都没有停，也没有去拜访任何人。相反，他悄悄地登上了一列火车，前往马里兰州弗雷德里克斯堡附近的莫诺卡西河边联邦军的一个营地〔距首都西北约40英里（约64.4千米）〕。米德的助手西奥多·莱曼曾形容格兰特的表情"就好像他决心要用头撞开砖墙，而且马上就要这么做"。[12]人们可以想象，当他搭乘火

---

① 格兰特在其《个人回忆录》里提道：谢南多厄河谷的麻烦"主要是因为华盛顿的干涉"。哈勒克将军和斯坦顿部长的政策似乎是让部队驻扎在那里……左右移动，以便在敌人和首都之间保持联系；一般说来，他们会一直实行这种政策，直到完全不知道敌人的下落为止。

车在马里兰州的乡间摇来摆去时，他脸上的表情就是这样。

在联邦军军营，他会见了谢南多厄河谷军队的指挥官大卫·亨特少将。7个星期前，他的军队在林奇堡被厄尔利重创，逃往西弗吉尼亚州，自此，厄尔利开始向北进犯。格兰特迅速解决了亨特的难题。他先问他敌人在哪里。亨特说他不知道。格兰特是否被这个答案吓了一跳，现在已无记录可查。格兰特说的是："我告诉这位将军我会找到敌人在哪里。"[13]格兰特立即下令准备出发的火车和补给车，然后将亨特的大部分军队向南送往哈珀斯费里附近的哈尔斯顿。他发现厄尔利的步兵和骑兵在乡下四散开来，肆无忌惮地在乡间进行抢劫。格兰特派3万多名蓝衣军直接向邦联的粮仓进发。果然，很快厄尔利的整个部队就出现在他们面前。格兰特再次会见了亨特，亨特领悟到他的暗示，主动要求解除自己的职务。格兰特对陆军最高将领之一的回复很简洁，他说："很好。"

第二天，格兰特会见了谢里登，给他下达命令，这也体现了格兰特迅速转变的作战重点。那年春天，在命令亨特向林奇堡挺进时，格兰特告诉亨特摧毁沿途的铁路、运河和工厂。然而亨特将这一指令扩展到摧毁一些私人住宅，这些行动超出了格兰特的命令范围。现在，联邦的战争政策将正式改变。谢南多厄河谷拥有丰富的农业土地，对罗伯特·E.李来说非常重要。正如格兰特后来指出的，"河谷"是他们"养活里士满周围军队的主要仓库。大家心知肚明，他们会不顾一切地保护它"。[14]

格兰特对谢里登寄予厚望，要求他不仅击败厄尔利，而且把这片弗吉尼亚可爱的地区之一变成不值得保卫的荒原。格兰特对谢里登说："在向谢南多厄河谷推进时，最好不要留下任何吸引敌人回来的东西。把你需要的一切粮食、草料和牲畜都带走，带不走的就毁掉。"在2个星期前给哈勒克的一封信中格兰特提到了这种想法。他建议河谷中的联邦军队"把弗吉尼亚彻底消灭掉……以至于乌鸦飞过时都得自带食物"。不管怎样，战略是非常明确的，如果南方平民饿死，那是他们叛乱的代价。此外，谢里登将直接向格兰特报告，意味着战争部或军队其他任何部门的任何人都无权撤销格兰特的命令。他们会面的时间并不长。不到2个小时，谢里登就急忙赶往前线，奔赴即将到来的新一轮的残酷无情的"格兰特战争"。

格兰特径直去了华盛顿的战争部，在那儿先后会见了参谋长、前联邦军总司令亨利·哈勒克和战争部长埃德温·斯坦顿。虽然会议内容没有任何记录，但这场会议是战争管理方式改变和格兰特掌权的里程碑。前几个月，格兰特曾积极尝试解决波托马克河上游联邦军队的组织混乱问题，但他的提议被一一否决。[15]还是同样的问题：战争部一如既往地有主见，而且常常能得到总统的支持，即使是格兰特这般人物，也无能为力改变这些。

现在，这一切都将发生改变。林肯的警告犹在耳旁，格兰特取得了对军事事务的绝对控制权。波托马克河上游的联邦司令部将按照格兰特的要求进行合并。对任命谢里登的反对意见被搁置一旁。现在发号施令的是格兰特，再也没有人能够随便对他指手画脚。尽管斯坦顿掌管着战争部，但没有林肯的支持，他要想干涉格兰特的事务将会困难得多。现在，格兰特已经削弱了哈勒克的权力。从战争的历史背景来看，这一成就是惊人的。格兰特的副官西奥多·鲍尔斯在写给格兰特的助手约翰·罗林斯的一封信中描述了事情的经过："他让哈勒克成为斯坦顿的一名参谋。除非格兰特授权，否则哈勒克无法控制军队。哈勒克不能下命令，也不能行使自由裁量权。格兰特现在脱离了华盛顿条条框框的束缚，要独立运行整个战争机器。"[16]

哈勒克擅长制造政治内讧，而且是在华盛顿拥有官僚权力的精英，几乎立即就挑战了新秩序。他花了1个星期来极力游说，希望从弗吉尼亚州向北部城市大规模调遣军队，以应对潜在的征兵骚乱。这是典型的战争部思维：近乎偏执地谨慎，逻辑混乱，没有战略，无法评估实际风险，总是倾向于高估威胁。格兰特断然拒绝了他的建议，并简明扼要地回答说："如果我现在从詹姆斯河撤退，就一定会导致谢尔曼战败。"（即允许李向佐治亚州战区输送军队。）

林肯再一次旗帜鲜明地支持格兰特，给格兰特写信说："我看到你在信件里说你不愿意改变目前的战术。我也不愿意。像斗牛犬一样咬住不放，尽可能地撕咬和吞噬吧。"格兰特读这封电报时开怀大笑，这在他身上是很少发生的事。当他的助手们问他觉得哪里好笑的时候，他回答说："总统比他的任何顾问都更有勇气。"[17]

因此，弗吉尼亚州的锡蒂波因特——这个位于彼得斯堡以东的波托马克河上的联邦巨型补给基地和临时港口，就成了美利坚合众国的军事首都。[18]正如鲍尔斯所说，华盛顿的"名录"现在是次要的产业。尤利西斯·S.格兰特先是在一个帐篷里，后来又在一个小木屋里，指挥战争在广阔的战线上展开。政治家和外国使节在那里拜访他。最后，总统也来了。格兰特总部通过电报发出了一连串命令，涉及范围从战斗到人员、后勤和补给，影响了战争的每一个角落。格兰特的产出是惊人的，而且并不张扬。他吸着雪茄，安静地起草信函，周围的世界就这样发生了变化。那年夏天，约翰·昆西·亚当斯总统的孙子、联邦军上尉小查尔斯·弗朗西斯·亚当斯曾拜访格兰特，评价格兰特"冷静、开朗、愉快但威严"，并形容他"非常平易近人，举止谦和、不做作，既不严厉也不粗俗，和我谈话时他就像是我出差去拜访的另一个骑兵队长一样"。[19]

格兰特认为这场战争是一个单一的、统一的战场，从阿肯色州到华盛顿的一切都是相互关联的，军队的调动是一场"零和游戏"。在这个更大的世界里，面对彼得斯堡和里士满的僵局，波托马克军团有了新的任务。格兰特认为他现在的任务是把李牢牢地围在一个地方，尽力撕咬和吞噬，并且使北弗吉尼亚州的军队无法向佐治亚州或谢南多厄河谷增援。为了完成这一任务，格兰特在里士满和彼得斯堡一带对李发动了一系列进攻。8月14日，有消息传来，称李给厄尔利增派了 3 个师，于是格兰特命令温菲尔德·斯科特·汉考克率领一支部队越过詹姆斯河，袭击在里士满留下的邦联军。事实上，李并没有向厄尔利增派任何兵力，几天后第二次深底战役的几场小规模战斗也并未给联邦军带来任何有益的结果。

但战斗确实迫使李削弱了他在彼得斯堡南部的右翼，格兰特立即利用了这一点，直奔对手最大的弱点：脆弱的补给线。8 月 18 日上午，格兰特派高佛勒·沃伦带领 4 个师占领了彼得斯堡以南 5 英里（约 8 千米）处的要塞韦尔登铁路。在环球酒馆之战，沃伦占领了一段火车轨道。在邦联军建造了一条平行的补给线来取代它之后，格兰特又摧毁了新建的这条。虽然他没能完全拦阻李的补给线，但迫使李不得不用更长的补给线来运输少得可怜的资源，并且他们打伤杀死了更多邦联军。格兰特的部队又在纽马基特高地和皮布尔斯农场两次攻击了李的军队。虽然里士满和彼得斯堡的围攻还没有结束，但这两次战斗都迫使李拼力反击以保护自己。李在给杰斐逊·戴维斯的信中抱怨说："敌人的位置使他能够在我们不知情的情况下左右移动他的军队。""我们不得不派我们的人仓促迎战，这样一来，我们就冒着来不及确认他的动态的风险，而且他还可能因为隐蔽的行踪而获得额外的好处。"格兰特把李逼"疯"了。

格兰特还解决了后来战争中最大的问题——兵力。双方都迫切需要更多的援助。联邦军的人比邦联军多，但分布广泛。北军占领的地方越多，补给线就越长，就需要越多的兵力来保护补给线。例如，谢尔曼就守卫着一条长长的补给线，防备内森·贝德福德·福雷斯特带领邦联军进行突袭。格兰特的分遣部队也不得不守卫包括华盛顿特区、弗吉尼亚州沿海地区和西弗吉尼亚州哈珀斯费里在内的地区，他也不再具备在彼得斯堡时的压倒性人数优势。

但是，最需要帮助的是谢尔曼，他的大军从田纳西州南部向佐治亚州进发，到目前为止伤亡惨重，但没有战果。格兰特极力争取给他尽可能多的士兵。格兰特拒绝交换战俘——尽管交换战俘很受欢迎，但他认为这"只是加强了敌人的力量"。当他听说他的一位将军与敌人交换战俘时，就给斯坦顿打了电报，要求斯坦顿阻止这种行为。[20]在打消耗战时，交换战俘对南方有利。因此，双方的战俘只得待在原地，在通常条件比较恶劣的监狱里受苦受难。格兰特命令将所有逃出来的奴隶运到纳什维尔，在那儿战斗部队将不再承担照顾和管理他们的任务。他派出了一个由南部邦联逃兵组成的兵团去往西部，以换取可靠而忠诚的北方士兵；让外科医生给北方医院可以作战的人办理出院；命令哈勒克从开罗、哥伦布和帕多瓦等城镇的现有部队中挑选1000个弱者清理掉。他甚至游说人们一起反对马萨诸塞州通过招募自由奴隶来实现军队配额。所有这些做法，正如人们能想象到的，并不受欢迎。

谢尔曼也需要其他方面的支持和保护。阻止了哈勒克和战争部从谢尔曼的军队中抽调兵力后，格兰特采取措施进一步保护谢尔曼的几万士兵不受南方叛军的威胁。格兰特准备了一支联邦远征军将南方泛密西西比河地区的指挥官柯比·史密斯困在原地，并准备在他向东进攻谢尔曼时拦截他。格兰特命令所有在中西部训练的新兵立即去支援谢尔曼。

格兰特最担心的是北方人对战争的态度。为了解决这个问题，他不按常规进行指挥，亲自开展了非同寻常的公关活动，其目的是说服北方公民保持耐心，并且给他们希望。他通过给北方政客写信来达到目的——他知道这些信件会被广泛出版。他鼓吹意志不移、决心不移，一如他在1864年8月16日给他的长期盟友、伊利诺伊州国会议员伊莱休·沃什伯恩的信中所说。这封信吸引了大批报纸读者：

为了早日恢复联邦，我们现在需要北方坚定地团结一致。叛军现在已是强弩之末……他们失去的兵力已经无法再得到补充了。为了保持当前的兵力水平，他们恨不得让老人和孩子全部上阵。除了在频繁的小规模冲突和战斗中的损失外，他们现在每天至少损失一个团。叛军如此消耗下去——如果我们相信自己——结局是显而易见的。他们现在唯一的希望就是北方分裂。[21]

格兰特是对的。这是邦联军唯一的希望。但在许多方面，这种希望已经实现了。1864年夏天，北方严重分裂，人们对战争深恶痛绝，开始了一场选举，充分表达所有被压抑的异见。8月23日，林肯心灰意懒，写了一份备忘录：

今早的情况一如过去几天的情况，预示着本届政府极有可能不会连任。那么，我有责任与当选总统合作，以确保联邦在选举和任职典礼之间平稳过渡；目前他只能以这种方式来确保自己当选，而再无别的退路。

林肯把这张小纸条封好，然后，出于某种奇怪的原因，让他的内阁成员在信封上签名，却没有告诉他们信封里装的是什么。林肯的秘密信件有着令人同情的魔力，是一种召唤与当前走向截然不同的未来的方式。

第13章 反林肯运动

萨蒙·P.蔡斯急切地想当美国总统。他做梦都想着这事，并为此虔诚祈祷。他相信总统职位注定是他的囊中之物，他无法控制自己对这份工作的热望。蔡斯曾担任俄亥俄州参议员、州长。但他的愿望不止于此。他曾在1856年和1860年两次被提名共和党总统候选人，但都铩羽而归。1860年那次尤其让他感到惊讶和困惑。他不明白他的对手们——特别是那些来自西部边疆的粗鄙的、胡乱扯故事的"原始人"——怎么就获得了提名，还在1860年的大选中打败了他？[①]

当然，作为林肯的财政部长，无论是外表还是能力，蔡斯都配得上"伟大的政治家"的称号。他英俊非凡，肩宽背阔。在一个平均身高为5英尺7英寸（约1.7米）的国家里，他高6英尺2英寸（约1.9米）。在华盛顿的会议室里，除了林肯，只有他能俯看众人了。蔡斯顶着一个大脑袋，方方的下巴被刮得干干净净，一双毫无畏惧的眼睛，神态庄重而严肃。为了确保人人都记住他的这些特征，蔡斯在每一张1美元的钞票上都印上了自己的

---

① 蔡斯在该党大会的投票中排名第三，远远落在亚伯拉罕·林肯和威廉·西沃德的后面，在最后一轮投票中仅获得两票。

形象。钞票上的他衣领阔挺，看上去比实际年龄年轻了好几岁，头发也不像现实中秃得那么厉害。他说话时喜欢用充满了限制条件和警告意味浓厚的句子；他稍微有些口齿不清，但这似乎为他说的话增添了深度和个性。在他的属于反奴隶制阵营的支持者看来，他是一个信念坚定的人，是一个曾经为逃亡奴隶辩护的律师，未来会成为毫不妥协的废奴主义者。[1]

就个人品格而言，他非常刻薄且精于算计。同龄的人觉得他难以亲近，因为他待人疏远，同时又冷酷无比、野心勃勃。他没有一点儿幽默感。林肯的笑话和下流故事吓坏了他，他实在不明白为什么有人会觉得这些笑话有趣。他对智商不如他的人几乎没有耐心；他对人怀恨在心、睚眦必报，密谋对付所有与他作对的人。

总体而言，他觉得自己比其他人都强。总统的私人秘书海约翰和约翰·G.尼古拉写道："（蔡斯）对林肯的性格的评价很低，以至于他不肯相信会有人盲目到喜欢总统甚于喜欢他自己……他自始至终都认为自己是一个正儿八经的候选人，反对他的人则全都是卑鄙、不真诚的。"[2]林肯的一个支持者对总统说："他（蔡斯）觉得自己比你强得多。"[3]甚至连蔡斯的朋友都觉得他的野心大得有些过分。"蔡斯是一个好人，但他的信仰没有依据。"来自俄亥俄州的幽默的共和党参议员本·韦德说，"他认为三位一体中还有第四个人。"[4]作为那个时代主要的政治家之一，蔡斯在美国历史上最具政治色彩的一个时刻手握重权。他拥有的这些幻想虽然是他的缺点，却成就了他。

蔡斯为了实现他崇高的抱负，成了亚伯拉罕·林肯竞选连任道路上的第一大障碍。在林肯任命他做财政部长时，林肯的内阁中还有其他政治对手和敌人。总的来说，这已被证明是一个明智的选择——林肯的内阁成员包括1860年获得共和党提名的威廉·西沃德、爱德华·贝茨、西蒙·卡梅伦和蔡斯，让他们在内阁里受着约束造成的危害比把他们放在外面要小得多。在这群人中，只有萨蒙·蔡斯继续竞选总统，但两次都没能获得提名。如果是一个不那么顽固的人，可能早就放弃了，但是3年的苦战使蔡斯更加热衷于此事。1863年秋天和1864年冬天，这个表面上是林肯的同事、朋友和盟友的人，秘密地为与他软弱的上司一决胜负打下了基础。在一个短暂的高光时刻，他成了激进派挑战林肯竞选连任的代表。蔡斯认为这将是席卷共和党的巨大变革的象征。

＊　　　＊　　　＊

在1864年想要深入了解美国选民的思想是不可能的。科学的民意调查并不存在，根本无法通过对纽约到加利福尼亚的普通市民的意愿进行抽样调查来找出他们更喜欢的总统候选人。公众意见通过政党在市政厅、有轨电车、游船、酒吧或人们聚集的任何地方进行的民意调查得知。这些民意调查是非正式的。毫无疑问，它们局限于某个地方，且往往带有很大的偏见。[5]

这意味着，对总统竞选活动唯一有参考意义的是其他选举，尤其是国会和各州的选举。这些结果都非常不稳定。对于林肯和共和党来说，1862年意味着彻底的灾难。这一年进行了一场具有广泛代表性的选举，从这次选举可以看出民众对总统的战争表现和他的《解放黑人奴隶宣言》的态度。在这次选举中，1860年支持林肯的5个关键州——纽约州、宾夕法尼亚州、俄亥俄州、印第安纳州和伊利诺伊州——一致反对他，使民主党在国会成了多数派。1863年秋天，在维克斯堡战役和葛底斯堡战役取得大捷后，共和党在16个州都取得了决定性的胜利，天平再次偏向他们。在最受关注的俄亥俄州州长竞选中，鼓吹立即实现和平并让南方保留奴隶制的张扬的"铜斑蛇"民主党人克雷门特·伐兰狄甘遭到惨败。

但这些选举都发生在格兰特的弗吉尼亚军事行动失败之前，也就是谢尔曼进军佐治亚州无果而终之前。那时，朱巴尔·厄尔利还没袭击华盛顿，美元和自由贸易市场还没有崩溃。很明显，当时，北方选民的情绪一触即发，他们对这些事件到底有什么看法？

在不知道400万选民的真实想法的情况下，这个国家不得不依靠它的公众发言人——编辑、记者、作家、政治家和传教士——来把握自己的政治脉搏。如果你了解演讲者和编辑的话，就知道在那一年的美国，亚伯拉罕·林肯肯定是遭到千夫所指的。他受到党内和反对派的一致憎恨。厌恶他是一种时尚。厌恶他的原因却常常相互冲突、相互矛盾：他做得太多会受到批评，太少会受到谴责；行动太慢不行，太快也不可以；严厉受人苛责，宽和也被贬低；有人说他太过暴虐，有人又觉得他太过仁慈。人们给他起的绰号花样繁多，几乎挖掘了英语贬义性绰号的一切可能。从北方媒体对他的描述中取一小部分样本，这种绰号包括暴君、小丑、吹牛大王、做伪证者、强盗、骗子、无知者、怪物、篡权者、独裁者、猿猴、懦夫、恶棍、食尸鬼、弱智、黑鬼情人、懦夫、叛徒、屠夫、狂热者、傻瓜、人猩猩、公民自由践踏者、宪法祸害等，不一而足。[6]

随着时间的推移，公共评论越来越尖锐，不依不饶，没完没了。尽管林肯仍有许多支持者，但到1864年夏天，北方有影响力的人中认为他会再次当选的已屈指可数。这样一个既不能赢得战争也不能实现和平的人，这样一个遭到自己党派中大部分人唾弃的人，怎么可能连任呢？明智的人觉得他已到了穷途末路的境地。连他共和党的朋友们也不看好他。最后他本人都失去了信心。自32年前安德鲁·杰克逊连任之后，再没有一位美国总统有过第二个任期。1840年以来，甚至没有一位美国总统获得第二次提名。林肯为什么会与众不同？这种感觉在詹姆斯·戈登·班纳特——他是实力强大的《纽约先驱报》的编辑（这家报纸的发行量在美国所有报纸中居榜首）——的嘲讽散文中得到了体现：

林肯总统是笑话的化身。他的当选是一个令人难过的笑话。像他这样的人应该做这样一个国家的总统的想法是个非常荒唐的笑话……他的《解放黑人奴隶宣言》是个非常严肃的笑话……然而，他想要获得再次提名的计划，以及他对连任的不切实际的期望，是所有笑话中最可笑的。[7]

这位举步维艰的总统的身边有不少人在虎视眈眈、伺机夺权，他们都来自他自己的党派。那几年，共和党人被分成了两大阵营：保守派和激进派。保守派与林肯及其政府的政策保持一致。激进派是一个因战争而日益强大的边缘群体，与保守派在某些基本信仰方面很相似。他们反对奴隶制，希望进行强有力的战争。但是他们也认为一个由软弱无力、摇摆不定的总统领导的政府组织涣散、无可救药。在他们看来，林肯对他工作中的两大问题处理不当：战争和黑奴解放。波托马克河的码头上每天都会接收到他在战争中失败的证据：那些受伤或死亡的士兵。他在战争中犯下的错误始于1861年，当时他任命乔治·麦克莱伦将军为陆军司令，而这位麦克莱伦将军不仅胆小得令人匪夷所思，还深深地同情南方；接着是格兰特在彼得斯堡的战壕中的瘫痪表现。在奴隶制问题上，总统等了太久才发布《解放黑人奴隶宣言》，并且奉上的还是不成熟的东西：这一宣言只适用于脱离联邦的州，而不适用于密苏里州、肯塔基州、马里兰州或特拉华州。激进分子主张立即废除各地的奴隶制。在他们看来，林肯在联邦军队中征召黑人士兵的行动进行得也很迟缓。甚至连其职业前景与林肯的政治成功有很大关系的弗雷德里克·道格拉斯后来也对一位编辑

朋友说:"如果有一点点希望可以找到一个具有更坚定的反奴隶制信念和支持相关政策的人当选,我就不会支持林肯先生。"⁸

但这两个阵营之间最关键的区别在所谓的"重建"工作上,即一旦联邦赢得战争,该如何处理南方的问题。这个词从1863年夏天开始流行,当时联邦政府刚刚在维克斯堡和葛底斯堡获胜。突然间,大家觉得联邦政府似乎很快就会打赢这场战争。林肯一向是个心地善良、宽宏大量的人,他赞成给予被征服的南方宽容的待遇,针对南方重新融入共和国实行宽大的政策。由宾夕法尼亚州的泰迪尔斯·史蒂文斯、俄亥俄州的本·韦德和马萨诸塞州的查尔斯·萨姆纳等政客领导的激进分子则不想看到这些。他们想要复仇,希望南方及其领导人受到惩罚。正如海军部长吉迪恩·韦尔斯所说,他们想"杀死他们,流放他们,征服他们,没收他们的财产(并)剥夺宪法和其他法律赋予他们的权利"。⁹伴随着国会中的南方民主党人被罢免,分裂和战争使共和党首次在国会获得多数席位。现在,激进分子想利用这一权力消灭奴隶制、奴隶主阶层,重建南方,使其成为受共和党保护的地方。他们看到了在未来几代人中将政治力量的天平向共和党人倾斜的机会。

萨蒙·蔡斯是这些有权势、有野心、怒气冲冲的男人所选择的宠儿。《纽约先驱报》称他为"激进派的摩西",他们的目标是在6月举行的巴尔的摩共和党大会上,确保蔡斯——而不是林肯——赢得共和党的提名。(当年共和党临时改名为"全国联盟党"，试图吸引主战派民主党和其他团体，然而各州并没有改变共和党的叫法。）激进分子的计划风险很大。他们不得不悄无声息地行动起来，增强实力，吸引更多的支持者，等待着走入公众视野的最佳时机。行动太快无疑是冒险。这是破坏党派的不忠行为，目前一切都是秘密进行的。阴谋家们在前一年就开始了他们的竞选活动。到1864年初，他们在全国、各州和各地方委员会都有组织，目的是"让蔡斯成为总统"，共有27位美国参议员参加了这场秘密叛乱。

林肯对此了如指掌。尽管密谋者诡计多端，极尽掩饰之能事，但林肯还是清楚地知道是谁在反对他、为什么反对他。他一再收到提醒，甚至连他的妻子玛丽也曾对他说："林肯先生，你不是瞎子就是不想看见。我不是唯一一个提醒过你小心（蔡斯）的人……如果他认为自己有把握成功，那明天就会毫不犹豫地背叛你。"[10]林肯天性宽和，总是息事宁人，因此对蔡斯和其阴谋诡计置之不理。在海约翰的叙述中，总统发现蔡斯耍的花招"很不雅观"，但"决定对所有这些表演视而不见"。林肯说："蔡斯是个好助手，他会做好自己的工作的……如果他成为总统，可以。我希望我们不会遇到更坏的人……只要他履行财政部长的职责，我对他这些计划的成败就完全不关心。"[11]

蔡斯拒绝承认任何此类计划正在进行中。他说，即使他的朋友们大肆宣扬这种想法，他本人也与此事无关。他把自己描述成无私和超然的典范，说是有人要把他推上总统之位，而他自己想都没想过这件事。蔡斯的信件堪称故作谦虚和模棱两可的政治话语的教科书。1864年1月26日，他在给俄亥俄州的一位朋友的信中写道："有些朋友说，我的名字在与总统职位有关的民众讨论中颇受青睐。""我告诉他们，我不能参与他们可能打算做的任何事情，除非这件事对我当前的职务的履行有益。"1月28日，他对另一位朋友写道："至于总统职位，我完全把人选确定这件事留给人民。（他们）完全有能力，而且比我更有能力把这件事处理好；人民会根据自己的判断来处理这件事。"[12]

当发表这些巴洛克式复杂的否认声明时，蔡斯正忙于在财政部内部建立一个政治机器，部里的1.1万名员工使其成为联邦政府最大的赞助网络。有保守倾向的员工被清除；激进分子被雇用；政治献金被取用。他的支持者组织了蔡斯俱乐部，目的是在政党大会代表选举中占据主导地位。司法部长爱德华·贝茨写道："蔡斯先生对总统职位的渴望让他头晕目眩。""很长一段时间以来，他掌管的庞大的部门的所有办公室里都挤满了极端分子。"[13]一位在财政部工作的印第安纳州的税务员告诉林肯，他"明白蔡斯部长会把所有不积极支持他和反对他的人除名"。[14]

1864年2月，随着蔡斯的支持者编写和发行了两份猛烈攻击林肯的出版物，蔡斯的地下活动公开化了。第一份是一篇有6页长、题目为《下一届总统选举》的文章。匿名作者认为，林肯的软弱和优柔寡断是"我们精良的军队未能成功摧毁叛乱的真正原因"。他们声称，林肯不适合当总统，必须有人替代他，但没有提到适合当总统的其他政客的名字。上万份复印件被分发出去，上面附有不同参议员的签名，其中就有俄亥俄州参议员约翰·谢尔曼（威廉·特库姆塞·谢尔曼的弟弟）的签名。这篇文章被媒体广泛报道，在政界引起一阵小小的骚动。但这到底意味着什么？

刊登在华盛顿的一家报纸上的由堪萨斯州参议员塞缪尔·C.波默罗伊签署的一份需要"严格保密"的文件给出了答案。其中的论点与前述文章的相似之处是：林肯既不适合担任总统，也不能再次参选。但这次它点出了可以解决问题的、能干的、有才华的人的名字——萨蒙·P.蔡斯。它还公布了一个好消息，那就是一个支持蔡斯竞选的全国性组织已经存在。

《波默罗伊传单》后来被视为一种尖锐而露骨的政治思想，但实际上它只是一个转瞬即逝的失败品。反击来得迅速而凶猛。波默罗伊和他的部下行动太快，也太天真了。他们获得的支持力度还不够大。蔡斯自己也吓坏了——虽然他曾积极进行幕后政治活动，但不知道他的朋友们将何时公开或如何公开。于是他立即给林肯发了一张便条，否认对传单及其内容知情，并提出辞职。

在日益高涨的公众舆论风暴中，林肯刻意温和的反应明确地展示出他比蔡斯更了解这份传单及其来源。林肯的回复便条堪称进退得宜、轻描淡写的杰作：

我想真的没什么好说的……就在你写信的前一天，我才知道波默罗伊先生的传单已经被公之于众。尽管几天前我就得知了这份传单的存在。我还没读过，而且我想我不会去读它……我对这些事情所知甚少，正如我自己的朋友所允许我知道的一样。他们把文件带来给我，但我没看——他们告诉了我他们认为适合告诉我的部分，但我也没要求听取更多。我完全同意你的看法，如果我们没有去怂恿和支持，那么我们中的任何一方都不应该为我们各自的朋友所做的事情负责。

林肯轻描淡写地拒绝了蔡斯的辞职申请，好像这只是一件小事：

至于你是否应该继续担任财政部部长，除了从对公共服务的判断之外，我不允许自己从任何角度考虑这个问题，因此，我不认为有必要做出改变。[15]

但那还远远不是结束。当林肯以温和、宽恕的语气写信给蔡斯时，支持林肯的人正在磨快他们的长刀。蔡斯太过分了，或者说是他的朋友们太过分了，报应肯定会来的。最主要的打击来自弗兰克·布莱尔，他毕业于普林斯顿大学，是密苏里州著名的布莱尔家族的后裔，他对政治上的刀光剑影并不陌生。2月26日，身为谢尔曼军队的正在休假的指挥官、国会议员的布莱尔站在众议院的地板上，强烈谴责蔡斯领导的财政部。他说，密西西比河流域"因其代理人在那里实施的欺诈和腐败行为而臭气熏天……

财政部官员受贿，情况已经严重到它普遍得几乎不再引起人们的注意或评论。这是有史以来最腐败、最不道德的系统，已经成为公众的丑闻"。[16]就这样，布莱尔向激进分子和党内其他所有支持蔡斯参加总统竞选的人发出了信号。林肯否认是他让布莱尔陷害蔡斯，但蔡斯并不相信。这次演讲引起了轰动。

但真正让蔡斯竞选失败的是来自州内政党组织中的攻击——林肯巧妙地包抄了激进分子。他精明地利用自己的优势来支持政党领导人，现在，这种支持开始发挥作用了。在《波默罗伊传单》发表后的几天内，共和党在各州的立法者们就通过了一系列决议，一致支持再次提名林肯。其中最能说明问题的是来自俄亥俄州的支持——它传达了一个非常明确的信息：蔡斯甚至不能左右他所在州的代表团。蔡斯的选举委员会择取时机不周，攻击语言过于尖锐，于是结果与预期相反：人们倒戈，转而去支持林肯。[17]3月5日，饱受打击、怒气冲冲的蔡斯给他俄亥俄州的朋友写信，要求撤销对他的提名。他的失败引人注目，一锤定音。他永远失去了作为全国联盟党的总统候选人去参与权力争夺之战的机会。

蔡斯的政治前途被腰斩，亚伯拉罕·林肯和他的竞选伙伴——田纳西州州长安德鲁·约翰逊在6月于巴尔的摩举行的全国联盟党大会上轻而易举地赢得了提名。激进分子怒不可遏，对总统、布莱尔家族、威廉·西沃德和整个内阁发起了猛烈的言论攻击。他们说尤利西斯·格兰特应该成为被提名人。但他们无法阻止林肯赢得提名，即使彼时冷港战役炮火隆隆，联邦军惨败。最终，林肯式温和战胜了激进的煽动。林肯的下属们借助共和党人一致赞成的两个观点团结了共和党：提出一项旨在全国废除奴隶制的宪法修正案，以及迅速结束战争。[18]伊利诺伊州的一位代表写道："共和党人应该做的正确而明智的事，就是将共和党的所有成员团结在一起——包括不切实际的人、法利赛人、宣称自己比别人更好的人，长头发的男人和短头发的女人——继续充满活力地参与战争，直到最后一个敌人放下武器。"[19]

这些都是出身显赫之人的看法。事实上，党内有很大一部分人认为自己被林肯扼住了喉咙。另一个衡量党内不满的因素是，截至6月的第一个星期，有2名共和党人被提名为总统候选人。1个星期前，一群不满的党内成员在克利夫兰举行了他们自己的大会。在激进民主党的旗帜下，他们提名约翰·C.弗雷蒙为候选人。弗雷蒙以西方探险家的身份成名，曾是1856年的共和党总统候选人，也是联邦不称职的政治将领之一。但这次大会不过是媒体所称的"蠢货和怪胎"的聚会，《纽约时报》的亨利·雷蒙德认为这是"一个罕见的愚蠢之举"和"一种精神幻觉"。尽管有如此轻蔑的评价，但人们还是无法判断弗雷蒙作为候选人到底有多少实力。战场上发生的任何事都可能会在数小时内改变一切。在战争肆虐同时又缺乏可靠的民意调查的情况下，竞选总统就像蒙着眼睛骑马一样。你可能会拉缰绳，但终归看不清楚那匹马要把你带到哪儿去。

来自马里兰州的极端激进的共和党国会议员亨利·温特·戴维斯并不友好。他年轻、英俊、聪明，是一位才华横溢的演说家。但他报复心也极强，自以为是，而且很刻薄。记者诺亚·布鲁克斯认为他"内心空虚、冷血"。他痛恨很多人、很多事，最讨厌的是亚伯拉罕·林肯。这可能和戴维斯极端的政治信仰有关，也可能是因为林肯在任命内阁成员时忽视了他，还可能是因为总统未能站在他的立场上反对他的敌人布莱尔家族，或者三者都有。多年来，戴维斯在持续的政治攻击中表达了他的不满——尽管林肯对这个他曾经视为朋友的人表达了善意。"这似乎对他有好处，"对于这些人身攻击，林肯很仁慈地说，"既然这对我没有伤害（也就是说，我觉得没有），让他放纵一下自己又有什么坏处？如果不向我投球，他就会向一个他可能伤害得了的可怜人投球。"[20]

但是，林肯很快就不这么想了。1864年8月初，戴维斯发动了迄今为止最猛烈的攻击，主题是"重建"。对于这个充满政治色彩的话题，每个人突然都有了自己的看法。这次攻击源于1863年12月林肯发布的《赦免和重建宣言》，他在宣言中提出了建设战败的邦联的粗略轮廓。[21]他说，南方的所有奴隶都将被释放。宣誓支持和捍卫宪法的南方人将获得赦免和财产权（不包括他们对奴隶的权利），这些人中不包括那些为南方而战的国会议员、法官、军官，也不包括邦联政府的官员、代理人以及虐待黑人战俘或白人军官的任何人。当一个州有10%的选民宣誓并建立起一个共和党州政府时，他们将有资格在国会的批准下重新加入美国。除此之外，林肯几乎没有提供任何细节。他一直留有余地。他也很友善。10%是一个很低的数字。他的要求不是惩罚性的。"我赞成和解，"他说，"我的看法是很多事情都可以被原谅。"林肯的仁慈是他更大议程的一部分，即迅速重建被联邦政府占领的路易斯安那州、阿肯色州、田纳西州和佛罗里达州，并将它们彻底收回联邦。²²

激进分子从这种计划中看到了灾难。他们认为，只要一个州有10%的选民宣誓，而且很快就能恢复自己州的地位的话，种植园主阶层将会很快重新掌权。他们很快就会在华盛顿占据有影响力的老席位。前奴隶主将决定如何废除奴隶制，以及如何赋予和保护黑人公民的权利。激进派认为一个州至少应有50%的人签署誓词，这一要求将自动使重建成为战后事件。此举能避免强行通过州宪法，以及匆忙重返联邦，也不会恢复种植园主的权力。应当由国会，而不是总统来决定在什么条件下以及如何允许每个州重返联邦。激进分子认为，与其像林肯（在没有宪法修正案的情况下）计划的那样让重建后的各州废除奴隶制，不如立即让所有这些州停止实行奴隶制。①激进分子的逻辑是侵略型的，绝不宽恕。"叛军早就失去了他所有的权利，"密歇根州的参议员、极端激进分子撒迦利亚·钱德勒说，"他不该享有生命权、

---

① 林肯认为，基于宪法，国会无权干涉各州的奴隶制。他坚持认为《解放黑人奴隶宣言》是他行使战争权力的结果。为了废除奴隶制，他赞成修宪。

自由权、财产权或追求幸福的权利。你给他的一切——甚至生命本身，都是他应当被没收的恩赐。"[23]（最极端的激进分子想把南方各州仅仅纳入领土范围，给予黑人完全的选举权，夺取种植园，并把它们交给以前的奴隶。[24]激进分子相信他们最终会实现这些理想。而当前，这些雅各宾党人一般的激进者尚需等待时机。）

亨利·温特·戴维斯充分利用了他极具破坏力的个性和雄辩的天分，通过了一项旨在反对林肯计划的法案。它凝结了许多激进分子的思想，但绝非全部。它的主要特点是强调国会对重建的控制。它的主要目的是阻止林肯的计划。7月2日，众所周知的《韦德–戴维斯法案》在国会参众两院获得通过。[25]7月8日，令政界大为惊讶的是，林肯没有签署这项重建法案，导致其最后无疾而终。尽管没有义务解释这个"口袋否决"行为，但他还是做了，他说他"对于坚决执行任何重建计划仍毫无准备"，仍没有"准备好……宣布已经在阿肯色州和路易斯安那州通过并建立的自由州宪法和政府，这将被搁置一边，权且保留"。[26]

激进分子大为恼火。众议院会议结束时，戴维斯怒气冲冲地站在自己的办公桌旁，挥舞着双臂，对总统出言不逊。他不像看上去那么无助。8月5日，他和本·韦德进行还击，他们严厉地谴责林肯以及其行使否决权的行为。他们言语过激，好像心中郁结的对林肯的极端不满都在那一刻爆发了。戴维斯和本·韦德指控林肯"独裁、篡权"。他们认为"这一鲁莽和致命的行为"无视国会、最高法院，是对"人权、共和政府原则的打击……人们以前从未对立法权威这般愤怒和不满过"。争论的焦点是谁来决定南方各州，特别是林肯正在重组的阿肯色州和路易斯安那州的未来。戴维斯－韦德宣言的主要论据是这场战争的真正意义在于林肯"必须将自己局限于履行他的行政职责——服从和执行，而不是制定法律——武力镇压武装叛乱，*把政治重组留给国会来做*"（斜体字为补充）。[27]

《韦德－戴维斯法案》的本来面目立即被拆穿了：一场针对林肯的恶毒无情的袭击。海约翰称这是林肯在"总统任期内来自自己政党的最猛烈的攻击"。[28]其目的不是要把林肯拉入正轨，而是引发一场"抛弃林肯"的运动。如果可能的话，在 8 月底的民主党大会召开之前，把他赶下台。要求召开新的大会和提名新人的呼声高涨。《辛辛那提公报》编辑、林肯的朋友理查德·史密斯写道："人们认为林肯参选是一种灾难。"这与许多温和的共和党人的观点相呼应。"当他被提名时，他的力量是虚浮而没有根基的，现在表面的力量已经消失了，取而代之的是不信任感。"这是一个喜欢林肯的人写的。

总统感到惊讶、受伤和愤怒。他对诺亚·布鲁克斯说："在朋友家里受伤也许是一个人所能承受的极致之痛。我已经尽我所能满足戴维斯的愿望，并尽我所能为国家尽我的全部职责。"[29]不出所料，邦联成员听闻此事兴高采烈。宣言所传达的信息正是他们希望看到的。"亚伯拉罕·林肯要失败了……他再也当不了总统了。"《里士满观察报》欢呼道，还得出结论说，这份宣言是"合法的弹劾"，"伊利诺伊州的淫秽猿猴即将脱下华盛顿的紫袍，白宫将不再回响起他说的无聊笑话"。[30]

尽管许多共和党人不赞同这一宣言，但认为或至少怀疑林肯的事业注定失败者大有人在。在8月的酷暑中，随着越来越多的声音加入到政治回音室里越来越大的喧嚣中，这种感觉越来越强烈：林肯必须离职。战争引发的北方士气危机出现在民主党各大媒体的头条上，加剧了共和党内部的冲突。到了8月初，资深的共和党议员、来自纽约的瑟洛·威德不再怀疑"林肯连任是不可能的……民众为和平而疯狂"。知名共和党人召集会议讨论新大会的日期。格兰特的名字经常被提及，特别是在《纽约先驱报》上，同时被提及的还有本杰明·巴特勒、著名的联邦海军上将大卫·法拉古特、威廉·特库姆塞·谢尔曼和温菲尔德·斯科特·汉考克少将（他曾在葛底斯堡击退皮克特的进攻），甚至萨蒙·蔡斯。

要求提名格兰特的呼声越来越高，林肯派了一个朋友去了解格兰特的感受。"问题不在于你是否愿意参选，"总统的特使约翰·伊顿对格兰特说，"而是你是否可以被迫参加竞选，以满足民众对一位能够拯救联邦的候选人的需求。"作为回答，格兰特使劲把握紧的拳头砸在椅子扶手上，喊道："他们做不到！他们不能强迫我这么做！"他补充道："我认为对于我们的事业而言，林肯当选和军队在战场上取得成功一样重要。"这话让林肯感到安心，但要求格兰特参选的呼声依然不止。

就连《纽约时报》的编辑、林肯的坚定支持者亨利·雷蒙德也开始相信林肯已经没有机会了。8月22日，雷蒙德在这样一个夏天里的至暗时刻给林肯写了一封信："我正在积极地与你在各州最忠实的朋友通信，从他们那里我只听到同一种报告——舆论对我们不利。"雷蒙德随后预测，如果选举在当时举行，那么民主党必将获胜。他说，美国大部分地区的主要问题是林肯坚持将废除奴隶制与所有和平协议联系起来。雷蒙德建议，为什么不为了能让南方重新加入联邦，而先去杰斐逊·戴维斯那里提出和平条件？包括奴隶制度在内的其他问题可以稍后解决。这个来自全国最有权威的编辑的建议，透露出一种绝望。林肯决不会同意这样的事。（很快，事实证明戴维斯也不会同意。）对林肯来说，这就像是放弃了所有的希望。林肯告诉雷蒙德，要是按他说的去做，就"比输掉总统竞选还要糟糕——提前投降无疑是可耻的"。[31]

第14章 不太真实的政治

1864年5月6日早晨，此时距离8月的政治动乱和林肯陷入绝望还有两个半月，在北卡罗来纳州的威尔明顿，3名南部邦联特工登上了"蓟号"轮船。他们正在执行一项绝密任务，目的是完成激进派共和党人发起的工作——毁掉亚伯拉罕·林肯的政治前途。他们的具体目标是破坏北方人民赢得战争的意愿。如果这看起来雄心勃勃，那么他们的计划也是如此。他们打算发动分离主义暴动，解放数千名南方战俘，击沉联邦轮船，摧毁联邦财产，资助政治候选人，收买编辑和报纸，以最终达到影响选举的目的。他们明白，他们不可能赢得这场战争。但他们相信，他们可以使北方民众比现在更加渴望和平。如果有足够多的北方佬相信战争现在必须结束，他们就会选出一个反战候选人——那么，林肯就会离开，战争将以对南方有利的形式结束。这就是南方的逻辑。南方将通过投票实现无法用武力实现的目标。这些特工不是极端分子，他们是杰斐逊·戴维斯总统的私人特使。在那年春天的秘密会议上，南部邦联国会拨付500万美元作为他们完成使命的资金，在这个行将破产的国家里，这是一笔数目很大的资金。站在"蓟号"的甲板上时，布坎南政府的特工之一、前内政部长雅各布·汤普森持有100万美元的邦联银行汇票，这些汇票可以用黄金赎回。[1]

"蓟号"离开威尔明顿码头，沿着邦联控制的开普菲尔河向南驶向20英里（约32.2千米）外的公海。威尔明顿是南部最后几个未被占领的主要港口之一。在那里，邦联的船只可以用来运送货物和军用物资、出口棉花。要达成此行的目的，他们必须穿越联邦封锁线。因此，"蓟号"不是普通的船只。这艘铁壳船是在苏格兰建造和装备的，它长而窄，外表光滑，吃水线204英尺（约62.2米），有一根29英尺（约8.8米）的横梁。它的吃水很低，烧无烟煤，速度极快。它被漆成暗灰色。当桅杆倾斜、烟囱收拢时，它便只呈现出一个非常小的轮廓。即使是白天，距离其只有四分之一英里（约402.3米），也很难看到它。

下午晚些时候，"蓟号"起锚，等待夜幕降临。5月6日那晚没有月亮，他们特意选择在这天悄悄地穿过浅滩，进入公海。海上到处都是联邦巡洋舰。其中有13艘停泊在海岸附近，以防邦联船只通过。"蓟号"熄了灯，不顾一切地在黑暗中快速前进。于是，海上跑着一艘瘦弱的幽灵般的船，船上有烟囱和高耸的桅杆。令人惊讶的是，联邦巡洋队竟然没看到它。天刚亮的时候，它终于被发现了，但已经为时太晚——经过5个小时的追逐，它成功地摆脱了追赶者，几天后在百慕大安全登陆。邦联特工从那里乘邮轮到加拿大新斯科舍省的哈利法克斯，然后去往多伦多。戴维斯指派的其他人就在多伦多加入了他们的队伍。[2]他们这个

"委员会"主要包括汤普森、前亚拉巴马州参议员克莱门特·克莱和著名律法学者詹姆斯·P.霍尔库姆。这个"委员会"可以说是由军事冒险家、游说专家、机会主义者和间谍组成的小团体。

他们的惊天阴谋将从加拿大开始实施。

在试图颠覆北方政治的过程中，杰斐逊·戴维斯和他的特工们寻找着天然盟友——同样视林肯为头号大敌，将其称为暴君、篡位者和自由破坏者的人。这种描述完全迎合了北方民主党人的喜好。虽然该党并没有宣称自己为亲南方联盟者——因为那意味着承认自己是叛徒，不过，共和党人屡屡这般指控他们——但他们对林肯的批评越来越咄咄逼人，这让南方联盟心存希望。民主党在政治上的胜利——特别是在1862年选举中取得的胜利，已经显示出有许多人痛恨林肯。[3]由民主党控制的报纸上出现的刻薄的反林肯言论让南方官员确信，不只有他们厌恶林肯的政府。

一般来说，北方民主党人的不满主要有4个方面。首先，他们和许多激进的共和党人一样，相信林肯和他的内阁在战争管理上过于无能，以至于削弱了联邦的战斗能力。其次，他们确信林肯把一场争取恢复联邦的战争变成了一场错误的废除奴隶制的运动。这使他们颇为震惊——白人为了拯救黑人不惜一切代价，而这些黑人将来很可能会夺走他们的工作机会。他们希望总统收回他"邪恶、不人道和不圣洁"的《解放黑人奴隶宣言》。[4]再次，他们认为他为黑人解放而进行的无谓的战争会使国家破产。[5]最后，他们谴责了总统对公民自由的攻击。林肯利用战时赋予他的权力压制言论自由，压制新闻界。^①反对者、和平倡导者和报纸编辑都被限制了自由。成千上万曾经自由的年轻人被强行招募参加林肯的战争并失去了自己的生命。1862 年 8 月，他在全国范围内暂停了人身保护令。[6]任何对美利坚不忠、给敌人施以援助、支持敌人、抵制征兵、消极入伍的人可能会不经正式指控就被无限期地关押在军事监狱里。[7]因此，在战争期间，有 1.3 万名美国公民在戒严法下被捕。其中，确实有不少人是叛徒、间谍和敌方特工，但也有许多人受到了捕风捉影的指控。由于战争部不能胜任管理这一新司法系统的工作，因此这项政策实际上授权了一支由小镇警察和其他小公务员组成的军队来判断人们是否对联邦政府忠诚。[8]

所有这些政策和法律都受到民主党成员的猛烈攻击。

但民主党也不是铁板一块。和共和党一样，民主党分裂成两个敌对的派系。主战派民主党人希望战争取得胜利后恢复联邦的秩序；和平派民主党人——也被称为"铜斑蛇"——希望现在就实现和平，他们崇尚和平，不惜以任何代价实现和平。^②尽管两个派系都希望"保持宪法不变，联邦与战前一样保持不变"，但这也意味着要在联邦中恢复奴隶制。"马上和平"是一个激进的

---

①　人们一再指责林肯已然成为独裁者，而反对这一指控的最有力的论据是他在 1864 年决定竞选连任——一个真正的暴君会终止选举。

②　共和党人讥讽地使用"铜斑蛇"一词，将反战民主党人比作毒蛇。民主党人欣然接受了这一说法，认为该词与硬币上的自由女神相关。他们有时会把硬币上的自由女神切割下来作为徽章佩戴。

概念，不仅意味着更强大的联盟会向较弱的一方妥协，而且还预示着和平问题压倒了其他一切问题。铜斑蛇派相信，如果流血冲突可以停止，那就在这一刻停止，其他一切都会自行解决。

这使他们成为邦联的理想盟友。

到达加拿大后不久，民主党铜斑蛇派的领袖——前俄亥俄州国会议员，英俊、善变的43岁的克雷门特·L.伐兰狄甘就与邦联委员们举行了会面。伐兰狄甘也是林肯侵犯公民自由的最有名的例子的主人公。1863年，在伐兰狄甘极富挑衅性的反战演说之后，安布罗斯·伯恩赛德将军指挥的军官们没有辜负批评者对暴政和压制言论自由的指控，半夜打破伐兰狄甘的大门，将他拖走。军事委员会判定他叛变并监禁他，然后把他流放到了邦联。后来，他去了加拿大，在那里竞选俄亥俄州州长失败。对许多厌倦战争的北方人来说，他是军事化狂热主义海洋中孤独的理性的声音。他谴责"这场邪恶、残酷的和不必要的战争"，称这场战争"旨在摧毁自由，建立专制制度……是一场为黑人自由和白人的奴役而进行的战争"，认为"持续的战争比奴隶制更加野蛮和罪恶"。

早在战争爆发之前，伐兰狄甘和邦联特工汤普森就彼此认识，现在更是有话可谈。在北方听起来像叛国（事实上就是叛国）的事情，在邦联听众看来，似乎是一种谨慎而合理的行动。伐兰狄甘告诉汤普森，他确信，由于格兰特在弗吉尼亚州陷入僵局，谢尔曼在佐治亚州举步维艰，所以林肯在民意测验中可能会成绩不佳。[9]伐兰狄甘有一个伟大的想法，该想法被邦联特工认为很有吸引力。邦联政府收到了反战民主党人"西北部阴谋"的报告，他们可能可以被说服去建立第二个邦联，脱离美国。（1864年，"西北部"大致包括印第安纳州、伊利诺伊州、密苏里州、威斯康星州、艾奥瓦州、明尼苏达州和俄亥俄州。）这并非什么新的想法，但伐兰狄甘让雅各布·汤普森相信，这也不仅仅是一个疯狂的反叛幻想。这个俄亥俄人是一个秘密组织的最高指挥官，据说该组织有50万成员，轮流使用"自由之子""美国骑士团"和"金环骑士团"的名称。他们分散在中西部地区，强烈反对战争，对林肯侵犯公民自由的行为不满，并愿意使用武力来实现他们的目标。虽然他们不一定亲南方，但对"西部邦联"很感兴趣。[10]

于是，一个由中西部持不同政见者组成的大型激进组织与有钱可花的敌对政府的特工们纠缠在了一起。

各种各样令人眼花缭乱的阴谋开始酝酿，有些听起来十分疯狂。第一个计划是夺取伊利诺伊州、印第安纳州、俄亥俄州、肯塔基州和密苏里州政府。根据计划，南方邦联的战俘将在他们的集中营里起义，加入在加拿大越狱的邦联囚犯的队伍，并与"自由之子"会合，打开联邦军械库，并扫荡州首府。用于武器和运输的50万美元资金将由邦联政府赞助。[11]这一切的中心和"试金石"是伐兰狄甘。他原定于当年6月结束在加拿大的流放，然后回国。几乎可以肯定的是：林肯会再次逮捕他，而逮捕他会引发暴动。"自由之子"会乘机起义。但当伐兰狄甘回到俄亥俄州重复1年前导致他入狱的煽动性言辞时，林肯却对他置之不理。没有囚犯站起来起义，也没有光荣的政治牺牲——什么都没发生。[12]

但阴谋家才刚刚开始行动。汤普森和他的团队每天都在多伦多和其他城市会见各种反政府团体的代表，其中许多人试图叛国。汤普森资助了反战报纸及和平集会，还捐钱给反战民主党候选人，并为释放俄亥俄州和伊利诺伊州的邦联战俘支付了费用。他的特工或摧毁或破坏了伊利诺伊州马顿市的一个军用仓库、6艘军用汽船和纽约市的几家旅馆。邦联特工分发了一种叫作"希腊之火"的金属罐子，这是一种化学燃烧武器，最初在672年的拜占庭帝国使用过。在他们大胆但毫无意义的突袭行动中，他们抢劫了佛蒙特州圣奥尔本小镇的银行，烧掉了他们带走的所有钱。汤普森向杰斐逊·戴维斯报告说，铜斑蛇和邦联特工摧毁了"大量财产"。[13]如果不做比较，那么他的话也符合事实；但在版图辽阔的北方，他们的所作所为影响很小，只不过是给北方挠痒痒而已，就像小虫子叮咬马肚子一样。不管怎样，邦联和他们的同谋者依然协同行动。漫长的夏天即将来临，大选在即，他们手头的钱很充裕。

那年夏天，在厌战、热衷和平的美国，出现了各种奇怪的联盟——主战派的民主党人强忍着厌恶和热爱和平的"兄弟们"挤在一起，邦联的间谍与神秘莫测的民主党"铜斑蛇"分离主义者做交易。激进派共和党人和雄心勃勃、自命不凡但能力一般的约翰·C.弗雷蒙一起抽签来决定命运。但最奇怪的也许是《纽约每日论坛报》的编辑——严肃、冲动的霍勒斯·格里利——试图安排亚伯拉罕·林肯和制造麻烦的邦联"委员会"召开和平会议。

格里利认为，他一生中最重要的一项任务就是给亚伯拉罕·林肯制造麻烦。他以超常的热情在来往信件和《论坛报》专栏发表文章，话题涉及战争行动（"开到里士满！"）、解放奴隶（"尊重奴隶就等于给联邦带来更人、更严重的危险！"）等。格里利经常改变主意，但他自始至终对一件事抱有永不凋谢的热情，那就是——分散林肯的注意力。林肯对一个朋友说："他给我带来的麻烦几乎和整个南方邦联带来的麻烦一样多。"但格里利却是不容忽视的。到了1864年夏天，这个爱指手画脚的编辑把注意力转向了和平。他非常渴望和平，不理解为什么自己的梦想不能实现。

格里利已经听说了有关邦联特派团在加拿大的消息，并了解到他们愿意讨论和平问题。他似乎没有听说他们也有兴趣把事情搞砸。一位中间人告诉他，这群作为南方政府代表的特工就在加拿大边境的尼亚加拉瀑布附近，他们拥有"和平的力量"。中间人有曾经的金矿贩子威廉·康奈尔·杰维特，《纽约世界》说他是"自大的跳舞高手和话匣子"；有被称作"疯狂的傻瓜"的司法部长爱德华·贝茨；还有参议员克莱门特·克莱，此君的特点是"耳根子软"和"想象力卓绝"。

所以，格里利想出了一个简单的好主意——为什么不直接找林肯进行和平谈判呢？

格里利坚信：如果林肯不改弦更张，就一定会在选举中落败。他给总统发了一封言辞恳切的紧急信件："我们这个流着血、破了产、几乎奄奄一息的国家渴望和平。一想到要继续征兵、造成大规模的破坏、血流成河，我就觉得不寒而栗。"格里利对林肯说"人们普遍认为政府不希望和平"，这会给总统参加大选带来巨大影响。"我请求您，以您自己方便的时间和方式，向南方叛乱分子提出和解建议，公正的人一定认为这样做是坦率的、慷慨的"。格里利最后总结了他的初衷："我请求您现在邀请身在尼亚加拉的人出示他们的证件，并提交他们的最后通牒。"[14]

林肯立即回复。他同意《纽约每日论坛报》的编辑将"任何声称持有杰斐逊·戴维斯关于和平、支持恢复联邦和废除奴隶制的主张的书面材料的人从任何地方"带来华盛顿。[15]

突然之间，林肯掌握了主动权，他把格里利逼到了艰难的境地。总统不相信邦联特工想要和平，也不相信杰斐逊·戴维斯会授权他们签署任何协议，更不相信他们会同意放弃奴隶制，重新加入联邦。林肯认为他们的目的就是制造麻烦，煽动反战情绪。但他如果想拆穿这个谎言，就需要利用格里利。因此，林肯派他信任的秘书海约翰带了一封信去纽约，信中重复了他的提议。林肯再次就邦联特工的安全做出保证。与此同时，格里利对整件事越来越紧张。他并不想承担带这些特工南下的工作。他预料到了各种各样潜在的麻烦。他担心自己会在新闻界遭遇"黑手"。

更糟糕的是，他热切地想让两方会面，却没有把林肯的两个条件——重新加入联邦和废除奴隶制——通知南方代表。林肯不知道这些，但隐约觉得这是让格里利自食其果的机会。

于是，格里利不情不愿、惴惴不安地去了尼亚加拉瀑布。在那里，他很快得知邦联的"大使"根本没有地位——他们无权代表邦联和联邦进行和平谈判。尽管如此，格里利仍然告诉林肯这些人与戴维斯关系密切，与他们的谈判可能会导向官方的和平谈判。

格里利仍未提起林肯的条件。

林肯继续施加压力，他派海约翰去尼亚加拉瀑布，带着一份更长、更明确的条件声明。林肯说，只要对方接受"恢复和平、整个联邦的完整性和放弃奴隶制"，他将接受任何经过授权的提议。格里利感到自己被逼入绝境，向海约翰抱怨说，林肯对谈判缺乏真诚，所设条件太多。海约翰回答说，这些条件完全反映了林肯的诚意。格里利试图反击。但是，在林肯的命令下，海约翰坚持要过河去见邦联代表。格里利现在不得不结束这个游戏。在加拿大，他们只见到了其中一位"专员"——霍尔库姆，还有一位头发蓬乱、名叫桑德斯的同事。海约翰指出，霍尔库姆是一个"有着假牙、假眼、假发的假男人"。[16]

格里利的计划几乎立刻失败了。邦联专员故作愤怒，向美联社抱怨说，林肯明知他给出的条件是他们无法接受的，这是在故意破坏任何结束敌对行动的机会。他们写道："如果有任何南方邦联的公民对和平抱有希望，那么林肯提出的条件将抹去蒙在他们眼上的错觉。"林肯的信件和邦联的尖锐回答引起了轰动。民主党的媒体谴责林肯用心不诚，甚至连共和党的报纸也抨击他把全面解放作为谈判的先决条件。[17]他们坚持认为，林肯对奴隶制的痴迷再次使他对其他一切都视而不见。《辛辛那提每日询问报》称他的信是"一个结果……这将排除任何用协商的办法解决问题的可能。那些在战争中牺牲的士兵，不是为了联邦，不是为了星条旗，而是为了奴隶"。[18]格里利和总统斗智失败，倒显得自己幼稚。但他私下指责总统给对方留下了负面印象，即尽管邦联成员"急于谈判……但我们拒绝了他们的提议"。[19]对于林肯来说，在这个坏消息不断的季节里，这似乎只是多了一个坏消息而已。这也凸显了他在这个沉闷而绝望的8月的艰难处境。

但他的所作所为揭穿了一个巨大的谎言——由北方民主党人和邦联共同培育——而这正是1864年夏天人们狂热追求和平的核心所在。这种错误的根源在于民主党人相信，只要林肯把恢复联邦作为谈判的唯一先决条件，南方就会同意和平与统一。这种想法被在加拿大的邦联特工利用了。

事实上，南方根本没有兴趣与北方统一。南方想要独立，仅此而已。就这么一个简单的概念，许多北方人却似乎无法理解。为了弄清南方邦联的立场，林肯在那年夏天批准了一个由2名北方人——记者詹姆斯·R.吉尔莫和牧师、来自伊利诺伊州的上校詹姆斯·贾克斯执行的非正式任务——与杰斐逊·戴维斯协商和平问题。林肯对此行的结果所抱有的期望不比尼亚加拉瀑布那次的更高。然而，他的目标并不是实现和平，而是揭露杰斐逊·戴维斯的真实面貌。当北方佬的使者与戴维斯和他的国务卿朱达·本杰明会谈，并重复林肯在其重建宣言中提出的条件时，这些使者受到了毫不掩饰的蔑视。

"先生，大赦是适用于罪犯的。"戴维斯总统告诉他们，"我们没有犯罪。你们正在遭受这场战争带来的所有痛苦和罪恶的折磨……我们正在为独立而战——即使可能惨遭灭绝，我们还是会为自由而战。你们或许可以解放邦联的每一个黑人，但我们会自由的……即使必须看到南方的每一个种植园被洗劫，每一个城市在烈火中熊熊燃烧，我们还是要独立。"戴维斯又补充说："除非你们承认我们的自治权，否则战争必须一直持续到这一代人倒下，而他们的孩子会拿起他们的步枪继续战斗下去。我们不是为奴隶制而战。"这话颇令人吃惊。他在谈论数百万白人血腥死去的前景——还特别提到了南方的儿童——也就是说，在南方，所有人都可以为政治独立而牺牲。

戴维斯和他的国家都在为同一件事情而战，但北方——包括民主党人——永远都不能在这件事情上妥协：让南方拥有自治权。邦联专员在撒谎，和平并非他们的愿望。正如戴维斯所说，他们宁可战斗至死。[20]铜斑蛇和保守派民主党人把他们的行动建立在对南方舆论的灾难性误读之上了。[21]

戴维斯和林肯都清楚自己的利益所在。他们都明白没有回头路了。想与奴隶制和平共处，除了把时钟调回到战争开始前的那一刻之外，别无他法——而这根本不可能。所有的旧问题都还没有解决，尤其是那个最大、最棘手的问题：如何处理该国的新疆域和各州的奴隶制问题。在己方投票人数远远不足的国家里，南方怎么才能保持自己的影响力呢？而现在又增加了两个棘手的问题。这场战争见证了以前软弱和边缘化的废奴主义者的崛起。1861年，他们无法将自己的意志强加给任何人，现在，他们——和他们的反奴隶制议程——控制着北方的许多政治活动；现在，他们可以把自己的意志施加于人了。他们现在是一个更加强大的国家的代表。和平与再次统一意味着南方一败涂地——它将被吞并。以统一为目的的和平充其量意味着必须重新进行战争，意味着什么都没有解决。戴维斯是对的：不自由，毋宁死。由于没有什么可以谈判的——或者说没有谈判目标，所以双方都寸步不让。

大多数北方媒体和民众都不了解情况，使得民主党人固执地坚持他们曾经的假设，而南方的专员们也坚持着他们的错误假设。克莱门特·C.克莱在那年夏天的一次讲话中咬牙切齿地说："现在让华盛顿和杰斐逊主席蒙羞的愚蠢暴君随时都有可能实现和平并恢复联邦，只不过他偏要继续打仗——就为了解放奴隶。"[22]

这种弥天大谎很难被消除。

那年夏天，阴谋家的另一项颠覆性工作同样以惨败告终。他们继续相信伐兰狄甘的起义梦想。他们继续向"自由之子"和其他持不同政见者扔钱，而这些人当然非常乐意接受。如果钱能到手，谁会在乎这些惊天阴谋是否只是邦联的鸦片梦？由于未能在6月发动起义，他们在7月再次尝试，这次计划与7月4日的民主党大会同时进行。结果大会延期，他们悻悻而返。由于林肯要求增派50万士兵引起了民众的反感，他们于7月20日再次尝试发动起义。这一次，无畏的"自由之子"准备横扫并占领印第安纳波利斯。结果什么也没发生。8月16日，起义者没敢露面，起义再次失败。他们显然失去了勇气。8月29日，一队人数少得可怜的邦联投机分子出现在芝加哥，那里正在举行民主党大会。他们手里拿着左轮手枪，在人群中寻找"自由之子"——他们约定好要一起起义的。但是他们没有找到"自由之子"，行动又一次告吹。主和派民主党人开始相信他们可以通过投票达到目的。暴力革命可能给他们带来杀身之祸或者被监禁的下场——为什么要冒这种险？

*　　　*　　　*

民主党和邦联还有一个共同点：在种族问题上，北方民主党人和邦联持有令人不安的相似观点。最近一段时间，他们无耻地利用了这个问题，并取得了巨大的成功。在1862年的选举中——就在林肯发表了《解放黑人奴隶宣言》的几个星期之后——民主党的胜利就是通过利用讲述种族平等和种族混杂后发生的恐怖故事获得的。[23] 因此，1864年，民主党及支持该党的报纸老调重弹，再次无耻、粗俗地在北方呼吁种族主义。其中最有害的部分是《纽约世界》两位野心勃勃的作者所撰写的一份关于种族关系的虚假研究报告，该报告支持乔治·麦克莱伦获得民主党提名。

作者们想出了一个绝妙的概念。他们没有攻击共和党的种族政策，而是写了一篇72页的文章。文章中展示了种族混合是多么高尚、道德，既科学合理又具有社会实用性，以及这将如何最终解决美国的种族问题。这项研究和他们所有的结论都是假的。他们把它命名为"混血：种族融合的理论"（他们发明了"混血"这个词，它是拉丁语中表示"混合"的动词"miscere"和表示"种族"的名词"genus"的组合。"混血"这个新词听起来有点像"amalgamation"，后者是表示种族混合的传统术语。）

"如果说历史上有任何事实是确凿无疑的，"他们假扮成体贴的共和党人，设想着一个人人都是单一肤色（大概是摩卡色）的快乐时代，"那就是相较那些纯种的人或未经混合的种族，混血儿或混合种族在智力、身体和道德上具有优势。"他们想象中的画面是白人和黑人结婚生子、抚养孩子。他们说，这场战争的目的就是实现这一目标。"现在的战争不是为黑人而战，这种说法是愚蠢的……这场战争的目的，即它的最终成果是白人和黑人的融合。"章节标题包括"混合种族的最高权威""黑暗种族向北进军"等，作者建议，这种混合应该从爱尔兰人开始——他们是去年夏天纽约反黑人种族骚乱的核心人物。

这篇文章颇具煽动性，但所言非实。然而，人们对此却深信不疑。不出所料，许多人感到非常震惊。这个国家还没有准备好接受这样的事情。"混血"这个词进入了语言系统，在《纽约世界》一经发表就被民主党人充分利用。《解放黑人奴隶宣言》变成了异族通婚宣言。[24]一本名为《共和党治下的"异族通婚"》的小册子广为流传。一家纽约报纸报道说："肮脏的黑人，油腻、多汗、恶心……要和白人（甚至白人女士们）挤在一起，甚至还可能对总统之位跃跃欲试。"《底特律自由报》和《俄亥俄州政治家》都刊登过一篇关于一位富裕农民的女儿与一名黑人劳工私奔的报道。这篇文章称这次私奔是"一种温柔的激情行为"，并说"她亲爱的父母……会放开胸怀接受这一切"。[25]刊登该报道的主要目标之一是获取废奴主义者和共和党人的支持。他们真的获得了不少支持，与之有相同境遇的还有《英非评论》和《全国反奴隶制度旗帜报》。[26]

这类文章的数量在激增，在那些广为流传的漫画中，黑人男子露出恶魔般的笑容，亲吻有着"雪白的胸脯"的女孩。另一幅漫画则以"混血舞"为特色，这是一种共和党政客与黑人女性嬉戏的舞蹈。"俺认识林肯夫人，"一位操着吟游诗人表演用的腔调的黑人妇女说，"在神圣的混血时代到来之前，我帮她洗漱。现在啥也别干啦，和白人绅士跳起来吧！"[27]民主党政治家自然不肯错过利用这个话题的机会。俄亥俄州国会议员塞缪尔·S.考克斯站在众议院的地板上怒吼着，炮轰共和党，说他们正在"稳步朝着黑人和白人完全平等的社会迈进，最终只能以推行这种可憎的混血主义告终"。[28]

虽然这纯粹是胡说八道，但民主党人深知林肯和共和党在种族问题上很容易被攻击，以至于许多像弗雷德里克·道格拉斯这样的社会政治力量，根据党内智者的命令，都不能在选举中发挥任何明显的作用。他写道："我在这次总统竞选拉票活动中没有做太多工作，因为共和党委员会不想和'亲黑党'这种身份沾边。黑人是个畸形的孩子，当有人来的时候，这个孩子就会被赶出房间。"[29]

＊　　　＊　　　＊

8月底，民主党人进入芝加哥参加政党大会，这场以种族问题为诱饵的竞选活动开展得如火如荼。他们完全有理由对夏季的事件感到兴奋。林肯现在是四面楚歌，他自己的政党对他的攻击更是厉害。秘密外交的失败表明：他不够真诚，不赞成和平。如果像林肯的秘书约翰·G.尼古拉所写的那样，对共和党人来说，"一切都显得黑暗，让人心生怀疑并气馁"，那么民主党人的情况则恰恰相反。他们的前景从未如此光明。战争还在残酷地进行，但这对他们来说是个好消息。林肯的声望处于他职业生涯的最低点。

民主党大会在喧闹声中开幕了。十几万人挤进这座城市的酒吧和餐馆。酒在人们的手里传来传去，乐队在演奏，街上在鸣炮致意，大厅里响起了欢呼声。开场演讲是对那些不需要在这片土地上抛洒热血的道貌岸然的政客的批评。

最响亮的欢呼声是送给乔治·布林顿·麦克莱伦的，他将乘着这股民族悲观主义和厌战情绪的巨浪进入白宫。麦克莱伦是南北战争中最富争议性的将军，从很多方面来说都是民主党想要的候选人。他聪明、魅力四射，有领袖气质，是一位天才的管理者。是他将在第一次布尔溪战役失败之后一直萎靡不振的波托马克军团再造成一支精锐之师的。他的大部分士兵无条件地爱戴着他。按理说，他是一个完美的反林肯战士，但他仍然主张温柔地对待南方。他很有名，在南北双方都家喻户晓。

他缺点也很多，但当时的公众只看到了一部分。他满心怨恨，闷闷不乐。他自大到几乎令人震惊的程度，他虚荣、不忠，嘲笑对手和上级——包括亚伯拉罕·林肯，他称林肯为"狒狒"。由于他作为一名将军表现得不尽如人意，于是林肯在1862年秋天解除了他的指挥权，并且再未邀请他重新掌权。在接下来的一年半时间里，"小麦克"（麦克莱伦的昵称）一直是个旁观者。

但是，乔治·麦克莱伦身上有一些执着的东西，一些仅凭客观分析无法察觉的东西。在闲暇时间里，他在自己数千页的战争记录中，把自己描绘成了一个被狭隘庸俗的政客们所污蔑的战士和赢家。尽管他有过不光彩的记录，但还是有很多美国人选择相信他。与他的死敌林肯相反，麦克莱伦认为赢得这场战争的目的应该是使国家尽可能温和地恢复统一，同时保留奴隶制。他写道："不应考虑没收财产，不在政治上处决人员，不强行废除奴隶制……所有私有财产都应受到严格保护。"[30]他在第一轮投票中赢得了民主党总统候选人提名。

问题是，作为一个主战派民主党人，麦克莱伦不支持自己的政党，而这个政党在本质上是被主和派民主党及其领导人克雷门特·伐兰狄甘控制的。被民主党提名做麦克莱伦的竞选伙伴的是俄亥俄州国会议员乔治·彭德尔顿，他在所有主要问题上都和麦克莱伦观点不一致。彭德尔顿是一个激进的"铜斑蛇"，他热情而富有同情心地谈论南方，从一开始就反对这场战争。

但铜斑蛇党人真正的成功之举是其政党纲领。其中大部分都是民主党人可以接受的：决议反对戒严法和侵犯公民自由，赞成维护"各州权利不受损害"（奴隶制法典），以及温和地支持联邦和宪法。

然而，纲领的第二项核心内容是由伐兰狄甘精心炮制的，可能是由杰斐逊·戴维斯本人所写。它宣布：

> 经过4年的战争试验，仍未能恢复联邦，在此期间，以战争权力高于宪法的军事必要性为借口，在各个方面都忽视了宪法本身……（必须）立即努力停止敌对行动，考虑双方可接受的最终公约或其他和平手段，以便在切实可行的最早时刻，在美利坚联盟的基础上恢复和平。[31]

语言非常出色。首先，它驳斥了战争——包括100万联邦士兵的伤亡、战斗和英雄主义——认为战争是彻底的失败。内容是否属实真的无关紧要。这种直截了当和轻描淡写的语言令民主党震惊，感觉受到了冒犯，并持续伤害着一代民主党人。[32]但这是最微不足道的影响。呼吁"停止敌对行动，考虑双方可接受的最终公约"意味着一种反向的无条件投降，即胜利者放弃所有优势。该决议的首要任务是和平——和平比废除奴隶制更重要。只有这样，才能对"双方可接受的公约"最终能决定的问题形成一个模糊的概念。这项决议既是失败主义者的，也是顺从者的，且正是邦联想要听到的。《查尔斯顿信使报》写道："麦克莱伦将军在指出错误和颁布正确纲领的基础上当选，一定能够带领我们走向和平与独立……（前提是）在接下来的2个月里，我们要坚持自己的立场。"[33]

麦克莱伦在一个星期后正式接受提名时，拒绝接受战争失败的说法；并拒绝"铜斑蛇""支持立即停战，然后进行谈判"的要求。但在其他方面，这也体现了麦克莱伦真实的一面：模棱两可，犹豫不决。他谈到了全国人民对和平的渴望。他声称，如果南方任何一个州想以任何条件重新加入联邦，他都会与其进行谈判。（而林肯坚持所有的州都要放弃奴隶制并一起回归联邦。）

尽管这些信息虚虚实实，但民主党人还是从大会中脱颖而出，这使他们相信自己会赢得大选。"4年的失败"是不容置疑的。他们有一个强有力的候选人。他们也可能会担心以后和平会如何到来，但是目前，他们的首要任务是除掉亚伯拉罕·林肯。

当民主党人在芝加哥发表振聋发聩的演讲时，谢尔曼正在做他自7月中旬以来一直在做的事情：在亚特兰大周边地区进行没有结果的战斗。他试图围攻亚特兰大已经4个月有余，这是一段很长的时间了。"攻占亚特兰大"和"攻占彼得斯堡"很相似——这是短期内不会发生的事情。北方报纸和杂志对这场战争旷日持久的报道已经逐渐透露出一种不那么耐心并含有更多怀疑的语气。夏天过去了，军队继续出击，士兵们不断死去，而亚特兰大依然屹立不倒，不肯屈服。

那年夏天的一个好消息是，8月5日，联邦军在亚拉巴马州的莫比尔湾取得了胜利。海军上将大卫·法拉古特率领的一支舰队与敌军展开了激烈的战斗，并控制了最后一个实行封锁的大港口。在接下来的3个星期里，联邦陆军和海军勇敢地占领了莫比尔湾的要塞，并上演了一出精彩的大戏，法拉古特大喊："该死的鱼雷！全速前进！"这是战争中难忘的时刻之一——但莫比尔湾战役胜利还不是决定性的。占领它就像那个夏天发生的一切一样：被束缚于渐进的、边缘的、慢慢收紧的绞索。没人相信会通过占领滨海的亚拉巴马州来结束这场战争。法拉古特取得胜利的意义在之后才会变得更清楚。[34]

格兰特和李的对峙陷入了僵局，双方的目光都集中在威廉·特库姆塞·谢尔曼身上。他聪明、能言善辩，但作为一名指挥官，他的能力仍然是个问题。自5月以来，他的大军像弗吉尼亚战役中格兰特的军队那样，在敌人的侧翼发动迂回进攻，但并没有发生世界末日式的战斗。谢尔曼继续前进，发现兵力远不及盘踞在他面前的对手约瑟夫·E.约翰斯顿的兵力。他不像格兰特在史波特斯凡尼亚郡府之役和冷港战役那样袭击防御工事，而是绕过邦联军左翼，向他们后方的补给线前进，从而迫使他们撤退。

一个主要的例外是在佐治亚州的肯纳索山战役，这场战役大约发生在亚特兰大西北25英里（约40.2千米）外，是愚蠢进攻防御工事的另一个案例。谢尔曼假装在侧翼行军，却击中了约翰斯顿防线的中心，那里的邦联军工事几乎和彼得斯堡的一样坚固。许多联邦士兵在这次战役中牺牲，但却毫无战果。这次战役以及亚特兰大战役中的其他几十次战役、小规模冲突和小规模行动，只不过是南部邦联面对北方大军缓慢而稳定的撤退时的遭遇而已。除了佐治亚州的一个没有人在乎的荒凉的乡村地区，北方佬什么都没有捞到。

紧紧地盯着8月底的民主党大会和2个月后的全国大选的格兰特敏锐地意识到了这种状况。他每天不断地敦促谢尔曼行动，试图尽快取得一些成果。8月18日，在民主党代表大会召开前10天，格兰特告诉谢尔曼，即使福雷斯特切断了他10万士兵和他们的马匹的补给线，他也不能撤退。在战争中的大部分时间，这都算是一个令人震惊的要求。但现在时间不多了，他们别无选择。任何形式的倒退都意味着选举失败。格兰特在给谢尔曼的信中写道："17日，里士满报纸认为，在亚特兰大的士兵还可以坚持1个月。""与此同时，像米考伯一样，他们希望有意外发生。①如果能像现在这样抓紧时间，阻止敌人对你后方的袭击，那么你将摧毁敌方大部分的军队。*即使你的道路被切断，我也不会建议你向后走，以排除敌方从北方获得补给的可能性*"（斜体字为补充）。[35]

因此，即便谢尔曼明白前方有危险，他也继续向前进军。亚特兰大是个好地方，是一个拥有铸造厂、补给站、军火厂、铁路、其他工厂和2万人口的主要工业中心。正如杰斐逊·戴维斯所观察到的那样，如果失去了它，那么联邦军队就可以从海岸线长驱直入，"封锁供养李将军的军队的大粮仓"。除此之外，这座城市也像里士满一样成为全民抗战的象征。由于未能阻止谢尔曼的前进，约翰斯顿这位脾气暴躁的将军变得极不受欢迎。昔日的邦联军的强悍在哪里？"石墙"杰克逊不是用小部分兵力就赢得了胜利吗？

杰斐逊·戴维斯不想撤退，他迫不及待地想做点儿别的事，于是解除了约翰斯顿的指挥权。取代约翰斯顿的是好斗的约翰·贝尔·胡德，他因在1862年盖恩斯磨坊战役中表现英勇而声名鹊起。胡德不仅是一个积极的竞选者，而且是一个激烈的政治内讧者。他极力游说人们反对约翰斯顿。那年夏天，他在给里

---

① 格兰特提到的是威尔金斯·米考伯，他是查尔斯·狄更斯的小说《大卫·科波菲尔》中的人物，他鲁莽、乐观，因未能偿付债务而被投入债务人监狱。他的座右铭是"总会有事情发生"。

士满的一系列信中声称，他一直敦促约翰斯顿进攻，但被约翰斯顿拒绝了。这不是真的。胡德曾多次主张撤退，对不到 6 万人的军队来说，在开阔的战场上不断地攻击 10 万人并不是明智的选择。但胡德还是得到了他想要的职位。

随之而来的是一个紧急命令——进攻。胡德做到了。在 7 月 20 日至 7 月 28 日，士兵们走出了他们的堡垒，在桃树溪、亚特兰人和以斯拉教堂发动了 3 次进攻。尽管战斗是激烈的，胡德的攻击在战略上却是失败的——他竟然在 3 次战役中损失了 2.3 万人（2 万人死伤，3000 人被俘）。在 7 月 22 日的亚特兰大战役（亚特兰大郊区的争夺战）中，邦联损失了 1 万人，而联邦只损失了 3700 人。

格兰特一直认为，邦联军整个夏天也不会走出战壕去开阔的地面上作战。他认为，由于兵力和资源日益减少，他们只能在厚厚的防御工事后面进行防御战，否则很快就会被打败。这些激进的想法在全国大部分地区都受到了强烈的质疑，但格兰特却相信战争确实发生了根本性的变化——只不过双方大多数人都需要更多的证据来证明这一点。

但是，胡德的三重灾难证明现在格兰特是对的。正如约翰斯顿所说，撤退和"寻找优势"是正确的策略。他不可能像李在彼得斯堡那样打赢一场对抗战。像胡德那样战斗只会加快邦联灭亡的速度。在以斯拉教堂战役结束后，谢尔曼手下的一名联邦中士在信中写道："我们杀的叛军比以往任何时候都要多，因为他们自己从防御工事跑出来进攻我们，这对他们来说是无用的，只会让他们惨遭屠戮。"[36]

在胡德突袭后的几周里，谢尔曼延长了他的防线，收紧了对这座城市的控制。他的目标不是通过进攻夺取这座城市——谢尔曼不是那种类型的将军，他非常珍视士兵的生命。相反，他选择通过包围亚特兰大并切断它的铁路来拿下这座城市。同时，他每天还会向城中投掷3000—4000发炮弹。谢尔曼多次试图夺取城市的最后一条铁路线，但由于屡次受挫，他于8月下旬将大部分军队撤出战壕，从补给线中解放出来。胡德认为，谢尔曼已经走了，城里为此还进行了庆祝活动。实际上谢尔曼是在向南行进，在城市周围形成了一个被他称为"荒凉的圆圈"的包围圈。他破坏了亚特兰大最后的铁路交通。当民主党人因为战争失败而谴责林肯时，谢尔曼的人正在用最后一条通往亚特兰大的铁路制造"谢尔曼绞索"。当胡德意识到这一切时已经太晚了。他在8月31日的琼斯堡战役中最后一次向谢尔曼猛扑，但被打回了原地。他的兵力损失惨重，交通线路中断，他不得不于9月1日撤离该市，将带不走的东西悉数烧毁。谢尔曼的军队于9月2日在乐队音乐、联邦歌曲及"狂野的欢呼声和欢快的笑声"的伴奏下进入了亚特兰大。谢尔曼在给战争部的信中写道："亚特兰大是我们的，我们胜利了。"

联邦占领亚特兰大的重要性怎么说都不为过。毫无疑问，谢尔曼向世人证明了联邦不会失败。他还证明了民主党人是错的——他们几天前还在芝加哥疯狂地庆祝。可以拯救林肯的这件事——攻陷亚特兰大——终于发生了，于是所有关于总统会在战争中惨败的争论似乎都在同一时刻停止了。[37]法拉古特在莫比尔湾的胜利现在看来是这一趋势的一部分。这场战争比一个城市的命运更重要，但现在，这些都无关紧要。

格兰特明白，攻占亚特兰大是这场战争中最重要的事件。他在给谢尔曼的一封电报中流露出了罕见的激动："我觉得你已经完成了这场战争给予任何一位将军的最伟大的任务，你的能力即使不是无法超越的，也将在历史上被公认为是无人可及的。我很高兴把这件事记录下来，这对你有利，对任何活着的人都有利——包括我自己。"格兰特下令向彼得斯堡的邦联军工事发射100枚炮弹，以示庆祝。

北方突然洋溢着一种纯粹的幸福感。夏末的阴霾消散了，上千篇社论颂扬着谢尔曼的天才能力和他的辉煌成就。格兰特写道：这场胜利"让整个国家焕然一新"。他还将其视为"1864年共和党人竞选中的第一次伟大的政治运动"。[38] 9月3日，教堂的钟声响彻北方，每个城镇广场上都响起铜管大炮的轰鸣，人们欢呼雀跃，喜气洋洋。与此同时，一向是邦联情绪晴雨表的南方日记作家玛丽·切斯努特沮丧地写道："结局已经到来。毫无疑问……我们将被从地球上抹去。"[39]

第15章 火之谷

美国历史上最重要的一次大选马上就要开始了。尽管亚伯拉罕·林肯的政治命运发生了巨大的转变，但仍有大量事务需要总统处理。李在彼得斯堡和里士满挖战壕的时候，这片土地上还驻扎着其他几支南方大军：在泛密西西比河地区的埃德蒙·柯比·史密斯的军队，在亚拉巴马州和田纳西州的约翰·贝尔·胡德的军队，还有威胁着密苏里州安全的由斯特林·普利斯率领的小股军队。约翰·C.弗雷蒙这个恶棍候选人还是很活跃，共和党自己内部的冲突严重地分裂了其政党力量。这个国家仍然为和平而疯狂，因死亡和苦难而筋疲力尽。众所周知，这场战争势不可当。一次胜利就能改变一切。谁知道李会怎么做？

在战斗任务中，第一个也是最紧迫的任务是击败谢南多厄河谷的邦联军，而这个任务落在了菲利普·谢里登身上。格兰特的这个选择并不被人看好。谢里登在石头河战役中瓦解了邦联军似乎势不可当的袭击；他是唯一一个在传教士岭战役（查塔努加战役）中拒绝停止追击逃跑的邦联军并俘虏了大部分邦联军的联邦指挥官；在黄酒馆战役中，他是最终击败并杀死杰布·斯图尔特的骑兵军官。穿着鞋子才5英尺5英寸（约1.6米）

高的谢里登长相古怪。长相同样也很古怪的林肯把谢里登描述成"一个棕色皮肤的、矮胖的小家伙，上身长，腿短，脖子短得找不到拴绞索的地方，胳膊特别长；如果脚踝发痒，他不弯腰就能抓挠它们"。[1]林肯还补充道：谢里登下巴上留着卷曲的小胡子，目光锐利，长着亚洲人的眼睛，很像一个蒙古骑兵。不管怎样，他都不符合人们心目中理想的骑兵少将的样子。但他正是格兰特需要的那种军官。

格兰特费尽心思稳固谢里登的地位，命令他尽早摧毁朱巴尔·厄尔利。现在，当9月来临，北方把它充满希望的目光转向被诅咒的谢南多厄河谷时，这个脾气暴躁的小将军竟然……几乎什么都没干。或者说，在北方越来越多的不耐烦的政客和报纸编辑眼中，情况看起来就是这样。

他们这么想也有充分的理由。谢里登其实本已做好了进攻准备，也摆好了进攻的架势。但后来邦联派了2个师过来增援厄尔利的部队。突然间，联邦军习惯性的本能——对未知事物的夸大的恐惧——开始占据上风，谢里登认为敌军人数远远胜过他的（事实并非如此）。一直保持警惕的哈勒克和斯坦顿提醒他，失败将带来灾难性的政治后果；就连格兰特也在给他的电报中提醒他要谨慎。[2]因此，谢里登没有明确的行动路线。无论是在这些事件发生之前还是之后，他都丝毫没有表现出胆怯的样子——恰恰相反，他无畏无惧。但出于某种原因——也许是想到还有不到2个月的总统选举的结果取决于他的表现——他犹豫了。他向北退了几英里。他的手下破坏了河谷中的一些农场，和厄尔利的部队在蓝岭山脉进行了几场小规模的战斗，但都没取得什么大的胜利。

在谢里登与格兰特戏剧性的会面1个月后，厄尔利的部队还是原地未动、毫发无损。它们就在联邦军以南约6英里（约9.7千米）处的谢南多厄河谷北部。邦联军认为谢里登是像纳撒尼尔·班克斯、詹姆斯·希尔兹、约翰·C.弗雷蒙、弗兰兹·西格尔和大卫·亨特一样软弱的河谷指挥官。"和我对阵的指挥官没有进取心，"厄尔利轻蔑地写道，"他太谨慎了，可能是害怕吧。"[3] 这是战争部官员喜欢看到的，他们更喜欢停滞状态，因为这说明他们没有直接的危险。

但格兰特任命"小菲尔"（菲利普·H.谢里登的昵称）不是让他无所事事的。格兰特在9月曾命令他要"全力以赴地"进攻厄尔利，"别让敌人有喘息的机会"。但谢里登没有做到这一点。林肯也因此变得急躁，9月12日，他问格兰特，他们是否"可以挑人组成一个团，比如说一个有1万名士兵的团，然后悄悄但突然地把他们集中在谢里登手下，让他迅速出击"？[4]

必须做些什么了。因为这是格兰特的战争，也因为谢里登是他的手下，再加上重大事件即将发生，所以格兰特必须采取行动。9月15日，格兰特再次北上探望谢里登，同样绕过了白宫和战争部——他想面见谢里登。格兰特还想消除哈勒克从华盛顿的办公室发出的电报的影响。格兰特担心，哈勒克的消息"与我的矛盾"。[5]他不信任战争部。

这一次，两人并未就谢里登要如何行军进行理论上的探讨。格兰特做了一个非同寻常的举动——他写了一个具体的"行动计划"。正如他后来所说的那样，他命令谢里登进攻，并告诉他具体的做法。据此计划，厄尔利要么被打败，要么被赶出河谷。[6]格兰特的计划不会再受到华盛顿的议论、掣肘和削弱。格兰特在离哈珀斯费里西南 10 英里（约 16.1 千米）的查尔斯顿会见谢里登时，口袋里放着这份文件。但由于欣赏并信任谢里登，格兰特决定先听听这位年轻的将军自己的想法。格兰特首先问谢里登是否有一张标明两军位置的地图。

令他十分惊喜的是，谢里登拿出来这样一张地图——一张详细地标注了道路和溪流以及双方军营的确切位置的地图。谢里登并不蠢，他明白联邦军总司令到访并非偶然。谢里登说，他已经收到可靠情报，有一个师的邦联军正在向李将军处行进。格兰特和谢里登在营地附近的空地上散步交谈时，谢里登介绍了他准备击溃剩余反叛力量的部署。格兰特非常喜欢谢里登的计划，喜欢他蓬勃的热情和充沛的精力。他把自己的计划放在口袋里，再没有提起。不过，他还是想确保不要贻误战机，于是问谢里登军队能否在 4 天内行动，谢里登说 3 天就行。格兰特告诉他"去做吧"，然后就走了。格兰特十分信任谢里登，所以中将还有心情绕道回了趟自己的家，探望了他在新泽西州伯灵顿的妻子，那里距华盛顿可是有 150 英里（约 241.4 千米）的距离。[7]

9月19日，在欧普昆溪，菲利普·谢里登率领的联邦军与朱巴尔·厄尔利率领的邦联军交战，谢里登一举击败了厄尔利。[①]下午才过了一半，蓝衣军就在弗吉尼亚州温彻斯特的街道大败灰衣军，俘获了2500名灰衣军。与里士满或亚特兰大附近的战役相比，虽然这场战役参战的人数并不多，但它是内战时期重要的政治事件之———战争双方的新闻界和公众都是这样认为的。林肯的秘书约翰·G.尼古拉和海约翰后来描述了这场战役的意义及其对美国的影响：

谢里登出人意料地取得了这一辉煌的胜利。经过大量谨慎而艰苦的准备，谢里登以巨大的冲劲和勇气赢得了胜利。这场胜利激发了民众的爱国之情。谢里登用骑兵式的语气写下急件："我们刚刚打发他们在温彻斯特转圈，明天我们就要去追击他们了。"这句话在写完几个小时后就家喻户晓了。[8]

谢里登确实在追击他们。3天后，他又在费舍尔山战役中击溃了他们，迫使他们沿着派克山谷向南快速撤退。格兰特欣喜若狂。他提拔谢里登为陆军中师的常务司令，并给他发了一封电报："刚刚听说你取得了伟大的胜利。上帝保佑你们。我很想去看看你。"1个月后，谢里登扑灭了邦联在河谷中的最后一点星

---

① 此役也被称为第三次温彻斯特战役。

火，在雪松溪战役中以壮观的方式击败了死而复生的厄尔利部队。谢里登骑上他的黑色战马，挥舞着他的帽子，一边吼叫一边飞奔，亲自领导了最后的反击。他的手下欢呼着聚集在他身边。在这个血腥的春天，"小菲尔之星"在莽原上冉冉升起。在雪松溪，他超越了自己铸造的传奇，一次又一次地证明格兰特做出了正确的选择。谢南多厄河谷血腥而痛苦的战斗终于结束了。邦联永远失去了它。

＊　　　＊　　　＊

谢南多厄河谷不只见证了联邦军对邦联军的武力征服，还见证了一场破坏行动。谢里登在欧普昆溪和费舍尔山战役取得胜利之后，开始蓄意破坏河谷居民的财产。在这场战争中，以前从未有过这类大规模的破坏行动。谢里登这么做，意味着他开启了新的战争模式：一场联邦军与邦联军游击队展开的极端的暴力冲突。同时，军队对平民发起了战争，并遭到平民的反击。这两类战争都非前所常见，现在却时时合二为一。

在这场破坏行动中，谢里登的敌人是一个邦联军指挥官，他和谢里登一样，迅速在全国范围内崭露头角，他的名字出现在各地的报纸上：约翰·辛格尔顿·莫斯比。他是内战中最伟大的游击队战士，也是美国历史上颇具才华的军官之一。在北方人眼中，他也许是最令人讨厌的反叛者，象征着非正式的抵抗和邦联的不可征服性。他和密苏里州臭名昭著的游击队员血腥比尔·安德森以及威廉·C.昆特里尔不同——他们只不过是不法之徒，而莫斯比却是一个执行具体任务的真正战士。他向李汇报工作，大部分时间都按照公认的战争规则战斗。

从理论上讲，谢里登和莫斯比之间的斗争是不公平的，也是邦联军在大规模战争中居于劣势的夸张化体现——超过3.5万人的军队与三四百人对峙，而这些人往往以50人以下的体量组队进攻。一支拥有规模如城市般大小的营地和数英里长的补给列车的军队与一伙没有固定行动基地、神龙见首不见尾的骑手相抗衡——这是美国最先进的杀戮机器与一种更古老的、在南方人看来更高贵且更具有骑士精神的战争方式的对抗。

格兰特从来没有命令过谢里登"纵火"。他从来没有用过这个词，也许是因为纵观整个历史，这个词对他的国家的所谓文明人的影响很大。尽管他已经非常明确地命令谢里登"摧毁所有的饲料和给养，消灭所有的小麦和谷物储备，把茂盛的谢南多厄河谷变成一片不毛之地"，处理掉任何像食物的东西，以至于一只乌鸦飞过山谷，也找不到吃的。但格兰特没有提到点火、纵火或焚烧，也没有提出任何建议——比如：穿制服的人应该从烈火中取出火把放在装满谷物的谷仓和普通市民拥有的田地上，以此来破坏他们的财富和生存手段。[9]

但这确实就是他的意思。菲利普·谢里登就是按照他的意思做的。他以战争中从未出现过的规模破坏了财产，而且破坏的方式将改变其基本性质。战争现在完全转向格兰特风格，而且将按照他的规则进行，这意味着要进行针对平民的残酷无情的战争。

在9月中旬被谢里登的军队痛击之后，令人讨厌的朱巴尔·厄尔利向南沿着碎石山谷的收费公路逃跑，然后躲进了共和港的一个小河镇。他选择的逃生出口是镇上一个偏门附近的贯穿蓝岭山脉的那一个——"石墙"杰克逊2年前曾巧妙地利用过该出口。谢里登追了厄尔利一段距离，在哈里森堡镇停了下来，考虑下一步该怎么办。他想了一会儿，和格兰特通了电报，然后做出了决定。谢里登没有乘胜追击厄尔利那丢盔弃甲的残余部队，而是转而向北"执行最初的指示"，这意味着他要去执行格兰特在8月初给他的命令。

于是他的军队继续行进。他的步兵和火车向北穿过河谷，而他的骑兵——有1万多人——浩浩荡荡地紧随其后。正如谢里登后来所写，骑兵们"从蓝岭山脉横跨到阿勒格尼山脉的东坡"，队伍的平均长度达25英里（约40.2千米）。[10]这是邦联军第一次没有在山谷中留下来对抗联邦军。联邦军接收到的命令是：除了房屋，摧毁一切，赶走或杀死所有的马、牛、猪、鸡和羊。他们也要抓住奴隶，然后通过联邦战线把他们运回弗吉尼亚和华盛顿的难民营，让他们过上新生活——虽然自由了，但苦难和贫困将永远改变他们的生活。

虽然一些联邦军士兵出于害怕，在面对任务时往往畏缩不前，但谢里登的军队经受过游击队的多次袭击、冷血杀戮，确实如北方佬认为的那样，他们中的大多数人不需要激励就能执行命令。事实上，虽然这种破坏的主要目的是清除李的军队的主要粮食来源，但它也实现了另一个战略目标——烧毁的土地再也不能资助游击队。毕竟，他们和他们的马都需要粮食。

于是，纵火行动开始了。虽然无法全面清点烧毁的情况，但谢里登在10月7日致格兰特的一份报告显示了其破坏范围：

我们破坏了2000多个装满小麦、干草和农具的谷仓，70多个装满面粉和小麦的磨坊，驱走了4000多头牲畜，杀了不少于3000只羊并下发给各队……明天我将继续烧毁小麦、饲料等，一直烧到费舍尔山。这个任务完成后，从温彻斯特到斯坦顿长达92英里（约148.1千米）的河谷里，将难以找到人和野兽的生存空间。[11]

这场毁灭性的彻底破坏行动让所有看到现场的人都大吃一惊。目力所及之处，黑烟从成千上万堆大火中呈柱状上升，弥漫在河谷中，挂在山脊上。夜晚，从曾经风景如画的农场射向天空的熊熊火焰让一些人联想到了地狱。尽管上面命令说不要烧房子，也不要烧谷仓、鸡舍和其他附属建筑，但谢里登的手下却没少这么做——通常是为了报复敌军的攻击。[12]例如，8月18日，谢里登的一位师长乔治·阿姆斯特朗·卡斯特下令烧毁5座房屋，以报复游击队杀害了他的一名士兵。[13]除此之外，还有许多房屋被烧为废墟。

但即使房屋安然无恙，人们拥有的其他东西也被付之一炬。正如一位居民所说："从马到鸡，什么都没有给人和野兽留下。"[14]士兵们通常很友善，会在穷人的储藏室里留下一些食物。但有些时候，他们不是这样。山谷里的大部分财富都化为乌有，包括每一道篱笆、铲子、犁、牛奶桶、鸡蛋、鸡、骡子、牛、马，还有玉米和小麦等谷物，只留下建筑物被燃烧后的一堆堆阴燃的木炭。居民们惊慌失措，不知如何是好。自1862年以来，他们目睹了像杂食动物或蝗虫一样的联邦军队在河谷中来来往往，但从未经历过这样的事情。[15]许多人开始讨论饥饿的前景——这一问题突然变得非常现实。[16]

纵火突袭的作战方式立即对邦联军产生了影响。10月9日，谢里登的骑兵还在放火，邦联将军朱巴尔·厄尔利向罗伯特·E.李抱怨说，因为他的正常补给区内的一切物资都被烧掉或赶走了，所以"将不得不依靠奥古斯塔（佐治亚州）的补给，而那里的补给远远不够"。[17]奥古斯塔很远，在一个正在迅速崩溃的地方。厄尔利的手下只能在农田里采摘青玉米，用劳动来换取粮食。

谢里登喜欢他所做的一切。他不是这类战争的发明者，但现在却以新近皈依者的热情来进行这类战争。[18]当南方人谴责他是"撒旦的后代"时，"小菲尔"却接受了他认为符合他的立场的纯粹而无情的逻辑。他对一位军人朋友说："破坏物资比杀害年轻人更仁慈。""如果我有一个装满小麦的谷仓和一个儿子，我宁愿失去谷仓和小麦，而不是儿子。"[19]这只是高度理论性的选择，因为许多河谷居民现在既失去了他们的儿子，也失去了他们的谷仓。但谢里登相信自己的话，相信纵火烧毁河谷将加速战争的结束，最终挽救更多的生命。他写道："人们普遍认为死亡是战争的最大惩罚，但事实并非如此。""与毁灭人类的生命相比，减少贫困可能会更加迅速地带来和平，正如人类的自私在不止一次的重大冲突中所证明的那样。"[20]

格兰特对此也深信不疑，但在他看来，平民的纯粹恐惧或许是最实际的，而平民中的许多人认为这使冲突最终演变成纯粹的仇恨、痛苦和复仇。"战争已经进入不能对敌人手下留情的阶段，"邦联军械司令乔赛亚·戈加斯写道，"他烧、抢、杀、奸，只有杀光所有人才能停下。"[21]《里士满辉格党人》建议南部邦联烧毁一座北方城市以示报复。一位专栏作家写道："他们选择用火炬代替剑。""这是一场我们可以击败他们的游戏。纽约值20个里士满。"[22]在不同文化之间的殊死搏斗中，这看起来似乎是个好主意。

*　　　*　　　*

1862年夏天，邦联侦察员约翰·S.莫斯比提出了一个激进的建议。这个提议缺乏先例可循，从表面上看让人难以置信，而且本身执行起来就很危险，几乎没有人相信这是可行的。即使是莫斯比的上司、朋友和保护者——詹姆斯·尤厄尔·布朗·斯图尔特将军（又称杰布·斯图尔特）也认为这听起来有点儿疯狂，虽然他自己也是战争中勇敢和具有创新精神的军官之一。莫斯比提议由他带领一队邦联军骑兵紧紧跟在联邦军后方行动。他可以及时向邦联军提供联邦军部署的情报，还能破坏通信。这意味着他将在敌人营地周围秘密行动，攻击补给车、切断电报线、袭击铁路、拦截联邦巡逻队。他会秘密地进行战斗，潜伏在黑暗和阴影中，避免引发大规模的对抗，迫使联邦军转移兵力对付他。他想让敌人追捕他——追赶他的联邦军越多，或者联邦军派越多兵力保护火车和货车以防他的袭击，那么在前线与罗伯特·E.李作战的联邦军就越少。

但莫斯比的想法中最激进的部分是，完成突袭行动后，他和他的手下并不撤回由邦联军控制的安全区。这和邦联军游击队员约翰·亨特·摩根的策略不同。摩根从对俄亥俄州的肯塔基和印第安纳进行的两次突袭中获得声名（第二次以失败告终）。摩根的策略是突袭，然后回到他在田纳西州的安全基地。相反，莫斯比的游击队却要一直留在由联邦军控制的弗吉尼亚北部。联邦军在那里控制了所有的公路、铁路、水道和城镇，被俘虏的游击队员经常被立即枪杀或绞死，根本没有安全的避风港。[1] 此外，莫

---

① 邦联军中的大多数"丛林捕食者"以小分队的形式行动，袭击邦联中的亲联邦分子和联邦主义者。他们往往只不过是假公济私的不法之徒。罗伯特·E.李讨厌他们，并于1864年正式解散了根据《游击队法》组建的除2个队以外的所有游击队。相比之下，莫斯比是邦联军队的一员。虽然有独立的指挥部，但他向上级汇报，包括向李本人。虽然血腥比尔·安德森和威廉·C.昆特里尔有时指挥着一大群人，但基本上是不法分子，不受邦联正规军或密苏里州民兵的控制。莫斯比主要是攻击联邦军队的补给线。战争期间，他俘虏了几千名战俘，对大多数人都很好。而安德森和昆特里尔的目的都是杀人、抢劫和制造混乱。莫斯比在华盛顿特区周围行动，那里有大量的联邦军队。密苏里州和堪萨斯州在很多方面都是无人管理、无法无天的。

斯比选择在华盛顿特区以西的地方行动，这使他处于地球上防守最严密的城市和联邦最强大的军队之间。[23]整个地区都布满了蓝衣军。对杰布·斯图尔特来说，莫斯比的计划中最不理性的一点是，他和他的部下不需要邦联军提供任何形式的物资，无论是食物、马或马鞍、武器，还是弹药。他们将住在普通人家里——有时是自己的家，有时是别人的家，不停地搬家以免被俘虏——完全靠敌人的慷慨生活。[24]

尽管莫斯比已经证明了自己具有非凡的侦察能力，但斯图尔特拒绝他的提议长达6个月之久。[①]1862年11月，斯图尔特最终同意让这位雄心勃勃的下属在联邦防线后面进行侦察，以收集情报，同时也想看看莫斯比不同寻常的计划是否可行。斯图尔特派了9个人陪他执行任务，这使他们得以在敌人后方布下35英里（约56.3千米）的侦察线。莫斯比表现出色，在敌人的营地和巡逻队周围侦察，并准确地预测了敌军部队的动向。

莫斯比还戏剧性地证明了他的理论，即在战线后面的敌人是最脆弱的。在华盛顿以西的布尔溪战场附近，莫斯比和他的部队遇到了一个超过1000人的联邦骑兵团。联邦军正在休息，有10个人在放哨。不像任何一个谨慎的指挥官会做的那样，莫斯比一行没有安静地溜走——尽管对方的人数远远超过他的——而是悄悄地下马，分散形成100多码（约91.4米）的战线，然后发起攻

---

① 在七天战役之前，莫斯比为斯图尔特传奇般的骑行做了提前侦察，在整个联邦军队周围收集情报，这一壮举使斯图尔特在南北双方家喻户晓。

击、鸣枪大喊；同时，莫斯比大摇大摆地来回奔走，向那些根本不存在的人发出命令。联邦哨兵吓坏了，向后方跑去，结果团里的其他人也跟着狂奔。"战斗"结束，莫斯比和他小小的队伍赶跑了一整个联邦骑兵团。[25] 他漫不经心的行动预示了联邦指挥官们要面对的无数头疼的问题。1862年12月30日，在莫斯比29岁生日刚过不久，斯图尔特给了他15个人，并下达了一个非同寻常的任务——穿过联邦防线，孤零零地待在那里，没有增援和补给，给联邦造成严重破坏。莫斯比终于得到了理想的工作，从此开始了他崭新的、辉煌的军事生涯。

莫斯比生长在弗吉尼亚州一个中产阶级的绅士之家，家里有奴隶，还有一些资财，但并非大富之家。他个子矮小，不适合参加体育活动。他更喜欢看书。像许多身材矮小的男孩一样，他也被人欺负，但他养成了一种敏锐的正义感。他就读于夏洛茨维尔的弗吉尼亚大学，擅长古典文学，花了大量时间阅读希腊文学作品。他正常地度过了大学时光，甚至可以说是表现出色（当然是在古典文学方面——他不太擅长数学），然而，他温和的性格中有一种奇怪、狂野和暴力的特质。

他有各种各样的怪癖。不顾镇上法律的约束，他喜欢骑着自己的马以极快的速度穿过夏洛茨维尔的街道。莫斯比是一位出色的骑手，和他的同学们见过的天才骑手一样出色。尽管身高只有5英尺8英寸（约1.7米），体重仅为128磅（约58.1千克），但他喜欢用暴力解决问题。在弗吉尼亚大学的第一年，他参加了一个喧闹的学生聚会，当时有一名当地警察把其中一名学生推倒在地并进行殴打。莫斯比认为这么做是不公正的，于是就对警察拳打脚踢，还在其头上打碎了一个枪托。为此，莫斯比受到审判，被判殴打罪，并被罚款。[26]

在就读弗吉尼亚大学的第二年快结束时，莫斯比与一个名叫乔治·R.图宾的学生之间爆发了一场激烈的争斗。图宾是一个喜欢使用暴力的学生，曾用刀砍伤了一名学生，还用石头狠狠地殴打了另一名学生。起初，莫斯比邀请了一位图宾也想邀请的音乐家参加一个聚会，引起了图宾的不满。于是，他就冲莫斯比发表了一些带侮辱性的言论。莫斯比遵循决斗的古老法规，约下地点想同他见面。图宾回应说，等"看到这个该死的流氓，就把他生吞活剥"。后来，两个人在公寓相遇时，莫斯比走近图宾说："我知道你说了些什么。"图宾指责他。莫斯比拔出手枪朝他的下巴开了一枪。虽然图宾失血很多，但最终还是活了下来，并且痊愈了。而莫斯比却和从前再也不一样了。

19岁的莫斯比被逮捕、被审训、被判"非法射击罪"、被罚款500美元，还被判了1年的徒刑。他的家人吓坏了——他们中没人想到他会因保护自己不受暴力欺凌而被判服刑。他的父母为了撤销判决做了许多努力——包括向州长上诉——但都没能成功。莫斯比最后还是服了9个月的刑。

不过，牢狱之灾改变了他。在狱中，他对法律的兴趣给他的检察官威廉·J.罗伯逊留下了深刻的印象。看到莫斯比在牢房里读弥尔顿的《失乐园》，罗伯逊便允许这个年轻人去他的法律图书馆读书。于是莫斯比开始读法律书，读了很多，而罗伯逊则成了他的老师。莫斯比获释后继续学习法律。2年后，即1855年9月，他通过了律师资格考试，开办了一家律师事务所。他结了婚，还有了2个孩子。和弗吉尼亚州的同胞罗伯特·E.李、"石墙"杰克逊和朱巴尔·厄尔利一样，他也反对分裂。

战争来临时，他加入了杰布·斯图尔特率领的弗吉尼亚第一骑兵队，一切又都发生了变化。

在参军后的几个月里，莫斯比和他的弗吉尼亚第四十三骑兵队实现了他所有的疯狂承诺。他一下子成名了。他的分遣队在华盛顿特区以西的一个多县交界地区作战，那里很快就被称为"莫斯比的邦联"。他的分遣队烧毁了火车、破坏了铁轨、俘获了补给车，与联邦军队作战并在无数次交战中获胜。[27]他常常在暴风雪中发动袭击，也常常击败和俘获敌方派来摧毁他的骑兵巡逻队。有一个晚上，他成功地伏击了密歇根第六骑兵队2次，而且2次都捕获了俘虏。他只带着100人就俘虏了一个由300人组成的联合营。[28]他在德伦斯维尔带着167人参加了与160名北方佬的战斗，造成对方107人伤亡，而自己只损失了6个人。[29]他也在一些战斗中输过，但为数不多。

他似乎在捉弄他的敌人，晚上伪装后骑马进出规模巨大的联邦营地，却没有被识破。他制造自己无处不在的神话，让他的敌人以为他参加了每一次突袭；即使他没参加，北方佬也觉得他参加了。他的部下用口径为0.44英寸（约1.1厘米）的科尔特六发式左轮手枪近距离作战，而联邦指挥官花了比他们想象的更长的时间才意识到：在这种战斗中，佩剑根本不是那种枪的对手。（莫斯比后来写道："我的人对一队拿着佩剑的骑兵不以为意，就好像他们是用玉米秸秆武装的一样。"）[30]联邦精致的连发式卡宾枪在如此近的距离内也发挥不出什么效果。

最让莫斯比的对手感到不安的是：他似乎可以随意出现和消失，这就是为什么他的绰号叫"灰鬼"。这并非偶然，莫斯比为了达到这种效果付出了许多努力。行进中的骑兵通常会发出一种独特的声音，一种类似刺刀、刀鞘、水壶和大头针发出的嗡嗡声，在几百码外都能听到。莫斯比去除了大部分容易发出声音的东西。他的人下马进攻时，会拔掉马刺。他们用农田里的雪或泥土来弱化马蹄声。游骑兵的特长之一是"溜"，他们要是觉得自己人数不够或者实力悬殊，就会发挥这种特长。他们似乎本能地知道那一刻何时到来。他们不是成群结队地撤退，而是像风中的糠秕一样散开，比对手跑得更快更洒脱——每个人都按照自己的方向四散而逃，最终在事先约好的地点会合。

正如他向斯图尔特承诺的那样，莫斯比从联邦军队那里得到了自己所需的一切——包括联邦最好的武器、食物、制服、现金、威士忌和纯种战马。莫斯比的手下每个人都有几匹好马，大多数都能跑能跳，他还确保马匹在突击时既跑得快又可以得到休息。他禁止手下杀害手无寸铁的联邦成员，也不允许他们私自瓜分突袭所得的战利品——这些事在南方政府的委托下是合法的，他们会将绝大多数偷来的物资用货车运给李将军。在日常交往中，莫斯比可能是很随便、平易近人、有趣、博学的。他喜欢引用拜伦勋爵的话。他也可能是一个脾气暴躁、刻薄、不宽容、好战的人，一个永远无法被超越的传奇。人们认为他有双重性格。

莫斯比的标志性突袭方式使他在南北双方成为一个传奇。那次突袭发生在斯图尔特派遣他执行新任务的2个月后。1863年3月8日晚上，莫斯比和29名男子深入到华盛顿郊外费尔法克斯法院大楼的联邦防线之内。他们在肉搏战中击败了联邦纠察队，然后骑马潜入佛蒙特州的一个旅的营地。他们抓获了几名联邦政府的工作人员——其中一些人对发生的事情感到难以置信，这让莫斯比的人放声大笑——然后他们切断了电报线路。[31]莫斯比及其手下骑马来到司令部，粗暴地把埃德温·H.斯托顿准将从床上叫醒，告诉他他被俘了。

当他们带着愤怒的斯托顿走到广场上时，莫斯比的手下已经带着30名联邦战俘和58匹被俘获的马列队等待。所有这些都发生在有着数千名士兵的联邦军队附近。莫斯比他们一枪也没开，也没有一个游击队员失踪。随后，莫斯比和他的部下悄无声息地逃走了，他们拖着战俘，带着马，躲过了联邦巡逻队，游过一条涨了水的冰冷的河，天亮后就安全抵达了联邦边界之外。在沃伦顿镇，所有的人都在街上为他们鼓掌。[32]那天早上，莫斯比把斯托顿将军和其他战俘交给了南方骑兵队。

莫斯比在费尔法克斯的暗夜突袭使他成为南方人的新英雄，并为北方人提供了另一个为他们庞大而耗资巨大的军队的失败叹息的机会。北方报纸称这一事件"十分不光彩"，并暗示"某处有螺丝松动"；而《里士满问询者》则发表了杰布·斯图尔特的热烈赞扬，称莫斯比的突袭"是一次辉煌的行动"，并声称对这位年轻的游击队长的赞扬"溢于言表"。[33]罗伯特·E.李将他提升为少校，并把他的指挥权扩大到指挥一个完整的营（他很快就会指挥300多人）。莫斯比势头不减。8天后，他和40个人再次刺穿了联邦政府的屏障，这次收获了25名战俘和26匹马。《华盛顿星报》的头条写道："仍以狼吞虎咽之势席卷整个美国平原"。突然之间，美国人都在谈论"灰鬼"。

莫斯比的成功也是值得被认可的，这是不容忽视的。他的成功向许多南方人还有一些北方人证明，长期的游击战争是南方邦联可行的选择。即使邦联军被击败，这种做法也可以一直继续下去，南方政府可以简单地转向选择莫斯比的非常规作战方式。如果他们这样做了，那南方怎么可能被完全真正地征服呢？

这是一个合理的问题。尽管1864年未被征服的邦联土地比1862年时的小得多，但仍然辽阔的土地上却少有穿蓝色制服的士兵。邦联这么大，怎么可能真的被打败和掌控？南方人指出，即使是现在，谢尔曼从亚特兰大一直延伸到查塔努加的支线众多的补给线，仍不断地遭到游击队的袭击。在这样一片充满敌意、充满武装游击队的土地上，谢尔曼怎么能继续养活他的军队，更不用说作为一支殖民势力在佐治亚州安营扎寨了！杰斐逊·戴维斯总统在梅肯的一次热情的演讲中探讨了这个想法，他说："我们的事业没有失败。谢尔曼无法保护他漫长的交通线路，迟早会撤退……当那一天到来时，法国军队从莫斯科撤退的命运将重现。"[34] 许多南方人相信这种混乱的逻辑。而且，正如莫斯比所证明的那样，这种非常规作战方式是可行的。

莫斯比传奇还激发了南方人对逝去的、英勇的过往的深深渴望，这段过往似乎可以取代他们日益被迫面对的凄惨现实。这种渴望植根于独立战争时期，当时弹药不足、寡不敌众的游击队——始于马萨诸塞州高度机动的"一分钟人"——对英国装备精密的红衫军发动了成功的游击战争。虽然乔治·华盛顿领导的大陆军赢得了大部分战争，但穿着马裤皮袜、戴着三角帽的美国非正规军肩扛着破烂的枪、从树后发起攻击的形象是不可磨灭的。这些独立战争游击队员的勇敢、足智多谋和天生的狡猾，似乎是美国人所拥有的最优秀品质的典范。莫斯比是继承这一传统的最新的指挥官，其他指挥官还包括特纳·阿什比、杰布·斯图尔特和约翰·亨特·摩根等勇猛的骑士——他们都在1864年秋天去世了。

最著名的独立战争游击队员是莫斯比童年时代的英雄弗朗西斯·马里恩，他通过2本流行的传记为几代美国人所熟知。[35] 从1780年到1782年，"沼泽狐狸"马里恩在南卡罗来纳州的低地对英国和为其效忠的军队发动了一场残酷而有效的游击战争。[36] 像莫斯比一样，他身材瘦小，不讨人喜欢，体弱多病，是个拥有奴隶的南方人。在受到威胁时，他和其他游击队员像鹌鹑一样迅速散落到森林里，伺机发动伏击。也许可以预见的是，在有需要的时候，被围困的邦联指望着通过这样一种模式来拯救自己。这种比较是显而易见的，南方报纸也忍不住要把它写出来：莫斯比是新的马里恩，是一匹新的不屈不挠的黑马，是联邦永远不能赢得战争的最新原因。

但是，莫斯比制造的传奇暗示了其与逝去的浪漫过去有更深层的联系。战前美国颇为成功的作家之一沃尔特·司各特爵士，曾在许多小说中美化和普及了中世纪，将其重新塑造成骑士时代的宏大叙事诗，其中充满了城堡、英勇的骑士、挂着飘扬的横幅的明亮亭子和美丽的少女。[37] 他最著名的作品是《艾凡赫》（1820年），这是关于艾凡赫的骑士威尔弗雷德的故事。这部小说以12世纪的英国为背景，吸引人之处还包括有关十字军、骑士比武、狮心王理查德和罗宾汉的描述。司各特在美国非常受欢迎，在1814年到1823年卖出了50多万本书。美国人——无论是北方人还是南方人，都喜欢这种典雅而高尚的情操。

但是，当北方人只是"享受"着难以置信的战争中的意外停顿时，许多南方人却把浪漫的神话放在了心上。他们以司各特的故事中人物的名字命名他们的地产和孩子。他们写了一些诗，将当代南方与司各特笔下过去的华丽版本做了比较。一个典型的例子是南方著名作家弗朗西斯·奥雷·蒂克诺在1861年出版的一首诗，诗中这样描述弗吉尼亚人：

骑士中之骑士，

从古至今，

在金子般的心中

保留着骑士精神的明灯。[38]

南方人，尤其是种植园主阶级，喜欢把自己看作高贵的、有骑士精神的贵族——骑士和美人的心上人——而这场战争中最潇洒、最富有传奇性、头戴羽毛帽的骑士就是约翰·S.莫斯比。[39]每个人都知道，他的队伍里有弗吉尼亚战前贵族的精英，还有西点军校和弗吉尼亚军事学院的毕业生——他们都是基督教绅士。[40]南方作家又一次情不自禁地将其与司各特书中的黄金时代相比较。[41]

许多北方人认为这种对往昔的固执依恋是可笑的。持这种观点的北方人中，最著名的是马克·吐温，他认为南方染上的"沃尔特·司各特病"在某种程度上对战争本身负有责任。他写道：

然后沃尔特·司各特爵士带着他的魔法来了……让世界爱上了梦想和幻影，以及腐朽而卑鄙的宗教形式、衰败而堕落的政府体制，还有虚伪的宏伟、装腔作势的排场和愚蠢的、消失已久的社会的假骑士精神。他造成的伤害不可估量，也许这种伤害比其他任何一个个体写出的任何文字制造的伤害都真实。[42]

莫斯比不喜欢被比作浪漫传说，他甚至在战后的一封信中直接说了这个问题。他认为战争不是"骑士比武或消遣，而是实际的事业之一。我是从拿破仑而不是沃尔特·司各特那里学到战争的真谛的"。[43]

尽管像莫斯比这样的人物很浪漫，但暗流却在涌动。"黑旗"战争意味着不管战俘受伤与否、投降与否，一律执行死刑。它鼓励谋杀、屠杀，明显违反了常规战争法则。在战争初期，双方都动过这种念头。在俄亥俄州，一位立法者提议拨款100万美元悬赏"叛军头皮"，但他的提案被驳回了。"石墙"杰克逊曾短暂地鼓吹"黑旗"政策，以吓唬北方人而求得和平。后来他收回了这个主张。1862年，邦联军将军P.G.T.博雷加德预言："我们还将……宣布这是一场使用刀子的战争，在这场战争中，任何人都不会要求被人怜悯或怜悯别人。"[44]双方都随时准备说，如果对方拒绝给予怜悯，他们也非常乐意这么做。他们还会说，每杀1个我方俘虏，我们就杀2个你们的人。

除了南方邦联对待黑人联邦战俘的态度，直到1864年夏天，双方都表现得相当得体，尽管发生了一些"无怜悯"的事件，但一般来说，白人尊重其他白人在战时的传统权利。[45]这种待遇主要适用于作为官方军队的一分子的穿着制服作战的士兵。像昆特里尔和安德森这样的游击恶棍和暴徒既没有期待过，也没有被授予士兵享有的战俘优待权利。

但是，随着亨特和谢里登先后在谢南多厄河谷纵火，一切都变了，战争又一次演变成了残酷的报复性暴力事件。北方佬烧人财产，被视为无法无天的强盗，不配享有文明战争中给予士兵的任何正常权利。以暴制暴，游击队立即采取了"无怜悯"的行动。联邦军士兵遭到阻拦、伏击、枪杀、绞死，尸体被钉在树上，上面贴着标语牌警告其他人：如果他们偷盗或毁坏了财产，会发生什么事。[46] 战俘很少被带走，就算被带走也是为了日后绞死他们。联邦军做出了同样的反应——处决了几十名游击队员。许多邦联组织都是高度非正式的；而有些组织，如在党派领袖约翰·汉森·麦克尼尔、以利亚·V.怀特和哈里·吉尔摩领导下的游击队则纪律严明、组织有序。[47] 莫斯比带领的游击队是谢里登所面对的人数最多、最致命的游击队。[48] 用他的话说，他们是"最坚不可摧的"、最麻烦的，也是最需要消灭的。[49]

那年夏天和秋天发生的事情是内战中丑陋的部分之一，一种残忍的破坏性报复和处决战俘的方式导致了战争中最不人道的行为。尽管从来没有正式宣布过这样的政策，一面黑旗却似乎时不时就飘扬在整个谢南多厄河谷。在这场血淋淋的闹剧中，著名的两位演员是谢里登和莫斯比。8 月至 11 月，谢里登与朱巴尔·厄尔利之间小规模冲突和战斗不断，因为他们的对峙以及厄尔利的破坏性行动，谢南多厄河谷笼罩在阴影中。

报应的循环始于 8 月 13 日，也就是谢里登接手对河谷的领导权一个星期后，莫斯比击毁了一列在河谷北部温彻斯特镇附近的补给车。这不是常规的突袭。莫斯比发现了联邦部队补给线的一个主要弱点。他在营中有250人。他和他的骑兵们开始他们熟悉的"赛马"式攻击，全速奔跑，不停地用左轮手枪射击。他们朝联邦防卫队员开火，打死6人，打伤9人，捕获了200名战俘。而莫斯比的部队只有2人死亡、3人受伤。他们达到了目的，截获了40辆满载的货车、200头牛、420头骡子和36匹马。

格兰特听到这个消息后大发雷霆——莫斯比让他出色的新指挥官很难堪。格兰特立即下达了一项过激的命令，即把平民战犯——大概有数千人——全都送到另一个州的监狱去。格兰特在写给谢里登的信中说，"大多数莫斯比手下的家庭情况都是已知的，而且是可以被集中起来的"，就像这么做是世界上最正常的事情。"我认为他们应该被带到麦克亨利堡，或者其他安全的地方，作为使莫斯比和他的手下做出良好行为的人质。"格兰特很快就意识到自己做得有些过火，于是修改了他的命令，要求逮捕莫斯比活动地区的17到50岁的所有男性。他的理论是：这个年龄段的人不是在军队里，就一定在游击队里。[50] 这一行为仍然相当于先发制人地关押手无寸铁的平民。[51]

接着，格兰特命令谢里登摧毁劳登县的农场，该县是莫斯比的主要基地之一。尽管与后来在谢南多厄河谷发生的火灾相比，劳登的火灾规模较小，但其核心是相同的：消灭游击队，停止粮食生产。谢里登已经开始通过处决俘虏的游击队员来解决莫斯比问题。他因莫斯比的功绩而蒙羞，而北方媒体不断嘲笑"小菲尔"没能阻止游击队。①8月17日，谢里登写信给格兰特："昨天我们吊死了1个、打死了6个莫斯比的人。"2天后，谢里登又写道："游击队给我带来了极大的烦恼，但我在悄悄地处理他们。"[52]"悄悄地"意味着没有记录。杀戮还没有公开进行。

8月18日，乔治·阿姆斯特朗·卡斯特下令烧毁5位有声望的市民的住宅，以报复莫斯比的游击队成员"谋杀"了他的一名手下。当莫斯比的中尉威廉·查普曼和75名游击队员发现卡斯特的士兵时，他们做了同样的事。莫斯比曾指示要处决"烧房子的人"。查普曼遵从这一命令。他的突击队员很快就把卡斯特的手下逼到墙角，于是这些联邦士兵投降了，但还是有25人遭到射杀并暴尸原地。杀死无助、手无寸铁的战俘是"黑旗"的确切含义。以前，南部邦联也曾执行过此类处决，包括在皮洛堡发生的类似事件，但现在的处决对象都是白人。战争中可以接受的底线标准显然已经改变了。

这些处决震惊了北方人民。《纽约时报》的一个标题是"莫斯比叛军的屠杀——叛军阴谋——懦弱的残酷"，另一个标题是"莫斯比绞死了联邦士兵"。《时代周刊》暗示莫斯比在进行"黑旗"行动。谢里登立即采取报复行动，抓捕游击队活动区的16至60岁的男子，装满20辆马车运到西弗吉尼亚州的查尔斯顿。

---

① 《纽约时报》声称对莫斯比的恐惧是谢里登8月撤离河谷的原因之一。谢里登为此怒火中烧，命令所有的战地记者离开他的军事部门。虽然最后他还是让步了，但这件事表明他对与莫斯比有关的轻视是多么敏感。

他的一个骑兵团被派去执行任务，同时得到了"不带俘虏"的特别指示。他派遣了联邦军最重要的游击队专家理查德·布拉泽上尉带队，并为其安排了100名"猎人杀手"和一个任务——摧毁莫斯比。

夏天过去了，双方的报复行动愈演愈烈。9月23日，莫斯比手下的一支小分队打死了联邦中尉查尔斯·麦克马斯特。尽管莫斯比的手下坚持说他们遵守了战争规则，打死人是偶然的，但麦克马斯特告诉他的战友，他是在试图投降时遭到枪击的（后来他因伤重而死）。联邦士兵愤怒地进行了报复。在皇家前线镇，他们绞死了莫斯比的2名士兵，并枪杀了另外4名。最后一个死去的是17岁的亨利·C.罗兹，他被马拉着穿过皇家前线镇的街道，来到一块空地上。卡斯特的军乐队演奏了《不要爱，你爱的人可能会死》以示嘲讽。然后，罗兹被枪杀。他的尸体被放在手推车里，送到站在附近的他的母亲那里。[53]

报复行动一直持续到初秋。随着时间的推移，双方的士兵都开始好奇，为什么莫斯比没有针对联邦军在皇家前线镇残酷杀害他的部下的事件进行报复。其实，他拖延报复的理由很明确——他以为卡斯特已经下令处决了他的手下（实际上并没有），因此他悄悄地从卡斯特的军队里收集囚犯。10月29日，莫斯比给罗伯特·E.李写了一封信，信里面有一个不寻常的请求："我的目的是绞死相同数量的卡斯特的手下。"莫斯比说，他的动机与报复无关。他只是想保护他的部下，通过向联邦军表明他已经准备好报复行动来阻止复仇的循环。李和邦联战争部长詹姆斯·塞登同意处决战俘。[54] 接着，联邦军又处决了另一名游骑兵，至此，一共处决了7人。莫斯比记着这个数字。

11月6日，莫斯比在位于华盛顿特区正西大约50英里（约80.5千米）的弗吉尼亚州的雷托敦镇集结了27名战俘，让他们在一个玉米仓库前排成一行。随后经过抽签选出7人处决，以报复联邦军杀害莫斯比手下的7个人。莫斯比的手下极不愿意执行死刑。在被选中的7个人中，有2个人逃脱，3个人被吊死，2个人被枪杀，其他战俘幸存下来并成功逃脱。莫斯比相信自己是正确的。"我很高兴他们逃走了，"他后来在谈到这些逃犯时写道，"因为他们会把这个故事告诉谢里登的军队，这是阻止报复的最好的办法。"

莫斯比给谢里登写了一封信，还送了一份副本给里士满的报纸：

自从我的手下被杀以来，你们军队中被俘虏的官兵不少于700名——包括许多高级军官——都已经被转移到里士满；我推迟了报复的行动，以便尽可能地把行动对象限制在卡斯特和鲍威尔的手下。因此，6号，我下令把你的7个手下在派克山谷你们穿过的公路上处死。

从今以后，任何落入我手中的战俘都会得到应有的善待，除非某种新的野蛮行为迫使我不得不采取一种与人性背道而驰的措施。[55]

莫斯比后来说，他从不后悔自己的所作所为。"如果我没有报复，"他后来写道，"山谷里的战争就会恶化成大屠杀。"[56] 尽管谢里登从未回复莫斯比，但在雷托敦镇"抽签杀人"之后，报复行动迅速减少，最终完全停止。

但谢里登对莫斯比的追捕仍在继续。谢里登指定的"猎人杀手"在理查德·布拉泽上尉的领导下，从8月中旬开始一直在追捕莫斯比，但他们的运气却不好不坏。虽然他们没能抓到他，也没能阻止他的突袭行动，但在9月初，他们使莫斯比经历了最惨烈的战斗——13名部下被杀死，6人受伤，5人被俘。布拉泽在11月初又赢得了一场小规模的战斗。莫斯比受够了！11月17日，他派遣210人分两组去消灭"猎人杀手"。猎人成了猎物。莫斯比派出的袭击者很快就完成了任务。他的中尉阿道夫·"多莉"·理查兹设下埋伏，迅速摧毁了布拉泽的部队，杀伤23人，俘虏22人，伤亡率高达73%。他们还抓获了布拉泽本人。自此至战争结束，他一直在南方监狱里受苦受难，还在那儿患上了一种导致他残疾的肾病。

布拉泽战败10天后，非常恼火的菲利普·谢里登派出5000人，进入"莫斯比的邦联"，进行为期4天的火烧突袭。不过，除了给南方平民造成了更大的破坏并使其生活更贫苦，并没有对莫斯比造成任何影响。

谢里登永远也抓不到"灰鬼"。

最后，谢里登和莫斯比的战斗只不过是一段残酷的插曲，是战争变得愈加令人绝望和没有章法的另一个迹象。谢里登的战役的真正意义在于他摧毁厄尔利所取得的决定性胜利，以及以残酷的方式证明：弗吉尼亚州的联邦军现在可以随心所欲地行动。游击队可以激怒联邦——即使是以大规模破坏和登上头条的抢眼方式——但他们再也无法阻止联邦军的进攻。简而言之，谢里登的河谷战役的真正意义在于——北方正在赢得战争。

在总统大选前的2个月里，这场战争似乎奇迹般地转向利于林肯的一面。在更大的战争背景下，联邦胜利的时机令人震惊，这是格兰特在夏末对战争权力僭越的明确和直接的产物。格兰特看穿了国民议会的悲观。现在，整个国家的其他人都开始以他的方式来看待战争。在这场战争中，北方也有可能赢得胜利。

北方政治风向开始有利于林肯。共和党媒体已经停止了无休止的吹毛求疵，开始赞美总统和他的三星将军。关于战争的头条（《在谢南多厄河谷取得了又一个辉煌的胜利！》）接二连三，其他新闻都被转移到了其他版面。现在，人人都想看到关于战争的新闻，因为所有的战争新闻都是好消息。林肯的竞争对手——激进分子约翰·弗雷蒙于9月退出大选。在9月和10月的缅因州、佛蒙特州、俄亥俄州、印第安纳州和宾夕法尼亚州的选举中，共和党候选人赢得了决定性的多数选票。林肯要维护自己的利益。他派出代理人，切断政府中的见风使舵者和民主党人获得资助及晋升的机会，催联邦雇员捐款，剥夺不友善的报纸刊登广告的机会。即使是军队晋升，也要视党派而定。[57]林肯是个正派而大度的人，也是一个老练的政治家。

11月8日的第一次选举结果是下午6点半从印第安纳州发出的。晚上7点左右，林肯走到了战争部——他被这个地方困扰了好几年——开始读电报。晚上9点，第一条好消息传来；凌晨1点，林肯知道胜利是他的了。他以2213665票（约55%）对1802237票（约45%）、411428票的优势赢得了选举。在选举人团的投票中，他以212票对21票的优势获胜。麦克莱伦只在特拉华州、新泽西州和肯塔基州获得了选举人团的投票。在林肯压倒性的胜利中，唯一真正令人惊讶的是麦克莱伦被他心爱的军队抛弃了。在150635名士兵投票中，林肯以116887票胜出，"小麦克"的票数仅为33748票。

共和党的胜利还有另一重意义，而这会给国家带来直接的后果。这次选举在国会中创造了有高达四分之三的人反对奴隶制的多数优势，这足以通过宪法修正案废除奴隶制。林肯认为这是一个国家政治清明的时刻。"现在是人民的声音了，"他说，"这是第一次听到人民自己的声音。"[58]

毫无意外，南方邦联的民众都很郁闷。当杰斐逊·戴维斯站在里士满的国会大厦上赞扬他的人民具有"不屈不挠的勇气"和"不可磨灭的精神"时，一股大规模的逃兵浪潮席卷了战场上的邦联军。

第16章　成名之路

在战争的最后一年，最负盛名（也最声名狼藉）的人物既不是亚伯拉罕·林肯，也不是尤利西斯·S.格兰特。这项殊荣应归于威廉·特库姆塞·谢尔曼，他是令人费解的、言语狂野的口头理论家，还是一位制造混乱的破坏专家。占领亚特兰大后，他迅速为天下人所知。他特别的名字似乎暗示了其复杂的命运。无论是当时还是现在，他都非常引人注目。在他漫长的一生中，他可能是那个年代最受媒体关注的美国人。他不仅创造了数百万个词，还制造了引发更多词的场景。他美名远播，又臭名昭著，这一切都和他作为联邦将军的行动有关，而这些大多发生在内战的最后一年。

关于历史巨人威廉·特库姆塞·谢尔曼将军有许多有趣的故事。也许最令人惊讶的是：以传统标准——或者以评价其他内战中的将军的标准——来评判他，他根本不是一个出色的战地指挥官。[1]他在战前也并非人生赢家。和格兰特一样，他在军中表现平平，也在做生意时屡遭不幸，在战争开始前已经捉襟见肘。格兰特在内战初期就表现出相当出色的战术天赋和指挥才能，从而挽回了自己的形象，而谢尔曼的战斗记录却介于平庸和灾难之间。

那么，他是如何成就"威廉·特库姆塞·谢尔曼传奇"的呢？他为什么成了"向大海进军"的英雄？这是一个值得探究的谜团。因为尽管他失败多多、缺点重重，但他的美名符合实际，他的恶名也来得并不冤枉。他确实很聪明，也许他是整个战争中最聪明的人。但是，他独特而不朽的声名和"石墙"杰克逊这样的人是不一样的。从某种程度上来说，谢尔曼的天才之处就是发明了一种全新的天才种类，一种早几年甚至无法想象的天才种类。

威廉·特库姆塞·谢尔曼非常聪明。所有认识他的人对此都深信不疑。在西点军校，他是班上出色的学生之一。在与谢尔曼一起于1836年入学的119名学生中，有77人中途辍学，只有42人完成了学业。谢尔曼在班上排名第六，如果不是因为过失影响积分，他本可以排名第四。他桀骜不驯，兴致高昂，爱捣蛋，常常侃侃而谈，在同龄人中颇受欢迎。他不拼力学习，也照样得高分。在其他方面，他也出类拔萃，他是班上最好的艺术家、出色的绘图员，可以轻而易举地画出专业级别的作品。还在学校时，他就和未来内战时期鼎鼎大名的人物交往频繁，包括亨利·哈勒克、约瑟夫·胡克、布拉克斯顿·布拉格、朱巴尔·厄尔利，还有比他低三届、满脸皱纹、略带愁容的年轻人萨姆·格兰特。若论聪明，他们中的大多数人都不及谢尔曼。[2]

和许多聪明而野心勃勃的西点军校毕业生一样，谢尔曼很快就发现自己陷入了最沉闷、最无聊的职业中——和平时期的军人。他在佛罗里达的沼泽地里度过了一段单调的日子，在那儿侦察塞米诺尔印第安人。他还在南卡罗来纳州的查尔斯顿度过了近5年的时光。工作之余，他打猎、钓鱼，和那些一心要从联邦分离出来的种植园主的儿子聚会——总的来说，他认可他们的奴隶制思想。尽管如此，他还是感到无聊和不安。他写了成百上千封信——这是他毕生习惯的开始，也终将对美国历史产生深远的影响。许多信是写给埃伦·尤因的，她聪明但难以相处，娇生惯养，好大惊小怪，总怀疑自己有病。她是谢尔曼的未婚妻，狂热的天主教徒，十分恋家，拒绝离开俄亥俄州的兰开斯特和他一起去军队。

接着是1846年的美墨战争，这场战争本应将他从死胡同中解救出来，结果却什么也没发生。当谢尔曼的许多西点校友继续在韦拉克鲁斯、墨西哥城以及边界以南那些颇具异国情调的地方冒险、获得荣耀和晋升时，谢尔曼被派去了加利福尼亚。他在一艘船上待了6个月，然后在一个地方登陆。那里虽然是墨西哥的一部分，严格来说是一个战区，但实际上无仗可打。他错过了战争——或者说，战争错过了他。这里没有荣耀，只有沉闷空虚。他很快又感到无聊和不安，陷入了沮丧之中。"我被彻底放逐了，我觉得我已经失去了所有的希望。"他写给他固执的未婚妻。[3]

1850年，他终于娶了她，他的痛苦暂时减轻了。这件事的前因是谢尔曼人生故事的一个重要组成部分。谢尔曼的父亲在他9岁时离世，家里一贫如洗。少年谢尔曼被送去和托马斯·尤因一家人一起生活。托马斯·尤因注定要成为未来美国政坛的重要力量——他是来自俄亥俄州的一名美国参议员、内政部长和财政部长，埃伦·尤因是他的女儿。这意味着谢尔曼的义妹成了他的妻子，养父成了岳父。这也意味着谢尔曼的政治关系和美国历史上的其他将军的政治关系一样强大。⁴他的婚礼是华盛顿社交季的重要事件之一。参加婚礼者包括总统扎卡里·泰勒和他的整个内阁，最高法院的大法官丹尼尔·韦伯斯特和亨利·克莱。

1852年，谢尔曼离开军队，赴旧金山管理一家银行。经历了平淡无奇的军旅生涯后，他在私营企业度过了近10年持续失败的生活。失败成了他的标签——当然，他也不是一直失败，生意并非他生活的全部，他和埃伦有了6个孩子。过了几年糟糕的日子后，谢尔曼被迫关闭了银行。之后，他搬到纽约开了一家新银行，正好撞上了1857年的恐慌——第一次全球性经济危机——不得不又关闭了这家银行。回到旧金山，谢尔曼试图拯救暴跌的房地产行业，要回别人拖欠他的银行贷款以及他在军中的朋友托付给他的钱。但完成这些事困难重重，搞得一团糟，让谢尔曼灰心丧气。

他的运气越来越差。尽管谢尔曼已经下定决心不再接受他富有的、有影响力的养父的资助，但现在还是拖着沉重的脚步回到了兰开斯特，在托马斯·尤因的盐场工作。将近40岁，用他自己的话说："穷得像教堂里的老鼠。"他写信给一个朋友说："我实在没有做生意的天分，我（在旧金山）的经历……完全摧毁了我和其他人对自己的信心。"[5]

但他的霉运还没有到头。谢尔曼迫切渴望尝试新的东西，于是和妻弟（也是义弟）小托马斯·尤因在堪萨斯州莱文沃思的一家房地产和法律事务所找到了一份工作。然而，这家公司经营不善。谢尔曼两次以律师的身份出庭，却因为法庭辩论不能服人，使两起案件都以败诉告终。他还做过公证员，靠在骒马拍卖时做鉴定和公证来补贴微薄的收入。他的收入从在旧金山时的1年5000美元减少到1年650美元。1859年——距离萨姆特要塞响起枪声不到2年——他终于跌入谷底，甚至无法在军队中找到一份低级别的工作，只能为自己的姻亲装修房产。他把自己描述成"坑里的一只死鸡"。那年，他还试图做投机生意，购买玉米卖给因追随科罗拉多州淘金热而去往西部的人。但是，生意再一次失败，他的投资血本无归。

在极度沮丧的情况下，他在一家新成立的机构——路易斯安那州立学院及军事研究院找到了一份主管工作。① 这份工作很不错，收入是他先前工作的几倍。他做得很好——尽管学生、教职员工和校董常常像学校的名字一样笨拙。因此，在一个行将加入分离主义者大营的州，他开始经常需要花几个星期或者几个月的时间去指导秉持分离主义的种植园主的那些被宠坏的、无法无天的儿子。他们大概一共有60个学生。1860年11月林肯赢得总统

① 这所学校最终迁至巴吞鲁日，成为路易斯安那州立大学。谢尔曼实际上是这所学院的创始主管，但他在该州尤其被人痛恨。

大选后，南方各州接连脱离联邦。最后，1861年1月26日，路易斯安那州也脱离了联邦。这意味着谢尔曼——一个俄亥俄人、联邦主义者，没法继续在这里待下去了。

作为最后的羞辱，路易斯安那州州长强迫他储存邦联军缴获的联邦军的武器。为了给一箱步枪腾出地方，他不得不搬空自己的办公室。他在包装箱的顶部写下他作为学校主管的最后一封信。2月19日，他去了新奥尔良。在那里，他告别了他的朋友布拉克斯顿·布拉格，而布拉格注定要成为一名重要的邦联将领，而他注定要目睹布拉格所谓的"我们国家垮台的光荣喜悦"。[6]谢尔曼已经因为那些由不可控因素——旧金山的盛衰气候、1857年金融危机——导致的失败而备尝痛苦。现在，他又失败了，这次的原因是即将来临的战争。于是，在1861年的春天里，威廉·特库姆塞·谢尔曼和尤利西斯·S.格兰特一样，人到中年，两手空空，身无所长，饱受命运的虐待。但是有一点谢尔曼和格兰特不同——他不存在酗酒问题。

*　　*　　*

南北双方绝大多数将军在内战初期都表现平平。他们不擅长在演习或战斗中部署大量兵力。总的来说，他们害怕这场除了未知之外还是未知的战争。他们常常低估自己的实力，高估敌人的力量；他们害怕食物和饲料会耗尽。他们害怕这块土地本身，尤其是那些不得不在南方的陌生的地形上作战的北方将军。在西点军校受过教育的将军们在很大程度上比非西点军校生做得好，而且比出于政治考虑而任命的人做得更好。但他们大多数人都不是好战士，至少在早期是这样。其中最好的例子是罗伯特·E.李，他是1829年的西点军校生，1861年，他在西弗吉尼亚的一系列战斗都以灾难告终。摆脱这种规律的少数例外很快就出名了，包括"石墙"杰克逊、尤利西斯·S.格兰特和杰布·斯图尔特。[7]

从这个意义上说，谢尔曼的情况并不罕见。他也误解了新的战争。他在军事指挥方面也有很多东西要学。不同的是，他早期犯下的错误——特别是两起银行破产事件——竟然尽人皆知，并产生了严重的公共后果。

他作为负责一个志愿军旅的上校参加了发生在华盛顿特区的战争。1861年春天，他41岁。尽管从传统意义上说，他并不英俊，但他的长相格外引人注目。他身材修长，高5英尺11英寸（约1.8米），体态会被同时代的人认为"不够挺拔"。最吸引人的地方是他的脸——匀称，长长的刀锋状鼻子被红棕色头发和稀疏的铁锈色胡须所柔化。他的皮肤已经过早衰老，明亮而锐利的眼睛周围也留下了深深的皱纹。他给人的整体印象是：红色。他衣着随意。它们料子不错——布鲁克斯兄弟家的——但上衣常常敞着，而且有点脏。他的背心只有底部的纽扣能扣牢。他不安，紧张，烦躁，多动。他就是消停不下来。用一位观察者的话说，他一直"奋力向前"。[8]

1861年7月21日，他在华盛顿特区以西的第一次战争——布尔溪战役——是一场彻头彻尾的灾难，虽然这不全是他的错。

谢尔曼经历了联邦最初的胜利。和其他所有联邦士兵一样，一旦战争风向对他们不利，他们就惊慌失措地逃走了。这场战役是联邦军耻辱的失败之一。谢尔曼在给埃伦的信中写道："这种屈辱难以用言语描述。"在另一封信中，他告诉她："好吧，我现在已经够丢脸了。我想我应该找个地缝钻进去。"他的痛苦并没有随着战斗的结束而结束。在接下来的2个星期，他成为几乎要闹兵变的士兵的靶子，随后又遭到罢工。他逮捕了其中的65人。

尽管没能阻止他的士兵们在布尔溪逃跑，但谢尔曼比其他大多数指挥官都做得好——让他的兵逃跑时仍然听命于他。在一片混乱之中，当那些惊恐万分的士兵蜂拥着挤向华盛顿的安全地带时，他下达命令：如果士兵不跟着自己的连队，渡轮就停止运送他们穿越波托马克海峡。就这样，他给混乱的局面带来了一点秩序感。不知怎么，他的上级注意到了这件事。因此，在一支士气低落、领导层严重缺位的军队中，他意外地被提升为准将。他因没有表现得像其他军官那么无能而受到奖励。他立即被派往西部，担任管辖肯塔基州和田纳西州的联邦坎伯兰部的副司令。谢尔曼主要负责肯塔基州的防卫工作。在他上任后不久，他的新上司——萨姆特要塞的英雄罗伯特·安德森辞职了。谢尔曼取代了他。

他本以为这次升职预示着时来运转，可谁知它却酝酿着另一场灾难——这次完全是由他个人的问题导致的。从他上任的那一刻起，他就认为肯塔基州——一个没有脱离联邦的边境奴隶州——是一口充满反叛和分裂气氛的热锅。他很快得出结论，即使把正规军和非正规军都算上，他还是没有足够的兵力来抵抗未来的进攻。他预计自己很快就会被击败。他还认为到处都有间谍。他写信给战争部说："我们的敌人有一个可怕的优势，那就是他们在我们中间。在我们的营地里，在我们出兵的地方，都有活跃的游击队员，而这些人实际上是间谍。""不要认为……我夸大了事实。"他给一位平民朋友写道，"未来一片黑暗啊！"⁹

林肯被这番话吓了一跳，火速派他的战争部长西蒙·卡梅伦亲自到路易斯维尔去看看情况有多糟糕。卡梅伦对他的发现感到惊讶。谢尔曼似乎完全陷入了臆想之中。他认为自己需要20万的兵力来对抗邦联军的暴力浪潮。卡梅伦回答说，战争中任何地方都不可能集结这么多兵力。谢尔曼看到了幻影。¹⁰肯塔基州的其他联邦将领认为，邦联的军队人员分布相对稀疏，组织不善。出席卡梅伦和谢尔曼会面现场的人对这位将军极度亢奋的状态颇为不解——他看起来好像是疯了。回到华盛顿后，林肯开始收到军界和政界人士的来信，他们对谢尔曼的"极度沮丧和体力耗竭状况"很是担忧。¹¹

在接下来的几个星期里，谢尔曼的妄想症越来越严重，他的精神状态每况愈下。他喝酒多，吃饭少，①头痛，犯哮喘，喋喋不休，似乎听不进别人的话。他不停地抽雪茄，在地板上踱来踱

① 谢尔曼不像格兰特那样有长期饮酒问题。在这段时间里，他喝得比平时多一些，这是个例外。

去。他死守在办公桌旁，沉迷于写便条、写信件，给人解释事情有多糟糕。他在一封写给弟弟的信中荒谬地坚持说：敌军与自己的人数比是5∶1。他能在电报室一直待到凌晨3点，就为了等他认为的一定会来的坏消息，然后回到旅馆，在走廊里来来回回地走到天亮。[12]《纽约先驱报》的亨利·维拉德写道：他行为异常，以至于"宾馆的客人和雇员都注意到了，并对此议论不已"。"他奇怪的行为引发了流言蜚语，很快就有人私下说他患有抑郁症。"[13]

最高司令部也注意到了。战争部助理部长托马斯·A.司各特认为"谢尔曼的脑袋出了问题，他疯了"。西部战区总司令亨利·哈勒克将军告诉当时的联邦军总司令乔治·麦克莱伦，谢尔曼的"辛劳和焦虑彻底破坏了他的身体和精力，他现在完全不能胜任任何工作"。[14]1861年11月8日，谢尔曼被解除了指挥职务，被扔到圣路易斯一个不起眼的岗位上。① 谢尔曼认为自己的行为——听起来很像躁郁症双相障碍——毁了自己的军旅生涯。他后来告诉妻子说他考虑过自杀。他在兰开斯特的家里休了3个星期的假。这次，一向难以相处、自私、不好对付的埃伦对他关心备至，给了他充分的怜爱、支持和同情。[15]

这是件好事，因为从某些方面来看，最坏的事情还没有到来。就在谢尔曼开始试着冷静的时候，媒体上出现了关于导致他

---

① 麦克莱伦将很快证明，他也非常善于创造不存在的敌军军团。几个月后，他就会抱怨他缺乏兵力来对付这些假想的对手，但他性格的这些方面尚不为人所知。

被解除指挥权的"精神失常"的报道。12月11日,《辛辛那提商报》刊印了一个标题:威廉·特库姆塞·谢尔曼将军疯了。该报把他描述成了一个"彻头彻尾的疯子",还举了些例子,比如说他疯狂夸大邦联军队的规模;一天之内3次给战争部发电报,请求允许放弃肯塔基州,让军队完全撤退到印第安纳州去;下达的命令明显荒谬,以至于他的军官们拒绝服从。[16]其他报纸闻到了血腥味,纷纷效仿。很快,这个国家人人都在谈论谢尔曼是否疯了。他的朋友们出来为他辩护。强大的尤因家族以打官司做威胁,并资助了一场公关活动跟报纸对战。埃伦和她的父亲托马斯·尤因私下去见了林肯总统,想说服他相信谢尔曼是军队阴谋的受害者。亨利·哈勒克——没人觉得他是个忠诚的盟友,但他实际上支持并维护了他西点军校的老朋友。不过,他也无法消除谢尔曼名誉受到的损害。

在埃伦的精心护理下,谢尔曼很快就康复了。在他被降职7个星期后,哈勒克给了他一个新任务:为冉冉升起的新星尤利西斯·S.格兰特负责后勤工作。谢尔曼虽然深受负面宣传的伤害,但确实又找回了往日那个无忧无虑的自己。尽管如此,他还是应该被革职,或者被送出战争舞台等待永不再来的命令——这是许多无能的联邦将领的最终命运。不仅哈勒克支持他,格兰特也很快就让他负责一个师。格兰特喜欢谢尔曼直率的作风,不相信"谣言工厂"对他的污蔑——因为格兰特自己也常常深受其害。格兰特的慷慨行为标志着谢尔曼事业的重生,也标志着两个人的漫长友谊的开端，而大多数美国人认为他们俩一个是酒鬼、一个是疯子。

从那一刻起，谢尔曼的事业就与格兰特的事业息息相关。格兰特越了解谢尔曼，就越欣赏和信任他。而谢尔曼的命运也随着格兰特进入其战争生涯的高潮部分而渐入佳境。格兰特把他放在公众面前，提拔他，让他出名。谢尔曼则以爱戴和忠诚回应。在他眼中，格兰特自信、果断、目标明确，从战略高度构想了这场战争，并相信自己知道如何赢得战争——这些都是谢尔曼本人在肯塔基州所缺乏的品质。

但这个看似简单的有关成功与救赎的故事却有一些值得注意的缺陷——谢尔曼作为格兰特手下的指挥官，在几场重要战役中犯下了重大错误。虽然作为战区指挥官，谢尔曼确实有一定的能力，但他的状态却极不稳定，他铸成的错误对他的军队来说是无法承受的。但这些失误并没有阻止他像乘着火箭一样晋升到军队高层。怎么会这样呢？简单的答案是，格兰特对胜利的憧憬中是包括他的门徒威廉·特库姆塞·谢尔曼的，其他人的想法根本不重要。

1862年，谢尔曼在夏洛第一次失利，这几乎导致庞大的联邦军队在内战中最重要的战役中失败。4月5日，一支约有4万人的邦联军在不引人注意的情况下，向田纳西州西南部行军，到了距一支联邦军不到2英里（约3.2千米）的地方。联邦军队由尤利西斯·格兰特指挥。威廉·特库姆塞·谢尔曼指挥的师负责保护它最容易受攻击的一个侧翼。一支像一座小城市人口规模那么大的军队，带着几英里长的补给列车，赶上一支规模更大的军队的可能性微乎其微。而事实正是如此。谢尔曼既没有设立纠察队去防御，也没有派出巡逻队去调查，还忽视了自己的骑兵在离自己防线几英里的地方与敌人的多次交锋。他忽视了自己的军官关于前线叛乱活动的报告——树林里已经到处都是邦联骑兵和邦联纠察队了。他对手下一位看到邦联军在行动并认为那是一支大部队的军官不耐烦地说："我亲爱的先生，他们不可能想在我们的作战基地攻击我们，这仅仅是一场小规模的战斗。"尽管谢尔曼在战斗开始后表现得十分出色，尽管联邦军在夏洛战役中最终获得了胜利，但他和格兰特都应该为这次令人震惊的侦察失败而负责。后来，格兰特因此受到媒体的猛烈抨击，而谢尔曼却奇迹般地幸免于难。因为格兰特没法就谢尔曼犯了和自己一样的错误而批评他，所以谢尔曼又被提升了，这次是提升至少将。

谢尔曼的第二次失败，严格来说是出于战术错误。在格兰特的代表作——维克斯堡战役中，作为格兰特的3个兵团指挥官之一，谢尔曼下令对一支规模小得多的邦联兵团进行错误的正面攻击。结果，他的部下被杀，部队被击退。谢尔曼被失败搞得不知所措，确信记者们会再次攻击他。

而记者也没有让他"失望"，他们把肯塔基州的故事又翻了出来，《辛辛那提公报》甚至还转载了一篇不实的报道，说谢尔曼"窝在他的指挥室里，完全疯了"。[17]谢尔曼徒然摸索着挽回败局的方法。他下令发动新的袭击，后来又取消了命令。他很快就放弃了。在维克斯堡战役中，他再也没有机会弥补自己犯下的错误，他的部队竟然离奇地缺席了主要战役。作为内战中成功且具有影响力的联邦主要指挥官之一，谢尔曼的战绩介于糟糕和平庸之间。

谢尔曼最糟糕的战术出现在格兰特另一次辉煌胜利之时——查塔努加战役。为了沿着一个被称为传教士岭的高地进攻邦联军阵地，格兰特派出了3支完整的军队：左翼是谢尔曼，中间是乔治·H.托马斯，右翼是约瑟夫·胡克。原计划是让托马斯在邦联中心佯攻，而谢尔曼的田纳西军则在山脊北端攻击邦联军。在格兰特的指挥下，谢尔曼将成为这部戏的主要演员，他会掀翻邦联军侧翼，一举走向胜利。这一切都取决于他和他的1.7万名士兵。

谢尔曼在各级指挥中的表现都很糟糕。他曾错失了进攻的黄金时机，而且犯下的侦察错误更多——包括使他的军队灾难性地偏离阵地——在调动部队方面表现出令人费解的迟钝，还命令其部队去保卫一个不相干的阵地，这被一位参战的同时代的历史学家称为"一个惊人的错误……导致整个攻打布拉格的行动彻底失败了"。

第二天，谢尔曼迟迟不发动进攻，导致联合进攻失败。除了造成数千名联邦军工兵伤亡外，他什么都没有干成。一般的历史共识是：谢尔曼在传教士岭的失败是内战中最糟糕的战斗表现。

他与乔治·H.托马斯领导下的联军在上坡时发动的壮观进攻毫无关联。

而人们从来没有听说过有关谢尔曼失败的故事，正如一位同时代的观察家所说，谢尔曼的失败"被厚厚的官方报告和误导性的历史所掩盖"。[18]格兰特撒了谎，在他的官方报告中说，邦联分子急于阻止谢尔曼，结果削弱了他们的中心地位，让托马斯获得了成功。这完全是一派胡言。谢尔曼配合他上司的错误分析，余生一直歪曲作战计划。他后来说传教士岭战役"是一场伟大的胜利——是我参加过的最简单利索的战役"。[19]这确实是一场伟大的胜利。在这一点上，他没撒谎。

第17章 来自地狱的道德家

威廉·特库姆塞·谢尔曼对人类历史的贡献与其说是战斗能力，不如说是他的思考能力，以及他非凡的写作能力。他所思考的是战争的意义。这看起来很简单，但实际上并非如此。全体国民对这场战争的体验发生了根本性的变化。现在，他们正在和南方人展开一场残酷的且具毁灭性的战争。战俘交换是战争中为数不多的文明公约之一，但自1863年夏天以来，这条"文明公约"却一直处于暂停履行状态。现在，南北双方的俘虏都在敌军的战俘营里，或在受苦，或已牺牲。在密苏里州和其他地方，联邦民兵横行霸道，蹂躏平民；而邦联游击队也在乡间无人管治的地方无法无天，肆意妄为。随着生活和战争变得更加令人绝望，仇恨也与日俱增，双方都在寻求一个最基本的问题的答案：谁来为流过的鲜血和被蹂躏的世界承担责任？谁来对越来越残酷、越来越冷血的战争负责？

随着军事生涯的发展，谢尔曼开始考虑这个问题。他的思想和他在军队的亲身经历使他形成了一种战争理论：谁引发了战争？为什么要打仗？谁在打仗？如何才能阻止战争？然后，他在长达1年的时间里，通过大量信件、备忘录和官方文件写出了这一理论，还给出了原则、建议、故事和历史分析。他从道德视角看战争，并把自己的观点和别人分享——不管是南方人还是北方人。同时，他也表达了自己的信仰。你阻止不了他表达观点。谢尔曼在发展自己的理论的同时，也把自己变成了破坏性战争最臭名昭著的支持者。[1]

但是，使他与众不同的，与其说是他的焚烧行动，不如说是他为自己的行为解释和辩护的永不满足的需要。[2] 除他之外，北方其他握有权力的人物都不这样想。他不遗余力地向人们解释他的想法，从上了年纪的南方寡妇到南方小镇的镇长、当地市民团体、国会议员和参议员、内阁秘书，甚至亚伯拉罕·林肯。他向任何对他提问的人进行解释，也向许许多多压根没有问过他的人解释。

如果说谢尔曼在邦联有一个旗鼓相当的对手的话，那个人就是杰斐逊·戴维斯总统，这个对州权利狂热的信徒为他的人民提供了一个相反的例证。戴维斯相信简单而重要的事实：他的北方敌人是野蛮的、不虔诚的、不诚实的、残忍的及为权力而疯狂的。用一句话来讲，就是《圣经》中所说的邪恶。因此，这场战争是一场打击邪恶的战争，是为了反抗来自北方的"野蛮敌人"——因为他们肆意践踏这个国家，而他们自己却被独裁统治所奴役。戴维斯在密西西比州杰克逊市的一次演讲中说：他们"下定决心要把在南方的北方佬军队赶出去"。[3] 联邦军是掠夺者，并不比哥特人好到哪儿去。他后来提醒邦联国会，"侵略者一再制造的暴行"包括：

掠夺和毁坏平民的财产，毁坏私人住宅，甚至毁坏敬拜上帝的建筑物，专门为洗劫城市而组织远征，把城市付之一炬，杀害手无寸铁的居民，对妇女和儿童施加可怕的暴行。[4]

戴维斯传递的信息并不难理解：为了战胜汹涌而来的不敬上帝的恐怖，南方必须准备好牺牲一切。"我们要么灭绝，要么独立。"他勇敢地宣称，为了捍卫信仰，宁可牺牲所有同胞。[5]如果他的愿景是冷酷的、坚定的、极其自以为是的，那他的优点至少是清晰明了的。

谢尔曼的想法完全不同。他认为，南方对自己的苦难负有全部责任。北方到处都是仁慈、宽宏大量的人，并且随时准备向人展示这些特质。

谢尔曼的思想直接源于他的战时经历，其中最重要的一次发生在田纳西州的孟菲斯。1862年7月，他在那里被任命为军事总督。他的工作是安抚这个地区，让6月加入联邦的这座城市连同它的2.3万名居民恢复正常。他几乎马上就要成功了。他颁布了源源不断的命令、规则和规章——他是一个非凡的文字制作者——他恢复了商业的运转，整理了这座城市的法律和会计系统，处理了大量的逃亡奴隶，并遏制了走私行动。做普通市民时，他屡屡失败，但现在，他是能干的市民生活管理者。[6]

可是，他在对付城外的游击队方面却没有那么成功。该地区到处都是邦联的游击队，他们不停地骚扰、攻击密西西比河上的联邦巡逻队、当地联邦成员和联邦船只，而且打了就跑。邦联游击队烧毁桥梁，扰乱贸易。当谢尔曼的军队试图追击他们时，他们就像其他南方各地的游击队一样，消失在乡下，回到他们自己的家里，过着表面上正常的生活。谢尔曼以前从未见过这种战术，因此怒不可遏。整个乡村似乎都在和他斗争。在与孟菲斯人打交道时，他也很惊讶怎么有那么多人积极帮衬邦联军。

这使他改变了想法。

战争开始时，北方人普遍认为南方平民在战争问题上有分歧，其中许多人——尤其是在最北部的南方几个州的人，是被玩火的政客们拖入其中的。因此，在战争早期，北方的指挥官试图保护平民。在第一次布尔溪战役之后，谢尔曼被他的军队的掠夺行为吓坏了，随即下达了严格的命令——禁止士兵染指南方平民和他们的财产。和大多数指挥官一样，他在军事和民用领域之间划出了严格的界限。

但现在在孟菲斯，谢尔曼认为这样的界限只存在于他的脑海中。在他抵达后不久，游击队袭击了他的一辆补给列车。由于抓不到人，他下令逮捕了25名"附近杰出的人"。这些人在拉格兰奇镇被围捕，并被运往田纳西州哥伦比亚的一所监狱。对谢尔曼来说，这25个人中是否有人有罪并不重要。他会让整个社区负起责任。他在致财政部长萨蒙·蔡斯的信中明确地表达了这一新思路：

我们现在正在进行的这场战争，由于一方相信另一方不是敌人而变得复杂起来。如果当初不犯这个错误就好了；再被它误导下去可不行。美国政府现在可以按照适当的规则——南方人全部都是北方人的敌人——安全行事；他们不仅不友好，而且现在所有拿到武器的人都把自己当作有组织的兵团或游击队的一员。田纳西州没有一个人可以越过卫戍区的界线而不被射杀或俘虏。[7]

这种想法出现在谢尔曼从孟菲斯发出的大量信件中。"现在，所有人都可能是游击队员。"他告诉格兰特。他告诉亨利·哈勒克说："除了让邻居们负起全部责任外，没有其他办法可以处理这场伏击事件。"[8]他在给他的兄弟、俄亥俄州参议员约翰·谢尔曼的信中写道："他们所有人现在都武装起来，处于战争状态。你可能听说过在里士满或查塔努加有庞大的军队……这里到处都是游击队，每个游击队都有数百人。"[9]

对谢尔曼来说，密西西比河上不断发生的联邦航运遭袭事件就是最好的证据。1862年9月，游击队在田纳西州伦道夫镇附近向一艘载有平民乘客和货物的联邦邮轮开火。在孟菲斯附近的谢尔曼没有费力去调查这次袭击，也没找谁定罪，而是下令摧毁这座城镇。伦道夫镇被烧毁后——仅留下一座建筑物作为谢尔曼德拉古式政策的纪念物——他下令：每当联邦有一艘船受到攻击，就会有10个家庭遭到驱逐。谢尔曼喜欢把减少人口当作惩罚。到1862年10月，40多人因此被驱逐，他们被迫离开他们赖以生存的土地和生计，用马车运载走他们能带走的所有东西。[10]军事指挥官以前从未发出过这样的命令。

伦道夫镇受到的破坏震惊了孟菲斯和整个南部。北方人也怀疑这样对待普通公民是否真有必要。谢尔曼收到许多信件抗议他的行为。写信的有市民，也有愤怒的南方邦联官员，他们对他进行军事道德教育。当孟菲斯的A.P.弗雷泽小姐写信指责他的政策"不人道"时，他给她回信：

> 到了事情清算的时候，我们将看到什么是残忍。你们的游击队带着妇女和儿童在船上发射炮弹和子弹，在妇女和儿童睡觉的时候纵火焚烧……从事这种恶行的人的家庭不可以在美国国旗飘扬的地方和平生活。[11]

他不仅相信他在伦道夫镇的行动是正确的，而且认为同样的模式可以成功地应用到被游击队干扰的密西西比河流域的"南方的每一个城市、小镇和村庄"。[12]他坚持说，旧式战争已经行不通了。他还扩展了这一严厉的新制度，鼓励"官方自主"觅食——强行从当地居民手中夺走食物、猪、马、树林、木材和其他物品，以供联邦军使用。华盛顿没有人试图撤销谢尔曼的命令。

尽管如此，他仍不遗余力地向孟菲斯的居民澄清，如果他们承认自己战败了，接受他的军政府的统治，并准备再次以明智的美国公民的身份过日子，那么他愿意和善、慷慨、宽容地与他们合作。他恢复了地方法院的管辖权，让法院自己负责仲裁合同和惩罚犯罪。在给孟菲斯市长的一封信中，他还指出（这也一定让市民感到震惊）："所有居住在我军防线内的孟菲斯人都被认为是忠诚、善良的公民，随时可能被要求向陪审团或其他公务员队伍提供服务。"[13]

他一直提醒指控他的人，一支军队可以烧毁他们的城镇，永远流放他们；也可以是体面的、有益的，甚至会保护他们。在写给《孟菲斯公报》编辑的一封长长的公开信中，他表达了他反对个别士兵的掠夺行为的看法。他觉得"我们的士兵做了无异于偷窃的行为，感到羞耻"，并发誓"要在法律和秩序的限度内对其给予最严厉的惩罚"。然而，一如往常，棍棒就在仁慈的背后等待着。谢尔曼还说，如果孟菲斯的好公民想嘲弄或侮辱"我们的国家或我们的事业"，或"蔑视国旗这一国家无声的象征，*那我就不会特意去保护他们以及他们的财产*"（斜体字为作者补充）。[14]

联邦在维克斯堡获胜后，他的思想再次发生转变。1863年7月9日，谢尔曼的军队抵达密西西比州的杰克逊市，炮轰了该市，并赶走了由约瑟夫·E.约翰斯顿领导的邦联军。他们在维克斯堡战役大获全胜，一支庞大的邦联军队伍被俘虏，州首府落在了联邦军手中。但现在发生了一些其他的事情，这些事情与那年早些时候在突袭维克斯堡前对杰克逊市的突袭有很大不同。谢尔

曼现在把他的士兵分成工作小组，命令他们在城市周围 15 英里
（约 24.1 千米）宽的范围内散开。他的命令是：摧毁邦联所有具
有经济价值或军事价值的东西，从轧棉厂到猪和玉米。这些人做
得十分彻底，他们并不总是遵守谢尔曼"没有命令不准焚烧住宅
或大型建筑、不为自己掠夺"的规定。[15]

　　人们再一次感到震惊，而谢尔曼又一次为自己辩护。他的行
动产生了实际效果，这对南方那些傲慢自负的种植园主们是一个
深刻的教训，他们过于着急摆脱他们不喜欢的政府。谢尔曼将
让他们看到没有政府、没有司法系统和法治提供正常保护的世界
是什么样子的。他认为，南方选择了叛乱行为，就意味着选择在
一个暴力和权力肆意妄为的世界中冒险。[16]当南方人抗议他们的
财产遭到了破坏时，他用严厉的言辞解释了财产权的起源。他
在给密西西比州沃伦县的一个公民团体主席的长信中写道："你
必须先建立一个政府，然后才能拥有财产。""没有政府就没有
财产。"他说，南方需要理解"美国政府是地球上唯一能确保生
命、财产和名誉得到保护的力量"。[17]

　　1864 年 2 到 3 月，在一次长达 1 个月的类似向海上进军的军
事演习行动中，谢尔曼终于把所想的一切都付诸了实践。他请求
并得到了格兰特的批准，从西到东穿过密西西比州，从维克斯堡
到达默里迪恩铁路中心，全程长 130 英里（约 209.2 千米）。这次
行军与以往任何一次都不同。联邦军将第一次进行没有补给线的
行动。谢尔曼在维克斯堡战役中吸取了相关的教训——当时格兰

特的军队被切断补给线长达2个星期。[18]谢尔曼将带领2万人的军队，在7000名骑兵的掩护下，轻装上阵，完全自给自足。这是联邦军第一次接到明确的命令——要进行破坏，毁坏铁路、烧毁庄稼。士兵们奉命只给平民留下仅够维生的东西。在他们横穿该州时，毁灭的区域有50英里（约80.5千米）宽。

在谢尔曼的默里迪恩战役之前，格兰特和他的幕僚们认为掠夺食物或破坏财物是战场的延伸，是直接伤害敌方军队的一种方式，例如在维克斯堡夺取敌人的补给。但这次行军有着故意惩罚的意思，不仅针对游击队，而且针对窝藏游击队的人。另外，这次行军还有一个目的，那就是掠夺土地——这样，它就既不能帮助游击队，也不能资助军队。其结果就是：像内森·贝德福德·福雷斯特这样的骑兵突击队员找不到吃的东西。对敌对市民的新威胁是彻底"吃掉"他们的国家，不留一点食物或饲料给他们和他们的牲畜。同时，大规模地解放奴隶也对当地经济造成了巨大的破坏，大概有8000名奴隶获得了解放，这些男男女女、老老少少，或步行，或坐牛车，或骑着马和骡子。[19]谢尔曼的最终目标是：摧毁敌人继续战斗的能力和意志，损耗他们的精神。正如谢尔曼在战斗开始前写给他的兄弟的信中所说："现在是北方人了解真相的时候了：整个南方——男人、女人和孩子都武装起来，坚决反对我们。"

当联邦军到达默里迪恩时，士兵们或破坏或摧毁了他们经手的一切。这场战役的一个特点是用火加热铁轨，再把铁轨环缠在树上。这些铁环最终散布在密西西比州、佐治亚州和南北卡罗来纳州，后来被称为"谢尔曼绞索"。它们象征着一种新型的军事胜利。因为这种胜利不需要通过两支军队在战场上作战获得，所以谢尔曼显然更喜欢这种战斗方式——他讨厌在战斗中浪费人力。

谢尔曼深深地意识到默里迪恩战役将彻底改变战争的性质。他预料到这会引起关注，所以按照惯例不遗余力地为自己的所作所为进行辩解。在出征前夕，他给亚拉巴马州亨茨维尔的一名参谋写了一封长信，打算把这封信作为一份重要的战争政策声明和致其下属的攻坚指南。这将很快成为这个国家事实上的战争政策。他写这封信，就像他之前写很多信一样，是想把它刊登在北方的报纸上。《纽约时报》刊登了他的信，并附上评论："我们的读者在仔细阅读之后，将会比以往更了解这位密西西比战区司令的脾气和性格。"[20] 他们确实会更了解。这封信经常被引用为典型的反南方宣言。但谢尔曼的目的远比这更复杂。

他精心设计的辞藻值得密切关注。他首先列举了一个严酷的历史先例，为他着手将敌对的南方的产业主赶出他们的土地以及驱逐出境做好铺垫。他写道：17世纪，在英国君主威廉和玛丽联合统治时期，"英国军队占领了处于抵抗状态的爱尔兰，他们实际上是把居民们赶往外国，剥夺了其财产并引进新的人口"。在谢尔曼看来，这个庞大而可怕的置换人口计划似乎是一个实用性非常高的主意。"没有人会否认，如果赶走一个固执、有偏见、头脑冷静、不忠的种植园主，用十几个或更多耐心、勤劳、善良的家庭代替他们——即使这些人是在外国出生的，那么美国也会因此大受裨益。如果（南方人）想要一直打下去，那么好吧，我们会奉陪到底，直至赶走他们，让我们的朋友来占有他们的财产。"[21]谢尔曼认为这样的解决方案是合理的；这是令人震惊的举措，用传统的美国术语来说，它的严酷程度是常人难以想象的。

但他才刚刚开始。他断言，由于南方人的叛乱，他们已经丧失了所有的权利和受到体面对待的可能。"3年前，只要稍加思考和略有耐心，他们就享有100年的和平与繁荣，但他们更喜欢战争；去年，他们本可以保住他们的奴隶，但现在已经太晚了——集中世界上所有的力量都不能保住他们的奴隶，就像他们无法唤回死去的祖父一样；明年，他们的土地会被夺走，因为我们要在战争中以正当的理由夺走它们；再过1年，他们可能会不得不卑微地乞求苟延残喘的机会。"北方还没有人说过这样的话，还没有人听过这种残酷、直白、坚定的话语。谢尔曼情绪激昂，说教能力达到巅峰。在北方的战争理论家中，他一枝独秀。

尽管有这些可怕的威胁，但这封信的目的是表现联邦政府的宽宏大量、不计前嫌、忍耐克制、高度可靠。他为没收房屋制定了严格的标准。虽然他声称联邦有权占领仓库、医院、粮食、马、磨坊、饲料和货车，以及"所有被邪恶的人遗弃的房屋"，但也声称会保证非战斗人员拥有的任何房屋的安全，保障妇女、儿童和那些坚持"平常生意"的人的安全。他坚持认为体面人就要被体面地对待，就像他在孟菲斯所做的那样。

然后，他问出只有胜利者才会提出的问题："我们是否应该把南方所有与我们观点不同或者有偏见的人当作绝对的敌人来杀死或驱逐？或者，我们应该给他们时间思考，逐步改变他们的行为，以符合世界的新秩序吗？"

答案是后者，他特别强调。谢尔曼是个有耐心的人。他还没有让南方人选择忠诚宣誓或被驱逐。"基于这一信念，在替我们政府维护最高军事特权的同时，我愿意耐心地忍受奴隶制、国家权利、良心自由、新闻自由和其他类似垃圾的政治呓语，就是这些话欺骗了南方人民，让他们陷入了战争、无政府状态和流血冲突，还有那些在任何时候使任何人蒙羞的肮脏的罪行中。"

谢尔曼用《圣经》中的火焰和硫黄以及关于宽大的建议来结束这封信：

对于那些服从正当的法律和权威的人给予温柔和宽容，但是对于那些任性的顽固的分离主义者来说，死亡是仁慈的，他或她被处置得越快越好。撒旦和那些叛逆的天堂圣徒被允许在地狱里继续存在，只是为了延伸正义对他们的惩罚。对于那些反抗一个如此温和而公正的政府的人来说，同等的惩罚不会是不公正的。

这是一种全新的思维方式。

第18章 比利叔叔的时时刻刻

　　1864年9月2日，威廉·特库姆塞·谢尔曼攻占亚特兰大，成了历史聚光灯下的主角。之前的失败和厄运已是过眼云烟。虽然他在亚特兰大战役中的表现不尽如人意，数次错过挫败邦联军的机会，还在肯纳索山发动了一次代价高昂、方向错误的正面进攻，但他的战略胜利是毋庸置疑的。他夺取了邦联的要塞之一，使他的军队成为深入南方腹地的最重要的军事力量。人们以前把他看作"一个所有螺丝都有点松的华丽机器"，现在则是一个不折不扣的天才。[1]他的名气太大，以至于需要助手帮他整理粉丝邮件和签名请求。

　　他被霍勒斯·波特中校——格兰特派往亚特兰大以帮助他准备下一阶段进攻的军官——描述为关注焦点。波特于9月20日来到谢尔曼的总部，满怀好奇地去见他。他从格兰特那里听说过很多关于谢尔曼的事情，知道谢尔曼的士兵都称其为"比利叔叔"。当波特遇到44岁的"亚特兰大的征服者"时，将军正站在门廊，靠着扶手椅看报纸。他衣衫破旧，上衣的扣子开着，黑色毡帽扣在额头上，脚上穿着一双破烂的拖鞋。尽管如此，波特仍肃然起敬。他回忆说，谢尔曼"正值壮年，身体健康……他高大魁梧，憔悴，长着一双灵活的淡褐色眼睛，鹰钩鼻，古铜色的脸上长着整洁的胡须，他看起来就像是一场‘残酷的战争’”。[2]

将军开始说话时，他脸上的严峻消失了。一如既往，他说话的时候从一个话题跳到另一个话题：从就更大规模的战争展开热烈讨论到他认为格兰特在莽原之役中向左翼进军是“其一生中最伟大的行动”，再到他对林肯的感激之情，以及在亚特兰大沦陷后格兰特给他的信。谢尔曼一直变换着话题。正如波特的描述：

他两次从椅子上站起来，又坐了下去，把报纸拧成各种各样的形状；时不时地把一只脚先从拖鞋里抽出来，然后是另一只脚；接着伸腿——这样就可以重新穿上拖鞋；那些生硬的话和警句，就像机关枪的枪声一样迅速地从他嘴里蹦出来，有一种特殊的活力。我很快就意识到：他是这场战争中引人注目、生动的人物之一。[3]

谢尔曼在杰克逊、孟菲斯以及默里迪恩作战进军时所采取的严厉行动，使南方人民又惊又惧。现在，他们则又添了新的恐惧——被打破预期，这是谢尔曼最擅长的事情。9月8日，谢尔曼下令将亚特兰大市的所有平民驱逐出境。他不想养他们，也不想关照他们，因为他要摧毁建筑物，为城市建造新的防御工事。

他还想杀一儆百。“我知道南方人会从这项措施中看到两个重要结论。”他在信中写道，“一、我们是认真的；二、如果他们真心想‘奋战到死’，那么这个机会很快就会到来。”居民们必须在5天内离开。谢尔曼安排了火车帮他们出城。尽管该市2.2万人中的大部分已经逃离，但705名成年人、860名儿童和79名奴隶也被迫清出。（驱逐意味着那些已经离开的人再也没有机会回到自己的家园。）

他的命令立即引起了邦联政府的抗议。放弃这座城市的约翰·贝尔·胡德将军在一封公开信中写道：谢尔曼的命令"以其无法想象的残忍程度超越了先前在黑暗的战争历史上所有引人注目的行为"。谢尔曼回击称胡德和其他邦联领导人首先发动了战争，而且胡德本人"烧毁了住宅，因为它们阻挡了你的堡垒和军队"。[4]

谢尔曼还收到了亚特兰大市长和两名市议员措辞严厉的请愿书。他们指出，这种不人道的命令在这个国家的历史上前所未闻。"这些无助的人做了什么？"他们问道，"他们要被赶出自己的家园，成为四处流浪的异乡人，离乡背井，无家可归，难道要靠慈善救助维持生计？"[5]

谢尔曼给市长的答复信成了这场战争的著名的公开声明之一。他首先论证了他所做的一切在军事上的必要性。然后，他转向了一种更为坚定的推理方式："您无法用更严酷的条件来主掌战争，但我可以，也将这么做。战争是残酷的，你无法改变它……抗议这些可怕的战争苦难是无用之举。它们是不可避免的。"在他看来，这是不可避免的，因为南方首先犯下了引发战争的灾难性错误：

能够让亚特兰大人民再次获得和平、安宁的生活的唯一办法是停止战争，只有承认自己错误地引发了战争，承认这种做法是傲慢的延续，才能真正停止战争。我们不想要你们的黑人、你们的马匹、你们的房子、你们的土地——任何你们拥有的东西，只想要你们公正地服从美国的法律。如果它涉及破坏你们所取得的进步，那我们也无能为力。[6]

但是，谢尔曼一边鼓吹联邦的权力，一边伸出了橄榄枝。正如谢尔曼告诉孟菲斯市民的那样，善良和温柔正等待着那些以正确的方式思考问题的南方人：

我想要和平，我相信现在只有通过团结和战争才能实现和平，我将为了早日取得成功而发动战争。但是，我亲爱的先生们，当和平来临的时候，你们可以要求我做任何事。然后我将和你们分享最后一个爆竹，和你们一起保护你们的家庭免受危险（斜体字为作者所加）。[7]

他这番话是认真的。此前，他曾给佐治亚州州长乔·布朗提供了一张自由出入该州的通行证，条件是该州居民愿意停止战斗（该州长以与里士满意见不一致而闻名）。谢尔曼用惠特曼式的散文结束了他的信，尽管它抑扬顿挫、诗意盎然，但在大多数人看来，这掩盖不了事情本身的可怕。他直接对被驱逐出境的人说：

现在，你们必须得走了，带上年老的和虚弱的人；让他们吃饱，照顾他们，在更安静的地方为他们建造适当的住所，保护他们不受天气的影响，直到人们疯狂的激情冷却下来，团结与和平再次降临你们在亚特兰大的家里的时候。[8]

谢尔曼的威胁并没有随着一个大工业城市的人口减少而结束。9月，胡德带着被击败的邦联军从亚特兰大的外围撤军，向西北行进。谢尔曼担心自己补给线的安全，并且认为不能让一支南方军队在南方自由行进，于是开始追捕胡德。但他没能抓住胡德。邦联军——包括杰出的内森·贝德福德·福雷斯特的手下——高效地攻击铁路和货车列车。谢尔曼阻止不了他们。他烦恼，忧虑，无计可施。更糟糕的是，随着他的军队节节败退，他现在"为了同一块土地战斗了2次"。

10月中旬，他被迫远离亚特兰大向后撤退了100英里（约160.9千米）。他已经受够了，因此，他提出了一个全新的计划。这个计划如此激进，堪称史无前例，似乎不切实际，以至于几乎所有在联邦军事体系中举足轻重的人——包括格兰特、陆军总司令亨利·哈勒克——甚至是谢尔曼的下属乔治·H.托马斯都反对这一计划。他们都认为，谢尔曼的下一步行动必须是西进，追捕胡德，并寻找不断破坏联邦物资运输的骑兵和游击队。胡德的军队仍在全力奋战，福雷斯特的骑兵和以前一样致命——他们都必须得到妥善处理，不是吗？

谢尔曼的回答是"不",这让人觉得不可思议。谢尔曼对格兰特说:"我认为追捕胡德毫无用处。"胡德和他的军队并不重要。于是,他放弃了追击。这是内战中第一次有将军这么做——一个大型部队的得胜将军主动放弃追击一支被击溃的部队的残部。为了消除联邦智囊团的担忧,谢尔曼同意向田纳西州的乔治·托马斯增派军队——因为他们可能需要担心约翰·贝尔·胡德的袭击。

另外,谢尔曼将放弃包括他自己在内的最高司令部成员一直担心的东西:他的从亚特兰大一直延伸到田纳西州的补给线。他不仅要抛弃它,还要摧毁它、彻底破坏它,使之无法重建。他会故意切断军队的一切惯常的物资来源。福雷斯特可以破坏所有他想破坏的火车轨道。

同时,这也是他整个计划中最具革命性的部分——他将放弃亚特兰大。他不会在那里留下任何重要的驻军,因为占领亚特兰大也不重要。

他的重点是向南方展示不受约束的军事力量。他认为1864年末战争中最重要的影响因素是南方的不屈意志,而他打算打击这种意志。正如他所说,他希望"使其居民觉得战争和个人毁灭是同义词"。[9]这也许是谢尔曼的设想中最明晰的一句话,也是对内战的本质发生变化的最好总结。

为此,他提议从亚特兰大向东南方向行进250英里(约402.3千米),到沿海城市萨凡纳,就地取材,自我供养,并摧毁路上一切有军事价值的东西——从工厂到家养的鸡，就像他在默里迪恩战役中所做的那样。他在给格兰特的信中说：

如果我们能让一支装备精良的军队穿过敌人的领土，这会向全世界——无论是国内还是国外——证明我们拥有戴维斯无法抵御的力量。这也许不是战争，而是一种政治家风范。而且，在我看来，在国外和南方有成千上万的人都会这样认为：如果北方能让一支军队穿过南方，那将有力证明北方能够在这场战争中获胜。

他想向世人证明，邦联的硬壳之下是一片空虚：精疲力竭的军队在广阔的地域上稀疏地铺展开来，农场由妇女和老人经营，只有大批奴隶在劳作。但是胡德的一举一动都让谢尔曼无法安心。[10] 按照谢尔曼的说法，整个邦联现在都不得不警惕谢尔曼了。他下一步会进攻哪里？梅肯？奥古斯塔？萨凡纳？亚拉巴马的城市？他打算如何对付驻扎在佐治亚州乡村的无人抵抗的6万士兵？

虽然不是很赞同，但格兰特最终还是勉强同意了谢尔曼的计划。你几乎可以从他11月2日写给他冒进的门生的信中听出他的叹息："我觉得你如果不放弃我们在这片领土上所获得的一切，就不可能从追剿胡德的地方成功撤退。不管怎么说，按你的想法去做吧。"这个想法纯粹是谢尔曼的，但是，完全理解和接受它、做出了改变战争结局的决定的人是格兰特。

当准备向海洋进军时，谢尔曼把亚特兰大烧成了灰烬。

或者，至少几代亲南方的历史学家都想让你相信这一点。任何读过玛格丽特·米切尔的《飘》的人都熟知这个故事。事实上，谢尔曼并没有这样做。他确实有条不紊地摧毁了这座城市存在的巨大的战争潜力：仓库、机器商店、车站、铸造厂和其他工厂。谢尔曼对亚特兰大的工业实力了如指掌。自战争开始以来，联邦军就一直在使用带有亚特兰大原产地标记的枪支、货车和其他各种军事装备。谢尔曼觉得这是对他个人的侮辱。他后来写道：他的军队"一直在与亚特兰大作战"。[11]

但与南方一直以来秉持的观点相左的是，谢尔曼并非烧光了所有的房屋，而是留下了大部分房屋和大多数公共建筑，粗略计算就超过了400座。[12]城市设施被烧毁大部分是由胡德将军的手下造成的。他们先是在守卫这座城市时制造了破坏；之后，他们在撤退时炸毁了80辆货车。最终，这座城市的一半被毁坏了。但很大部分的破坏——尤其是住宅区的，并不是谢尔曼的军队造成的。

不过，谢尔曼的主要目的就是搞破坏，特别是破坏南方发动战争的条件。这是个程度问题。他向萨凡纳进军的目的是消灭路上所遇到的除了私人住宅、居民以及食物和商店这些能够维持他们生存的东西以外的一切。如他对格兰特所说，他特别想"让佐治亚号叫"。他带着6.2万名久经磨炼的老兵驻守在亚特兰大，那些表现糟糕、不守纪律的士兵被剔除了。他的军队是有史以来最优秀的联邦军队，不过比较讽刺的是，这支军队几乎无仗可打。他们的敌人只有8000人，包括南方骑兵、民兵和其他团体。他们可能会骚扰谢尔曼的军队，但在对战中毫无胜算。

谢尔曼把他的部队分成两翼，部署在4条不同的线上，形成了宽度从20英里（约32.2千米）到60英里（约96.7千米）的堆叠队形。谢尔曼的命令——第120号特别命令——非常简短，就是军队将"自主觅食"，以土地的资源为生。禁止士兵进入平民家中——尽管他们可以自行带走居民家里的食物、牲畜和货车。他们被指示"给每个家庭留一份合理的食物来维持生计"。只有军队指挥官才能下令摧毁磨坊、仓库和轧棉厂，以及蓄意烧毁房屋。[13]

然而，现实并没有这么美好。许多房屋被违令烧毁，特别是那些富有的奴隶主的房屋。有些士兵进入私人住宅，掠走了食物和个人财产。士兵们带走的食物军队往往吃不完，而给居民留下的食物却远远不够。妇女和儿童惊恐地看着士兵们"像饿狼一样"成群地进入他们的家。冬天近了，许多居民处于饥饿的边缘。非正规军、官方觅食者（也被称为"流浪者"）和正规的纵队你来我往，使亚特兰大人生活在水深火热之中。联邦和邦联的逃兵、散兵、逃跑的奴隶和投机的平民，都参与了抢劫。邦联骑兵部队——尤其是恶名昭著的约瑟夫·惠勒少将的手下，是一群丧心病狂的劫掠者。[14]

谢尔曼有仇必报。在米利奇维尔镇附近行军时，他的军队来到了豪厄尔·科布的种植园。豪厄尔·科布是佐治亚州前州长、美国众议院议长和财政部长，也是热心的分离主义者。联邦军没收了他的庄稼和食品储备，包括大量的玉米、高粱、豆子、花生和高粱糖饴。如果不是一个上了年纪的黑人奴隶告诉谢尔曼"有伪装成北方佬的邦联军狠狠地殴打了种植园的一些奴隶"，那么联邦入侵的故事就到此为止了。谢尔曼怒不可遏。他允许奴隶和士兵们掠夺科布种植园中他们想要的任何东西，然后下令烧掉整个庄园（从篱笆栏杆到主楼），还把它的附属建筑也都烧成了灰烬。只留下了奴隶宿舍。[15]

他报复的方式变本加厉。当他的几名士兵被撤退的邦联军埋下的地雷炸死时，谢尔曼给出了迅速、明确的反应："这不是战争，而是谋杀，这让我非常愤怒。"他批准了让南方战俘排雷的命令。他在决定将田纳西州的伦道夫镇烧成灰烬时也采用了这样的原则：邦联政府将集体对其成员的行为负责。尽管战俘们恳求谢尔曼不要这样做，但他还是不肯松口。他告诉他们："你们的人把这些地雷埋在那里试图暗杀我们的人……你们必须清除掉它们。"谢尔曼的一名幕僚在日记中写道："即使他们被炸飞了，他也根本不在乎。"[16]这种命令在南方人眼中是残忍和不人道的，在北方却受到拥护。

但是，就像"火烧亚特兰大"一样，谢尔曼"向海洋进军"之旅并不像人们经常描述的那样残酷无情。同情邦联的历史学家声称，虽然报道说有大量房屋被烧毁，但并没有确凿的证据证明这一点。20世纪30年代和50年代的研究得出结论：行军沿线的大多数私人住宅在战后仍然屹立不倒。南方人公开抗议联邦军谋杀白人男子、强奸和虐待白人妇女，然而没有证据证明前者，关于后者的证据也寥寥无几。[17]

另外，无论在南方还是在北方，黑人都受到了虐待，而且像以前一样，大多数的种族暴力事件无人报道。最糟糕的事件也许发生在1864年12月9日。杰斐逊·C.戴维斯少将率领一支联邦军在浮桥上行进，他们穿过一条雨水暴涨的小溪，然后将浮桥拉起，故意让跟着他们的数百名逃亡奴隶滞留在对岸，而这些奴隶正在被南方骑兵追赶。为了摆脱邦联军，数百人试图游到安全的地方，结果许多人溺水身亡。[18]这场悲剧让谢尔曼的部队感到震惊。一位印第安纳州的外科医生写道，如果他有权力，那他会把杰斐逊·C.戴维斯将军"像哈曼一样吊死"。①

谢尔曼也不喜欢越来越多的非裔美国人跟随他的军队。他们是累赘，拖累了他。他需要花费精力照顾他们。他们是联邦和邦联军队种族暴力的受害者，因此必须妥善安置。尽管谢尔曼为一个把一切都押在废除奴隶制上的国家而战，但他在这个问题上还远远做不到开明。他相信白人种族的优越性。他觉得黑人从根本上不如白人，这是"自然规律"。战前，他在南方待了很多年，

---

① 哈曼是《圣经》中以斯帖的主要对手。

吸收了一些南方的传统观点。那些日子，他曾口头支持人类奴役制度，他认为那是"世界上最温和、监管最好的奴隶制度"；他反对解放奴隶，因为他认为这会带来混乱和经济失序。他像南方人一样，喜欢用"黑鬼"这个词，而且他一直这么说。他的信仰部分受到自由主义的影响：他反对隔离黑人家庭，并赞成教黑人读书写字。

他的观点没有改变。1864年7月，在一封写给军队征兵人员的公开信中，他反对征兵时把白人和黑人等同对待的做法，因为他觉得黑人士兵是无用的："把他们作为（征兵）配额的一部分是对我们种族的侮辱。黑鬼不是白人，世上所有的赞美诗都不会使他成为白人。"战争即将结束时，他给一个朋友写了一封信："这样的黑鬼是一个非常优秀的人，但他不适合与我们白人结婚、交往或一起投票。"[19] 必须说，这种态度在北方人中间颇为流行。

更明显的是，尽管联邦军有政策，但他还是断然拒绝在战斗中使用黑人士兵。在这个问题上，他蔑视最高司令部和亚伯拉罕·林肯，几乎到了要分庭抗礼的地步。[20] 在这一点上，他几乎与军队中的所有人都格格不入。到1864年秋天，有超过10万的黑人士兵驻扎在战场上。许多黑人上了战场，但不是在谢尔曼的军队里。谢尔曼军队的黑人士兵只能从事体力劳动，以便白人士兵能够赢得战争。

这些都不干佐治亚州成千上万的奴隶和前奴隶的事。在他们心中，谢尔曼是英雄、救世主和全能的伟人。许多人把他看作《圣经》中的人物，认为他是让他们摆脱奴役的明灯。对他们来说，谢尔曼的行军无异于遵从上帝在人间的旨意。"我很长时间以来一直想向我们的人传递福音，"一个年轻的黑人在12月的一次礼拜上说，"但是法律不允许我那样做。是谢尔曼和他的军队作为上帝手中的工具，分割了奴隶制度的红海，而人们在渡海。"[21] 总的来说，黑人很高兴看到他们的前主人受到惩罚，并且在帮助联邦军确定道路、桥梁、种植园和邦联军的位置方面起到了巨大作用。

谢尔曼也许认为黑人低人一等，但面对黑人时，他慷慨、殷勤、彬彬有礼，甚至是非常有魅力的。他们在大庭广众之下围着他，欢呼着、赞美着，挤着和他握手。当得知他将在他的总部接待个别黑人访客时，他们很快就排起了长队。他与他们单独交谈，经常是长篇大论——他似乎很乐意这样做。他喜欢他们并且对他们感兴趣。他们用"一直在为你祈祷，先生，日夜为你祈祷，现在，上帝保佑，你来了"这样的句子回复他。[22] 根据他们的神情和话语，谢尔曼的形象比实际高大得多，他是南方的旧制度被摧毁的象征。他们明白，现在光是他的名字就能激起他们的前主人的恐惧。为了描述他的权力和影响，一个全新的词组出现了。屹立不倒的烧焦的烟囱叫"谢尔曼纪念碑"，城市废墟是"谢尔曼砖厂"，在他的军队后面行进的数千名非裔美国人是"谢尔曼自由民"，谢尔曼的"领带"随处可见。[23]

不过，谢尔曼的言论和对奴隶制的态度让联邦当局紧张不已。亨利·哈勒克甚至警告他，华盛顿的一些人认为他"对黑人表现出一种近乎厌恶的态度"。谢尔曼受到训诫和警告，尽管他实在不明白自己哪里错了。"黑鬼应该是自由的人，"他在向废奴主义者萨蒙·蔡斯解释自己的立场时写道，"但不能与白人平起平坐……事实上，在我看来，我们国家的选举权应该被收紧而不是扩大。"这样的言论也没有给他带来政府中的朋友。谢尔曼就浮桥事件为他的部卜杰斐逊·C.戴维斯将军辩护也引起了人们的警觉。

谢尔曼反黑人的态度——这被他的一些批评者认为是反林肯的态度——引发了战争部长埃德温·斯坦顿的造访。斯坦顿坚持与黑人领袖会面，美国政府第一次如此尊重他们。[24] 表面上，斯坦顿是来调查黑人对奴隶制、解放和战争的态度，但他也想知道这些前奴隶对谢尔曼的看法，于是在会议期间要求谢尔曼离开。谢尔曼感到震惊并觉得受到了侮辱，但是并不担心。黑人代表大多是卫理公会教徒和浸礼会传教士，他们给予了他最高的赞扬。当被问到"有色人种对谢尔曼将军有什么看法"时，他们回答说:谢尔曼是在上帝的眷顾下，被特别安排去完成这项工作的人。我们一致地对他怀着难以言喻的感激之情，认为他是一个忠实履行职责因而理应受到尊重的人。他一到达，我们中的一些人就立刻去拜访他，很可能他对我们比对他的秘书更有礼貌。他对我们的行为举止使他成为一个朋友和绅士。我们对谢尔曼将军很有信心，认为我们所关心的事情不可能掌握在更好的人的手中。[25]

斯坦顿一定很惊讶。他当然也很高兴。在会议上另有一番惊喜，黑人领袖告诉谢尔曼和斯坦顿："我们能照顾好自己的最好办法就是拥有土地，在那上面辛勤耕作……我们想被分到土地，直到能买下它。"因此，在1865年1月16日，会面4天后，谢尔曼——这位最不可能为黑人花时间或者替黑人考虑的人没收了富有的奴隶主的财产，并把那些财产分给了前奴隶。第15号特别命令宣布，南卡罗来纳州和佐治亚州海岸的海岛——包括希尔顿黑德岛、罗亚尔港、圣赫勒拿岛——以及其他沿海地区，今后将为自由民保留。这是极端激进分子剧本中的土地分配方式。每个家庭可以有40英亩（约16万平方米）土地；谢尔曼也会给他们军用骡子。他们能够以低廉的价格租到土地，并拥有购买选择权。到1865年6月，大约有4万名非裔美国人会在这块土地上定居，所有这些人都由一个新的联邦机构——自由民局管理。这项任务是借助谢尔曼的"战争权力"完成的。尽管他的动机有一部分是为了黑人的福利，但第15号特别命令的主要吸引力在于它部分地解决了一直困扰他的行政问题：如何处理所有这些前奴隶？①

谢尔曼未发动战争就夺取了萨凡纳市。12月21日，在谢尔曼离开亚特兰大1个多月后，由威廉·哈代将军领导的一小股邦

---

① 谢尔曼的计划大概奏效了一段时间，但以失败告终。这并不是他个人的错，国会从未通过一项授权永久转让土地的法案。到1866年，大部分土地都被归还给了原来的所有者。前奴隶不再拥有土地，而是变成了佃农或合同工。

联部队离开了这座城市。又一次，他认为追击逃跑的敌人没有什么特别的意义——他本可以轻而易举地把这些人包围起来消灭。尽管哈代和他的部下不会这样看待自己，但在谢尔曼的宏伟构想中，他们不过是个小麻烦罢了。当他横穿全州，以每天15英里（约24.1千米）的速度摧毁这片土地时，他的行军策略是将军队分成两队，相距二三十英里（大约30到50千米），这使他的目的地无法被预测。因此，即使是该地区最小的反叛力量也无法集中起来对付他。没人知道他要去哪里。他再次违背了传统观念，故意绕开防守严密的城市。[26]由于没有补给线，他的军队不得不继续前进去找饭吃。他连一次短暂的围攻都负担不起。在早期战争中，大多数战术的目标都是简单地夺取和控制城镇，而现在在他的脑海里，这些已经过时了。谢尔曼的军队有能力将自己的意志强加于摇摇欲坠的邦联，这就是一切。

萨凡纳的居民们表现得十分顺从。他们对抵抗联邦军的人的遭遇不抱任何幻想。谢尔曼信守诺言，尽量善待这座城市，将对公私财物的破坏降到最小。他的士兵们，总的来说都表现得很好，甚至有人出面阻止当地人抢劫。同样的商品，他们在乡下任意抢劫，在这里却按规矩付账。他们庆祝圣诞节，并在老城区游览风景。[27]谢尔曼强装合群，迷住了萨凡纳的妇女（那里的人口主要是妇女）。他让她们的孩子坐在他的腿上。从佐治亚州一路烧到这里，谢尔曼竟然变成了据他所说他希望成为的善良、温柔、宽容的人。谢尔曼命令一个团乐队为这座城市奉上一场音乐会。他为军官和镇上的上层人物办了一个聚会。他还去了教堂。他不是作为一个鼎鼎大名的血腥暴君统治萨凡纳，而是——在某种程度上让人想起他统治孟菲斯的时期——一个仁慈的国王。只要臣民亲吻他的戒指，他就会热情地满足他们的愿望。

他现在的名声如日中天。北方报业——谢尔曼曾经最大的敌人——庆祝他的成功。《纽约先驱报》预测，萨凡纳的沦陷将引发邦联军大规模的逃兵潮并结束战争。[28] 表达崇拜之情的邮件纷至沓来。成群的人吵着要见谢尔曼本人。在他把萨凡纳市作为圣诞礼物送给亚伯拉罕·林肯之后，林肯写了一封感谢信："当你准备离开亚特兰大前往大西洋海岸时，我很焦虑，甚至害怕。（但是）我没有干涉。现在，这项事业成功了，荣誉归你，实至名归。"

占领萨凡纳并不是那个圣诞节期间北方听到的唯一的好消息。12月15和16日，谢尔曼的手下乔治·H.托马斯和约翰·M.斯科菲尔德将军在纳什维尔给约翰·贝尔·胡德的田纳西军队以重创。这实际上消除了邦联在西部的势力，证明了谢尔曼分头进攻的策略是正确的。

谢尔曼也赢得了他的上司的再次让步。格兰特命令他把军队从海上带到弗吉尼亚，但是谢尔曼不想待在狭窄的船上，这会削弱军队的战斗力。他非常想带领他们穿过南卡罗来纳州——这是第一个脱离联邦的州，也是分离主义运动的领头羊。与其说他对在弗吉尼亚州与李将军作战有兴趣，不如说他对在南部重新展开

心理战感兴趣。他想要的不是杀戮而是改变思想。谢尔曼写信给
托马斯说：

　　认为南方人会被这种运动激怒或因它而团结起来是无稽之
谈。他们的思考方式截然不同。他们将看到他们所有的财产都会
遭遇不可抗拒的毁灭的命运。他们将意识到，邦联军无法保护他
们，他们在这种突袭行动中看到了饥饿和苦难的必然结果。[20]

　　谢尔曼从萨凡纳给哈勒克送来了一份他们破坏的物品的清
单：军队已经拆毁了100多英里（超过160.9千米）的铁路。军队
还"毁掉了从亚特兰大到萨凡纳一线两边30英里（约48.3千米）
的地区的玉米和饲料，以及红薯、牛、猪、羊和家禽，并带走
了1万多匹马和骡子，还有数不清的奴隶"。他估计在他带来的
1亿美元的损失中，只有2000万美元直接对联邦的战争事业有
利。①他云淡风轻地说其余的"只是简单的浪费和破坏"，好像人
类的苦难可以被这么衡量。[30]

　　谢尔曼的"向海洋进军"行动是美国历史上著名的事件之
一，既因为它戏剧性的残酷，也因为它给南方联盟国带来了毁灭
性的打击。但与谢尔曼的军队在南卡罗来纳州的所作所为相比，
这一行动则黯然失色。尽管谢尔曼的命令并未总是得到执行，但

①　1864年的1亿美元相当于2018年（原书作者写作时间）的15亿美元。

他在佐治亚州竭力限制他的部下可以摧毁什么、不可以摧毁什么。他的军队也相对克制。而在南卡罗来纳州，并没有这样的约束，这很快就变成了一个样板——向世人展示一支积极性很高、基本上不受约束的6万人的军队，当它真正想要摧毁道路上的一切时，可以做到什么程度。

联邦军在南卡罗来纳州的所作所为是经过深思熟虑的，并得到了战争部的全力支持。3月初，谢尔曼对指挥"向海洋进军"行动的军队左翼的亨利·W.斯洛库姆少将说："在南卡罗来纳州，你不必像我们一样对财产如此小心保护。你破坏得越多越好。南卡罗来纳州的人民应该品尝到战争的后果，因为是他们给自己带来了战争，他们对我们在这里出现负有的责任比任何人都更大。"战争部完全赞同这种观点。亨利·哈勒克曾写信给谢尔曼说，如果他占领了查尔斯顿——那是通过了第一批脱离联邦的条款的地方——"我希望这个地方可能会因为某种意外而被摧毁，如果在它的土地上撒一点盐，那未来就长不出否定和脱离联邦的作物了"。谢尔曼回答说："我会记住你关于查尔斯顿的暗示——虽然我认为盐是不必要的……事实是，整个军队都怀着要对向南卡罗来纳州复仇的永不满足的渴望。想到它未来的命运，我几乎要颤抖，但仍觉得它应该得到为它准备的一切。"[31]这些都是那些在西点军校被教导要遵守更严格和更道德的战争规则的军官的过激言论。

"向海洋进军"的行动见证了这些誓言的实现。从舒适的萨凡纳出发，军队现在肩负着进入南卡罗来纳州低地那冰冷刺骨、雨水泛滥的沼泽地的任务，发现了数不清的无法通过的河流和小溪。北方佬在大批自由民的帮助下架起了桥梁，修好了木排路，果断地向前进军。[32] 和以前一样，谢尔曼的士兵们制造了一大片废墟。这次，整个城镇都被蓄意烧毁了。曾经的罗伯茨维尔变成了一片烧焦的废墟，有士兵将其称为"一百座献给杰斐逊·戴维斯的纪念碑"。在巴恩韦尔镇，只有几座建筑安然无恙。在布莱克维尔，由于有些市民行动迅速，一些房屋得以幸存。联邦军的行动既带着既定目的，也不乏恶意。一名士兵在日记中写道，他震惊于他的同胞们"会像我们一样有毁灭和浪费的心。有生命的东西遭遇宰杀，甚至连疲惫不堪的马也被射杀了，狗、牛和猪在遭到射杀之后被弃于一旁"。[33]

1865年2月17日，哥伦比亚州首府发生了最具破坏性、最臭名昭著的暴力事件。谢尔曼忽视了奥古斯塔和查尔斯顿这两座守卫严密的城市——每座城市都有1万名邦联军士兵守卫——没有切断它们的联系。这使其迎来了一个辉煌的逆转局面，即这两座城突然变成了他的军队的后方。[34] 在经历一部分少得可怜的邦联骑兵和炮兵短暂而无望的抵抗之后，谢尔曼的军队进入哥伦比亚。邦联骑兵在离城之际就已经开始制造混乱和掠夺了，现在更是火光四起。火车站和一个大仓库已经被烧为废墟。成堆的棉花捆也沾上了火，所以联邦征服者的任务之一就是设法把它们扑灭。谢尔曼受到城市黑人的欢迎，他们欢呼雀跃，载歌载舞，鼓掌感谢上帝的拯救。

但是，事情很快就失控了。大量的酒在流淌。很快，从联邦士兵到城市的白人和黑人居民，很多人都醉倒街头。一阵猛烈的风刮来，火花四溅，重新点燃了棉包。火势借风愈演愈烈，顽抗联邦士兵拼力灭火的努力。突然间，似乎一切都着了火。存有子弹、火药和炮弹的建筑物被送上了天空。谢尔曼本来在总部打盹，出来后发现城市陷入一片火海之中。醉汉在街上跑来跑去。一些联邦士兵想扑灭大火，而另一些则借着威士忌带来的醉意忙着四处放火复仇。太阳升起时，风已停了下来，哥伦比亚的大部分地区都成了冒烟的废墟。

居民们立即指责谢尔曼。许多人相信放火是他的命令。第二天，谢尔曼在一个由当地妇女组成的委员会前为自己辩护。"那你为什么烧了我们的城？或者你为什么让你的军队这么做？"她们追问。谢尔曼回答说："我没有烧毁你们的城镇，我的军队也没有。你们的兄弟、儿子、丈夫和父亲向萨姆特要塞开火的时候，引燃了这里的城、镇、村。那火一直烧，昨晚烧到了你们的房子里。"[35]几乎没有南方人相信这种解释。谢尔曼一直到老都将因哥伦比亚的毁灭而受到谴责和诅咒。许多年后，他说，"如果打算烧毁哥伦比亚，那么我会像完成其他行动一样去做这件事，没有必要隐瞒"。

谢尔曼确实没有下令烧毁整个城市。他特别豁免了所有的私人住宅、图书馆、医院和疗养院。他甚至向市民保证，虽然他们会失去一些公共建筑，但他们的住所是安全的。[36] 他心口如一。他和一些官兵试图阻止火势蔓延。不幸的是，他手下的很多人都和他作对，这是他在行军过程中鼓励他们肆意妄为的副作用。被释放的联邦战俘和一些黑人也加入了焚烧和抢劫的行列。多数人醉了，处于失控状态。烧城确实是由南方骑兵引起的。尽管如此，谢尔曼自此到他生命的最后都需要来解释和证明所发生的一切。

从许多方面看，哥伦比亚被焚毁都是激战中最令人痛苦的时刻。责难比比皆是——不但相互指责不断，还伴随着报复行动。5天后，联邦骑兵指挥官朱德森·基尔帕特里克将军向谢尔曼报告，他有18名士兵在向邦联投降后被杀，且被肢解。邦联军还在他们身上挂了一个牌子，上面写着"灭掉所有劫掠者"。后来，另有21名联邦士兵被发现时全身赤裸，喉咙被割断。谢尔曼命令基尔帕特里克"以牙还牙"，给邦联骑兵司令韦德·汉普顿发了一张便条，通知他谢尔曼将下令处决邦联军战俘。愤怒的汉普顿回答说，他会为每一个被谢尔曼的手下射杀的邦联士兵射杀2名联邦士兵。[37]

和先前的行动中的情况一样，大量非裔美国人聚集在一起欢迎谢尔曼的军队。在2月南卡罗来纳州的查尔斯顿被占领时，一个黑色军团——美利坚第二十一有色兵团——打头入城。当地黑人以歌声、舞蹈、祈祷和其他纯粹的表达欢乐的方式来迎接他们。"我69岁了，"一个女人说，"但我觉得我只有16岁！"

然后她开始高呼："你们早就该来了！你们早就该来了！早就该来了！"[38]

当谢尔曼的军队越过边境进入最后一个脱离联邦的州——也是一个有着大量联邦主义者的州——蔓延的暴力事件戛然而止。士兵们抢劫的兴致不减，但再没有比南卡罗来纳州的暴力事件更为严重的事情发生。谢尔曼想让大家知道他现在赞成温和的方式，于是温和的行事态度占了上风。至于谢尔曼的士兵们，他们即使不是天使般的战士，现在也更接近他们曾经正常的样子，更接近他们渴望塑造的理想形象——高尚、公正、敬畏上帝的基督徒，爱自己的家庭，永记慈善在心。

第19章 死亡在他们之前，在勇气之后

　　斯特德曼堡只是最原始意义上的"堡垒"。1864年夏，作为联邦军在彼得斯堡围攻时建立的部分防线，这个由木头加固的土墙围成的正方形"盒子"，里面装的是大炮和士兵。堡垒的三面都是满怀恶意的、反人类的铁丝网，这些带刺的铁丝网嵌入一排排削得很锋利的木头，穿过荒原蜿蜒数英里。城垛位于邦联军战壕以东200码（约182.9米）处。像其他沿着联邦和邦联战线的防御工事一样，斯特德曼堡是停滞的标志，象征着尤利西斯·S.格兰特和罗伯特·E.李之间长达9个月的对峙。

　　平衡即将被打破。

　　这种变化的第一个标志出现在1865年3月25日凌晨4点，当时世界被白霜笼罩，100名邦联士兵在漆黑夜色的掩护下穿过无人区。他们的目标是清除那里的障碍。[1]他们高效地完成了任务。但是切割和拖拉沉重的木头不可能完全无声地完成，所以，来自纽约一个重炮团的北方佬纠察队不可避免地听到了他们的声音。但是，纠察队犯了一个严重的错误。他们以为这些人是逃兵，因为他们见过太多的邦联逃兵了。（当北方士兵听到战场上的枪声时，通常认为是邦联军在向自己的士兵开枪，而且他们通常是正确的。）[2]

但这些人不是逃兵。这是罗伯特·E.李计划的开篇之作。他计划集结第二兵团和4个旅，共1.15万人，由他最具军事才能的将军约翰·B.戈登率领，进攻仍然沉浸在睡梦中的斯特德曼堡。这样，他们就可以在联邦战线上打一个洞，楔入其后方的补给站，也许最终会到达格兰特总部所在的锡蒂波因特。李的目标是：分散联邦军的注意力，好让他的军队从彼得斯堡和里士满逃离。

李已经在战壕和防御工事里待了几个月，为什么突然觉得有必要放弃他的首都呢？因为命运之神显然更垂青威廉·特库姆塞·谢尔曼——得到强兵支援之后，谢尔曼现在统领8万联邦军。李明白他不可能在战斗中将格兰特和谢尔曼一并打败。他们会包围里士满和彼得斯堡，最终击溃他的军队。他唯一的机会就是突围，前往北卡罗来纳州，与约瑟夫·E.约翰斯顿和他的2.2万名常备军联合起来——这是邦联在东部仅存的一支军队。他们将联合攻打谢尔曼的军队，然后转身击败格兰特。客观地说，这是一个颇为离谱的计划。尽管这项计划不太可能实现，但格兰特仍对它感到恐惧。他担心这可能会使战争再拖延1年。[3]

邦联军在一片漆黑中越过了防御工事，在两边的人都没来得及弄清楚发生了什么之前，就攻陷了斯特德曼堡。剩下的障碍物被砍掉了，邦联士兵们奋力向前冲。在黎明的第一束光线出现前，他们不仅占领了堡垒，还抢走了几个炮台，俘虏了500名战俘，并在联邦防护线上挖了个1000英尺（约304.8米）深的洞。

戈登很激动——增援部队正在赶来，计划奏效了。他早些时候曾告诉李将军，他设想"令联邦军整个左翼瓦解，或者至少对其进行一次惊人的打击，使其暂时瘫痪，这样我们就能够安全地从彼得斯堡撤出，与北卡罗来纳州的约翰斯顿会合"。突然间，这种刻意的乐观设想有可能变为现实。"到目前为止，"戈登后来写道，"成功甚至超过了我最乐观的预期。"[4]

　　然而，就在这时，他们出人意料的轻松成功化为泡影。戈登的手下环顾四周，开始意识到并不是所有的事情都在按他们的意愿进行。本应跟随他们一起制造缺口的士兵不见了踪影。天亮时，附近两个堡垒的联邦炮手开始用"球形炮弹"向邦联军开火。这种炮弹里面装了几十个铁球。一位报社记者形容这是一场"铁雨"。很快，戈登的部下发现自己陷入了猛烈的交叉火力中，联邦炮兵和大约1.5万名步兵正赶往前方填补缺口。

　　更糟糕的是，戈登的手下似乎没有退路。当邦联军试图离开时发现，联邦炮兵在疯狂地扫射堡垒外的地区，封锁了他们撤退的路线。当南卡罗来纳州第十七兵团的威廉·H.爱德华兹上尉率军撤退时，只行进了几码（1码等于0.9144米），他的部队就"被炮弹炸得七零八散"。"我走了不到20码（约18.3米）就被击败了。"[5]

　　沉睡的斯特德曼堡就像一个死亡陷阱。

　　这是邦联的困难时期，或者说，是最后的日子。1865年初，邦联在田纳西州、弗吉尼亚州、路易斯安那州、密西西比州、佐治亚州，以及每一个主要港口和密西西比河流域的大片土地都已被联邦政府所控制，只剩下亚拉巴马州和南北卡罗来纳州的内陆地区归其管辖。[6]现在，已经无法说清"南方"到底意味着什么了。也许"南方"只不过是由那些已经四面楚歌、声称自己是这个国家的代表的议员组成的。南方各州联合体起初只是一个想法而已，一个叛离美利坚合众国的疯狂的想法。也许到现在，这个想法也是疯狂的。

无论如何，南方都是李将军悖论的牺牲品：南方军越是延长战争，邦联被摧毁得就越严重。[7]谢尔曼和谢里登在佐治亚州、南北卡罗来纳州和弗吉尼亚州的行军意在展示这种想法，但战争对经济造成的损害波及了军队从未染指过的地方。由于破产的邦联政府在没有任何产业支持的情况下继续印刷钞票，通货膨胀失去了控制。邦联的货币价值迅速下降到零。南方战争部不得不为一双军靴支付1000美元；士兵一个月的收入甚至买不到一份口粮。[8]南方失去了三分之二的财富、半数以上的农业机构以及主要经济作物（棉花和烟草）的旧市场。而南方财富的主要形式——奴隶——也大量流失。农场停产，整个家庭陷入贫困，人们缺衣少食，到处都是难民。早在1863年，亚拉巴马州莫比尔的一位报纸编辑就指出亲邦联的流亡的南方人有40万，也就是说有将近十分之一的南方白人在逃亡。[9]

正如南方政客和北方民主党人所指责的那样，任何人都认为内战也正在破坏北方的经济，榨干了北方政府。但他们根本没有注意到，当邦联陷入经济困境时，美利坚合众国的经济却在稳步增长。煤炭、钢铁生产和造船业都处于创纪录的水平。战争期间，北方铁路和运河的交通量增加了50%。1862至1863年，仅联邦农民的小麦生产总量就超过了1859年整个国家生产的小麦数量。尽管联邦军有巨大的需求，但北方的小麦、玉米、猪肉和牛肉的出口量还是翻了一番，甚至包括受重创的纺织业在内的制造业也增长了13%。[10]

南方的贫穷在它的主力军队中是显而易见的。1864至1865年那个寒冷的冬天是士兵们的噩梦，他们在那时体验到了艰难、痛苦和匮乏。在彼得斯堡和里士满，士兵们住在战壕边上挖出的那些肮脏的鼠洞里。他们的日常饮食通常只有几把发了霉、生了虫子的玉米粉和部分定量的"培根"，而这些"培根"里主要是变质的脂肪。[11]没有咖啡，没有茶，也没有糖。据估计，1个北方兵享有的食物相当于6名邦联士兵的食物的总和。邦联士兵衣衫单薄，毯子也破烂不堪。三四百人的团通常只有50双鞋。[12]没有肥皂，柴火又少又湿。邦联士兵的弹药供应也非常紧缺，他们只能从战场上挖出敌人的子弹。[13]

与南方邦联防线后面的肮脏和近乎挨饿的状况不同，詹姆斯河畔百慕大韩垂附近的联邦军营里温暖、干燥、食物充足，士兵装备精良。正如黑人报纸记者T.M.切斯特所描述的那样，这个地方商业和军事活动不断，像一个繁荣的城市：

纵帆船、拖船、轮船和海船不断地往来。来自各个阶级和拥有各种背景的冒险家跟着军队纷至沓来。萨特勒的工厂，批发和零售都有……花15美分，理发师可以给你刮刮脸；花35美分，可以理理发。安布罗摄影师可以将你美丽的脸庞留在镇上。而防腐师将……承担向北方运送光荣的死者的任务，同时他们也没忘在棺材顶部打上广告。[14]

对邦联士兵来说，最糟糕的、比任何身体上承受的困难都令人痛苦的是收到家信。受战时经济匮乏的影响，家中的状况往往比前线还要艰难。有些信中的信息太可怕，以至于遭到了军方审查。李的助手沃尔特·H.泰勒上校说："数百封写给士兵的信被截获。在信中，他们的母亲、妻子和姐妹们说，她们不知道怎么制止饥饿的孩子们哭求面包的呼声，也无法给家中生病的人提供适当的照顾……她们恳求男人们尽快回家。"[15]大批的家信的内容纯粹是苦苦哀求士兵回家。1865年3月2日，邦联连长卢瑟·赖斯·米尔斯在给他的兄弟的信中写道："再隐瞒真相也没有用了。我们这边好多家属都意志消沉，写信给她/他们的丈夫、儿子和兄弟们，说现在当逃兵并不可耻。"[16]邦联士兵明白了一个基本的道理：如果不是死亡或严重残疾，那么离开邦联军队几乎是不可能的。新起草的法案使那些早已入伍且早该退役的老兵不得不继续服役。多数人都不止一次受伤。许多人最近刚从北方监狱获释，但又被送回了前线。1865年早春，回家不再是一个可以选择的选项。

有关战争的消息几乎都是坏消息。邦联在富兰克林和纳什维尔战役（1864年11月和12月）的失败意味着西线战场主要邦联力量的终结。1865年1月，在北卡罗来纳州的费舍尔山战役中，邦联政府失去了通往其最后一个主要港口——威尔明顿的通道。当年3月，菲利普·谢里登在谢南多厄河谷摧毁了朱巴尔·厄尔利残部；谢尔曼在北卡罗来纳州本顿维尔战役中击败了兵力悬殊的约瑟夫·E.约翰斯顿军团；勇往直前的联邦骑兵哈里·威尔逊击退了内森·贝德福德·福雷斯特已无还手之力的骑兵，攻占了蒙哥马利，并即将夺取塞尔马。从某种意义上来说，南方的荣耀已经是明日黄花。在南方，到处都是颓败的痕迹。在里士满，曾经威风凛凛的约翰·贝尔·胡德中将出现在星期天去教堂的人群中，他举步蹒跚，一副落魄、寂寥、羸弱的样子——他可是在盖恩斯磨坊战役中立下奇功、突破联邦军防线的人，是不久前在奇克莫加受到民众夹道欢迎的英雄。[17]这位左臂失去知觉、拖着残疾的腿的将军在1月纳什维尔战役惨败之后引咎辞职，现在在人们心中唤起的只有怜悯，提醒人们英勇的南方统治的神话不过如此。

所有和平谈判的努力都失败了。最后一次尝试是在1865年2月3日，林肯和西沃德以及3名邦联委员在弗吉尼亚州汉普顿锚地的一艘汽船上会面，双方意见依然甚是相左。林肯拒绝谈论除了恢复联邦和废除奴隶制以外的任何解决办法；而杰斐逊·戴维斯对他的委员们的指示是：若不承认南方邦联是独立的国家，则拒不接受任何解决方案。尽管南方的政客们就林肯对"受伤一方的痛苦漠不关心"表示震惊和愤怒，但他从未给他们任何理由来让其幻想他改变了主意——林肯是坚定不移的。

戴维斯从这次外交失败中获得了很多政治利益，把谈判失败的责任完全归咎于北方。他认为，世界上最恐怖的事件是南方人生活在北方暴君的统治下，这远比失去他们的奴隶要糟糕。[18] 2月6日，在里士满的一次演讲中，邦联总统在雷鸣般的欢呼后愤怒地说，他的国家永远不会屈从于"投降的耻辱"。他预言备受憎恨的亚伯拉罕·林肯和威廉·西沃德很快就会发现"他们一直在和他们的主人说话"，并预言邦联英勇的军队将"在不到12个月的时间内，迫使北方佬由着我们提条件、请求我们实现和平"[19]。这话听起来似乎完全脱离现实，但许多人还是信了。他们觉得只要罗伯特·E.李守住阵地，就还有希望。

这一观点的代表是里士满的记者兼历史学家爱德华·A.波拉德，他在1865年2月出版了一本书，书中体现了南方人顽固而盲目的爱国情绪。他向读者保证，"我们不必绝望。我们强大的邦联军队还占领着南方要地"。谢尔曼的胜利不过是昙花一现，"谢尔曼的军队在到达里士满之前，但凡失败一次，他曾经取得的胜利就可能化为乌有。他占领的所有地区都将恢复原状——除了侵略者沿途穿过的狭长地带之外，什么都不会留下"[20]。谢尔曼的士兵刚刚畅通无阻地行进到了南方腹地，倘若听到这些话，一定会很惊讶。

从秋天到冬天，格兰特在里士满和彼得斯堡继续进行小规模战斗，以测试李的防线有多牢固。他攻击了李将军的补给线。他一步步靠近，逐渐缩小围攻的范围，占领了一条铁路。无奈之下，李只能保卫一个巨大的包围圈，其中包括相隔25英里（约40.2千米）的两个主要城市、两条湍急而宽阔的河流和大约37英里（约59.6千米）长的战壕。他躲过了格兰特的猛攻，调动士兵来填补缺口，甚至还发起过短暂的进攻，但都没有什么大的突破，也没有找到解决方案。李知道等到道路变干时，格兰特下一步会做什么。格兰特会利用自己的兵力优势，将联邦防线延伸到彼得斯堡以西，直至李的防线因过度拉长而自行断裂。李也知道，很快——也许只有几个星期，谢尔曼就会到达。在3月25日清晨的黑暗中行军的李和他瘦骨嶙峋、疲惫不堪的士兵即将被淘汰出历史的舞台。

南方再次经历了一场意想不到的痛苦事件。1865年1月，当亚伯拉罕·林肯说服国会通过废除奴隶制的第十三条宪法修正案时，邦联在一个在战争初期没有人会提出的问题上纠缠不休——对南方来说，到底是独立重要还是奴隶制更为重要？这两种想法一直是联系在一起的，似乎互为必要。在1862年林肯发表《解放黑人奴隶宣言》后，这种联系变得更加紧密。但许多南方人开始问一个在1861年鲜少有人敢提出来的问题——为什么两者一定要有联系？

这一革命性的想法已经被非正式地讨论了好几年。1864年1月，邦联少将帕特里克·克莱伯恩在给他的直接上级约瑟夫·E.约翰斯顿的一封信中第一次公开提出了这个问题。这封信由14名军官签字，其中还包括4位将军。[21]经过长时间的推理论证后，克莱伯恩提出了武装奴隶为南方而战的想法。他认为南方没有他们就不能赢得战争。他相信奴隶制问题是北方强有力的战斗动机，同时也是欧洲列强拒绝支持南方的理由。他写道：

许多年来，反对奴隶制是（北方的）特别任务的想法在北方人中产生了越来越大的影响力，并最终发展为一场武装的血腥的反奴隶制战争。到目前为止，这种邪恶的迷信给了他们勇气和毅力。这是他们的战争纲领中最有力和最吸引人的部分。抛开这个，还剩下什么？不过是对更多领土的血腥野心和对联邦的假装的崇敬。[22]

克莱伯恩完全清楚他说的这些话的含意。你不能要求成百上千的奴隶在受奴役的情况下为邦联而战。自由是奴隶服兵役的代价。克莱伯恩认为，胜利的代价是奴隶制度的终结。除去人类的束缚，你不仅给了邦联军队赢得胜利的必要条件，还完全消除了联邦发动战争的理由。"让我们招募一支奴隶军队，"他争辩道，"保证忠于邦联的每一个奴隶在合理的时间内获得自由。"[23]

尽管杰斐逊·戴维斯试图压制克莱伯恩的信，但无法压制他已经酝酿的思想。[24] 和其他南方报纸一样，《杰克逊密西西比人》喜欢这种思想，其刊登了一篇社论，大意是："不要让奴隶制成为我们独立的障碍。尽管奴隶制是我们开始为之奋斗的原则之一……如果事实证明它是我们实现自由和独立的一个不可逾越的障碍，那就除掉它！"

这个想法听起来可能很荒谬。在一个对奴隶起义极度恐惧的国度里武装奴隶？戴维斯本人曾嘲笑联邦招募奴隶入伍是"有史以来最可恶的举措"。但是，随着邦联军于 1864 年春夏在弗吉尼亚州的几次战役中耗费大量人力，在维克斯堡、葛底斯堡、查塔努加和谢南多厄河谷几地的战役中屡屡失败，再加上 100 万奴隶叛逃去了北方，人数开始凌驾于意识形态之上。南方根本不可能在没有新兵补充的情况下赢得一场消耗战，而 400 万奴隶是唯一可能的兵力来源。奴隶早已经在邦联军队中做体力劳动。他们装卸物资、挖掘战壕，帮助建造从桥梁到铁路、堡垒的一切。他们经常在炸弹横飞的地方完成这些工作。他们还做饭、洗衣服、缝补衣服，满足白人军官的需要。做了所有这些事情，他们短暂地"打动"了他们的主人，但一切很快又恢复原状。

但他们从来没有拿到过什么武器——因为这么做违反了奴隶制的逻辑和它的思想之根本。这样做就等于让南方政客承认他们曾经的信仰以及信仰的根本都是谎言。如果黑人不是人类，不配享有人权，那么就不可能突然变成人类。佐治亚州有权有势的政治家豪厄尔·科布抗议说："如果奴隶能成为优秀的士兵，那么我们整个关于奴隶制的理论都是错误的。"在南方人的思维中，通过为军队服务换取自由的做法是荒诞不经的。《里士满辉格党人》写道："解放奴隶的想法是基于一种错误的假设，即自由对奴隶来说比奴役要好得多，因此可以作为一种奖励给予他。"南方奴隶制的逻辑是：奴役是上帝的安排，因此做奴隶比做自由人更幸福、更理想。一位亚拉巴马州的编辑用一种直截了当的哲学观点来描述它："我们迫于条件的必要性，不得不采取*一种与战前统治我们机构的每一种骄傲情绪和原则背道而驰的步骤*。"（斜体字为补充）[25]

反对奴隶参军的人认为，即使这种观点成为法律，秉持"黑人低人一等、并非人类"观念的白人士兵也永远不会接受他们加入自己的行列。密西西比州一位国会议员说："如果与奴隶分享胜利，那么它的荣耀就会了无趣味。"但这不代表所有人的观点。1865年初，支持武装黑人的信件从彼得斯堡的战壕涌入里士满政府。白人士兵认为黑人同样是人，可以成为优秀的士兵。任何曾与他们作战的人都对此毫不怀疑。就连孟菲斯的前奴隶贩子内森·贝德福德·福雷斯特也对此表示赞同。

尽管邦联国会议员在这个问题上各持己见，但最能说明公众支持这项提案的事件发生在2月——罗伯特·E.李支持黑人参军。1年多来，他一直以非正式的形式赞同这个想法。现在，他直言不讳地表达了自己的观点。2月18日，他写信给国会议员埃特尔伯特·巴克斯代尔，表示支持"黑人士兵法案"："这项措施不仅仅是权宜之计，更是必要的。在适当的情况下，黑人将成为高效的士兵。我想我们至少可以像敌人那样对待他们……他们组成的军队比我们从历史书上读到的许多军队更有战斗力。"罗伯特·李还有更惊人的言论："我认为受雇的黑人应该享有自由。"[26]

人们对李的信件迅速做出了犀利的回应。许多人都大吃一惊。《查尔斯顿信使报》是奴隶制和分离主义的坚定捍卫者，其诋毁这位传奇的将军为"黑鬼士兵和解放阴谋的始作俑者"，称他为"世袭的联邦主义者和奴隶制的怀疑者"。由爱德华·A.波拉德编辑的《里士满观察报》认为，李的观点"令人怀疑他是不是一个过去被称为'好南方人'的人；也就是说，他是否完全赞同黑人奴隶制度作为我们国家政策健全、永久的基础的正义性和好处。"

但李给了立法所需的推动力。不到 1 个月，在 3 月 13 日，邦联国会终于通过了一项法案，允许军队征募 30 万名黑人士兵，这个数字是格兰特的波托马克军团中的黑白士兵总数的 2 倍多。尽管国会在是否解放黑人方面犹豫不决，但杰斐逊·戴维斯发布了一项行政命令，允许黑人通过服役换取自由，有效地解决了这一问题。

尽管经过了激烈的辩论和长达数月的立法争论，但成效却不明显。大多数奴隶主讨厌这个提议，而（要完成征兵任务）他们的合作却是必不可少的。就像一位邦联战争部官员所写的那样，许多人认为这是"一个巨大的错误"，所以消极怠工。招募工作时断时续，几近于无，最终拼凑出了几个黑人军团。3月24日，战争中令人混乱的景象出现了：2个新招募的黑人连队，以及3个由被从医院病床上赶出来的白人组成的连队，沿着大街向里士满市中心的国会大厦广场行进，乐队演奏着《迪克西》。数千名观众到场，《里士满快报》甚至承认，这些穿着制服的奴隶，表现出"同样的灵巧和娴熟……正如我们所见到的任何一支白人军队的士兵所展示的那样"。[27]也许，他们终究是人类。

接下来几周的事件将清楚地表明，邦联军的行动太迟、太少了。邦联的新奴隶兵无法改变战争的最终走向。但更基本的事情已经发生了——即使很少有南方人承认这一点——道德门槛已经被跨过。作为一种制度，奴隶制已经消失了。正如一名邦联士兵所说："奴隶制受到了致命打击。"[28]

太阳已经升起，联邦炮手可以清晰地看到目标。无论如何，戈登将军挥师挺进，越过了他们占领的斯特德曼堡和2个炮兵连，进入了联邦军防线后面的非装甲区。他们正在向联合补给站进军。如果不是因为思维敏捷的联邦准将约翰·哈特兰夫特——一个普通士兵，曾在1862年安提塔姆战役带兵进行过一次出色的冲锋。①——那他们或许能得偿所愿。当时，哈特兰夫特发现

---

① 在伯恩赛德桥。

他的上级军官已经打点好行装准备向后方移动，于是开始指挥军队。他派宾夕法尼亚第二百军团迎战迎面而来的邦联军。战斗是不公平的：一个团对几个师。宾夕法尼亚第二百军团的人遭受了猛烈的炮火攻击。他们退后，重新集结、冲锋，再次被邦联军的炮火扫射，然后再次撤退。但他们为哈特兰夫特赢得了时间，使其得以在短时间内用数千名联邦军建立了一条超过1英里（约1.6千米）长的防线。到早上7点30分，他已经有效地阻止了邦联军的全部进攻。因为邦联军的增援部队并未到达，所以他们没有足够的人手来突破哈特兰夫特组织严密的二级防御工事。就在早上8点之前，哈特兰夫特发起了反攻。很快，联邦军就从3个方面向斯特德曼堡逼近。佐治亚州的一位上尉回忆说："他们把整个战场都染成了蓝色。"[29]

对于许多邦联士兵来说，真正的恐怖开始了。双方防线之间的无人区——他们来时的路——被联邦炮火扫荡一空。连空气都是致命的。大量逃到那里的人被撂倒。这意味着成千上万的邦联军被困。"一想起这件事，我的脑子就不舒服了，"一位当时在屠杀现场的联邦士兵回忆道，"受害者已经停止战斗，在被俘和死亡之间挣扎。"[30]

戈登的部队的伤亡率高得惊人，有3000多人伤亡，还有1000多人投降。联邦军伤亡约有半数。到了8点30分，斯特德曼堡战役结束了，战线又被拉回到战斗开始时的位置。李知道了这则消息，深受打击。他的军队损失惨重。更糟糕的是，他伟大的尝试轻而易举就失败了。哈特兰夫特麾下纪律涣散的宾夕法尼亚人击退了北弗吉尼亚军团的最后一次进攻。与此同时，联邦最高司令部几乎没有被早上的行动打扰。在战斗正酣之际，亚伯拉罕·林肯正在"皇后河号"上和儿子罗伯特一起吃早餐。接着他给华盛顿的埃德温·斯坦顿写了一封简短的电报："没有战争新闻。罗伯特刚刚告诉我，今天早上那里有点儿骚动，就在开始的地方结束了。"林肯如此随意的总结会让受伤或被俘（总共3400名）的邦联官兵大吃一惊。

在格兰特的建议下，林肯和他登上了一列摇摇晃晃的军用火车，这列火车从锡蒂波因特出发，经过7英里（约11.7千米）到达了战斗地点。林肯像个游客。虽然经历了多年的战争，而且曾批准过各种战斗，但林肯从来没有这么近距离地看到过战争。[①]林肯走在战场上，看到约1600名面色凄惨的邦联士兵，他们头发蓬乱、胡须纠缠打结；伤兵被放到车上；死去的士兵无人安葬。他试图安慰伤员。他说他"已经看够了战争的恐怖"，希望"这是结束的开始"。他希望——这是一个曾经监督和批准杀害数十万人以及焚烧南方大片土地的人所说的话——"不再发生流血冲突或毁坏家园的行为"。

---

① 在应对朱巴尔·厄尔利的突袭时，林肯曾在华盛顿史蒂文斯堡附近战斗过。他在那里短暂地遇到了敌人的炮火，但没有看到类似于他在斯特德曼堡战役后看到的战场遗迹。

第20章 里士满火光冲天

4月1日,愚人节。罗伯特·E.李的预测已经成了事实。3月27日,在斯特德曼堡的战斗结束2天后,尤利西斯·S.格兰特向彼得斯堡的南部和西部发动了一场大规模的军事行动,一条蓝色的丝带从阿波马托克斯河上散开,穿过被河流分割的弗吉尼亚州中部。格兰特只在里士满附近留下了3个师。他不再费心保护、占有或捍卫什么。他只想就地摧毁李。格兰特想在此时此地结束战争,而不借助媒体的新宠——谢尔曼引人注目且令人讨厌的军队——的帮助。格兰特知道李没有足够的兵力来保卫如此庞大的防线。邦联将领凭着超常之力,在35英里(约56.3千米)长的战线上研究地形和进行部队调动,并以此坚持这么久。波特·亚历山大写道:"如果有一位将军能靠着拉长防线对抗一位正在行动并占优势的敌人,那就是李将军。"[1]没人会怀疑这一点。但李现在也无计可施。格兰特带着一支强大的军队,打算迫使李暴露他的弱点。3月29日,格兰特异常不耐烦地告诉菲利普·谢里登:"我想结束战争。"

李对格兰特进军的意义没抱任何幻想。几个月来,这位邦联将军一直在说,他的军队可能不得不放弃里士满,那里的人口已经从战争开始时的4万人增加到1865年的13万人。[2]他还坚持说，里士满的陷落并不是一切的结束。在1月南方邦联国会作证时，有人问他："里士满陷落会结束战争吗？"他毫不犹豫地回答说：

决不会，先生，决不会。从军事角度看，在这样一个事件之后，我应该比以前更强大，因为这让我能够制订我的作战计划。虽然从道德和政治的角度来看，放弃或失去里士满将是一场严重的灾难，但当它成真时，我相信我可以在弗吉尼亚的土地上把战争延长2年。自从战争开始以来，我不得不允许敌人为我制订计划，因为我必须保卫首都。[3]

就算国会议员们知道李如果没有里士满的拖累就会进行更有效的行动，可能也不会得到安慰。他们中的许多人认为，如果自己被抓获，那就会以叛国罪受到审判，并在国会广场被绞死。但是李所说的那一刻现在已经来了。水路通航，联邦士兵正在行动，大约有12万人应对7万名邦联军。[4]斯特德曼堡战役是一场灾难，是巨大的、不可替代的损失。而邦联的所有损失，现在都无法弥补。当下最关键的问题是：李的战线能坚持多久？

格兰特的计划一如李的预测。格兰特向西延长战线，迫使李也这么做，以免被从侧面包围。但这样一来，李的兵力不足，可能无法保护其防御工事。然后，格兰特的军队会向右急转，从正北方向冲击李超负荷工作的防御工事。于是格兰特继续推进，指挥他的部队沿着后路，穿过农田和桤木灌木丛，越过邦联军 4 英里（约 6.4 千米），朝着彼得斯堡西南大约 15 英里（约 24.1 千米）处的无名之地——如丁威迪郡府和五岔口——进发。这些地方本身没什么意义，但它们提供了通往南边铁路的通道，这是出彼得斯堡的最后一条铁路线，也是该市的主要供应线。那是格兰特的目标。李会因为他的到来而对此处加强保护。失去它，意味着彼得斯堡可能会失陷，而这又意味着里士满将无法得到守护，只能投降。

李别无选择，他无法通过延长自己的防线来对抗格兰特的军团。但他可以做过去 9 个月来一直在做的事情——转移军队，堵塞漏洞。于是，李命令乔治·皮克特少将和两个师以及自己的侄子菲茨休·李少将率骑兵在丁威迪郡府迎战谢里登。因此，1 万名邦联军在其右翼面对着兵力 2 倍于他们的联邦军。皮克特是在葛底斯堡战役中惨烈败北的"皮克特冲锋"的主角，这回再次陷入困境。李可能已经估计到了他们的劣势，但没有告诉任何人。

在远西前线的第一次战斗，胜利属于邦联。在 3 月 29 和 3 月 30 日对抗优势部队的小规模的激烈战斗中，灰衣军坚守了阵地，斗志昂扬。3 月 31 日，在丁威迪郡府，皮克特的部队猛烈地攻击了一支由菲利普·谢里登统率的与自己人数大致相当的骑兵部队，其中有内战后期联邦著名将领乔治·卡斯特准将和卫斯理·梅瑞特准将。联邦军在战术上失败，这让一向沉着冷静的格兰特对谢里登大发雷霆。那天晚上，北弗吉尼亚军团的右翼还没有被打败。

但人们终将会看到人数的优势。这是李将军的不幸，因为格兰特终于彻底明白了内战的基本战术的真谛——缺乏全盘考虑就向敌人发起进攻的结果是可怕的。[5] 让现有的兵力分散作战，就失去了联邦在大多数主要战役中所拥有的数量优势。这道理看起来很明显。但在19世纪中叶，一位将军遇到的挫折包括联合其所有部队，令他的军、师、旅、团、营准时到达目的地，开始协同作战。一个3000士兵组成的旅中，让500士兵组成的团同时行动都非易事。许多战役失败的原因都和协同作战的难度有关。尽管这是双方都面对的问题，但李的特点是他利用了这点。格兰特在冷港刚刚犯了这个错误，但不会再犯同样的错误。为了确保他的将军们按时一起行动，他让激进而异常好战的菲利普·H.谢里登来统领联邦左翼。（到4月初，格兰特已经悄悄地替换了弗吉尼亚州的许多高级指挥官。）[6] 在谢里登的统领下，不会再有任何动摇，也不会有令人沮丧的无法保障后勤的借口，更不会有零敲碎打的攻击。

4月1日下午4点左右，谢里登对皮克特的防线发起了正面攻击。他的士兵用他们七连发的卡宾枪对着邦联军射击，将他们拖在原地——这种革命性的先进武器，邦联军还没有。高佛勒·沃伦的第五兵团转身，大败邦联军。①邦联军受了刺激：步兵对来自两个方向的夹击反应迟钝，十分失落。他们最终还是被包围了。就在谢里登骑马奔驰，叫着，骂着，督促他的士兵前进时，皮克特的两个师崩溃了——一半士兵放下武器，举手投降；另一半逃跑了。李将军的右翼部队全部被消灭，五岔口落入联邦军手中。这意味着北方佬将很快控制重要的补给和撤离路线，也就是南部铁路。皮克特在五岔口战役中损失了4000到5000人，其中有1000人在被包围后投降。

格兰特很兴奋。虽然他在五岔口战役中获得了胜利，但没有取得突破，彼得斯堡仍然没有被征服，所以他还不能掉以轻心，不能停下来盘点得失。现在，还不是思考敌人下一步要做什么、最好怎么行动的时候。4月1日晚上9点，当担架手和救护马车在五岔口的杀戮场上盘旋时，格兰特下令第二天早上对彼得斯堡以南全面加强防御的邦联防线发动进攻。在这次规模巨大的进攻中，格兰特会把手中所有的武器悉数朝敌军掷去。1个小时后，联邦大炮开始猛烈攻击邦联军阵地，连续4个多小时不间断地向邦联军的防御工事发射炮弹，将邦联士兵置于枪林弹雨中。格兰特的步兵——所有他能召集的人——都会在凌晨4:45向前挺进。

正如任何一个在联邦彼得斯堡防线上的人都可以告诉你的那

---

① 沃伦因为种种原因迟到了，但拖延或缓慢行动已不再被容忍。令沃伦愤慨和难以相信的是，谢里登在格兰特的全力支持下，于当天解除了他的指挥权——尽管沃伦的攻击非常有效。

样，这个计划的问题是它涉及对李的防御工事的正面攻击，而长期以来的经验证明，这些工事是无法穿透的。正是这样的物理结构，在过去的1年里改变了战争的性质。传统的看法是，对李的防御工事进行正面攻击会造成巨大的人员伤亡，即使联邦军在邦联军防线上炸出一个200英尺（约61米）深的弹坑，可能也行不通。因此，就像他们在冷港战役时做的那样，士兵们把自己的名字写在纸上，把纸片别在衣服上，以便日后他人能辨认出他们血肉模糊的尸体。对这种袭击的恐惧是如此之大，以至于2天前，第六兵团的老兵拒绝进攻敌人的工事。约翰·哈特兰夫麾下的一位宾夕法尼亚人后来回忆说，在准备进攻时，"上帝和永生的想法冲进我的脑海"。[7]还有人说："好吧，再见，伙计们——这意味着死亡。"新泽西州的一名上尉写道：要进入设防的荒原的想法让"我们中的一些人感到很绝望"。[8]

一大早，成千上万的联邦士兵从他们的步枪坑里站起来，一起穿过无人区，直接进入障碍物、防栅和电报线纠缠的区域，他们在那里遭到了邦联军从防御工事内发起的猛烈的枪击。对曾经历过史波特斯凡尼亚郡府之役、冷港战役，并攻击过彼得斯堡防御工事的老兵来说，这一幕似曾相识。毕竟，这是邦联军的工程师们花了好几个月的时间挖掘、加固和完善所完成的作品。很快就有大批联邦军倒下。联邦少将霍拉旭·赖特的第六兵团在15分钟内损失了1100人。

然后，不可思议地，一切都变了。突然间，激烈的抵抗减弱了。此刻还在护墙上进行一番生死决斗，下一刻联邦军就破墙而入。格兰特的理论已经被证明是正确的，即把他的防线向西延伸数英里，就会使李的部队紧张到崩溃。尽管这些防御工事很坚固，但却没有多少邦联士兵来守护它们。很快，在狂乱的喧嚣声中，彼得斯堡南部防线的联邦士兵冲破障碍物，跳过坚固的城墙，扫荡他们面前的敌人。第六兵团集体攻破了邦联军的防御工事。在整个内战最重要的突破中，他们像海水一样倾泻而入，进入空荡荡的防御工事中四处扫荡，破坏了邦联第三兵团的部分防线，占领了几个堡垒。另一支联邦军也很快突破了一条宽阔的战线，使邦联军防护的同心圆从中心坍塌了。

李的军队虽已被击溃，但还没有被打败。他忠诚的将军詹姆斯·朗斯特里特在靠近市中心的地方架起了最后一道防线。由于兵力严重不足，邦联军的一位主要将领A.P.希尔在战斗中丧生。听到他的死讯，李说："他现在安息了，剩下的我们要继续忍受痛苦。"朗斯特里特的几个人数少得可怜的团组成了一条对抗整个联邦第六兵团的小规模战线，在一段时间内勇敢地守住了防线。在他们身后，大撤退开始了。[9]但是，李不确定他是否能阻止格兰特的军队直到夜幕降临。之后，邦联军将逃离里士满和彼得斯堡。唯一的出路是去西部，北弗吉尼亚军团里的每一个士兵很快都将前往那里。那是4月2日，星期天，还没到中午。

同一天早晨，在30英里（约48.3千米）外的里士满，杰斐逊·戴维斯总统做了一件奇怪的事——他去了教堂。去教堂这件事并不令人惊讶，令人惊讶的是他去教堂的时机。戴维斯非常清楚彼得斯堡已被重重包围，也知道李在斯特德曼堡和五岔口损失惨重。在过去的2个月里，邦联总统多次被告知李的军队可能不得不放弃里士满；就在事发前一天晚上，李将军直言不讳地向他摊牌——他们即将撤离。戴维斯觉察到了危险，2天前就把妻子和孩子们送出了城。他非常担心他们的安全，所以给了妻子瓦丽娜一把手枪，并教她如何使用，指示她"迫使袭击你的人杀死你"，而不是活着忍受无法形容的痛苦。[10]大多数南方邦联官员已经逃离首都——只有戴维斯和他的内阁还留守此处。

戴维斯坚持去了教堂。他这么做，遭到了数百名里士满居民的围观。这些居民或由于习惯，或出于恐惧，也在当天早上来到教堂做礼拜。像以往的每个星期天一样，总统坐在圣保罗教堂的长椅上，仿佛南方的世界并没有脱离它的轴心；仿佛前一天联邦军队没有摧毁邦联军的整个右翼；仿佛他那天早上没有收到李发来的电报，告诉他正在彼得斯堡南部发生的另一场灾难；仿佛他没有用不必要的夸张口吻劝他的妻子宁可一死也不要被一群贪婪的北方佬俘虏。尽管同教区的居民仔细地端详着他的脸和表情，但据海军部长斯蒂芬·R.马洛里说，他的表情"与4年来进行痛苦的脑力劳动所造成的那种冷静、严厉的悲伤表情没有区别"，他的脸"像一个铁面具一样"。[11]

上午11点以后，礼拜还在继续，有人给戴维斯带来了李的第二封电报。这封电报的内容更为具体："我觉得我们只能守在这里直到晚上。我不确定我是否能做到。如果可以的话，我今晚就撤到阿波马托克斯以北；如果可能的话，今晚从詹姆斯河撤走整条战线会更好。"李解释说，敌人已经破坏了他的防线。"我建议为今晚离开里士满做好准备。"戴维斯面色苍白，神情阴沉，从长椅上站起来，一言不发地离开教堂，走回办公室。李在他极尽克制的军事散文中想表达的意思是：战争就要结束了，逃命去吧。

戴维斯沉浸在自己的世界，给李将军回了一封语气暴躁而又敷衍的电报："战争部长已经给我看了你的电报。今晚搬家会导致许多贵重物品的损失，而且没时间打包和运输它们。正在安排呢。"李对这一反应非常愤怒，反驳说："我认为今晚我们绝对有必要放弃我们的领地。就这个问题，我已经向部队下达了一切必要的命令。"

然而，美利坚联盟国的总统或许在他的幻想中迷失了方向，或许在向上帝祈祷期待奇迹出现——他认为没有必要将撤离的消息告诉首都的公民。直到下午 4 点，官方才宣布撤离，而这时距离戴维斯收到李的第二封电报已经过了 5 个小时。当时，关于这座城市即将沦陷的传闻到处都是。到了下午 3 点左右，里士满的居民已经知道了总统听到的消息——联邦军抵达邦联首都不是几天或几周的事，而是几个小时的事。一支邦联军已经从城市中撤出。[12] 在里士满，几乎没有官方人士或普通人能预料到崩溃的速度。"虽然我早已料到彼得斯堡的沦陷很可能会导致人们从里士满撤离，"前弗吉尼亚州国会议员亚历山大·博特勒写道，"但我没想到这两个灾难会在同一天晚上突然发生。"[13]

有能力逃跑的人都逃跑了。他们绝大多数是白人和富人。[①] 银行被包围了。政府官员疯狂地打包资料、档案，用马车运到火车站。火车车厢满载邦联的金银财宝。看到这些景象，人们更加恐慌。一些人挤在唯一留存的铁路线路的车站；另一些人吵闹着争取开往上游林奇堡的邮轮上的宝贵空间；还有一些人利用可用的任何车辆——行李车、手推车、四轮马拉车、救护车——装载他们的财产，有时还有奴隶，沿着詹姆斯河的曳船道缓缓前行。[14] 医院里的士兵从病床上爬起来，一瘸一拐地走到人山人海的街道上。大多数奴隶和自由民都决定留在城里，他们觉得自己没有什么可怕的。但是对于大部分留下来的白人妇女、儿童和老年男子来说，这种恐惧和不确定是可怕的。他们都读过贩卖恐惧的南方媒体关于北方佬强奸、抢劫和谋杀的报道。他们都听说过谢尔曼的手下在佐治亚州和南卡罗来纳州的残忍行径。女人们把贵重物品缝进裙子的口袋里，锁上门，拉上窗帘，给手枪上膛。

还发生了一些令人百思不得其解的事。士兵们在议会大厦广场焚烧了大量成堆的邦联货币。人们实在不明白，为什么不让这些毫无价值的纸币落入联邦军手中？就在奴隶制度即将垮台的

---

① 许多人逃离了这座城市，但也有许多人留了下来。

当下，街道上出现了不和谐的状况。在火车上吵闹着要位子的人中，有一个是里士满最有名的奴隶贩子罗伯特·伦普金——他的名气跟虐待奴隶有关——他也是里士满最大的奴隶拘留所的拥有者。在一片恐慌之下，他领着50个戴着镣铐的奴隶逃跑，穿过一条条街道，试图把他们带上火车。不少奴隶在哭泣。一直到那天，奴隶贩子都来去自由，带着一堆奴隶出入自己想去的任何场所是很常见的。里士满是美国较大的奴隶市场之一。在那里，男人、女人和孩子挨鞭子的事儿屡见不鲜，他们被捆着，套上锁链，与家人离散，"南下"后被卖到遥远的地方。但是现在，一个挥舞着刺刀的士兵告诉伦普金：如果不放他的奴隶走，他就不能上火车。[15]里士满沦陷，意味着奴隶制度的终结。

接下来，真正的麻烦开始了。那天晚上，在庄严肃穆的里士满大街上，人们变成了暴徒，很多人都喝醉了，于是原来守法的公民开始在南方的首都进行大规模的抢劫。他们喝醉是因为他们发现了一个自由流动的酒源：惊慌失措的军队在最后几小时把几百桶威士忌倒在了城市里。士兵们打破桶盖，把酒倒进排水沟里，形成了一条酒精河，让想喝酒的黑人、白人（无论是老人还是年轻人）得以随意品尝。那条水沟深及脚踝。[16]有些人甚至用舌头去舔。很快，街道上就挤满了上千名醉醺醺的抢劫犯，他们抢劫每一家商店和仓库，还拿走了别人的私有财物，彻夜不休，一直到第二天早上。其间，他们没有遇到阻拦他们的力量或者组织。抢劫者中有穷人和声名狼藉者——从监狱里逃出来的囚犯、流浪汉、逃兵、酒吧和妓院里的流氓地痞，还有混迹于城市贫民窟的人。

街上的另一群人有着不同的目的。在抢劫者中，颇为引人注目的是黑人奴隶，他们在这座失去了法律约束的城市里突然获得了辉煌的自由。黑人新闻记者T.M.切斯特写道，里士满富有、拥有奴隶的白人正在"被他们一直奴役的人掠夺"。切斯特是一家大型日报社唯一的黑人记者，他以一种与其白人同事所使用的不同的方式描述了抢劫事件的另一侧面：

公共掠夺事件的领导者来自有色人种，他肩上扛着一根铁撬棍，以此作为显著的标志。他腰间还缠着一块红色的东西，垂到了膝盖。那群暴徒——没有其他称谓更适合他们了——就一直跟着他，认他做他们的首领；当他向前走的时候，他们就向前走；他们冲进他用撬棍撬开的每一条通道。凡是能带走的货物都被掠走，并由支持财产平等分配的人私自占有。[17]

但是，酗酒和抢劫只是这座城市历史上的最可怕的夜晚的开始。除了倾倒烈酒外，根据命令，南方邦联士兵还要销毁所有的武器和商品。前者具有很强的军事意义，而后者——包括烧毁储存在仓库中的烟草、棉花和面粉——却没有什么意义。这个命令极其愚蠢，而且极具破坏性。最糟糕的是，他们奉命烧毁市中心附近的4个大型烟草仓库。销毁烟草能给罗伯特·E.李的军队带来什么好处？是不想让联邦士兵抽免费烟，还是不想让十分富有的联邦出售烟草？里士满居民萨莉·布洛克说，烟草仓库一旦被点燃，足以危及里士满的整个商业区……市长梅奥已经组织了一个委员会，对一些不顾后果的军事命令提出抗议。但在那疯狂的时刻，抗议活动无人理睬。火炬被点燃，无助的市民只能眼睁睁地看着他们的财产悉数被毁。[18]

仓库被点燃之后，一股强劲的南风把余烬吹到了其他工业区和商业区。很快，城市的大片区域都变成了火海。横梁断裂、墙壁倒塌、屋顶塌落的声音使整个城市为之惊惧。空气中碎砖头、碎玻璃乱飞。国家军火库的炮弹发生爆炸，震碎了附近夏可社区的窗户，把这里的门从合页上震了下来。在4次更巨大的、震耳欲聋的爆炸声中，邦联军队炸毁了他们在詹姆斯河上的笨重的铁甲船。[19]联合长老会教堂的尖顶着火了，摇摇晃晃地撑了1个小时，最后轰然倒地。这些声音夹杂着火车发出的汽笛声和街头暴徒的叫喊声，以及兵工厂不断传出的爆炸声。4个多小时内，估计有10万枚炮弹被引爆。在法式花园山社区附近，许多居民——包括城市救济院的大多数居民——在一家杂志社爆炸时丧生。军方懒得告诉他们这是怎么一回事。[20]桥梁、军火库、兵工厂、仓库、银行、办公室、教堂和河上的船只都被烧了。房子也在燃烧。萨莉·布洛克写道："大群劫掠者"无处不在，"他们像恶魔一样在浓烟中移动"。[21]

杰斐逊·戴维斯和他的内阁成员在午夜时分乘火车离开了这里，成千上万的士兵和市民在出城的路上看到了熊熊燃烧的、地狱般的、正值末日似的里士满。前国会议员博特勒在书中写了他当晚在这座古老的城市所看到的景象：

> 横跨詹姆斯河的3座桥……都着火了。大面积的火灾在城市的西部、中部和东部靠近河流的地方肆虐。从水中的倒影来看，那里似乎是血红色的。滚滚浓烟划过深红色的天空，"遮住了星星"，同时，有无数的火花在旋转……火星落在远处和附近的房子上。[22]

　　第一批进入里士满的联邦步兵是黑人。他们中有许多人曾是奴隶。对非裔美国人来说，这场史诗般的胜利是一个极大的讽刺。尽管白人士兵为阻止这场胜利付出了巨大的努力，但他们还是胜利了。

　　第二天凌晨4:30左右，在詹姆斯河北岸，联邦士兵发现：保护里士满的邦联军防御工事已经被遗弃，邦联军弃城而逃。北方士兵本以为进城后还要激战一番，结果却是在土木工事、障碍物、雷区和废弃的大炮中挑着路往前走。早上7点，他们已经越过了防御工事，兵分四路向城里进军。[23]他们都敏锐地意识到"第一批进入里士满的部队"意味着什么。他们想象如果是他们先到，那下半辈子都可以四处吹嘘，引以为傲了。①

---

① 一些联邦骑兵先于步兵到达里士满，所以这个"第一"仅限于步行的士兵。

在这几路大军中，有一个由美国有色步兵第三十六、第二十二和第三十八团组成的黑人士兵旅。他们隶属于全黑第二十五兵团，一点儿也不平凡。这3个团都在前线浴血奋战，伤亡人数异常之多足以证明这一点。（第二十二团有全军颇具特色的团战旗帜之一，上面详细描绘了一名黑人士兵无情地刺杀一名邦联士兵的场景。）他们的队伍中获得荣誉勋章的人有4个。像许多其他有色军团一样，它们的多样性令人惊讶。这个旅的成员包括来自新泽西州的自由黑人、来自弗吉尼亚州汉普顿锚地奴隶营的难民，以及来自马里兰州的自由黑人佃农。他们由阿朗佐·德雷珀准将指挥。德雷珀是来自马萨诸塞州的一位狂热的废奴主义者，也是一位杰出的政治演说家，曾拒绝指挥白人部队而领导黑人部队。他和他的部下领先一步，但在离城市不远的一个十字路口停了下来——市长正在那儿组织人投降。在这里，战争中的一幅伟大的画卷展开了，黑人士兵为这巨大的好运欢呼、哭泣、手舞足蹈、拥抱彼此。第三十六鼓乐团演奏了《扬基·杜德尔》和《为自由而战的呐喊》。与此同时，里士满以前的奴隶和自由民聚集在他们周围，对装备精良的军队感到敬畏，看到黑人士兵以后更是大吃一惊。他们欢呼喝彩，在空中挥舞着帽子，喊道："你们终于来了！""耶稣扫清了道路！"[24]

尽管如此，这座坐落在詹姆斯河畔小山上的伟大的邦联首都还没有被征服。现在必须做出决定：只有一条路直达首都，谁先去？答案很简单：白人——特别是来自第二十四兵团的爱德华·H.里普利准将的手下。德雷珀的黑人旅奉命靠边站，白人士兵出发了——带着光荣与梦想。

但是，德雷珀的手下并不想轻易放弃。当里普利带领他的手下兴高采烈地向城市前进时，德雷珀的手下风驰电掣地来到附近的田地。他们的行动速度奇快，他们迅速抵达离里士满市中心3英里（约4.8千米）的地方，远比白人士兵早到。德雷珀回忆说："至少过了10到15分钟，才有一支白人军团出现在我们眼前。有些军官发自肺腑地发誓说，他们认为黑人先于他们进入了城市。"[25]在现场的记者切斯特在写给《费城新闻》的快讯中记录了这一时刻："也许还有其他人声称他们是第一批进入城市的人。除了骑兵外，我走在了其他任何军队的前面……所以当我宣布德雷珀将军的旅是第一个进入城市的组织时，能对自己说的话负责。"[26]虽然里普利和其他人后来对这一说法提出质疑，但其他人认为这是值得庆祝的事件。本杰明·巴特勒少将将这件事形容为"神圣的报应"。

来自宾夕法尼亚州的活动家切斯特曾经倡导在非洲重新安置美国黑人。他在南方邦联众议院的议长桌上写下了这条快讯。当他正起草快讯时，被一个假释的邦联军官看见了，那人勃然大怒，要求切斯特离开大厅。切斯特继续冷静地写作，邦联军官立刻冲了上去。切斯特给了他一记重拳，打得他转圈，然后回到办公桌旁继续他的写作。那名邦联军官随后向他附近的一名联邦军官索要一把剑，但被拒绝了。这位联邦军官提议在众议院清理出一块地方，让两个人好好打一架。邦联军官拒绝了。切斯特后来在写到这次冲突时说，他打了那名邦联军官。如果这件事发生在前一天，那么黑人记者切斯特会被处死，"我想我会行使我作为一个交战者的权利"。[27]

最后，这群据说在弗吉尼亚州、密西西比州、佐治亚州和南北卡罗来纳州一路强奸、焚烧和抢劫的恶魔联邦士兵来到了这座到处都是毫无防备的白人妇女的城市里。更可怕的是，联邦军团现在还拥有完全由黑人构成的师，其中许多人以前都是奴隶。据推测，他们会为了报复他们的压迫者而放火烧城。事实上，没有什么能阻止联邦士兵任意妄为、随心所欲，包括像对待南卡罗来纳州一样对待这座城市。历史上有许多这样的城市——在漫长而激烈的内战中失败的一方的城市——被置于刀剑或火炬之下，或两者兼而有之。

但是，这个被征服的奴隶制国家的首都并没有遭受暴力、火灾，而是受到了友善、谦让、慷慨和宽和的对待。联邦士兵拿出了最好的表现。他们进入的城市是一个正在燃烧的残骸，烟雾弥漫，放眼望去，到处是烧焦的景观和倒塌的建筑物。他们尽其所能地保留这个城市剩下的一切，也下定决心让居民知道他们对火灾和爆炸的发生没有责任。他们尽力阻止火势蔓延，还保护了食物和饮用水。他们平静地处理被俘虏的邦联军官，礼貌地处理前来要求保护自己财产的女士的询问。他们在私人住宅中设立哨兵，并对喝醉或骚扰市民的联邦士兵进行纪律处分。[28]当夜幕降临后，一个旅的士兵在城市周围纠察，在郊区巡逻。他们实施了严格的宵禁：晚上9点以后，任何人——无论是士兵还是平民——都不准上街。与前一天晚上的混乱相比，这个城市现在平静、安宁、有序。一位里士满的女士形容联邦士兵表现得堪称"宽厚、尊重，甚至友善"。一位邦联的军官后来写道：占领行动是在"互相理解与尊重"下进行的。

纵观历史，如果说这是一场惨烈的战争结束后的占领军的奇怪行为，那么第二天，不速之客亚伯拉罕·林肯总统的到来就显得更加奇怪。他于4月4日下午早些时候乘船抵达里士满，在臭名昭著的利比监狱附近下了船。他头戴丝质礼帽，身穿黑色长外套，在仅有的10名武装水手的护卫下，进入布满灰尘和碎石的街道。林肯从访问一开始就面临着巨大的危险。他乘坐的汽船"皇后河号"在逆流而上的途中不得不躲避水雷和沉没的船只，这使他最终被迫乘坐一艘由10名桨手提供动力的驳船。[29]但这些似乎都阻挠不了林肯亲赴里士满的决心。他想亲眼看到里士满，于是拉着小儿子泰德的手，开始向前走。

他没有为他将在城市街道上受到礼遇做好准备。他刚刚抵达的时候，有消息说"总统"到了，于是有人喊道："吊死他！""吊死他！""对他别客气。"接着，人们意识到是哪个总统下了船，一切就都变了。林肯还没走多远，城里的黑人就从他们简陋的家和油纸棚子里涌出来，包围了他。他们喜极而泣，伸手去摸他的手，但他们主要还是把他当作给他们自由的人跟他说话。"荣耀归上帝！光荣！光荣！光荣！"有人反复说。"上帝保佑。"其他人大声喊道。"伟大的弥赛亚！我一见到他就知道是他。他在我心中已经有4年了。他来解救他的孩子们了。荣耀哈利路亚！"面对这种宗教般的热情，林肯感到很不安。有人跪在总统面前，他低头看着他说："别向我下跪。这是不对的。你必须只向上帝下跪，感谢他让你以后享有自由。"林肯认为"黑人不再是奴隶"是对的，但他们最终会是什么样的下场还不得而知。也许，许多人将走向无家可归的贫困；在一个不友好和有着严重偏见的世界，没有贸易技能的人会过着极其艰辛的生活。

拥挤的人群中大多是黑人，白人则大多躲在家里，透过拉下的窗帘的缝隙向外张望。但是也有白人出现在欢迎林肯来访的现场。一位白人少女挤过人群，送给林肯一束玫瑰，上面写着"伊娃献给奴隶解放者"。一位白人妇女站在路边，显眼地挥舞着联邦国旗。[30]

记者兼废奴主义者查尔斯·C.科芬在《波士顿邮报》上清晰地呈现了他所捕捉到的这一幕画面：

没有纸张或是彩色的画布能重现这一事件，热情洋溢的人们——在战争中忍受着难言的恐惧的黑人和贫穷的白人——尽情地展示快乐，欢呼呐喊、载歌载舞、感恩上帝、感恩耶稣，仿佛林肯总统就在上帝之子的身旁。他们兴高采烈，脸上洋溢着难以形容的喜悦。他们开心地往空中不停地抛帽子……[31]

在林肯大约走了1英里（约1.6千米）后，占领里士满的指挥官戈弗雷·韦策尔率领一队骑兵迎接林肯，并护送他到邦联的白宫——那里已成为联邦的军事总部。林肯似乎一点儿也不高兴。他看起来很疲惫，坐在杰斐逊·戴维斯的椅子上，脸上没有特别快乐或如释重负的表情。他要了一杯水。陪同林肯下船的约翰·S.巴恩斯船长写道："他的样子好像联邦没有取得胜利一样。他躺在椅子上，好像一个疲惫至极的人，已经不堪重负。"林肯筋疲力尽，走到外面的阳台上，向聚集在街上欢呼的人群鞠躬致意，但始终一言未发。[32]

*　　*　　*

内战中的新闻大多传播得十分缓慢，有时慢得令人震惊。

但这次不同。

就在4月3日上午11：00之前，韦策尔给华盛顿的战争部发了一封电报，宣布邦联首都的沦陷。这消息令人大吃一惊，许多人都不敢相信。来自战争部的一系列简报很快就出现在华盛顿各大报纸的增刊上。《萨克拉门托联合时报》的记者诺亚·布鲁克斯写道："一瞬间，这座城市充满了前所未有的兴奋。每一个拿着旗子的人都在微风中挥旗；从宾夕法尼亚大街的一端到另一端，空气中流动着国旗的鲜艳色调。800支隆重的大礼炮的声响震动了天空。"[33]

很快，街道上挤满了人，到处都是欢笑、欢呼的声音；人们拥抱彼此，把帽子高高地抛向空中；人们放声高歌，组织游行，黑白相间，亲善的气氛在蔓延。一个佛蒙特州的男人站在一个角落里，向每一个经过的黑人发放50美分的"石膏纸"（纸币），并认真地重复着："巴比伦已经陷落了。"乐队在街上游行，演奏着想到的任何乐曲，有《扬基·杜德尔》和《围着国旗集会》，也有南方人的《迪克西》。街上到处都是嘈杂的叫喊声、教堂的钟声以及相互碰撞的旋律。还有人喝酒庆祝——他们的酒量惊人。

不过，人们多半希望听到演讲。他们希望抓住那一刻，不肯让喜悦流逝。而唯一能做到这些的方法就是用语言来描述它。布鲁克斯观察到：

> 美国人做演讲的习惯从未如此明显地表现出来。凡是会做演讲——或自以为会做演讲——的人都开始演讲。许多以前从未做过演讲的人发现，他们可以把自己的希望放到一群热情的君主身上，通过兴高采烈的演说向他们提出要求。[34]

人们觉得快乐、欢欣、如释重负，而这么多浓烈的情绪不可能在一天之内全部抒发出来，所以庆祝活动一直持续到第二天晚上。夜幕降临，整个城市被各种各样的灯光和焰火照亮。挂着国旗的政府大楼在巨大的光的旋涡中浮现。在柯克伦美术馆，星条旗的开场是一个信号，让守在大楼每一扇窗户里的人点燃煤气喷口，创造出一种无电似有电的效果。市民们则欣喜若狂，继续喝呀，唱呀，跳呀，一直到夜深时分。[35]

在战争部长埃德温·斯坦顿所做的一次演讲中，他恳求上帝"教会我们在胜利中保持谦卑"。人人都为这种美好的情绪鼓掌——虽然人们可能还没意识到，在那一刻，这种美好正在里士满的街道上流淌。

当然，也不乏有人怀有其他情绪。听说里士满着火了，有人轻描淡写地说："烧就烧呗。"[36]

第21章 痛苦的荣耀

这场规模巨大的战争已经犹如一场竞走比赛。罗伯特·E.李带领他的部下从彼得斯堡和里士满的防御工事中撤离，指挥他们西进，开启了前所未有的新型战争。他们领先联邦军队8个小时。逃跑的军队是丑陋的，他们没有规程、缺乏责任感、不守礼仪、队形凌乱、行军节奏混乱。"我们狼狈行军，"来自北卡罗来纳州的一名上尉写道，"没有固定的纵队，没有固定的节奏。如果有士兵累极了，他就出列休息，吃点东西——如果他手头有什么可吃的东西的话。休息，然后站起来，愿意的话就继续行军。几乎没人说话。一种说不出的悲伤压在我们的身上。"[1]生存的必要条件被简化为两个——逃跑和活着。

起初，邦联军在黑暗中行军，经过了地形不断变化的区域：平坦宽阔的农田，高高的山脉上陡峭的山坡，茂密的森林和灌木丛，淹没河岸的溪流，洼地和泥泞的河岸。有时路很宽很好走，有时路又窄到只能容许一辆运弹药的马车勉强通过。有时有桥可走，有时无路可行。士兵的身上被划伤、刮伤，污秽不堪，湿漉漉的，许多人都没有鞋穿。他们分成4个纵队向前推进，从北到南，在詹姆斯河和阿波马托克斯河之间形成一个20英里（约

32.2千米）长的队伍。他们很清楚，尤利西斯·S.格兰特率领的波托马克军团正在他们身后广阔起伏的乡村行进，等待他们的是死亡、残废或者被俘的命运。李的后防骑兵和由乔治·阿姆斯特朗·卡斯特指挥的联邦先遣骑兵部队已经开始了战斗。9个月来，邦联军一直居住在他们位于里士满和彼得斯堡的装甲防御工事里的黑暗地带，像害虫一样躲在挖好的鼠洞里。现在，被框定的世界已经消失。他们在自由地奔跑。

李的计划是让他的军队在阿米利亚县府所在的小镇重新集结起来。那个小镇位于里士满以西约40英里（约64.4千米）的里士满－丹维尔铁路上。他的纵队在那儿会得到亟需的口粮，然后沿着铁路线自西向南行进，始终领先于波托马克军团的主力部队。这个方向代表着救赎和希望，或是在绝望时刻产生的类似体会——乔·约翰斯顿及其2万邦联军就驻扎在100英里（约161千米）外的北卡罗来纳州。李可以在那儿重组军队、重新武装，然后与格兰特或谢尔曼对决，或同时与他们两方混战。这就是他的计划。为了成功，李必须在这场"竞走比赛"中获胜。格兰特也想到了这一点，所以他的目标是：切断邦联的里士满－丹维尔铁路，从而阻止他们与约翰斯顿的军队会师。

4月4日中午，李赶在追逐他的5个联邦步兵团和骑兵之前到达了阿米利亚县府。但他领先的距离正在迅速缩小。因为洪水，他分散的部队出现了严重的延误。邦联军纵队本应从3个地方横渡小镇东面涨水的阿波马托克斯河，但是主要的渡口已经被冲毁，他们手头也没有用来建造临时桥梁的浮筒；还有一个渡口的通道被水淹没了；准备渡河的人和车只能沿着狭窄的道路奔向唯一的一座桥。时间紧迫，而李将军的三分之一以上的人马到第二天早上才到达目的地。

除了延误，后勤部队还犯了一个灾难性的错误。李原本希望能找到35万份口粮，供他在阿米利亚县府等待的饥肠辘辘的士兵食用。但是后勤部队送来的不是食物，而是装满弹药和马具的棚车。一丁点儿熏肉或玉米粉都没有。觅食团不得不去往乡村，这造成了进一步的延误。[①]

这些失败意味着什么，在4月5日早晨变得显而易见。李得知谢里登的骑兵和整个联邦第六兵团已经占领了杰特斯维尔——里士满－丹维尔铁路南部的下一站。北方佬跨越铁路线挖起战壕，高举着枪，战旗飘扬。李的逃跑路线被封锁了。他只得西行向林奇堡的方向行进，踏上了一条非常糟糕的路。曾经寄托在阿米利亚县府未铺砌的街道上的巨大希望破灭了。联邦最高司令部当然也这么认为。"如果我们全力以赴的话，我有信心俘获北弗吉尼亚军团。"心情愉快的谢里登给格兰特发电报说，"李现在已经无路可逃。"

更让邦联将领感到不安的是他们持续减员的军队。彼得斯堡

---

① 威廉·马弗尔在《李最后的撤退：逃往阿波马托克斯》(自第49页起)中提出了一个令人信服的论点，即渡口故障而非配给的失败是造成延误的主要原因，因为李的部分军队在4月4日还没有到达阿米利亚县府。

的战斗造成了大量伤亡。现在，士兵正以创纪录的速度逃跑。北弗吉尼亚军团正在逐渐消失，特别是军队后卫理查德·H.安德森少将指挥的后防兵团。乔治·皮克特所在的师是邦联军队中较大的师之一，在4月1日和2日的战斗中损失了一半以上的兵力，其中很多人做了逃兵。邦联军队内部正在发生的类似情况的最好和最坏的例子的主角都是威廉·华莱士准将率领的由南卡罗来纳州6个团组成的旅。3月1日，它有1969人，对于一个处于战争后期的作战旅来说，这是相当可观的兵力。华莱士在3月25日的斯特德曼堡和3月29日的贵格路战斗中损失惨重。4月2日，华莱士只带了350人向师长汇报。其他人呢？大部分已经伤亡。大约有300人要么迷了路，要么掉了队；另有470人逃跑了。最终，那些人或是投降，或是消失在树林里。无论怎样，对于理查德·安德森、罗伯特·E.李和北弗吉尼亚军团来说，他们永远消失了。[2]在3月25日至4月9日，北弗吉尼亚军团应该失去了至少1.44万名士兵，可能还有2.04万名士兵做了逃兵。[3]

于是，那些彻夜未眠、饥肠辘辘、骨瘦如柴的邦联军再次奔向另一个没人听说过的地方——法姆维尔——据说有8万份口粮在那里等着他们。然而这一次，事情变得更糟、更令人绝望。行军也更加艰难。人们拖着沉重的脚步走在泥泞的路上，路面已经被搅成了一层厚厚的胶状软泥。一连3个夜晚没睡过觉的军官频频发出荒谬的命令——后来才意识到自己是多么不理智。道路交会、分岔，把人都搞糊涂了；有时军队向东走，朝着远离目的地的方向行进。那些曾在最艰苦的战争中英勇战斗的人，有的跪下，有的躺在地上，有的为了寻找食物、保证睡眠或安全而离开了他们的部队。他们甚至啃树枝上的花蕾。他们在撤退所经之处留下的痕迹是他们疲惫不堪的证据：丢弃的步枪和床单、空弹匣、废弃的货车和救护车。就在这种情况下，敌人从其南翼突然出现，列队长达数英里。而邦联军早已脆弱不堪，对此无能为力。此时，挖战壕已不再是明智的选择。

联邦军的攻击并未减弱。经过一系列野蛮的小规模战斗后，安德鲁·A.汉弗莱斯少将率第二兵团冲进邦联军后方。如果邦联军减速行军或停止不前，将会发生什么？这是显而易见的。邦联军少将约翰·B.戈登在后方指挥战斗，他写道："（进攻）持续不断，一个小时又一个小时，从一个山顶到另一个山顶。防线交替形成，战斗、撤退，这几乎是一场不断变化的战斗。"[4]当汉弗莱斯从后面逼近时，谢里登的骑兵和步兵击中了邦联军的侧翼，试图寻找一个缺口将防线一分为二，孤立并摧毁邦联军残部。

4月6日下午，谢里登发现了这个缺口。在水手溪附近进行的3次单独交战中，联邦军冲进了邦联军纵队。谢里登的骑兵突破了邦联军防线的缺口，许多邦联士兵突然发现自己被包围了。结果是邦联军的溃败和毁灭。邦联军损失惊人：2000人伤亡，6000人被俘。李从高处俯视着狭窄山谷里的荒凉场景——他的士兵驱赶着没有马车的马队，行迹飘忽；没有帽子和武器的人混入"无害的暴徒"中——他失声喊道，又像在自言自语："天哪！军队解散了吗？"

"不，将军，"站在他旁边的威廉·马宏少将回答，"这里还有准备履行职责的部队。"

"是的，"李用柔和的声音说，"还剩下一些真正的男人。"[5]

但这些人只是杯水车薪。

不知过程如何，李竟然成功抵达法姆维尔，在和联邦军的竞赛中占得了先机。士兵们分到了配给的食物。他们生火、吃饭、休息。但允许他们喘息的时间非常短暂——因为他们的一位将军忘了炸毁一座桥。这意味着格兰特的先头部队离这里只有4英里（约6.4千米）远，近到骑兵已经在小镇的街道上开战了。于是邦联军继续往前逃。4月7日傍晚，不是李而是格兰特坐在法姆维尔一家酒店的阳台上，看着士兵们在小镇点燃篝火的街道上行进，乐队音乐在烟雾中飘荡。他的部下兴奋得几乎要发抖了——当发现格兰特就在门廊上时，他们立刻爆发了，挥舞着牌子和火把，欢呼尖叫。在西征期间，他们的体力消耗已到了极限。整个师都在没有食物可吃的情况下行军。[6]当士兵们被允许短暂休息时，他们倒在地上就睡着了。尽管如此，还是有许多人在火光下跳着、喊着，而那个穿着皱巴巴的大衣、长相朴素的男子正注视着他们。他的视线透过他们、透过火光，投向阿波马托克斯河上温柔的黑夜。

格兰特在门廊收到谢里登的消息，说李的部队正赶往一个与阿波马托克斯交界的小镇，那里有口粮等着他们。谢里登说，他相信自己可以先到达那里。而当谢里登相信某件事会发生时，那件事一般都会发生。如果他赢了那场比赛，那么联邦军队将在李的军队两边形成瓮中捉鳖之势。格兰特立即命令爱德华·奥德少将率领的詹姆斯军和约翰·吉本少将率领的第二十四兵团支援谢里登。这就是战争的终点吗？格兰特在想。他转向吉本说："我很想劝李投降。"

内战中最有趣的军事通信就这样开始了。格兰特拿出了他的信纸簿，写道：

R.E.李将军
美利坚联盟总司令

　　将军：上星期的结果一定让您明白，即使负隅顽抗，北弗吉尼亚军团也没有多少获胜的希望。我也是这么想的，而且为了减少流血牺牲，我认为有责任要求你们北弗吉尼亚军团——邦联军队的一部分——投降。

非常恭敬的、您顺从的仆人

U.S.格兰特中将

美利坚合众国军队总指挥

格兰特打着休战的旗号把这封信寄给了李。李在当晚10点左右收到了这封信。他读了以后，把信交给詹姆斯·朗斯特里特。朗斯特里特读完后，又把信还给了他，说："还不是时候。"李同意，但补充说，"必须答复"这封信。值得注意的是，按照他们的情况来看，如果延长战斗时间，就会导致数以千计的人丧生。最终两个人一致同意拒绝格兰特的提议。李还不知道谢里登已经做好在阿波马托克斯交界处击败邦联军的准备。人们一直很想知道李希望得到什么优待条件。事实上，如果他在战场上被迫投降，那就无法得到优待条件。朗斯特里特自己也曾写到这个凄凉的夜晚："破碎的弹药箱和货车被遗弃，有时甚至还没从路边捡回来就着火了……我的一个炮兵指挥官报告说，他的马太虚弱，拉不动他的枪。"

李给格兰特回信的语气微妙而含糊：

将军：

　　我已经收到您今天的便条。虽然不敢苟同您认为北弗吉尼亚军团进一步抵抗无望的观点，但我对您希望避免无用的流血的想法表示赞同。在考虑您的提议之前，我想知道如果投降，您将开出什么条件。

非常恭敬的、您顺从的仆人

R.E.李将军

那天晚上晚些时候，格兰特收到了李的回复，并在第二天早上给出了自己的回复。他花了6个小时才完成这份回复：

作为回答，我要说，和平是我的最大愿望。我只坚持一个条件，即投降的士兵和军官在谈判期间，不得拿起武器反对美利坚政府。我会在您同意的任何时间，与您所指名的任何军官会面，或指派军官与您会面，目的是明晰地筹划接受北弗吉尼亚军团投降的条件。

这与格兰特在多内尔森堡和维克斯堡要求的"无条件投降"相去甚远，而让格兰特出名的正是这种果断无情。他尽他所能地慷慨大方。他以亚伯拉罕·林肯的方式写信和思考——如果邦联军放下武器，那他们就可以自由返回家园。为了避免李尴尬，他甚至提出让其指定其他人安排投降。李是在4月8日下午晚些时候收到这条消息的，当时他正计划为军队继续撤退做准备。谈到他的对手，他甚至考虑过再来一次重大袭击："我明天早上要打那人一拳。"

鉴于北弗吉尼亚军团处于威胁之下，李的大多数将军不再认为用爬行动物的本能发动攻击是个好主意。同一天下午，他们中的6个人举行了一次私人会议，一致认定对他们军队而言，唯一合理的路线就是投降。他们对和上司摊牌感到不安是可以理解的。毕竟，李现在的心情很差。因此，他们选了W.N.彭德尔顿少将去和李谈——他毕业于西点军校，是李信任的炮兵，战前曾是主教的牧师。正如彭德尔顿后来说的那样："我们的共同判断是，战胜对手已经变得毫无希望了，我们认为让双方士兵无谓牺牲是错误的。"[7]

李的军队正被一片蓝色的海洋包围，他与敌军的兵力之比大概是1：5。他猛然回神，好像这个想法很荒谬：

投降？我相信还没到那个地步！我们还有很多勇敢的人不想放下武器。他们仍然斗志昂扬，而敌人并非如此。还有，如果我告诉格兰特将军我将接受他的条件，那他会立刻把这当成我软弱的证据，要求我无条件投降。我宁愿死也不愿这样。事实上，我们都必须死在自己的岗位上。[8]

此时此刻，虽然李似乎生活在另一个现实中，但他对格兰特的回答是谨慎而富有策略的：

将军：

我很晚才收到您今天的信。在我昨天的信中，我并没有让北弗吉尼亚军团投降的意思，只是想了解一下您愿意给出的条件。坦率地说，我不认为事情已经紧急到我必须交出这支军队的地步，但由于恢复和平应该是所有人期盼的唯一目标，便想知道您的建议是否会导致这一结果，所以我不能抱着投降的心态与您会面。但您的提议可能会影响到受我指挥的邦联军。为了恢复和平，我愿意明天上午10点在两军纠察线之间通往里士满的旧国道上与您会面。

李拒绝投降，但他准备谈论"两国"间全面和平这一更崇高的话题。格兰特在午夜收到这张纸条，当时他正在治偏头痛，不想谈这个话题。格兰特实事求是地认为：除了接受北弗吉尼亚军团投降，他没有权利自主谈论任何事情。虽然格兰特只是对李的回应感到失望，但他的助手约翰·罗林斯却大发雷霆，认为李是在拖延时间，寻找出路。格兰特读信时摇了摇头，对罗林斯说："看来李是要继续打下去。"格兰特的猜测是对的。但李还不知道格兰特刚刚收到的消息——谢里登的骑兵已经在阿波马托克斯车站（即邦联军的西面）夺取了4列满载邦联军粮的货运火车，并缴获了大量枪支，还俘虏了邦联士兵。詹姆斯军的旧部正在去迎接他的路上。李的将军们就驻扎在几英里外的阿波马托克斯县府。

第二天早上，格兰特回信说：

将军：

已收到您昨天的便条。我无权谈论任何与和平有关的问题。您提议今天上午10点举行的会面不会有任何进展。不过，将军，我要说的是，我同样渴望与您和平相处——整个北方都这么希望。您要求和平的条件是可以理解的。如果南方放下武器，那么南方人将加速实现最渴望实现的目标——拯救数千人的生命和尚未被摧毁、价值数亿美元的财产。我真的希望我们所有的困难都能被解决，而不必再失去任何一条生命。

U.S.格兰特中将

当偏头痛发作的格兰特揉着太阳穴写这封信时，约翰·B.戈登少将领导的一支邦联军正在做他们唯一可做的事情——试图从联邦的防线中杀出一条路。那是4月9日，星期天，早上5点。现在，每分每秒都很重要。遵照李的命令，戈登的第二兵团和李的侄子菲茨休·李率领的骑兵进入了昏暗的雾霭之中。他们争先恐后地向前冲，发出原始的呼喊声，仿佛这并不是一支与敌方实力悬殊、即将被打败的军队。令联邦军感到惊讶的是，在这疯狂绝望的时刻，这些来自历史上最伟大的军队的勇敢的战士再次冲了出去，冲破了他们的防线，夺取了大炮，挺向了一座山脊的顶端。他们累得气喘吁吁。在胜利的怒吼声中，他们看到了是什么在等着他们：在山下的树林和田野里，有3万名身穿联邦军制服的士兵排成2英里（约3.2千米）宽的纵队，就在邦联军士兵的正前方，无情地向他们移动——这就是一切的终结。不管怎样，南军战斗过了。为了什么？荣誉？戈登的骄傲？他们一定很清楚他们回天乏术了。3个小时后，戈登给李送了一张便条，正式确认了邦联军的失败："我的部队已经拼尽全力，我想我无能为力了。"李读完这封信后，完全明白自己已经深陷绝境。他告诉他的手下："我现在只能去见格兰特了。尽管我宁愿死 1000 次也不想这么做。"

李会见了詹姆斯·朗斯特里特将军、威廉·马宏将军和爱德华·波特·亚历山大将军。谈论的主题是投降。亚历山大是李欣赏的部下之一，他建议说，与其放弃，不如让军队分散到树林和山里，作为游击队继续战斗。杰斐逊·戴维斯赞成这个想法，并在几次演讲中提到过，最近一次是在 4 月 4 日。而这是格兰特、谢尔曼和林肯最可怕的噩梦——一场没完没了的战争。"我们就像是灌木丛中的兔子或鹌鹑，"亚历山大说，"他们总不能四散开来跟着我们。"约翰·辛格尔顿·莫斯比进行的突袭行动提供了一种看似可行的模式。不幸的是，这种模式也有反例，比如密苏里州的威廉·昆特里尔和血腥比尔·安德森那样的非法游击队，他们见证了联邦主义者和邦联同情者在当地互相残杀的过程。

李仔细听着，想了想，回答说：

将军，你我作为基督徒不能只考虑这会对我们产生什么影响。我们必须考虑这对整个国家的影响。4 年的战争已经让整个国家道德沦丧。如果我听了你的建议，那么这些人将没有口粮，也不受军官的控制。为了生存，他们会被迫抢劫和偷窃。他们会变成掠夺者，敌人的骑兵会追击他们，给许多其可能本不会去的广阔地区造成伤害。一个国家需要数年才能消除我们制造的影响。[9]

在其硕果累累的漫长的一生中，李有许多辉煌时刻，而此刻也许正是他的高光时刻。他违背了总统的口头愿望和许多军官的信念。对南方和整个国家来说幸运的是，真正的权威是李，而不是戴维斯。李无法预测自己的命运，但可以帮助决定他的国家的眼前的命运。他可以放过许多条生命，解除他们无尽的痛苦。弗吉尼亚不会有游击战——他会投降。

李在还没有收到格兰特说自己无权谈论"和平问题"的信时，已经和他的属下骑马去了双方的纠察线，因为他以为他和联邦军总司令约定好了上午10点见面。但联邦方到场的只是一名参谋，格兰特并没有到场。那位参谋自称不清楚两位指挥官之间的约定，只是把格兰特的信件交给了李。李立即口述了他的回答：

将军：

我今早在纠察线收到了您的便条。我来这里是为了与您面谈您昨天的提议，即如果我们的军队投降，您可以满足我们什么条件。我现在请求您就昨天信中的提议进行面谈。

李意识到联邦军即将重新发动进攻，于是现场口授了另一封信给格兰特，请求停火，然后骑上他的战马"旅行者"，回到了他的营地。他换上盛装：穿着带红色腰带的将军服，挎着镶嵌宝石的指挥刀，戴着线手套。"今天我很可能要成为格兰特将军的俘虏，"他告诉他的属下，"我想我必须摆出最好的精神面貌。"[10]

事态发展得很快。没有人有耐心继续等下去。格兰特所能做的就是阻止他的"攻击犬"菲利普·谢里登包围李的军队中的可怜的残余力量，以防他彻底消灭他们。邦联军的任何恶意拖延战术或再三考虑的迹象都会立即引发大规模的暴力回应。"该死的！"谢里登接到停战命令后说，"我真希望他们再坚持1个小时，这样我就能把他们打得落花流水。"他握紧拳头，补充道："我打败过他们！我就这样打败过他们！"

下午1点，罗伯特·E.李和他的助手查尔斯·马歇尔上校由人护送着穿过联邦军防线，进入威尔默·麦克莱恩在阿波马托克斯县府的家。4年前，麦克莱恩曾住在马纳萨斯枢纽附近，在第一次布尔溪战役时，他的房子曾是邦联军的司令部，后来被一枚联邦炮弹摧毁了。所以，麦克莱恩向南搬了150英里（约241.4千米），来到这条静寂的小路上，一个远离战争伤害的地方。下午1点30分，尤利西斯·S.格兰特上楼，谢里登、奥德、罗林斯和其他工作人员也跟在后面进去了。

两位将军之间的对比令人吃惊：李是出身于弗吉尼亚州上流社会的贵族，穿着一身整洁的灰色制服，背挺得笔直；格兰特其貌不扬，是一位制革工人的儿子，穿着褪色的外套和溅满泥浆的士兵衬衫，泥乎乎的裤子被塞进泥乎乎的靴子里。他的穿着令人尴尬，但并非有意为之——他的行李丢了，没什么可穿的。他只是担心李会把他的脏制服看作不尊重的表现。两人握了握手，平静地交谈了几分钟，还回顾了20年前他们在墨西哥的会面。谈话非常愉快，不再偏头痛的格兰特似乎暂时忘记了会面的原因。

李改变了话题，平静地说："格兰特将军，我想我们都清楚这次会晤的目的。我要求见您，以确定您将以何种条件接受我军的投降。"

格兰特回答说："我提议的条件就是我昨天在信中向您提出的条件，那就是——所有投降的军官和士兵都将被假释，不得在谈判期间再次拿起武器，你们所有的武器、弹药和其他物资都将作为被俘获的财产被没收。"

格兰特表示希望此举会结束敌对行动以避免生命损失。李建议格兰特把条款写下来。

格兰特命人拿来他的小簿子，点起他的烟斗，思考了很久，然后开始写。

幸运的是，他的脑子里装满想法——全是亚伯拉罕·林肯灌输给他的。林肯在3月底与格兰特、谢尔曼和海军上将戴维·迪克森·波特在锡蒂波因特的"皇后河号"上进行了为期2天的非正式会晤，阐述了他对和平的看法。与许多其他国家元首不同的是，在经历了惨烈的内战之后，林肯认为和平不应该从复仇和军事调查开始。1789年法国大革命的教训使林肯想到，胜利者应该是严厉的，但也要慷慨和宽容。"让他们一旦投降回家，就不能再拿起武器。"林肯对他的将军们说，"让他们的军官和士兵都走吧。我要的是投降和不再流血牺牲。让他们带着他们的马去犁地，带着他们的枪去射乌鸦。我不想让任何人受到惩罚，要对他们宽宏大量。我们希望这些人恢复对联邦的忠诚，服从法律。我再说一遍，给他们最自由和最光荣的条件。"[11]

格兰特现在就是这么做的。基于仍在他的脑海中回荡的林肯的劝诫，他写出了有史以来颇不寻常的军事投降文件之一。他刚写完就把它交给了李，李专心地读着，偶尔停下来提出一些小的修改建议。当格兰特问他是否满意时，李回答说："是的。我对您的提议没有什么不满意的。这远远超出了我的预期。"这也超出了李的大多数军官的预期。许多人以为他们会被送到战俘集中营。爱德华·波特·亚历山大认为他们很可能会被迫在北方的城市游街。随后，这份文件交由塞纳卡印第安人工程师和外交官伊利·帕克正式誊写。李在见到他时曾说："我很高兴在这里看到一个真正的美国人。"帕克回答说："我们都是美国人。"

文件内容如下：

R.E.李将军：

根据我 8 日所写信件的内容，我提议接受北弗吉尼亚军团的投降，条件如下：所有官兵的花名册一式两份，一份交给我指定的军官，另一份由您指定的 1 名或多名军官保存。军官们可以单独获得假释，在谈判期间不得拿起武器反对美利坚合众国政府；每个连长或团长都要替其辖下的士兵签署类似的假释书。放下武器、大炮和公共财产，由我指定的军官接收。这不包括军官们的佩剑，也不包括他们的私人马匹和行李。以上事项完成后，每个军官和士兵将被允许回家。只要他们遵守假释条件和居住地的现行法律，就不会受到美国当局的干扰。

U.S.格兰特中将

阿波马托克斯县府，弗吉尼亚州

1865年4月9日

在最后一句话中，格兰特想方设法地超越强加给他的谈判限制，同时又不违背林肯在"皇后河号"上的谈话的精神。这意味着：包括李在内的邦联官兵不会因叛国罪而被监禁或起诉。不会列入叛国者或国家敌人名单，因此邦联士兵不会被审判、处决或监禁。实际上，会有一次大赦。

"这将对我的军队产生非常积极的影响。"李在审阅后说。

现在，只有一个问题有待讨论。关于这个问题，格兰特因其所指挥的军队的性质而无法预见。李指出，邦联的骑兵和炮兵都有自己的马匹，他想知道他们是否可以把它们留下。格兰特对此感到惊讶——他从来没有想过这个。他决定不重写投降书，而是提供了一个非正式的和解条件："我会这样安排。我不会改变现在所写的条款，但会指示我将任命的官员……让所有声称拥有马匹的人把它们带回家，为他们的小农场去效力。"

当联邦官员在麦克莱恩家里顺手牵羊，拿走所有他们可以拿走的东西作为纪念品时，李被护送回他的营地。[①]当他骑马上山时，有邦联官兵开始欢呼，接着，更多人开始明白发生了什么，欢呼声逐渐增多。突然，数千名士兵——长期战争的幸存者——疯狂地对着骑在马背上的那个须发斑白的人欢呼。欢呼声如此之大，以至于在几英里外的麦克莱恩家的门廊上都能听到。李骑马时眼里含着泪水，许多欢呼的声音很快就变成了抽泣声。

第二天，格兰特要求与李再次会面。格兰特听从命令，把谈判限制在北弗吉尼亚军团的投降，而现在既然达成了协议，他便觉得自己可以探索更大的目标——即使只是非正式的。4月10日上午9点，格兰特和一些参谋人员骑马来到一个可以俯瞰邦联营地的高地上。几分钟后，李加入了他们——他独自一人，无人跟随。两人握手，然后离开人群私下交谈。我们对这次不太出名的会面的了解是来自李和格兰特的心腹的二手信息。两个版本截然不同——尽管他们在提到格兰特的总体目标时是一致的。

---

① 联邦官员基本上拿走了协议上没有敲定的所有东西，包括烛台和麦克莱恩女儿的洋娃娃。有些是他们付钱买的，有些是偷走的。威尔默·麦克莱恩更乐意接受他们的钱——尽管他的家人后来对这一说法提出异议。爱德华·奥德将军得到了李坐过的那张有着大理石桌面的桌子。谢里登把格兰特写下投降条件时用的桌子给了乔治·阿姆斯特朗·卡斯特的妻子利比，作为对其丈夫的勇敢的敬意。霍勒斯·波特向李借了一支铅笔，留作纪念。伊利·帕克保留了投降条款的副本。见瓦隆，《阿波马托克斯》，第89页。

在格兰特一方的版本——通过记者兼作家约翰·拉塞尔·扬的渠道公开——中，他试图说服李"用其在南方人中的影响力……结束这场战争"。李指出，他的军队是唯一能够表明立场的军队。格兰特说："我告诉李，这一事实只会使他的责任更大，任何进一步的战争都将是一种犯罪。"格兰特要求李说服南方军队，让所有武装人员按照格兰特给予北弗吉尼亚军团的条件投降。在扬所述的格兰特的版本中，李拒绝了，他说他"没有杰斐逊·戴维斯授权，不会擅自行动"。[12]

李的助手查尔斯·马歇尔提供了李一方的版本，该版本对这个故事进行了更为详尽的描述。[13]格兰特告诉李，他希望李见见林肯总统。"如果你和林肯先生达成协议，"格兰特说，"那你在南方的影响力将使南方人民接受你所接受的，而林肯先生在北方的影响力将使北方有理智的人接受他所接受的，而我所影响到的人也将加入林肯先生的阵营。"虽然李对这个提议很满意，但还是不得不像格兰特以前做过的那样，拒绝代表他的国家发言，并说："格兰特将军，你知道我是南方联盟的一名士兵，不能私下去见林肯。我不知道戴维斯先生会怎么做，也无权制定那样的条款。"李面临一个复杂的问题：从得克萨斯州到南北卡罗来纳州，超过15万名邦联官兵仍在武装之下，他们中无人投降，而杰斐逊·戴维斯和他的内阁成员正在逃亡。（10天后，在给戴维斯的信中，李试图按照格兰特的要求去做：说服戴维斯投降。）

现在，格兰特只是结束了弗吉尼亚的战争。当他骑马回到总部的帐篷时，霍勒斯·波特将军问他是否觉得把李投降的事告诉华盛顿的人可能不是个好主意。格兰特回答说，他完全忘了这一点，于是急忙给战争部长埃德温·斯坦顿发了一封电报。这封电报的风格完全是格兰特式的——没有欢呼，因为战争还没有结束：

李将军在今天下午按照我提出的条件率北弗吉尼亚军团投降。随附信函将充分说明情况。

U.S.格兰特中将

阿波马托克斯的事件引发了许多故事。其中最经久不衰的一点是，一旦邦联士兵放下武器，双方的士兵不知怎么就暂时忘记了他们的痛苦、辛酸和磨难，在短暂的时间里，兄弟情谊和相互尊重成了时代的准则。在这种版本的故事里，北方佬认为邦联士兵是可敬的人，因为他们在希望破灭后依然继续战斗；而邦联士兵则认为他们的敌人是宽宏大量且谦卑的胜利者。这是双方构造的理想的自我形象。尽管有真诚的善意，但这种描述在很大程度上是错误的，为支持这些描述而编造的轶事也是如此。

恰恰相反，事实上，他们之间充满了敌意。当李从麦克莱恩家回来时，许多为李欢呼并聚集在他周围的人告诉他：他们将再次为他而战。他们中的许多人都这么想。投降之前，关于投降的讨论一直很激烈。准备做朋友的人不会那样说话。联邦军队沉溺于几乎赤裸裸的欣喜与得意中，他们没有克制自己。当投降的消息第一次传开的时候，阿波马托克斯县府附近的联邦炮兵开始鸣响礼炮。格兰特制止了这一切，提醒他的下属们：他"不想让他们为（邦联军的）垮台而欢呼雀跃"。有关格兰特处事得体、优雅的故事，以及这种慷慨的姿态，经常被人讲述。但是，他的这个命令并没有被传达到在几英里之外的乔治·G.米德将军带领的数万名士兵那里。包括炮兵在内，联邦士兵立刻陷入了疯狂的庆祝之中。连米德自己都在路上疾驰；他后面跟着一队骑兵，大喊着，挥舞着他们的帽子。随着一次次地点燃大炮，向胜利致敬，帽子、靴子、外套、背包、弹药箱和任何能被士兵们点燃、找到的东西都被扔起来，空中乌压压一片。联邦士兵并没有像古老的传说那样，穿过邦联军的营地，把他们口袋里的东西送给饥饿的小伙子们。[14] 相反，联邦士兵们开心地跳着舞，尖叫着，点燃大炮向空中射击，乐队演奏着《星条旗》和《前进》。他们唱着《第一百篇古老赞美诗》——一首庆祝上帝赐福的基督教圣歌，而此情此景中，庆祝的对象也包括邦联的灭亡。

最能体现真正友爱的事件发生在李和格兰特的第二次会面中，当时陪同格兰特的将军们——包括菲利普·谢里登——获准进入邦联军阵营寻找老朋友。他们是在几个邦联将领的陪同下进去的，其中包括詹姆斯·朗斯特里特和约翰·B.戈登，他们想见格兰特。尽管这些谈话大多是生硬、拘谨的，但格兰特还是找机会对他的老朋友朗斯特里特和蔼地说了一句话。格兰特上一次见到朗斯特里特还是在他生命中的至暗时刻，那时，他正在圣路易斯街头卖柴火。现在，领导世界上最强大军队的人拉着朗斯特里特的胳膊说："皮特（朗斯特里特的昵称），让我们再来一场吹牛比赛，回忆过去的日子。"

在大多数情况下，除了格兰特和李的行为外，发生在阿波马托克斯县府的事件既不优雅也不体面。投降之后，约翰·戈登将军公开抗议：他的士兵不是在公平的战斗中被击败的，他们并没有真正被打败；他们被迫放弃，是因为他们被一支拥有极其优越的资源的军队以7∶1的人数优势击败。其他的邦联将领告诉他们的部下同样的事情——因为他们无法控制的原因，他们输了这场战争。邦联士兵的勇敢和战斗技巧，使他们成为胜利者，而不是联邦士兵。他们仅仅是胜在人多。所有这些都不是和解的迹象。①

投降仪式本身就是一个小型灾难现场。格兰特和李指定双方的将军组成了一个"投降委员会"（南方代表是朗斯特里特、戈登和彭德尔顿，北方代表是梅瑞特、吉本和查尔斯·格里芬），负责监督投降过程。将军们同意，邦联士兵将在第二天早上行军到阿波马托克斯小镇的中心，堆放武器和战旗，并交出邦联政府拥有的马匹和骡子。这涉及大约2.8万名邦联军，他们是在一个

① 关于各种各样的阿波马托克斯神话的研究，最出色的是在威廉·马弗尔的《李最后的撤退：逃往阿波马托克斯》中找到的。在这一部分，我大体上遵循了书中的说法。

星期前离开彼得斯堡和里士满的5万人中，除去伤亡、逃兵和俘虏之后的余部。（这个数字还不包括4月6日被关押在水手溪的6000多名战俘。）

然而，什么也没发生。联邦士兵到达指定地点并列队准备见证武器交接，但没有一个邦联士兵出现。下午过去了，一天结束了，依然没有任何邦联士兵出现的迹象。他们在哪里？他们居然无视投降委员会的命令？戈登将军的任务是让士兵们放下武器，但他决定不这么做——尤其是不想在格兰特那群傲慢、欢欣的部下的眼皮底下这么做。戈登和他的军官们认为这是在故意羞辱一支被打败的军队。因此，在约定的时间，他把他的手下带到阿波马托克斯河对岸的一块田地里，在那举行了单方面的私人投降仪式。他避开联邦官兵（因为他们有可能会阻止他）又做了一次戏剧性的演讲，主题是"没有失败的投降"。这种想法已经蔓延开来。士兵们上前堆放武器，在正式"投降"后，返回营地。[15]

如果戈登真的觉得他完成了投降委员会交代的任务，那就大错特错了。投降委员会的联邦成员约翰·吉本立即通知了他一件事——他和他的手下需要回去重新进行投降仪式。所以第二天，戈登的手下不得不穿过小河、进入田地，取回武器并把它们带回阿波马托克斯县府。小圆顶战役的英雄约书亚·劳伦斯·张伯伦和3万名联邦士兵早上5点就在那里等着他们了。这一次，尽管戈登将军愤怒抗议，但他们还是再次启动了投降仪式。联邦的黑人士兵被挡在一边，看不见这个仪式。黑人士兵缺席仪式是双方关系紧张的又一个象征。士兵之间应具有博爱精神，是一个高尚的想法。仁慈、宽容和善意也是如此。没有人想到过非裔美国士兵——无论他们是前奴隶还是自由民——应该得到这样的对待。实际上，这样的事也从未发生。

张伯伦和戈登也是人们津津乐道的虚构的阿波马托克斯故事的主角。比如，联邦士兵站在阿波马托克斯县府的路边，摆着"持枪立正"的姿势——一手拿着步枪，枪托抵在地上。当戈登和他垂头丧气的手下列队而入时——在这个故事里，他们一定痛苦万分——张伯伦命令士兵们换成"携带武器"的姿势，即把枪抵在自己的肩膀上。这是一种致敬的方式。这对无精打采的邦联军立即产生了电效应，使他们立刻变得活跃起来，而戈登自己则骑着马转来转去，向张伯伦鞠躬致意。如此侠义！

虽然这个故事在一个半世纪里感动了许多人，但没有令人信服的证据证明它曾经发生过。亲身经历投降的3万人中，没有一个人谈到过这一事件。故事来源于张伯伦——一个真正的英雄，也是在随后几年美化战争的一个人物——的回忆录。他的回忆录是一种形容词的狂欢，经常反映他所希望的世界，而不是过去本真的样子。首先，他没有像他声称的那样在仪式上指挥军队，因此不能命令士兵们敬礼。其次，他讲述的故事变来变去——它持久的活力主要源于戈登从未反驳过这一说法。这位邦联将领显然很喜欢这个故事里针对他的描述。随着时间的推移，戈登又自由地增加了一些故事，包括暗示李本人曾率领军队穿过城镇。这两位将军显然更喜欢沃尔特·司各特式的故事场景，于是将这些场景写在无数的书籍和回忆录中。而现实则朴素得多——当然，也不那么浪漫。[16]

*　　　*　　　*

当邦联军投降的消息传到华盛顿时，这座城市又像一个星期前一样沸腾起来。不过这次市民们没有那么放肆，他们筋疲力尽了。一个本地人被一阵几百响的礼炮吵醒了，他说他不能忍受这种持续不断的庆祝。尽管如此，泥泞的街道上很快就挤满了人，他们唱着、欢呼着，向遇到的每一个人致敬，希望听到他们可以听到的所有演讲。他们甚至听到了本杰明·巴特勒少将的演讲。巴特勒是南方的猛兽和克星，他站出来说了很多他先前的敌人的好话。据记者诺亚·布鲁克斯记载，财政部的工作人员唱着《第一百篇古老赞美诗》，唱得"激动人心，催人泪下"。[17]接近中午时分，一支临时凑成的队伍从海军船坞冲上来，拖着6个船载榴弹炮在街上边走边放，身后不断出现新的追随者。当他们走向市中心时，队伍像雪球一样越滚越大。当游行队伍到达白宫时，人群的数量增加到很大的规模。枪声再次响起，乐队奏乐，群众高声呼吁总统演讲。[18]

最后，总统的小儿子泰德·林肯出现在他父亲平时讲话的窗口前。人群欢呼起来。随后，总统本人出现了，赢得了更多的掌声。他告诉聚集的人群，他还没准备好演讲。他要把它留到一个更正式的庆祝会上，但要求乐队演奏一支特别的曲子，一支出人意料的曲子。林肯解释说："我一直认为《迪克西》是我听过的较好的曲子之一。我们的对手……想把它据为己有，但我昨天坚持说我们公平地俘获了它。我向我们的司法部长提出了这个问题，他认为这是我们的合法奖品。我现在请求乐队演奏这支曲子。"[19]乐队这么做了，赢得了阵阵掌声。接着，总统建议为格兰特将军欢呼三声，然后就从窗口退了回去。

第22章　历史不可承受之重

　　亚伯拉罕·林肯背负着整个国家的悲痛，他的脸上时常带着深深的忧郁，给人一种高深莫测的感觉；现在他全身洋溢着快乐，脸上的病态和疲劳已经荡然无存。他的朋友和同事看到这一变化都很惊讶。"就在他从里士满回来的第二天，"战争部长斯坦顿后来写道，"我和他一起度过了我一生中最快乐的时刻；我们的心因胜利而受到鼓舞。"[1]自从里士满政府倒台，无论总统走到哪里，都会受到疯狂欢呼的人群的欢迎。尽管林肯坚持说联邦的胜利归功于格兰特和他的军队，但他显然为听到这种奉承而感到高兴。在李投降的第二天，民众成群结队地唱歌、大喊大叫、喝酒、扔帽子、挥舞着旗子，还两次聚集在白宫前要求总统发表演讲。最后，林肯在4月11日晚发表了演讲。

　　出席演讲现场的人永远不会忘记出现在行政官邸的那一幕。市政府大楼——包括新国会大厦穹顶——沐浴在明亮的灯光中；灯光透过薄雾扩散开来，产生了一种神奇的效果。波托马克河对岸的舞台仿佛是由一位有历史意识的导演安排的——罗伯特·李先前的住宅"阿灵顿之家"那宏伟的圆柱依然矗立着，在灯光下耀眼夺目，从白宫放眼望去，清晰可见。彩色的灯光照亮了白宫的草坪，那里有一大群人，还有前奴隶和自由民一节又一节地唱着亨利·沃克创作的流行乐曲《欢乐之年》。[2]

"我以前从没见过这么多人，"前奴隶伊丽莎白·凯克利（玛丽·林肯的朋友和裁缝）回忆道，"就像一片黑色的、微微翻腾的大海……这是一个宏伟壮观的场面，总统面色苍白，眼睛里透露着坚毅。走上前去讲话时，他看上去更像是一位半神，而不是一个终有一死的凡人。"[3]其他人此刻也注意到了有一些不祥的预兆。《萨克拉门托联合时报》的记者诺亚·布鲁克斯发现，涌动的人群十分狂躁，他们的行为令人不安，甚至有点吓人。他写道："人们对这位受人爱戴的最高行政官的热情有点儿可怕。欢呼声此起彼伏，掌声经久不息，总统耐心地站在一旁，直到周围安静下来。"[4]林肯的演讲并不能营造出现场那么激动的气氛。他没有夸耀他的国家取得的伟大胜利和联邦的荣耀，而是谈到了他计划如何公正地处理那个巨大的政治、经济和社会实体——那个实体曾经被称为美利坚联盟国。它刚刚变成他的责任的一部分，而履行这份责任的过程后来被称为"重建"。

然而，在他最后一次公开演讲中有一句具有变革意义的话，这句话将给林肯带来致命的后果。他曾多次私下表示支持黑人享有投票权，但不敢将之作为他1864年竞选活动的一部分。现在，他把这个想法公之于众，而且附加了几个条件："令一些人不满意的是，没有将选举权赋予有色人种。我个人更希望现在把选举权授予那些非常聪明的人，以及那些为了我们的事业鞠躬尽瘁的士兵。""我个人更希望"，这是台上总统强有力的言辞。那天晚上的观众席中有一个人——一个26岁的英俊、成功的演员——对这些话的印象特别深刻。"这意味着黑人有了公民身份。"约翰·威尔克斯·布思对他的朋友说，"现在，上帝作证，我一定要让他下台！这是他最后一次讲话了。"

林肯乐观的表情持续出现了一个星期。未投降的邦联军仍在负隅顽抗，但是联邦军队和政府中的人都觉得他们时日不多了。在北卡罗来纳州，谢尔曼的人数是约瑟夫·约翰斯顿的4倍。柯比·史密斯少将率领的3万邦联军活跃在泛密西西比河地区——这里基础设施受损严重、经济崩溃，首府在联邦政府的控制之下，所以他们几乎没有活路。唯一的问题是，邦联军是投降还是躲入森林成为游击队？在4月14日，星期五——这个国家没有人会忘记这个十分不寻常的日子——上午11点的内阁会议上，总统的心情非常愉快。财政部长休·麦库洛奇回忆说："他讲笑话时脸上经常带着的憔悴表情消失了，取而代之的是轻松愉快的表情。"内政部长詹姆斯·哈兰写道，林肯的表情已经从惯常的"无法形容的悲伤"转变为"同样无法形容的平静的喜悦"。[5]

所有这些都转化为一场轻松愉快的内阁会议。时代英雄格兰特前一天从锡蒂波因特回来，讲了阿波马托克斯战役和李投降的故事。人人都想知道谢尔曼那边的情况，对此，格兰特告诉内阁，他随时等待北卡罗来纳州的邦联指挥官约瑟夫·约翰斯顿投降的消息。林肯满怀同情地谈到罗伯特·E.李和其他邦联将领——他反对激进分子想把他们全部吊死的建议，也反对激进分子按自己的想象重建南方的社会结构。（林肯早前曾多次暗示，如果杰斐逊·戴维斯逃跑，那他也不会不高兴。）

会上最反常的一刻是林肯描述了他前一天晚上做的一个梦。他同样的梦做过很多次，这个梦常常预示着关于战争的重大消息——通常是好消息。根据海军部长吉迪恩·韦尔斯的说法，林肯说在梦中"他似乎坐在一艘奇异的、难以形容的船上，正以极快的速度朝着一个不为人知的海岸移动；他在萨姆特要塞、布尔溪、安提塔姆、葛底斯堡、石头河、维克斯堡、威尔明顿等战役之前都做过同样的梦"。林肯确信这个梦也是令人鼓舞的预兆。他说："根据以前的经验，我们很快就会有好消息。我想这个梦一定是因谢尔曼而做；我也和大家一样，心里希望这件事朝那个方向发展。"[6]

仔细思考这个梦的内容，就会发现林肯乐观的态度确实令人不解。格兰特立即指出"石头河肯定和胜利无关"，并补充说，"他从中看不出什么好结果"。[7]格兰特可能也想到了林肯梦中的萨姆特要塞战役——内战爆发的标志，以联邦的失败结束；还有布尔溪战役。这两场战役对联邦士兵来说都是羞辱。

现在回顾一下林肯的这个梦，可以明显看出来，它预示了林肯的死亡。他在不同场合说到过自己的死，几乎总是和战争结束有关。1864年7月，虽然林肯相信联邦会赢得这场战争，但也曾说过："我可能没法看到胜利的这一天。我有一种不祥的预感，觉得自己可能活不到内战结束。当战争结束，我的工作也到此为止。"他曾对他的朋友哈里特·比彻·斯托说："不管战争以何种方式结束，我都感觉战争结束后我便时日无多。"[8]

* * *

以任何人的视角来看，玛丽·托德·林肯都不是会令人愉快的人。她虚荣、以自我为中心、难以相处、容易情绪波动、脾气暴躁、郁郁寡欢。她对总统、她的官方助理以及任何一个和她相处的人来说都是一个难题。当年3月，她访问了位于彼得斯堡东部锡蒂波因特的联邦总部。她在那里大发雷霆，原因是她觉得其他将军的妻子拥有的特权比她多。当格兰特将军的妻子朱莉娅试图安慰她，帮她平静下来时，玛丽也冲她发了脾气，还毫不掩饰地说："我想你觉得你自己也能去白宫，是不是？"①

朱莉娅·格兰特对她和玛丽在一起的那段不愉快的时光记忆犹新，以至于4月14日晚上，当收到和林肯一家一起去福特剧院的邀请时，她决定谢绝对方的好意。头一天晚上，林肯因为头痛（或者说"他说自己头痛"），请尤利西斯陪玛丽·林肯履行一项职责——坐着马车巡视城里的彩灯。当他们穿过人潮汹涌的街道时，玛丽迅速得出结论：格兰特太受欢迎了，远远超过她的丈夫。愤怒之下，她命令司机停下让她下车。格兰特说服了她继续待在马车里。因此，接下来的晚上，尤利西斯比朱莉娅更不想见她。

---

① 当玛丽从锡蒂波因特返回华盛顿时，她的旅伴卡尔·舒尔茨将军被她说出的粗俗恶毒的闲言碎语吓坏了，后来他将其形容为"令人发指"。

两个人找了个借口，说要坐火车去新泽西看望他们的孩子。当战争部长埃德温·斯坦顿的妻子埃伦听说这件事时，也拒绝了邀请。她告诉朱莉娅："没有你，我不会坐在林肯的包厢里。"其他人也收到了邀请，包括众议院议长舒勒·科尔法克斯。

林肯和玛丽一起观看了这场叫作《我们的美国表弟》的喜剧，只有纽约参议员的女儿克拉拉·哈里斯和她的未婚夫亨利·拉斯伯恩少校陪同。总统几乎没有采取任何安保措施。应他的要求，保镖也没有跟着他一起去剧院；虽说有两个警察和他的随从跟着，但他们都没有被特别要求保护林肯。林肯对自己的安全问题一向不以为意，说他抱着听天由命的态度也不夸张。1864 年夏天，他获得连任，自此以后，他受到了源源不断的死亡威胁，但白宫的来访者进入他的办公室前却不会受到任何检查。他甚至在办公桌上放了一个文件夹，上面写着"暗杀信"。

晚上 10 点 30 分，约翰·威尔克斯·布思走进总统包厢后面的一间休息室，关上门，走向总统的摇椅，用一把单发、口径为 0.44 英寸（约 1.1 厘米）的德林杰手枪击中了林肯的后脑勺。布思还用匕首刺伤了拉斯伯恩，之后从阳台跳到舞台的地板上，喊道："Sil sempertyrannis（对待暴君就得这样）！"然后，他从后门逃了出去。[1] 林肯已经奄奄一息，9 个小时后就停止了呼吸。那

---

[1] 亨利·拉斯伯恩虽然后来伤势痊愈，却未能从阻止暗杀总统行动的失败中恢复过来。18 年后，他开枪射杀、刺死了自己的妻子克拉拉，随后自杀未果。他作为患有精神病的罪犯而被判在精神病院度过余生。

晚，在家中养伤的国务卿威廉·西沃德也多次遭到布思同伙的袭击。虽然他活了下来，但脸上留下了永久性伤痕。格兰特探望孩子的决定也许救了他的命——他也是阴谋暗杀的目标——但他一直后悔自己的缺席。他相信，如果当时他也在那家剧院的包厢，就可以保护林肯免受伤害。

当总统遇袭的消息在华盛顿传开时，格兰特夫妇正坐在火车的私人包厢里前往费城。他们午夜时分到达，直接去了宾馆。在那儿，一个信使拿着一份来自战争部的紧急电报等着他们。格兰特默默地读了一遍，然后递给妻子：

总统今晚10点30分在福特剧院遇刺，生命垂危。一枚子弹射穿了他的头部。国务卿西沃德和他的儿子弗雷德也在他们的住所遇刺，目前处境危险。战争部长希望你立即返回华盛顿。请在收到这封信后做出答复。

随后，美国助理国务卿查尔斯·A.达纳于中午12：50发出另一封电报：

请允许我建议你密切注意所有在车上或其他地方接近你的人；同时，在火车前面增派一个火车头，以防轨道上被放置了什么东西。

　　还有一封电报暗示副总统安德鲁·约翰逊可能会被暗杀。[9]

　　格兰特当天乘专列返回首都。他到达时，被城市的变化惊呆了。他在回忆录中写道："我离开华盛顿时在华盛顿街头和公共场所看到的欢乐现在都变成了悲伤；这座城市彻底成了一座哀悼之城。"[10]后来，他告诉作家兼记者约翰·拉塞尔·扬，4月15日是"我一生中最黑暗的一天。我不知道这意味着什么。我们在战场上镇压了叛乱，但却在阴沟里翻了船。我们曾经光明正大地战斗，现在面对的却是暗杀"。[11]胜利军队的领袖无法撤销已被犯下的罪恶；事实上，他几乎不了解这种罪恶的性质。获胜的摆在台面上的战争不知何故变成了地下之战。

　　城市的街道上弥漫的不仅仅是几乎可以触摸到的悲伤，还有恐慌和愤怒——对邦联的惊天阴谋的愤怒。格兰特压抑着怒火来到战争部，马上就忙了起来。他受命负责首都的防卫和安全。斯坦顿告诉他，要特别注意"我们当中大量的邦联军官和士兵、战俘、难民和逃兵"。

　　格兰特以新职责的身份收到了在里士满的爱德华·奥德少将前一天给林肯总统的一封信。奥德在信中传达了邦联参议员罗伯特·M.T.亨特和邦联战争部助理部长约翰·A.坎贝尔的请求。这是和总统会面的三位邦联委员中的两位，他们和林肯及西沃德共同出席了2月在汉普顿路举行的不成功的和平会议。林肯再也看不到这封电报了。格兰特做了回复。与许多北方人相同的是，格兰特愤怒至极，发誓要报仇雪恨。与他的同胞不同的是，格兰特手握强大的军事力量，能够根据自己的意愿采取行动。他告诉奥德：

> 逮捕还没有宣誓效忠的约翰·A.坎贝尔、市长梅奥和里士满旧议会的成员，把他们都关进利比监狱。在接到进一步命令之前，小心别让他们逃跑。还有，除非他们宣誓效忠，否则逮捕所有被假释的军官和外科医生直到他们被驱逐出境……既然暗杀仍然是邦联的日常工作，那就必须严格遵守极端的规定。[12]

实际上，格兰特说的是：把所有的军官都集中监禁起来。这不仅不像格兰特的作风，而且很有可能再次引发暴力冲突。奥德被格兰特的电报惊呆了，立刻回复说：

> 我见过这两位市民（坎贝尔和亨特）。他们年纪大了，生活几乎不能自理，不可能给别人造成什么伤害。李和他的下属在镇上和获得假释的战俘待在一起。我认为，如果我在这种情况下逮捕他们，就会重新引发叛乱。我愿意以自己的生命为代价维持目前的状态。如果你允许我这么做，那请你相信这里的人，我相信他们对暗杀一无所知，而是哪个疯狂的"布鲁图"（"布鲁图"是罗马共和国的元老院议员，联合部分元老参与了刺杀恺撒的行动）和他的同谋者做的。坎贝尔先生和亨特先生昨天恳切地催促我把他们送到华盛顿去见总统。如果他们有罪，他们会这么做吗？请回复。

格兰特立刻意识到自己反应过度了。他做了回复，这次语气缓和多了：

> 仔细考虑之后，我决定收回逮捕坎贝尔、梅奥和其他人的电报。别把它当成一项命令，而是当成一项建议。根据你的判断和实际情况，你觉得有必要时再执行吧。[13]

但格兰特仍然心怀怨恨，固执己见。他和许多人一样，全力追捕暗杀林肯和袭击西沃德的人。[①]几天后，当邦联游击队员约翰·辛格尔顿·莫斯比请求延长休战期时，格兰特怒气冲冲地说："如果莫斯比觉得现在的休战期不够，那就结束它，带着他的部下一起就范。游击队……没权利享受仁慈的对待。"

"不以仁慈待之"，没有容忍和谈判的余地。如果莫斯比不全力配合，他和他的手下就会被赶尽杀绝。格兰特最终也缓和了自己的立场，而莫斯比会和他和平相处。[②]但是，格兰特在林肯

---

① 约翰·威尔克斯·布思在4月26日试图逃跑时被杀。6月30日，8人被判共谋罪。其中4人被吊死、3人被囚禁，剩下一个叫约翰·苏拉特的人逃走了，后来被审判并获释。

② 战后，格兰特和莫斯比成为朋友和亲密的政治伙伴。莫斯比在其回忆录中写到这段关系的起源："我有很充分的个人理由与格兰特将军保持友好关系。如果不是他在1865年保护了我，那我应该会变成非法之徒，获刑流放。李投降时，我的营地在北弗吉尼亚州，距离阿波马托克斯100英里（约161千米）。战争部长斯坦顿让弗吉尼亚州的所有士兵投降，条件与李的军队相同，但我除外。当时大权在握的格兰特将军出现，给了我一份和他给李将军的相同的假释条件。这样的帮助我永远不会忘记。一旦时机到来，我会念及他为我所做的一切而尽我所能回报他。"

死后的感受反映了他的国家的感受。①前几天弥散的胜利的喜悦消失了，代之升起的是悲伤、痛苦和无助，还有黑暗。攻陷里士满后照亮城市的灯光熄灭了。诺亚·布鲁克斯写道："在最奢华的住所和最鄙陋的茅屋里，到处都是悲伤的黑色徽章。"14

4月19日，林肯的葬礼在白宫东厅举行。那里是一片黑色的世界。大约13个月以前，在这个宽敞的地方，林肯第一次欢迎来华盛顿的格兰特。这里不再有疯狂的欢呼着的人，也不再有威廉·西沃德和尤利西斯·S.格兰特站在沙发上的滑稽场面，取而代之的是圆顶天篷下林肯的灵柩台，上面放着林肯的黑色棺材。坐在灵柩台周围的有总统（安德鲁·约翰逊）、最高法院的法官、内阁成员、参议员、国会议员和外交官。林肯家族的唯一代表——林肯的儿子罗伯特·林肯站在灵柩末端（玛丽·林肯不愿出席）。尤利西斯·S.格兰特独自站在灵柩的前端，时不时忍不住在众人面前哭泣。他说，他的前任上司"无可争辩地是我所认识的最伟大的人"。在一片肃穆之中，林肯的遗体被从东厅抬

---

① 格兰特将继续消化复仇和报应的感觉——包括他自己的和他人的。5月，《纽约时报》与其他报纸一起发起了一场活动，以叛国罪审判罗伯特·E.李，最终导致1865年6月7日弗吉尼亚州诺福克的联邦大陪审团对李、约翰斯顿、朗斯特里特和其他邦联将领提出控告。格兰特立即介入，抗议说阿波马托克斯条款得到了林肯和国家的热情赞同，并要求法官撤销对假释战俘的所有起诉。当安德鲁·约翰逊总统反抗时，格兰特大发脾气，说："我的投降条件是根据军事法提出的，只要李将军遵守假释规则，我就永远不会同意逮捕他。只要他们遵守法律，我宁可交出军队的指挥权也不执行任何逮捕李或他的任何指挥官的命令。"虽然安德鲁·约翰逊是总统，但他没有格兰特的名气和声望，他明智地发现——他被"包围"了。于是，他让步了。格兰特因此使李等人（包括莫斯比）免因叛国罪被公开审判。

到了宾夕法尼亚大道的国会大厦。一直到第二天晚上，它都被安置在那里。游行队伍在教堂钟声和小型枪炮的轰鸣声中行进，由参加过几次弗吉尼亚战役的美国第二十二有色步兵队率领。据估计，同一天有2500万美国人参加了在其他地方举行的林肯纪念仪式。

一列9节车厢的火车把林肯的遗体从华盛顿运到伊利诺伊州斯普林菲尔德安葬，重温了林肯1861年2月来华盛顿时走过的路线。100多万人向他告别。在这个未来前景仍不明朗，甚至不知道是否会重燃战火的国家，哀悼活动遍及每一座城市。纽约为悲痛所淹没，整个城市的商业活动几乎停顿了整整2个星期。一位芝加哥观察家评论道："我见过3位逝去的英格兰国王下葬，但从未目睹过自发兴起的如此大规模、如此步调一致的游行——大家皆因倒下的总统的遗骸来到了这座城市。"[15]

格兰特回到了他在战争部的办公桌旁，忙于一场每天耗资400万美元的复杂的逐渐休止的战争。他急切地想从北卡罗来纳州的谢尔曼那里听到消息。4月21日，他得到了消息：约翰斯顿与谢尔曼签署了一份投降协议，该协议的副本已送交请求批准。随之而来的是谢尔曼的一张热情洋溢的字条。他相信他做了一件大事。"如果得到总统的批准，"谢尔曼写道，"它将给波托马克河到格兰德河之间的地区带来和平。"

格兰特越来越警惕地阅读文件。他很快断定：他的朋友兼门徒犯了一个重大错误。[16]

在所有这些动荡和不确定性中，败方的那位总统——除了"固执"这个最明显的特征，几乎和他的北方同行没有什么共同点——从里士满继续向南逃，远离战争的废墟，走向一个未知的未来。4月2日午夜时分，在内阁成员的陪同下，杰斐逊·戴维斯乘火车离开了熊熊燃烧的首都。[17]邦联曾由11个州组成，有九百万人口，77万平方英里（约199.4万平方千米）的土地，但现在，戴维斯和他的同僚是这个国家仅存的政府工作人员。他们于4月3日下午晚些时候抵达弗吉尼亚州丹维尔镇。戴维斯在那里迅速建立起流亡的邦联政府。他在当地一家酒店设立了他的"行政办公室"，并命令工程师们为城市建造防御工事。他有一个计划：让李的军队与约翰斯顿的军队会合。然后，戴维斯会插到丹维尔镇和北方佬的联合部队之间，对敌人进行毁灭性的打击。在4月4日——李投降前5天——这似乎仍是一个合理的想法。

戴维斯是否仍然是一个理性的、思维清晰的领导人还有待商榷。他古怪、不讨人喜欢。虽然他私下很热情、和蔼，对家人也很温柔，但在公共场合却待人冷淡疏远。山姆·休斯敦对他的描述仍然是他公众形象的恰当总结之一："像路西法一样野心勃勃，像蜥蜴一样冷酷。"他毫不妥协，自私，自以为是，极端缺乏幽默感和亲切感。他认为反对他的想法是对他个人的侵犯。他郁郁寡欢，这和他一系列的身体疾病有关——消化不良、战伤引起的慢性疼痛、耳痛、眼炎。在过去的1年里，他的国家的大部分人似乎都恨他（这点也和林肯相似）。1864年冬天，他遭到了来自各方的攻击，尤其是里士满媒体的责难。这不仅仅是因为他与将军们经常发生小争执和对战争管理不善——颇具讽刺的是——也和他行使邦联权力有关。这个曾经在叛乱的核心高举地方主义和州权利自由大旗的人，现在看到这些观点被那些州用来做反对他的理由；这些州经常拒绝配合征兵、采购、终止人身保护令，还表现出其他僭越邦联权力的行为。这个鄙视联邦集权的人现在被诬蔑为国家主义者。他能够领导这个饱受战争蹂躏、政治动荡的国家那么久，足以证明他的钢铁意志和他认为南方必然会胜利的坚定信念。

但现在，这位毕业于西点军校的美利坚战争英雄、前美国战争部长、密西西比州参议员正在逃亡。在丹维尔镇的临时办公室里，他给四面楚歌的国家写了一封长信，宣布里士满失陷，并展望未来。这份文件令人震惊，因为它既有脱离现实的逻辑，也有永无止境的战争愿景。他用他喜欢的巴洛克风格写道："我们现在已经进入了一个新的斗争阶段，关于这一阶段的记忆将永垂不朽。"

现在，我们从守卫城市和特定地点的必要性中解脱了。这些地方对我们的防御很重要，但不是至关重要的。军队现在可以自由地从一个地方移动到另一个地方，认真打击敌人的分遣队和驻军：我军在我国腹地行动，更容易获得补给；而敌人因为远离自己的地盘，所以失利时不容易获得救援。我们现在不需要任何东西来确定我们的胜利，只需要展示我们难以被磨灭的决心。只要我们愿意，自由终将降临。[18]

戴维斯的言辞听起来像是呼吁大家按照约翰·辛格尔顿·莫斯比的模式进行战争：在全国范围内进行斗争。戴维斯声称要发动的游击战争牵涉的是一个风雨飘摇、"资源匮乏"的国家，"如果不能圆满结束这场错误的战争，就必须迅速放弃"。这番话要么是故意撒谎，要么是出自一个生活在虚幻世界的人的逻辑。幸亏他的国民很少有人读过他的信。在丹维尔期间，戴维斯抽出时间插手了还在密西西比州指挥着军队的他的姐夫理查德·泰勒少将的事务。戴维斯对泰勒的一名下属在一个小地方被撤职表示了不满。

接着，传来了关于李投降的令人惊愕的消息——戴维斯认为这是不可能的——他和他的下属只好继续逃跑，乘了16个小时火车、穿行了46英里（约74.0千米）到达北卡罗来纳州的格林斯伯勒。他们受到了冷落——格林斯伯勒有很多联邦主义者——跟着戴维斯的大部分人被迫住在棚车里。邦联军将领皮埃尔·G. T.博雷加德和约瑟夫·E.约翰斯顿和他们汇合，约翰斯顿直截了当地告诉戴维斯，继续战争毫无意义。1个月前，约翰斯顿在本顿维尔战役中输给了谢尔曼强大的军队，双方实力悬殊，这个结果并不令人意外。约翰斯顿告诉戴维斯："对我们来说，将战争继续下去将是人类最大的罪行。"现在，任何流血事件都将是一场毫无意义的悲剧，与谢尔曼的谈判应该立即进行。考虑到孤立无援、兵力悬殊，戴维斯内阁的大多数人都同意投降，只有国务卿犹大·本杰明站在他这一边。戴维斯同意就要求谢尔曼暂时停战进行讨论，但是他根本不想投降，而只想争取时间。于是他立即问目瞪口呆的约翰斯顿有什么撤退计划、如何能让他的军队得到补给。事实上，戴维斯仍然打算重建他的战争机器，"奋战到密西西比河"，他将继续战斗"直到最后到达终点"。[19]

现在除了戴维斯，几乎所有人都知道这纯粹是痴人说梦。末日就要到了，他和其他人都无能为力。由于格林斯伯勒已经不安全了，戴维斯一行再次上路，他们有的骑着马，有的坐着马车，在雨天的泥泞道路上艰难前行。在夏洛特，戴维斯一行得知林肯遇刺的消息，他的反应是："虽然我对林肯先生没有特别的敬意，但也不愿听到他有这样的结局。我担心这会给我们的人民带来灾难，我对此深感遗憾。"

在夏洛特，戴维斯收到了战争中具有争议的另外一份文件：威廉·T.谢尔曼和约瑟夫·约翰斯顿签署的投降协议。①

这两位将军在北卡罗来纳州达勒姆以西的一家农舍里会面，但没有像格兰特和李那样安排邦联军简单投降，而是编写了一份

---

①　谢尔曼和他的军队在北卡罗来纳州的罗利，而约翰斯顿则在罗利东南约30英里（约48.3千米）的史密斯菲尔德扎营。戴维斯一行人在夏洛特，即罗利以西150英里（约241.4千米）。

影响深远的文件，其中包含了结束各地战争的条款和条件。戴维斯的内阁成员一致同意接受，唯独戴维斯不打算投降。他还在谈论继续泛密西西比河地区的战争。在他看来，这是在争取时间；而在他的同僚们看来，他越来越像一个虚弱、沮丧的老人，已经山穷水尽，到了穷途末路的地步。

格兰特看完谢尔曼寄来的文件后立刻意识到两件事：第一，谢尔曼签的文件中包含了动摇国家根本的错误；第二，格兰特当晚需要向他的上司们展示这份文件。他给斯坦顿写了一封短信：

> 我收到并且刚刚读完了谢尔曼将军的特别信使送来的急件。它们如此重要，以至于我认为应该立即对其采取行动，而且应该由总统会同全体内阁采取行动。[20]

8点，内阁全体会议结束。当格兰特把谢尔曼的"备忘录和协议基础"大声读给整个内阁后，他们先是感到震惊，随后陷入了沉默。谢尔曼所做的正是格兰特在阿波马托克斯被告知不可以做的事情——在两国之间达成一项和平条约。这个文件不仅涉及邦联所有军队在战场上的投降，而且引人注目的是，还包括了南部各州可以重新加入联邦的条件。约翰斯顿显然是杰斐逊·戴维斯和其内阁——这些人管理着一个林肯和国会都不承认其合法性的政府——的代理人或代表。因此，除了他们在战场上的军队，他没有资格让别的任何主体"投降"。

文件上清楚地列出了结束战争的条件。邦联士兵将行军至他们的州首府，将他们的武器放入州军火库，解散，然后服从联邦政府。在州政府官员和立法者宣誓效忠之后，州政府将被视为合法政府，并被重新纳入联邦。法庭将重启，所有南方人将重新获得充分的政治权利，以及他们的"宪法和各州分别规定的人身权和财产权"。

谢尔曼的文件在林肯葬礼后 2 天——华盛顿最糟糕的时刻——抵达首都，引发了一场灾难。亚特兰大的胜利者把林肯关于宽恕、宽大和和解的告诫放在心上，达成了一项几乎没有北方政治家或将军——包括格兰特和在座的任何一位内阁成员——会支持的协议。按照这份文件，邦联军可以不投降。他们只需步行回家，把武器扔到一座州政府大楼里。这意味着只要他们愿意，就可以随时把他们的武器拿出来，重新开始战斗。更糟糕的是，他们不加挑剔地接受反叛州及其立法机构和官员重返联邦——他们只需宣誓效忠就可以。这样的条款似乎保证了种植主阶级可以再次掌权。上面的措辞甚至暗示——尽管这可能只是一个激进的解释——奴隶制可能会再次合法化。（"人身和财产"的全部权利是什么意思？）林肯主张对南方温和以待，但这样的全盘宽恕是不可能的。"这场可怕叛乱的煽动者"必须受到惩罚。那些脱离联邦的州及其领导人不能安然无恙地重新加入联邦，毕竟，内战导致数十万人失去了生命。约翰逊总统和战争部长斯坦顿怒不可遏，指控谢尔曼这种行为近乎叛国。

格兰特反驳了他们，但他需要立即解决这份文件带来的问题。格兰特给谢尔曼写了一封信，告诉他，他的条件"不可能得到批准"，有人"完全不赞成谈判"，战争会"很快"重新开始。格兰特把信放进口袋，登上一艘轮船，亲自前往谢尔曼位于罗利的总部递送消息。

谢尔曼已经开始感受到政治风向的转变。他很高兴能够见到他的老朋友，并立即意识到了自己的幼稚。他只说，他很遗憾他没有看到斯坦顿几个月前给格兰特的信（里面有林肯对处理当面投降的军队的指示）。谢尔曼在他的回忆录中写道："这会省去许多麻烦。"[21]事件在迅速发酵。格兰特回到华盛顿。谢尔曼和约翰斯顿根据阿波马托克斯模式签署了一份新的协定。约翰斯顿这么做有故意蔑视杰斐逊·戴维斯之意，而戴维斯会觉得这是谋逆之罪。但是，戴维斯已经无足轻重了，没有人需要他去为任何协定签名——他只是作为一个猎物而存在。邦联军准备在南方全面投降，甚至内森·贝德福德·福雷斯特也会很快劝说他的军队官兵放下武器，并会提醒他们，官兵的"职责是消除仇恨和复仇的情绪"。[22]由于约翰斯顿的军队即将不再是战斗部队，戴维斯和他日渐缩水的团队不得不再次南迁。

哈里·威尔逊是联邦军队中的明星之一。在纳什维尔，这位27岁的骑兵军官在击溃约翰·贝尔·胡德的部队中发挥了重要作用。尽管他自视甚高，自负地认为自己的想法才是正确的，但他的军事天赋却是无可争辩的。他是用装备斯宾塞卡宾枪的骑兵作为骑马步兵的主要倡导者。1865年冬末，他说服格兰特让他率领骑兵突袭南方腹地，摧毁邦联剩余的重工业，防止南方做最后的反击。[23]

3月22日，他率领超过1.3万人的部队进入亚拉巴马州，然后向南推进，途中摧毁了钢铁厂、轧棉厂和磨坊。4月1日和2日，他在塞尔马与福雷斯特的残余部队交战并击溃他们，占领了该市的火药制造设施和工厂——邦联军所使用的一半大炮和三分之二的定装式弹药都是在这里生产的；此外，他还俘获了2700名战俘。福雷斯特将军放弃了抵抗。[24]4月12日，威尔逊轻而易举地占领了蒙哥马利。在佐治亚州的哥伦布，他又俘虏了1000名战俘，烧毁了军火库、钢铁厂和50万包棉花。最后，大火失去了控制，到了4月17日，哥伦布市的大部分地区已经化为灰烬。这是内战时期密西西比河以东的最后一仗。2天后，威尔逊来到佐治亚州的梅肯，在那里第一次听说了李将军投降以及约翰斯顿和谢尔曼停战的消息。

4月底，哈里·威尔逊完成了内战中最成功的联邦骑兵突袭行动。[25]在25天之内，他行军525英里（约845千米），摧毁了南方腹地剩余的工业设施，造成1000人伤亡，并俘虏了6820名战俘，而他的部队只付出了很小的代价。然而，基本上无人注意他的成就，因为有更大的事件——从里士满沦陷到阿波马托克斯投降，再到一位总统的去世——占据了舞台的中央。

但在他一系列鲜为人知的战争活动结束时发生的一件事，使威尔逊最终成功地扬名天下。

他的最后一项任务是抓捕据说可能前往佐治亚州的杰斐逊·戴维斯及其内阁成员。威尔逊的巡逻队呈扇形展开，在广阔的地域搜索。为了激起广泛的参与热情，威尔逊悬赏50万美元捉拿戴维斯，酬金由邦联财政部以黄金支付。

戴维斯和他那群衣衫褴褛的幕僚比以往任何时候都更加脆弱。他曾经有3000骑兵护卫，而现在，他的队伍不超过20人，只有10个士兵。他们骑着同样衰弱不堪的马，在风雨交加中行进，进入了充满法外之徒的乡村——这里深受戴维斯助力发动的长期的野蛮战争的荼毒。5月5日，戴维斯解散了邦联政府。5月6日，他赶上了妻子瓦里纳和他们的4个孩子（他们一直沿着几乎平行的路各自逃跑）。瓦里纳梦想着去英国，让他们10岁和8岁的孩子在那里上学。和戴维斯一样，她也希望战争在泛密西西比河地区继续下去。

但他们气数已尽。5月10日早晨，当戴维斯、瓦里纳和他们的孩子在佐治亚州欧文维尔镇附近的帐篷里酣睡时，哈里·威尔逊的300名骑兵穿过树林向他们冲来。戴维斯一家被一声枪响惊醒，随着枪声大作，他们很快意识到：他们的营地被包围了。瓦里纳说服丈夫逃跑。戴维斯在黑暗的帐篷里，误拿了瓦里纳的短袖斗篷——而不是他自己的大衣。在他临走的时候，她把自己的披肩披在他的头上和肩膀上。

戴维斯很快就被抓获了，他几乎一下子就被人认了出来。他没有得到尊重。北方士兵吃掉了戴维斯的孩子们的早餐，拿走了总统随从们的钱、马和马鞍。联邦士兵骑着马，带着他们的战利品前往威尔逊在梅肯的总部。一路上，他们时不时用亵渎的语言嘲弄戴维斯一家。他们唱流行歌曲《约翰·布朗的身体》，把其中的一段歌词唱成"我们要把杰夫·戴维斯吊死在一棵酸苹果树上"。①曾严守纪律的戴维斯批评指挥官本杰明·普里查德上校不允许他们一家在天黑后待在一起。普里查德回答得颇为粗鲁，于是戴维斯便说他是懦夫，还说如果他不是囚犯，普里查德就不敢这样跟他说话。普里查德立刻质疑"一个躲在女人衣服里面的男人"²⁶的勇气。

后来，他们沿海路把戴维斯带到弗吉尼亚州的门罗堡，将他在那里监禁了2年。戴维斯因叛国罪被起诉，但从未受审，因为联邦检察官担心他会胜诉，同时也怕司法裁决可能会使分离主义合宪性生效。1867年，他被保释出狱，之后陷入财政困境，做过各种各样的工作，包括担任孟菲斯卡罗来纳人寿保险公司的总裁。他发表了许多演讲，写了一套自圆其说的两卷本回忆录。1889年，戴维斯在密西西比州去世，享年81岁。去世时，他紧紧握着瓦里纳的手。

---

① 内战歌曲《约翰·布朗的身体》的曲调来自18和19世纪早期美国野营集会运动的民谣，后来被朱莉娅·沃德·豪采用为《共和国战歌》的新写的歌词的调。

第23章 犹如炼狱，一去不返

战争即将结束。1865年晚春时节，联邦军正在为他们可怕的工作收尾。暴力和死亡很快就不再是国民生活的常态。如果说北方人民从胜利中获得了喜悦，那么南方人民就因为最痛苦的时期已经过去而有所释然。可是，整个国家却仍然沉浸在悲痛之中。怎么可能不这样呢？在内战中丧生的士兵有75万人，另外至少还有50万人受伤，其中许多人以一种可怕的方式变得不再完整。有的人失去了胳膊、腿、手或脚，有的失去了鼻子、眼睛或性器官。许多人会在慢性疼痛的折磨中度过一生。这样的痛苦是无法量化的，人们也无法计算出有多少家园变得荒凉，多少家庭破产，多少家庭妻离子散、关系破裂，多少人精神崩溃。美国人不仅在哀悼他们失去的父亲、兄弟和儿子，也在哀悼他们曾经的生活方式、曾经的自己，以及他们失去的纯真。

他们在悲伤中寻求意义，而意义总是求而不得。有什么方法能减轻这种难以想象的痛苦呢？林肯为这个问题提供了最有说服力的答案，而这个答案既是定量的，也是有关神学的。1865年3月4日，他在华盛顿发表了第二次就职演说——这也许是他一生中最精彩的演讲片段——解释了为什么那么多人必须死去：

如果我们假定美国的奴隶制度是在上帝的旨意之下必须发生而又将在上帝指定的时刻被消除掉的罪行之一，那么现在就是上帝指定的时刻。上帝把这场可怕的战争作为祸患带给南方和北方并将其作为对有罪之人的惩罚，我们是否可以从中看出，那些相信永生的上帝的信徒对关于上帝的某些神圣属性的理解是有失偏颇的呢？我们深情地希望，热切地祈祷，祈祷这场人类的浩劫能很快过去。然而，如果上帝愿意，它将继续下去，直到奴隶250年无报酬的辛劳所积累的所有财富被尽数毁灭，直到用鞭子抽出来的每一滴血都被另一个用剑的人偿还，就像3000年前所说的——现在仍然必须说"主的判断是真实和公正的"。（斜体字为作者补充）

奴隶制是南方人犯下的罪，而北方人也并非无辜，他们必须用鲜血来赎罪，而且只能是鲜血，并且得用奴隶在长达两个半世纪的奴役中所流下的鲜血的多少来衡量。[1]在林肯宿命论的、《圣经》模式的等式中，内战就是在清算过去欠下的血债，不可避免。

虽然战争结束了，但欠下的血债还没还完。全国各地的战场

---

[1] 在某些重要的方面，北方比南方对奴隶制负有更大的责任，把奴隶从非洲带到美国，所需要的大部分基本设施和奴隶贸易投资都跟纽约和新英格兰有关。仅仅从罗得岛的纽波特就发起了1000多次航行，奴隶们就是这样被从非洲带到北美的。北方几个州直到1804年才废除奴隶制度，北方人拥有奴隶的历史到此结束。

上散落着阵亡士兵的遗体，许多人暴尸荒野，无人埋葬；经过风吹日晒，他们的尸骨已经发白了。联邦的死者中有一半人躺在无名的坟墓里。[1]"失踪者"彻底从地球表面消失了，包括：战斗中身份不明的死者、数万名被关在对方战俘营的士兵，以及仍然在世但下落不明的士兵。

凡此种种，都给他们的家人带来了锥心的痛苦。战争已经结束，可是家中的男人却或是彻底失踪，或是下落不明。他们可能已经为国捐躯，可能消失在对方的战俘营里，也可能飘离于战争叙事之外，他们的故事不再为人所知。和平的到来提供了改变这一切的可能。人们可以去曾经的战场和先前的战俘营寻找家人。信息再次可以自由流动，记录可以被查阅。失踪的士兵和躺在没有标记的坟墓里身份不明的士兵，都可以被追查。活着的人不是至少可以为死去的人做这些事吗？

幸运的是，有一个人发现了这种十分迫切的需要，她就是克拉拉·巴顿——曾经促进战场医疗改革的人。在战争行将结束之际，她正在寻找未来她可以为之继续付出的事业。1864至1865年的隆冬时节，她找到了奋斗的方向。1863年8月，由于邦联军拒绝释放黑人囚犯，联邦政府暂停交换战俘。1864年4月，格兰特叫停了所有的战俘交换工作。从那时起，无论你来自南方还是北方，你的命运和大多数战俘没有什么不同，那就是在对方的战俘营里或苟延残喘，或萎靡死去。而最近政府又恢复了战俘交换工作，这意味着数千名从南方监狱假释回来的联邦士兵现在正坐着汽船奔向马里兰州安纳波利斯的医院。由于工作关系，巴顿成了一位为普通士兵的权利呐喊的名人，源源不断地收到寻找失踪士兵的信件。她写道：人们"浓烈的焦虑和兴奋交杂，以至于很多时候几近于精神错乱"，这让她十分惊奇。

　　尽管她在战场上早已看到过这类景象，但在访问安纳波利斯时所看到的一切还是让她惊骇不已——那些前战俘骨瘦如柴，形容枯槁。有些人不过是活生生的骷髅，只有45磅（约20.4千克）重，已经奄奄一息；有些人语无伦次却喋喋不休；还有一些人脸上挂着出神的白痴一般的表情，双眼凹陷，眼神呆滞。他们走上码头，穿得破破烂烂，身上满是跳蚤和虱子。他们曾是里士满利比监狱和贝尔岛监狱、北卡罗来纳州索尔兹伯里监狱和佐治亚州安德森维尔监狱的战俘。[2]

　　这些人是幸运儿，因为还有数以万计的人永远倒在了邦联集中营里。巴顿意识到，如果她能了解他们的遭遇，或许对国家是一项伟大的贡献。她必须得到政府的批准才能这么做。尽管有出色的工作履历，但她再次面临来自官僚主义者和男人的偏见——他们不相信女人能做成什么事儿。这项任务太艰巨、太困难，她觉得需要征得林肯本人的同意才行。在这次也许是她迄今为止最顽强、最坚持不懈、最有策略的行动中，她雇了一名国会议员、一名参议员、一名少将和一位印第安事务专员专门与官僚机构打交道，促使她的项目获得批准。林肯给她的便条上写着：

致失踪人员之友：克拉拉·巴顿小姐好心地提出要搜寻失踪的战俘。请联系她，她的地址是马里兰州安纳波利斯，告诉她失踪战俘的姓名、所在部队编号和同伴的名字。A.林肯。

这个便条给她带来了一间办公室、一个头衔和免费的邮资。

她的计划迅速传开了。很快，每天都有上百封信寄到她的手中。她雇了助手，自费买了文具。她的方法直截了当：将前战俘作为信息来源。她列出了失踪战俘的名单，把它们张贴在安纳波利斯假释营的营房里，询问任何相关信息；她还写信、研究营地记录。但她很快就发现：这项工作费心费力，而且效率不高，令人沮丧。在安纳波利斯的花名册上，30个人名中只能找到1个有用的名字。[3] 5月底，大部分前战俘已经离开了，假释营关闭了。

信件依然铺天盖地而来，但是巴顿没有因困难而放弃，她决定扩大工作范围。她明白这是美国战后重要的问题之一。现在她要寻找所有失踪的联邦士兵。她会成为他们的信息交换所。她再一次让军队折服于她的意愿，批准了她的方案，这次是由安德鲁·约翰逊总统和尤利西斯·S.格兰特共同批准的。之后，政府还允许其使用印刷局。在2个月的时间里，她登出3000个名字（包括她在安纳波利斯收集的人名），把它们贴到了美国的2万个邮局里。更多的信件纷至沓来，都是请求帮忙寻找失踪的亲人的。对她而言这只是开始。[4]

6月底，一个名叫多伦斯·阿特沃特的康涅狄格州的年轻人走进华盛顿特区的一家邮局，看到了巴顿的失踪人员名单。事实上，这个年轻人很不寻常。葛底斯堡战役之后，他成了俘虏，在里士满贝尔岛的一个邦联集中营里待了5个月。随后，他被转移到位于佐治亚州安德森维尔的南部邦联新监狱集中营，成为那里的首批战俘之一，在那里被关了1年。[5]虽然他只有20岁，长着蓝蓝的眼睛，没有胡子，但他瘦弱不堪，皮肤苍老得像老人一样。

不过，他最不寻常的地方是他的手头有一份令人震惊的文件。他在一封信中告诉巴顿，说他有一份文件副本，"佐治亚州安德森维尔监狱的死亡登记簿上有12658人"。他要求和巴顿面谈，她欣然同意。他在集中营的工作是记录所有联邦士兵的死亡情况。他对监狱里的死亡人数感到震惊——有时每天超过100人——于是开始怀疑南方当局故意虐待这些人，以确保他们不会再去参战。他认为邦联军队也可能伪造了他们的记录，所以他秘密保留了手头死亡名册的副本，并在被释放时偷偷地带了出来。[6]这份记录上面有士兵的姓名、军衔和兵团，以及标明他们坟墓位置的数字。

他对集中营的描述简直令人毛骨悚然：一个充斥着人所无法忍受的肮脏、虱虫和疾病的世界，战俘们食不果腹，慢慢被饿死。去年5月，有关里士满邦联监狱状况的报道，以及一些瘦弱得离奇的战俘的照片，成了巨大的丑闻，以至于美国国会就此举行了听证会。安德森维尔监狱是其中最糟糕的，但人们对安德森维尔并不了解。[7]这种状况很快就会改变。

阿特沃特的故事还没结束。他写信给战争部长埃德温·斯坦顿，告诉了他名单的事。1个月后，他收到通知去华盛顿汇报。到了首都后，战争部一位名叫塞缪尔·布雷克的上校出价300美元向他购买这个姓名簿。阿特沃特对布雷克的做法感到惊讶，回答说他不想要钱，只是想把名单公之于众，让死者家属知道他们的遭遇。布雷克竟然威胁阿特沃特，说如果他私下向公众透露名单内容，那么"我们可以说这名单是违禁品，没收它们"。然后两人达成了一份奇怪的协议。为了换取300美元和一份战争部的文员工作，阿特沃特借给布雷克名单供他复制，以供出版。但是布雷克什么都没做。阿特沃特认为，战争部无意将他的名单公之于众。

所以他来找克拉拉·巴顿。于是，巴顿带着阿特沃特一起行动起来。她和战争部长斯坦顿会面，并提议前往安德森维尔监狱，根据阿特沃特的名单辨别死者的坟墓，并留下独特的标记。斯坦顿欣然同意。1865年7月8日，"弗吉尼亚号"轮船从华盛顿的停泊处启程，带着40名工人、一船松木、巴顿、阿特沃特和指挥官詹姆斯·M.摩尔船长驶向萨凡纳。这一趟陆地和海上旅行十分艰辛，有时还热得让人难以忍受；并且，巴顿还遭受到了摩尔粗暴无礼的对待。17天后，他们终于到达了安德森维尔监狱。

他们在这座战俘营里找到了大约1.3万具尸体，它们都被随便掩埋在堆着100到150具尸体的沟渠里。即使是在人口伤亡众多的内战时期，这个数字也大得惊人，几乎是莽原之役、史波特斯凡尼亚郡府之役和冷港战役死亡人数总和的2倍。利用阿特沃特的死亡登记册和集中营医院的不完整的记录，他们一行将墓穴上的数字与名单上的姓名进行了比对，然后工人们开始制作刻有死者名字的白色墓碑。

在他们到达的第二天，阿特沃特带巴顿参观了战俘营。阿特沃特一边走一边给巴顿小姐讲这里的生存环境，于是她成了第一批了解安德森维尔真相的局外人之一。集中营最基本的问题是过度拥挤。这座监狱设计时计划容纳1万名囚犯，但到了1864年6月，那里关押的囚犯的数量却是最初设想的2倍多。仅彼得斯堡一役，每天就有1000多名新战俘被投入监狱。1864年6月底，2.5万名囚犯被塞进一片用木栅栏围起来的占地26.5英亩（约10.7万平方米）的地里，除去一大片沼泽和无人区，可居住面积实际上总共约11英亩（约4.5万平方米）。这意味着人均面积大约只有20平方英尺（约1.9平方米）。[8]到了8月，人口增加到3.3万人。这使安德森维尔拥挤不堪，安德森维尔成为邦联第五大城市。战俘唯一的避难所是临时搭建的帐篷，许多士兵暴露在恶劣的环境中，忍受冬天的寒冷刺骨和夏日的酷暑炎炎。至于口粮，照说他们应该得到和邦联军一样的东西：咸牛肉、咸熏肉或玉米片，定期还有蜂蜜、豌豆或米饭。事实上，他们什么都没有吃到。战争中断了粮食供应。日子一天天过去，他们几乎没有或只有很少的口粮。大多时候，他们吃到的玉米是碾碎的玉米棒，而且几乎没有蔬菜可吃。

但是，让安德森维尔真正成为人间地狱的是肮脏和疾病。大批战俘患有致命的集中营疾病——腹泻、痢疾和坏血病。营地临时医院里的医生们不知所措。1864年夏天，一位南方的医疗检查员报告说发现许多病人躺在地上，没有毯子盖，也没有衣服穿。苍蝇和蛆虫寄生在病人的嘴里，在裸露的伤口里产卵。医生说，这些人中有许多人"简直被泥土和污垢包裹着，浑身都是害虫"。[9]令人难以置信的是，由于物资奇缺，医生们还不得不经常重复使用绷带。

囚犯们在栅栏围起来的监狱里耗费光阴，他们排泄出大量的液体，却没有什么可以补充。食物严重匮乏，没有维生素，他们饿得奄奄一息。有时，他们病得走都走不动，无助地躺在泥泞的地上，伤口上满是蛆虫。[10]饮用水来自从营地中央缓缓流过的、散发着恶臭的小溪。大雨会将人的粪便冲得到处都是。即使相对健康的男性也会遭受慢性维生素缺乏症带来的可怕影响。患有坏血病的人失去了牙龈和牙齿，他们的胳膊和腿肿胀得几乎快要爆裂，变成了黑紫色。[11]

尽管阿特沃特以及许多人都认为这巨大的痛苦是邦联蓄意为之，但历史证据表明并非如此。在瑞士出生的亨利·威尔兹上尉负责管理这个集中营。这个身材矮小、神经紧张的管理者说英语时带着浓重的德国口音。他是个严厉的人，偶尔也很残忍。虽说他并非善类，但是战俘营的主要问题——过度拥挤、食物匮乏，衣服、医疗用品和建筑用品不足——都不在他的掌控之中。一个行将就木的国家和它那无能的官僚政治机构，以及战争造成的资源短缺才是导致这些问题的根本原因。从某种程度上来说，如果将安德森维尔的恐怖归因于单纯的恶意，那事情反而更简单些。但这个集中营里发生的只是战争期间双方40万战俘遭遇的最极端的例子而已。"战争是残酷的，"谢尔曼曾说，"你没办法美化它。"内战时期的监狱是野蛮而残忍的。邦联并没有独占"殊荣"。马里兰州观景台的联邦战俘集中营里有2万名囚犯，是监狱正常容量的2倍多，有4000名战俘死于其中。在以"地狱迈拉"闻名的纽约埃尔迈拉，过度拥挤导致死亡率接近25%，这个数值只比安德森维尔的少几个百分点。[12]

当克拉拉·巴顿看到安德森维尔时，虽然里面已经没有囚犯，但借助阿特沃特的叙述，她可以想象那里曾经发生的事情。她晚年的一些颇具戏剧性和情感色彩的作品正是聚焦于这一主题。[13]"我走过无情的栅栏圈起来的25英亩（约10.1平方米）土地，"她在战后不久的一次演讲中谈到安德森维尔时说：

……看到它在地上的洞穴通道，它狭窄的溪流，它没有草皮的山坡，（想到它）夏天没有树荫，冬天没有遮蔽，看到它的井、隧道和洞穴，它的七个死亡堡垒，它的球和锁链，它用来折磨人的牲畜，猎犬窝，哨亭和死亡边界。我觉得没有力气，无法行动。我觉得天旋地转，眼睛里的光灭了。我说："这当然不是地狱之门，这就是地狱。"我转过身去，走到一堆堆拥挤的坟墓前，希望得到安慰。我说："终于安息了，这对他们来说就是天堂之门。"

8月16日，也就是李在阿波马托克斯投降的4个多月后，最后一个墓碑在安德森维尔国家公墓安放完毕。阿特沃特的名单帮助确认了12461名死亡的联邦士兵。只有451个墓碑上刻有"身份不详的美国士兵"字样。[14] 接下来的一天，摩尔上尉主持了升旗仪式。虽然他和巴顿相处得并不好，但还是授予了她升旗的荣誉。在一小群人——包括摩尔、多伦斯·阿特沃特、工人、士兵以及《华盛顿纪事报》和《哈珀周刊》的记者——的见证下，巴顿和其中一名士兵把美国国旗升到了旗杆顶端。它在那里无精打采地悬挂了一会儿，然后在一阵突然而至的狂风中庄严地展开。人们高唱《星条旗》。

"工作完成了，"巴顿在日记中写道，"在我们伟大而又神圣的土地上，我的手协助升起了一面古老的旗帜，我应该感到满意——我相信我确实满意。"[15]

她可能也注意到旗帜飘起的那片土地已经是全新的了。美利坚合众国现在是一个统一的国家，不再处于分裂之中；它是一个自由、强大和连贯的统一体，而不是一个交战中的公国和利益相关集团的集合体。

让这个国家重新团结在一起的战争也把一切搞得一团糟。当克拉拉·巴顿升起旗帜时，她正站在这片被踩躏的国家的中间，而这个国家的贫困程度远远超过分类账簿和资产负债表上的数字。城市沦为一片废墟；农场和种植园一片荒芜，无人开垦。金钱、财富和物质资源都蒸发了，而没有它们，里士满、哥伦比亚以及亚特兰大将如何重建？在凋敝的南方，人们从哪里获得资助去建立一所学校呢？还有医院？重建后的国家能为 400 万重获自由的奴隶和数十万饥饿的白人难民做什么？回到了与他们离开时截然不同的世界的南北双方的士兵怎么办？1 年之内，仅联邦军一方人数就从 100 万下降到 8 万。[16]

1865 年 6 月，一名得克萨斯州的奴隶主、前邦联士兵派人去叫他的 66 个奴隶——他们还不知道战争已经结束。当他们聚在一起后，奴隶主说："我有件事要宣布，你们和我一样自由。你们不属于任何人，只属于你们自己。我们参战打仗，北方佬打败了我们，他们说黑鬼自由了。你们可以去想去的地方，也可以留在这里。喜欢怎么办就怎么办。"[17]就这样，他们梦想和热切盼望的东西被摆在了他们面前：自由，带着它可怕而又令人激动的希望。

致谢

我很幸运，最近的4本书都遇到了科林·哈里森——业内优秀的编辑之一。科林全情投入的编辑方法使我免于犯无数叙述和结构错误，对此我深表感激。这本书也许是他做得最好的一本。他作为一个小说家的非凡能力在非小说界也得到发挥。他对写作技艺有一种本能且正确的直觉。

我也要向斯克里布纳的优秀团队表达深深的谢意：感谢南·格雷厄姆多年来的支持和指导，感谢凯特·劳埃德出色的宣传，还有萨拉·戈德堡，是她让一切事务变得高效而有序。

福齐亚·伯克所在的FSB联合公司负责我的在线业务和市场营销，它是该行业领先的公司。感谢福齐亚把我的作品带入了数字时代。

我还要感谢我的经纪人埃米·休斯，她一直以来都给我和我的工作以不懈的支持，对我的工作和工作方式都产生了极其重要的影响。

彼得·科赞斯是我学习内战史的导师，也是我们优秀的内战史史学家之一，在很多方面为我指引了方向。在我写的2本关于内战的书中，他的建议具有不可估量的价值。他对战争的了解是广博的，他对我的建议总是一语中的。

最后，我要感谢我的摄影师德鲁里·韦尔福德和我的地图绘制者杰夫·沃德，他们协助我出色且极具创造性地完成了工作。我对两位感激不尽。

注释

第1章 "结束"倒计时

1 有人可能认为安提塔姆战役中罗伯特·李就已经败下阵了，但其实这次交战对李将军而言是明显的战术胜利，他用麦克莱伦的一半兵力与之打成了平局。通过将其作为发布《解放黑人奴隶宣言》的契机，林肯把安提塔姆战役变成了联邦的战略胜利。参见S.C.格温《反叛者的呼喊："石墙"杰克逊的暴力、激情和救赎》，自第461页起。

2 现在这家旅店被称为"威拉德酒店"，而在内战时期，人们普遍称它为"威拉德家酒店"。

3 参见利奇，《华盛顿的起床号》，自第18页起（利奇这一荣获1941年普利策奖的作品仍然是对战时华盛顿最好的描述）；诺亚·布鲁克斯的记者作品集《林肯先生的华盛顿》；另有肯尼斯·J.温克尔的著作《林肯的堡垒：华盛顿特区的内战》，这部作品更关注首都的政治方面。关于凯特·蔡斯的生活的有趣叙述，请参看约翰·奥勒的著作《美国女王：凯特·蔡斯·斯普拉格的兴衰，内战时期的"北方美女"和镀金时代的丑闻》。她于1863年11月大婚。

4 参见"南北战争时期的华盛顿"，内布拉斯加−林肯大学人文科学数字研究中心的网站，由苏珊·C.劳伦斯、伊丽莎白·罗朗、肯尼斯·M.普莱斯和肯尼斯·J.温克尔指导。

5 李将军曾两次穿越波托马克河，部分目的是威胁华盛顿，希望在政治上支持北方的反林肯、反战和反共和情绪，结果导致了安提塔姆战役和葛底斯堡战役。另一次威胁，如前所述，是在第二次布尔溪战役之后。

6 邦联在第二次布尔溪战役中获胜后，杰克逊试图切断正在撤退的联邦军队，但没有成功，这导致了发生于距离首都约20英里（约32.2千米）的尚蒂利战役。

7 直到1901年西奥多·罗斯福当政时，总统的住所才被正式命名为白宫。在此之前，尽管有时被称为白宫，但它通常被称为行政官邸。

8 如果加上所有非永久居民，包括逃跑的奴隶、士兵等，那么华盛顿的人数可能超过20万。

9 特罗洛普，《北美》，第302页。

10 斯威斯海姆，《十字军战士和女权主义》，第269页。

11 美国内战华盛顿网站。

12 马里兰州作为联邦的一员，没有被《解放黑人奴隶宣言》涵盖，该州直到1864年11月才废除奴隶制。

13 利奇，《华盛顿的起床号》，第323页；琳达·威勒，《通过比较的驯服》，《华盛顿邮报》，1999年5月13日。

14 利奇，《华盛顿的起床号》，第261页。

15 布鲁克斯，《聚焦林肯》，第102—103页。

16 格兰特，《格兰特将军回忆录》；波特，《林肯和格兰特》，第665页。

17 布鲁克斯，《聚焦林肯》，第104页。

18 波特，《林肯和格兰特》，第665页。

19 韦尔斯，《日记》，第539页。

20 尼古拉，《林肯的秘书》，第194—195页。

21 中将军衔在邦联的临时军队中很常见。到战争结束时，有18名南部邦联的将军拥有这个军衔。

22 弗格森，《自由崛起》，第285页。

23 在第二次布尔溪战役的时候，麦克莱伦正横穿波托马克河前往弗吉尼亚。奇滕登，《林肯总统的回忆》，第316页。

24 同上。

25 一个经常被引用的故事是格兰特来到酒店的前台，要了一个房间，一个不认识他的店员给他开了一个非常差的房间。格兰特在登记簿上签字后，这位惊讶而训练有素的店员迅速地把为他保留的优雅房间给了将军。这个故事的重点在于酒店职员的反应。据我所知，这件事的可信度相当高，故事是由在财政部为萨蒙·蔡斯工作的卢修斯·奇滕登提供的。问题是，虽然这则故事娱乐性强，兼具戏剧性，但奇滕登讲述的其他故事都是错误的。他说，事情发生在早上，格兰特和其他人从巴尔的摩搭早班火车出发赶过来，直到傍晚才到首都。我没有把这个故事写进去，因为其背景是完全错误的。更能说明问题的是格兰特来到威拉德家酒店的餐厅，引起了许多原本不认识他的人的骚动，这件事有数个可靠来源。

26　弗雷德·格兰特，《回忆格兰特将军》。

27　布鲁克斯，《聚焦林肯》，第135页。

28　尼古拉，《林肯的秘书》，第195页。

29　对这一刻的一个很好的描述见麦克菲利，《格兰特》，第152—153页。

30　威尔逊，《约翰·A.罗林斯的一生》，第403页。

31　谢尔曼，《回忆录》，第428—429页。

32　尼古拉，《林肯的秘书》，第196页。

33　伯林盖姆，《和林肯入主白宫》，第131页。

34　格兰特，《个人回忆录》，第1册，第469页。关于铜管乐队和雨的细节来自瑞亚的《莽原之役》，第44页。

第2章　以暴制暴

1　阿基利斯·V.克拉克致朱迪思·波特和亨丽埃塔·雷的信，1864年4月14日，见希恩-迪安，《内战》，自第42页起。克拉克的叙述很有价值，一方面是因为他站在南方邦联的视角叙述事件，另一方面是因为他对所发生的事情进行了不加掩饰的呈现。

2　卡斯特尔，《皮洛堡大屠杀》，见卡斯特尔，《内战的胜利和失败》，第45页。

3　在马克·格里姆斯利的《战争中的铁腕：针对南方平民的逐渐收紧的联邦战争政策：1861—1865年》、查尔斯·罗伊斯特的《毁灭性的战争：威廉·特库姆塞·谢尔曼、"石墙"杰克逊和美国人》和詹姆斯·李·麦克唐纳的《威廉·特库姆塞·谢尔曼传：为我的国家服务》中，都有关于联邦战争政策收紧的论述。

4 辛普里奇，《皮洛堡》，自第68页起。

5 同上，第74页。

6 参见美国战争部邦联上尉查尔斯·W.安德森的报告中对堡垒缺陷的详细描述，见《内战：联邦和南方邦联军队官方记录汇编》（以下简称《官方记录》）第1编，第32卷，第1部分，第596页。

7 威尔斯，《血染的河流》，第23页。

8 同上。

9 根据第六有色重炮部队的一名成员的证词，尽管他们的属下建议烧毁营房，但布思和布拉德福德却拒绝这么做。《美国参议院委员会报告》，第三十八次大会第一次会议。（华盛顿：政府印刷局，1864年）

10 子弹的数量来自《皮洛堡大屠杀：委员会关于战争行为的报告》（1864年5月5日），见《美国参议院委员会报告》。

11 《官方记录》，第一编，第32卷，第1部分，第590页。

12 卡斯特尔，《皮洛堡大屠杀》，第38页；《官方记录》，第一编，第32卷，第1部分，自第590页起。布拉德福德可能伪装成了布思，这样福雷斯特的部队就不会知道堡垒的指挥官是当地变节的叛徒威廉·布拉德福德。

13 《菲奇医生报告》，《田纳西历史季刊》，第27—39页。这篇出自一位联邦陆军外科医生之手的报告是对这起事件优秀、详细、不带偏见的报道之一。

14 联邦方的士兵们说，福雷斯特利用休战协议的不公平优势，继续进攻堡垒。经过150多年的争论，真相似乎是一些邦联军士兵可能作了弊。但总的结论是，这种欺骗在堡垒的沦陷中并不重要。无论是否在休战中采取了不正当手段，福雷斯特的手下都在堡垒的胸墙附近占据了非常有利的位置。参见约翰·西姆普里奇在《皮洛堡：内战大屠杀和公众记忆》中对这一点的出色描写。

15 《皮洛堡的福雷斯特》，见亨利，《内森·贝德福德·福雷斯特》，第17章。

16 请看下面的讨论：一个半世纪以来，关于福雷斯特对大屠杀的责任，人们一直争论不休。战后，福雷斯特花了很多时间试图洗清自己的名声。没有直接证据表明他下令射杀了投降或手无寸铁的人，但完全免除他的责任也是不可能的。

17 克拉克写给波特和雷的信，见希恩-迪安，《内战》，第44页。

18 伊利诺伊州第一百一十三步兵团约翰·G.伍德拉夫上尉关于攻占皮洛堡的报告，1864年4月15日，见《官方记录》第一编，第32卷，第1部分，第558页。

19 克拉克写给波特和雷的信，见希恩-迪安，《内战》，第44页。

20 《官方记录》第一编，第32卷，第1部分，第562页。

21 《菲奇医生报告》，《田纳西历史季刊》。

22 辛普里奇，《皮洛堡》，第82页。

23 福雷斯特写给助理副官托马斯·M.杰克中校的信，1864年4月15日，见《官方记录》第一编，第32卷，第1部分，第610页。

24 在《美国参议院委员会报告》中，向战争指导委员会做的证词。

25 《菲奇医生报告》，《田纳西历史季刊》。

26 内战中的伤亡数字是出了名的粗略，但这场战斗的伤亡数字更难统计，因为有太多的尸体在河里不知下落，而且很难知道所有的伤员都遭遇了什么。查尔默斯将军来自南部邦联方面的报告与所引用的数字非常接近，表明这些数字大体上是正确的。

27 《官方记录》第一编，第22卷，第2部分，第693—694页，702—703页，713—714页。

28 辛普里奇，《皮洛堡》，第90页。

29 威尔斯，《血染的河流》，第165页。

30 辛普里奇，《皮洛堡》，第90页。

31 《皮洛堡大屠杀：委员会关于战争行为的报告》。

32 辛普里奇，《皮洛堡》，第101页。

33 福雷斯特写给杰克的信，见《官方记录》。

34 麦克菲利，《弗雷德里克·道格拉斯》，第212页。

35 《两千万人的祈祷》（格里利写给亚伯拉罕·林肯的信），1862年8月19日。

36 麦克弗森，《争取平等》，第81—82页（迄今为止，麦克弗森关于公众观念转变的描述仍然是我读过的最精彩的）；麦克菲利，《弗雷德里克·道格拉斯》，第214页。

37 麦克弗森，《争取平等》，第73页。

38 1862年8月19日霍勒斯·格里利给亚伯拉罕·林肯写了一封公开信，题为

《两千万人的祈祷》，他说道："我们认为你在履行新的《没收法案》规定的官方和必要职责方面表现出不可思议的、灾难性的疏忽。我们对于你批准的《没收法案》被你的将军们习惯性地无视，以及你对他们的指责还没有传到公众耳中很不满。"

39　安提塔姆战役是罗伯特·E.李和乔治·麦克莱伦之间打成平局的一场战争，联邦军兵力是李的2倍。不管怎样，这对李来说都是战术上的胜利。因为李必须在战斗结束后让他筋疲力尽的军队从波托马克河以南撤出，而战略上的胜利，无可避免地属于麦克莱伦。

40　《解放黑人奴隶宣言》，1863年1月1日。

41　林肯，《亚伯拉罕·林肯》，第490页。

42　塔洛克，《劳特里奇指南》，第93页。

43　约翰·大卫·史密斯，《让我们感谢我们有擅长战斗的有色军队》，见史密斯，《穿蓝色制服的黑人士兵》，第26—45页。

44　伯克哈特，《南部邦联的愤怒，北方佬的怒火》，第60—61页。

45　同上，第60页。

第3章　春日之师

1　这个场景由多个文献中的描述结合而成：戈登，《追忆南北战争》，第235—236页；莱曼，《米德的军队》，第130页；弗里曼，《李将军的中尉们》，第3章，第343页；瑞亚，《莽原之役》，第25—30页；格里姆斯利，《继续前进》，第15页。

2　2年前，李也曾在同样的有利位置观察过联邦将军约翰·波普的军队。

3　戈登，《追忆南北战争》，第229页。

4　李一开始低估了波托马克军团的有生力量，认为他将面对7.5万人。部分原因是安布罗斯·伯恩赛德领导的联邦第九兵团还没有和米德联合起来。李自己的部队还未与朗斯特里特的第一兵团会合，意味着李在5月2日有大约5.5万人。因此他误以为有2万人的差距。格里姆斯利，《继续前进》，第15页。

5　史蒂文斯，《在第六兵团服役的三年》，第300页。

6 《医疗主任报告》，《医学和外科史》，第148页。

7 比尔，《被围困的城市》，第202页。

8 麦克弗森，《为自由而战的呐喊》，第691页；《1861—1864年邦联通货膨胀率》，inflationdata.com。

9 官方称，这些人中只有大约300人被列为逃兵。李的军队以前也有过缺勤的问题，特别是在安提塔姆战役前后，他的军队有相当一部分士兵在那里消失了。后来很多人回来了。1864年的情况给人的感觉是，更多的逃兵不打算回归部队。

10 加拉赫，《为邦联而战》，第222页。

11 格里姆斯利，《继续前进》，第14—15页。

12 同上，第15页。

13 莱曼，《米德的军队》，第131页。

14 同上。

15 瑞亚，《莽原之役》，第33页。

16 汉弗莱斯，《弗吉尼亚州1864年和1865年的竞选》，第19—20页。

17 沃夫，《重新选举林肯》，第150页。

18 《代顿日报帝国》，1863年8月21日；转引自克莱门特，《异议的限制》，第245页。

19 伯林盖姆，《亚伯拉罕·林肯》，第2册，第646页。格兰特和林肯设计的战略旨在于秋季选举前结束并赢得战争。

20 尼文斯和哈尔西，《乔治·坦普尔顿·斯特朗日记》，第3册，第449页。

第4章　血染莽原

1 这个想法来自戈登·瑞亚，一位陆路之战方面的权威的历史学家。弗吉尼亚州的联邦最高司令部从来就不以其敏锐著称。但在莽原之役中，它的指挥官们似乎根本就无法思考。用瑞亚的话来说就是："莽原的某些东西让北方佬摸不着北。"见瑞亚，《莽原之役》，第93页。

2 同上，第110页。

3　麦克斯韦,《林肯的第五个轮子》,第250页。

4　格里姆斯利,《继续前进》,第38页。

5　波特,《与格兰特一起战斗》,第72—73页。

6　格里姆斯利,《继续前进》,第32页。

7　西奥多·莱曼,1864年5月18日,《致父母的信》,见莱曼,《米德的总部》,第99—100页。

8　波特,《与格兰特一起战斗》,第70页。

9　威尔逊,《约翰·A.罗林斯的一生》,第214—217页。

10　张伯伦,《军中岁月》,第29页。

11　这一描述大体上遵循了让·爱德华·史密斯在《格兰特》中对这个时期相关状况的描述。

12　同上,第91页。

13　在许多关于格兰特一生的叙述中,朗斯特里特都是格兰特婚礼上的伴郎。因为这两个人在回忆录中都没有提到这一点,所以我就省略了。他们当然是亲密的朋友。

14　《纽约时报》对詹姆斯·朗斯特里特的专访,1885年7月24日。

15　同上。

16　尼文斯,《为联邦而战》,第4册,第18页,引用哈姆林·加兰对约翰·M.斯科菲尔德的采访。

17　戈登,《追忆南北战争》,第266页。

18　亚当斯,《马萨诸塞第19团回忆录》,第88页。

19　帕特里克,《林肯军队内部》,第369页。

20　瑞亚,《史波特斯凡尼亚郡府之役》。

21　霍勒斯·波特,见希恩-迪安,《内战》,第101页。

22　卡顿,《静静的阿波马托克斯河》,第92页。

第5章　铁锹及其他战争武器

1　罗伯特·K.克里克,《军队和废墟之间不可逾越的障碍:史波特斯凡尼亚血腥角的南方军经历》，见加拉赫，《史波特斯凡尼亚战役》，第81页。

2　Spotsylvania（史波特斯凡尼亚）这个名字是对前弗吉尼亚州副州长亚力山大·斯波茨伍德（Alexander Spotswood）的姓的一个有趣的拉丁化。

3　格里姆斯利，《继续前进》，第64页。

4　戈登·C.瑞亚，《兵团指挥官遇到的考验：高佛勒·肯布尔·沃伦在莽原之役和史波特斯凡尼亚战役》，见加拉赫，《史波特斯凡尼亚战役》，自第84页起。

5　赫斯，《野战军与防御工事》，第196页，294页。赫斯在这篇出色的研究中指出，当时的士兵在通信和报告中经常将"土方工程""胸墙工程"和"步枪坑"交替使用。从技术上讲，胸墙工程不涉及挖掘，只是在地上堆放木材或石头。土方工程使用泥土和木材或其他支撑材料。关于内战前夕的防御理论的情况，请参考马汉，《一篇关于野战防御的论文》。

6　盖茨，《壕沟的演变》，第13页。

7　莱曼，《米德的总部》。

8　瑞伯，《上帝的选民》，第2页。

9　巴丁，《小菲弗的战争日记》，第137页。这个故事有几种不同的版本，但观点相同，参谋（休·纳尔逊少校）暗示达布尼不太相信自己的说教。

10　赫斯，《野战军与防御工事》，第134页。

11　关于这种战术困境，丹尼斯·哈特·马汉写道："防御的主要目的是使被攻击的人能够成功地迎击敌人，*首先迫使敌军在居于各种不利地位时依然不得不靠近，然后，当他被切断时，继续进攻*。"（斜体字为本书作者自己的观点）。

12　特鲁多，《1864年的墙》，第26页。

13　同上，第24页。

14　乔丹，《幸福不是我的伴侣》，第x—xi页（从原书页码格式）。

15　同上。

16　瑞亚，《史波特斯凡尼亚郡府之役》。

17　卡罗尔·里尔登，《艰难的旅行之路：持续作战对波托马克军团和北弗吉尼亚军团的影响》，见加拉赫，《史波斯凡尼亚战役》，第190页。

18　在莽原之役中沃伦似乎也不愿意发动进攻，所以对格兰特来说，沃伦与米德的行为似乎是一样的。

19　格里姆斯利，《继续前进》，第79页。

20　加拉赫，《史波特斯凡尼亚战役》，第67页。

21　米奇，《埃默里·厄普顿的生平和信札》，第108—109页。

22　格里姆斯利，《继续前进》，第79页。

23　特鲁多，《1864年的墙》，第27页。

24　布鲁克斯，《林肯时代的华盛顿》，第148页。

25　戈登，《追忆南北战争》，第291页。

第6章　另一种恐怖

1　索德格伦，《波托马克军团》，第19页。

2　莽原之役和史波特斯凡尼亚郡府之役的主要战史几乎都没有提到弗雷德里克斯堡的医疗灾难；医学史只对其进行了简短的描述，个别历史学家，比如布鲁斯·卡顿，对此给予了一定的关注。但有关这一时期的大多数历史著作都没有对它进行详细的论述。

3　他的名字用法语读为"minyay"；美国人去掉了后半部分的读音，他的名字就被读作"minnie"，即"米尼"。

4　亚当斯，《人间炼狱》第68页；《弗雷德里克斯堡的场景》，《哈珀周刊》，1864年6月11日。

5　亚当斯，《19世纪马萨诸塞兵团回忆录》，第88页。

6　同上，第91页。

7　拉特科，《流血的蓝衣军和灰衣军》，第13页。

8　《医疗主任报告》，第152页。

9　格兰特对把士兵从野战医院运送到仓库医院，然后再运送到华盛顿的想法非常不赞同。这是当时医疗部门的正常程序。格兰特决定跳过仓库医院——在他改变主意之前——直接把伤员运送到华盛顿。见拉特科，《流血的蓝衣军和灰衣军》，第304页。

10　麦克斯韦，《林肯的第五车轮》，第251页；奥茨，《勇敢的女人》，第21

页。根据麦克斯韦的说法，联邦军队有813辆救护车，远远不能容纳7000
名伤员。

11 卡顿，《静静的阿波马托克斯河》，第101页；麦克斯韦，《林肯的第五车轮》，
第253页。

12 麦克斯韦，《林肯的第五车轮》，第252页。

13 同上，第253页。

14 《首席医疗官爱德华·B.道尔顿的报告》，1864年，见《官方记录》，第一
编，第36卷，第1部分，第269—270页。

15 拉特科，《流血的蓝衣军和灰衣军》，第304页。

16 《医疗主任报告》，第152页。

17 卡顿，《静静的阿波马托克斯河》，第103页。

18 詹姆斯·朗斯特里特，《弗雷德里克斯堡战役》，见约翰逊，《战争和将领》，
第3卷第75页。他(朗斯特里特)回忆说，"密集的枪弹像下雨一样"。

19 《弗雷德里克斯堡的场景》，《哈珀周刊》。

20 《医疗主任报告》，第156页。

21 杰奎特，《葛底斯堡战役后的南方》，第94—95页。

22 《首席医疗官爱德华·B.道尔顿的报告》。

23 同上，第93页。

24 伍尔西，《在医院的日子》，第150页。

25 《医疗主任报告》，第157页。

26 格里姆斯利，《继续前进》，第163—164页。

27 麦克斯韦，《林肯的第五车轮》，第253页。

28 伍尔西，《在医院的日子》，第150页。

29 《弗雷德里克斯堡的场景》，《哈珀周刊》。

第7章 战地天使

1 这是她的战场制服，和她一起参加过各种战役的人都很熟悉。见奥茨，《勇敢
的女人》，第59页。

2　雪松山战役结束后，巴顿带着一车物资在急需物资的时刻出现在一家野战医院。当时在场的一位外科医生写道："我想那天晚上如果上帝派出了天使，那一定就是她——她的援助是如此及时。"报纸采用了这一说法，称巴顿为战地天使。

3　克拉拉·巴顿的日记，1864年5月13日。见巴顿，《克拉拉·巴顿的一生》，第1卷，第275页。在这本1922年的"传记"中，克拉拉·巴顿的日记以大而仅经受最低程度编辑的组块呈现，该书主要由文件、信和日记条目组成。

4　同上，第一卷，第278页。

5　同上，第一卷，第277页。

6　同上。

7　同上，第一卷，第278页。

8　普赖尔，《克拉拉·巴顿：职业天使》，第51页。

9　同上，第61页。

10　奥茨，《勇敢的女人》，第13页。

11　格兰特和谢尔曼的事业都彻底失败了。杰克逊保住了大学教授的工作，但作为一名教师，他显然是个失败者。当时或之后，没有人不同意这一评价。

12　利奇，《华盛顿的起床号》，第260—261页。

13　布朗，《克拉拉·巴顿》，第82页。

14　奥茨，《勇敢的女人》，第62页。

15　同上，第69页。

16　同上，自第69页起。

17　布朗，《克拉拉·巴顿》，第99页。

18　巴顿，《克拉拉·巴顿的一生》，第一卷，第198页。巴顿后来写道："我们紧跟着枪炮，在数千个营火的烟雾中，人们急匆匆地来回走动，空气中充满了有毒的蒸气，仿佛有一股瘟疫的气息。"

19　同上，第一卷，第200页。

20　同上，第一卷，第202页。这是巴顿自己的叙述。

21　同上，巴顿1864年4月14日的日记。

22　同上，第一卷，第279页。

23　《医疗主任报告》，第157页。

24　同上，第152页。

第8章　无能马戏团

1　1861年，北方有2300万人口，南方只有900万。后者中，有550万是白人。

2　加拉赫，《为邦联而战》，第347页。

3　伯林盖姆，《亚伯拉罕·林肯的一生》，第2册，第647页。

4　同上，第2册，第479页。

5　格里姆斯利，《继续前进》，第95—96页。

6　同上。

7　伊波登，《纽马基特战役》，选自约翰逊，《战争和将领》，第4册，第491页。

8　戴维斯，《新市场之战》，第131页。

9　施普中校的报告，1864年7月4日，见《官方记录》，第一编，第37卷，第1部分，第91页。

10　史密斯，《格兰特》，第359页。

11　惠兰，《可怕的利剑》，第95页。

12　西格尔，《在谢南多厄河谷的西格尔》，选自约翰逊，《战争和将领》，第4册，第489—490页。西格尔声称他们的撤退是有序的，主要的问题是他们人手不够。

13　科赞斯，《山上的火》。

14　乔治·克鲁克准将的报告，美国陆军第二步兵司令部，西弗吉尼亚师，1864年5月23日。见《官方记录》，第一编，第37卷，第1部分，第12页。

15　克鲁克在战斗报告中吹嘘他前往山区的经历："我认为带着火车是这次远征显著的特点之一。"他在报告中提到了刘易斯堡；他的实际目的地是梅多布拉夫，甚至山区的更深处。

16　诺兰，《本杰明·富兰克林·巴特勒》，自第31页起。

17　同上，第50页。

18　巴特勒，马萨诸塞州民兵的准将，通过政治手段进入马萨诸塞旅的指挥部，该旅南下保护华盛顿。他主要是通过安排波士顿银行向马萨诸塞州提供紧急贷款来实现这一切的，而这些贷款是银行对巴特勒的认可。

19　诺兰，《本杰明·富兰克林·巴特勒》，自第83页起。

20　同上，第100页。

21 巴特勒，《巴特勒的书》，第257页。这是巴特勒自己对谈话的描述。

22 韦斯特，《林肯的替罪羊将军》，第83—84页。

23 另一条重要的情报是1862年9月联邦发现了李的191号特别命令。因为攻占里士满和李后方的3万多士兵的到来或许可以结束战争，所以我更赞同范·卢的观点（里士满和彼得斯堡唾手可得）。在这两种情况下，联邦的将军们都未能充分利用他们的优势。

24 休斯－威尔逊，《秘密国家》，第176页。

25 巴特勒，《巴特勒的书》，第640页。

26 格里姆斯利，《继续前进》，第124页；特累弗斯，《本·巴特勒》，第148页。

27 威尔斯，《百慕大韩垂战事》，第103页；巴特勒，《巴特勒的书》，第641页。

28 巴特勒，《巴特勒的书》，第642页；诺兰，《本杰明·富兰克林·巴特勒》，第269—270页。

29 威尔斯，《百慕大韩垂战事》，第115页；

30 《官方记录》，第一编，第36卷，第2部分，自第587页起。

31 格里姆斯利，《继续前进》，第124—125页。

32 《官方记录》，第一编，第36卷，第2部分，第586页。

33 格里姆斯利，《继续前进》，第138页。

34 分别是1864年6月9日和15日在彼得斯堡发生的所谓的老少之战，12月在费舍尔堡惨败。

第9章　火药的威力

1 使士兵在挖掘或改进战壕时能够得到保护的东西被称为战壕滚压机。这是一个很大的藤条筒，里面装满了泥土，被滚到适当的位置。在攻城战中，战壕滚压机使进攻能够把战壕向前推进。

2 索德格伦，《波托马克军团》，第175页。

3 特鲁多，《最后的堡垒》，第287页。

4 同上，第288页。

5 格拉特哈尔，《李将军的军队》，第278—281页。

6 同上，第292页。

7 伯克哈特，《南部邦联的愤怒，北方佬的怒火》，第160—161页。

8 亨利·普莱森茨中校的证词，《彼得斯堡前的矿井爆炸》，第2页。

9 米德在关于矿井的官方调查法庭上作证，"矿井……开始……未经总部批准。我从没想过伯恩赛德将军的矿址是正确的……这是一种非常不寻常的攻击野战防御工事的方法。我不认为这样的攻击有任何合理的成功机会"。因为伯恩赛德向格兰特报告而不是米德，所以米德不能命令伯恩赛德停止。

10 特鲁多，《最后的堡垒》，第101页，引用了普莱森茨中校和奥利弗·博斯贝少校的证词。

11 同上，第161页。

12 克拉克斯顿和普尔斯，《非凡的勇气》，自第133页起。

13 安布罗斯·伯恩赛德的证词，《彼得斯堡前的矿井爆炸》。

14 威尔逊，《自由营火》，第13页。

15 第二十三团的成员是在巴尔的摩和华盛顿特区招募的，他们于5月15日在史波特斯凡尼亚附近发生了一场小规模的战斗。资料来源：团记录。

16 这是1864年5月1日《芝加哥论坛报》的一幅关于工资不平等的图表中的一部分。

17 科尼什，《黑貂手臂》，第187页。

18 道格拉斯，《生命与时代》，第423页。

19 威尔逊，《自由营火》，第42页。

20 格拉特哈尔，《在战斗中锻造》，第114页。

21 同上，第115页。

22 约翰·大卫·史密斯，《让我们感谢我们有擅长战斗的有色军队》，见史密斯，《穿蓝色制服的黑人士兵》，第43页。

23 1863年4月4日《赛斯·罗杰斯博士书信，1862—1863》，见《马萨诸塞州历史学会学报》，第43卷，第386页。

24 同上，第43卷，第89页。

25 里德，《政府政策与偏见》。

26 科尼什，《黑貂手臂》，第257页。科尼什指出，截至1864年10月，有140个黑人团在联邦服役，总兵力为101950人。加上伤亡、退伍、逃逸和患病的33139人，黑人士兵总数达到了135089。

27 威尔逊，《自由营火》，第215—217页。

28 卡顿，《静静的阿波马托克斯河》，第230页，引用牧师弗雷德里克·丹尼森的《枪弹：叛乱中的罗德岛第三重炮团》（查尔斯顿，南卡：纳布出版社，2010年），第214、229页。

29 第二十九和第三十一团的士兵于1864年4月下旬入伍；第三十九和第四十三团的士兵于3月入伍。黑人最早入伍是在1863年底，来源：团记录。

30 瑞亚，《冷港》，第312—313页。

31 同上，第314页。瑞亚的分析一如既往的出色。

32 格里姆斯利，《继续前进》，第214页。

第10章　计划周密的屠杀

1 弗格森，《不是战争而是谋杀》。

2 麦克菲利，《格兰特》，第158页。

3 达纳写给斯坦顿的信，1864年7月7日，见《官方记录》，第一编，第40卷，第1部分，第35页。

4 在国会的证词中，米德说他认为黑人军队太没有经验了，这就是他对他们没有信心的原因。在陆路战役中，他给第四师的任务表明了他的真实想法。他不想让黑人上前线。

5 威廉·格伦·罗伯特逊，《从弹坑到纽马基特高地》，见史密斯，《穿蓝色制服的黑人士兵》，第181—182页。

6 维尔德，《战争日记》，第311—312页。

7 小查尔斯·弗朗西斯·亚当斯写给他父亲的信，1864年8月5日，见福特，《亚当斯书信集》，第2卷，第172页。

8 同上，第2卷，第353页。

9 拜伦·卡琴，隶属第二十密歇根团，见特鲁多，《最后的堡垒》，第107页。

10 同上。

11 詹姆斯·莱德利的副手，同上，第108页。

12 第二十密歇根兵团的外科医生O.卡伯的证词，《彼得斯堡前的矿井爆炸》，第192页。

13 同上，第196页；维尔德，《战争日记》，第353页。维尔德指出，叛军反攻之时"联邦军中的黑人被袭后晕头转向，分不清敌我，向我方冲来，叛军把我军士兵踩在脚下，联邦军或死或伤，乱上更是加乱"。

14 托马斯·H.克罗斯，《弹坑之战》，《费城周刊》，1881年9月10日，见科赞斯和吉拉迪，《内战新纪实》，第392页。

15 维尔德，《战争日记》，第354页。

16 罗伯特逊和佩格拉姆，《小炮手》，第243页。

17 布莱克特，《托马斯·莫里斯·切斯特》，第146页。

18 R.G.理查兹上尉，见特鲁多，《最后的堡垒》，第121页。

19 安布罗斯·伯恩赛德的证词，《彼得斯堡前的矿井爆炸》，第176页。

20 小亚当斯给他父亲的信，第2卷，第172页。

21 西奥多·鲍尔斯，见切尔诺，《格兰特》，第430页。

22 小亚当斯给他父亲的信，第2卷，第172页。

23 伯克哈特，《南部邦联的愤怒，北方佬的怒火》，第160页。

24 同上，第159页。

第11章　一无所有的人

1 麦克弗森，《为自由而战的呐喊》，第742页。

2 戴维斯，《指挥的考验》，第420页。李决定从他的防线上撤军是相当大胆的，因为这使得他要在彼得斯堡以2.5万人迎战格兰特的6.5万人。

3 布鲁克斯，《林肯时代的华盛顿》，第159页。

4 利奇，《华盛顿的起床号》，第337—338页。

5 伯林盖姆，《亚伯拉罕·林肯的一生》，第2卷，第655—656页。

6 布鲁克斯，《林肯时代的华盛顿》，第159页。

7　伯林盖姆，《亚伯拉罕·林肯的一生》，第656页。

8　刘易斯，《当华盛顿接近时》，《史密森学会会刊》，1988年7月。

9　贝克，《燃烧钱伯斯堡》。

10　格兰特，《个人回忆录》，第1卷，第614页。

11　伯林盖姆，《亚伯拉罕·林肯的一生》，第656页。

12　布鲁克斯，《林肯时代的华盛顿》，第157页。

13　斯特朗，《乔治·坦普尔顿·斯特朗日记》，第476页。

14　利奇，《华盛顿的起床号》，第346页；麦克弗森，《为自由而战的呐喊》，
第760页。

15　麦克弗森，《为自由而战的呐喊》，第742页。

16　J.K.赫伯特写给本杰明·巴特勒将军的信，1864年8月11日，见埃姆斯，《私
人和官方通信》，第5卷，第35页。转引自赫伯特转告巴特勒林肯告诉赫伯
特的话，但这听起来确实是林肯当时的想法。

17　1864年1月，阿灵顿之家因拖欠税款被联邦政府没收。美国军需官蒙哥马
利·梅格斯把它变成了一个公墓，确保能在房子和花园附近建造著名联邦军
官的坟墓。罗伯特·E.李和他的妻子玛丽试图收回，但没有成功。最后，在
1882年12月，也就是李去世12年后，美国最高法院以5∶4的判决支持他
们儿子卡斯蒂斯的诉讼请求。阿灵顿之家被归还了，意味着联邦政府实际上
是入侵者，将不得不放弃土地上的一个堡垒，重新安置自由民村的居民，并
将2万名联邦士兵的尸体挖出来，或者罗伯特·E.李的前对手可以买下它。
1883年，卡斯蒂斯以15万美元的价格将阿灵顿之家出售给联邦政府，这是
它的公平市价。今天这里是阿灵顿国家公墓所在地，这座豪宅正式被命名为
阿灵顿之家：罗伯特·E.李纪念馆。

18　普尔，《阿灵顿国家公墓是如何形成的》。李安排了一个朋友来偿还债务，
但政府坚持要求其所有者玛丽·李亲自偿还。

19　托马斯，《罗伯特·E.李》，自第175页起。

20　罗伯特·E.李写给玛丽·李的信，1856年12月27日，见琼斯，《罗伯特·E.
李的生活和书信》，第82页。

21　同上，第156页。

22　李，《罗伯特·E.李的回忆与来信》，第59页。

23　托马斯，《罗伯特·E.李》，第315页。

24　伊丽莎白·布朗·普莱尔：《无人知晓未来的运势》，摘自《弗吉尼亚历史与传记杂志》，2011年第119卷第3期，第277—296页。这是罗伯特·李后人的一封私人书信上的内容，说到李将军关于战争和奴隶的态度。

25　任何人如果觉得李的立场极端或虚伪，只需看看"二战"期间信教的美国人的观点就能理解他。他们中的绝大多数人毫不怀疑上帝是站在他们一边的，他们可以为他们的正义事业而杀害敌军士兵和大规模轰炸无辜平民并进行辩解。正如林肯在第二次就职演说中所指出的，南北战争的双方都在读同一本圣经。

26　康奈利，《玉石雕像》，第191页。

27　罗伯特·E.李写给安妮·卡特·李的信，1862年3月2日，见琼斯，《罗伯特·E.李的生活和书信》，第65页。

28　罗伯特·E.李写给玛丽·李的信，1862年2月8日，同上。

29　考克斯，《罗伯特·E.李的宗教生活》，第184页。

30　玛丽·李写给罗伯特·E.李的信，1861年5月9日，同上，第178—179页。

31　罗伯特·E.李写给玛丽·李的信，1864年5月25日，见琼斯，《罗伯特·E.李的生活和书信》，第32页。

32　康奈利，《玉石雕像》，第182页。

33　托马斯，《罗伯特·E.李》，第332页。

第12章　格兰特的思想

1　罗林斯写给T.T.埃科茨的信，1864年7月15日，见《官方记录》第一编，第37卷，第2部分，第331页。

2　史密斯，《从查塔努加到彼得斯堡》，第174—175页。

3　卡顿，《格兰特接手指挥》，第334页；关于这一事件的报道，另见切尔诺，《格兰特》，第421—424页。

4　威尔逊，《约翰·A.罗林斯的一生》，第249页。

5　罗林斯写给T.T.埃科茨的信，1864年7月15日。

6　谢里登，《菲利普·H.谢里登回忆录》，第2册，第459页。

7　戴维斯，《指挥的考验》，第431—432页。戴维斯准确地描述了格兰特以前对奴隶制的态度——"近乎冷漠"。

8　格兰特，《个人回忆录》，第1卷，第615页。

9　这只是推测。但我们从谢里登的回忆录（第463页）中可知，林肯最初反对任命谢里登，我们也知道会议之后的通信内容，其显示林肯改变了主意。

10　格兰特，《个人回忆录》，第1卷，第615页。

11　哈勒克写给谢尔曼的信，1864年7月16日，见《官方记录》，第一编，第36卷，第5部分，第151页。

12　莱曼，《米德的总部》，第81页。

13　格兰特，《个人回忆录》，第1卷，第616页。

14　同上，第1卷，第614页。

15　谢里登，《H.谢里登回忆录》，第461页。

16　鲍尔斯写给罗林斯的信，1864年8月10日，见威尔逊，《约翰·A.罗林斯的一生》，第257页。

17　卡顿，《格兰特接手指挥》，第354页。

18　麦克菲利，《格兰特》，第175页。

19　小查尔斯·弗朗西斯·亚当斯写给他母亲的信，1864年8月27日，见福特，《亚当斯书信集》，第2卷，第185页。

20　这位将军是约翰·G.福斯特。

21　格兰特致伊莱休·沃什伯恩的信，1864年8月16日，见西蒙，《尤利西斯·S.格兰特论文集》，第12卷，第16—17页。

第13章　反林肯运动

1　哈特，《萨蒙·P.蔡斯》，第82—83页。

2　尼古拉和海约翰，《亚伯拉罕·林肯》，第38卷，第279页。

3　魏克，《真正的林肯》，第287页。

4　海约翰，《林肯与内战》，第53页。

5 凯瑟琳·A.弗兰科维奇，《美国的民意调查与媒体》，见霍尔茨·巴查和斯特隆巴克，《民意调查与媒体》，第113—134页。

6 尼文斯，《为联邦而战》，第4卷，第114页。当时有很多反林肯的说法，1864年哈珀杂志编辑了一份目录。

7 沃夫，《重新选举林肯》，第140页。

8 麦克菲利，《弗雷德里克·道格拉斯》，第234页。

9 同上，第55页。

10 同上，第40页，引自玛丽·林肯的裁缝兼朋友伊丽莎白·凯克利的叙述。

11 伯林盖姆和埃特林格，《在林肯的白宫内》，第93页。

12 沃夫，《重新选举林肯》，第115页。

13 佐诺，《林肯和共和党的分裂》，第26—27页。

14 德威特·C.奇普曼致亚伯拉罕·林肯的信，1864年2月29日，由诺克斯学院林肯研究中心誊写和注释。

15 尼古拉和海约翰，《亚伯拉罕·林肯》，第38卷，第282页。

16 伯林盖姆，《亚伯拉罕·林肯的一生》，第2卷，第619页。

17 布卢，《萨蒙·P.蔡斯》，第223页。

18 麦克弗森，《争取平等》，第271页。

19 沃夫，《重新选举林肯》，第192页。

20 伯林盖姆，《亚伯拉罕·林肯的一生》，第661页。

21 林肯，《赦免和重建宣言》。

22 沃伦伯格，《畸形儿童》，第243页。

23 沃夫，《重新选举林肯》，第54页。

24 伯林盖姆，《亚伯拉罕·林肯的一生》，第662页。

25 沃伦伯格，《畸形儿童》，第244页。

26 《来自华盛顿》，《纽约时报》。

27 韦德-戴维斯宣言。

28 沃夫，《重新选举林肯》，第260页。

29 伯林盖姆，《亚伯拉罕·林肯的一生》，第663页。

30 沃夫，《重新选举林肯》，第262页。

31 林肯、部分内阁成员和亨利·雷蒙德之间的对话，海约翰记录，见巴斯勒，

《亚伯拉罕·林肯文集》，第7卷，第518页。

第14章　不太真实的政治

1　金辰，《邦联行动》，自第155页起。

2　卡斯特曼，《现役军人》，第132—133页。卡斯特曼是位于加拿大的一个更大的邦联特工集团的一员。

3　罗伊·尼尔森，《子弹、选票和修辞》，第xi页（从原书页码格式）。

4　麦克弗森，《为自由而战的呐喊》，第595页。

5　韦伯，《铜斑蛇》，第5页。

6　尼利，《自由的命运》，第53页。

7　同上。

8　同上，第54页。

9　沃夫，《重新选举林肯》，第158页。

10　同上，第158、208页。

11　同上，第150页。

12　罗伊·尼尔森，《子弹、选票和修辞》，第87页。

13　麦克弗森，《为自由而战的呐喊》，第764页。

14　威廉姆斯，《霍勒斯·格里利》，第252页。

15　格里利写给林肯的信，1864年7月7日；林肯写给格里利的信，1864年7月9日，见巴斯勒，《亚伯拉罕·林肯文集》，第7卷，第435页。

16　沃夫，《重新选举林肯》，第253页。

17　麦克弗森，《为自由而战的呐喊》，第769页。

18　沃伦伯格，《畸形儿童》，第248页。

19　格里利写给林肯的信，1864年8月9日，见巴斯勒，《亚伯拉罕·林肯文集》，第7卷，第476页。

20　阿尔伯特·卡斯特尔，《亚特兰大战役和1864年的总统选举：南方差点获胜的经过》，见卡斯特尔，《内战中的赢与输》，第18页。

21　韦伯，《铜斑蛇》，第99页。

22 克莱门特·C.克莱备忘录，见巴斯勒，《亚伯拉罕·林肯文集》，第7卷，第460页。

23 隆，《自由之珠》，第155页。

24 麦克弗森，《为自由而战的呐喊》，第789页。

25 隆，《自由之珠》，第166页。

26 同上，第157页。

27 塔尼希·科茨，《混血球》，《大西洋》，2010年7月14日。

28 隆，《自由之珠》，第60页；沃夫，《再次选举林肯》，第320页。

29 麦克菲利，《弗雷德里克·道格拉斯》，第234页。

30 麦克莱伦致林肯，1862年7月7日，见西尔斯，《内战论文》，第344—345页。

31 《美国总统计划：1864年民主党党纲》，文献载于加利福尼亚大学圣巴巴拉分校。

32 尼文斯，《为联邦而战》，第4卷，第102页。

33 罗伊·尼尔森，《子弹、选票和修辞》，第113页。

34 麦克弗森，《为自由而战的呐喊》，第761页。

35 格兰特致谢尔曼的信，1864年8月18日，见西蒙，《尤利西斯·S.格兰特论文集》，第34页。

36 麦克唐纳，《威廉·特库姆塞·谢尔曼》，第540页。

37 卡斯特尔，《亚特兰大战役》，第25页。

38 格兰特，《个人回忆录》，第1卷，第511页。

39 日记，1864年9月21日，见伍德沃德，《玛丽·切斯努特的内战》，第645页。

第15章　火之谷

1 保罗·安德鲁·赫顿，《菲尔·谢里登和他的军队》（林肯：内布拉斯加大学出版社，1985年），第2页。

2 惠兰，《可怕的利剑》，第104页。

3 厄尔利，《内战的最后一年》，第79页。

4 史密斯，《格兰特》，第384页。

5 格兰特,《个人回忆录》,第1卷,第621页。

6 同上,第1卷,第620—621页。

7 卡顿,《格兰特接手指挥》,第363页。

8 尼古拉和海约翰,《亚伯拉罕·林肯》,第9卷,第306页。

9 谢里登,《个人回忆录》,第1册,自第484页起。

10 同上,第2卷,第56页。

11 惠兰,《可怕的利剑》,第130—131页。

12 军队接到命令,放过门诺派和德美浸礼会教派成员的家,他们是众所周知的支持联邦的和平主义者。虽非所有人,但他们中的大多数人都幸免于祸,有些人在军队离开后寻求联邦保护。

13 卡斯特被名誉晋升为中校。他的军衔是上尉。

14 惠兰,《可怕的利剑》,第129页。

15 如前文所述,1864年5月和6月,大卫·亨特曾残酷地对待河谷部分地区的居民,但规模要小得多。

16 麦基,《野蛮战争》,第115页。

17 《官方记录》,第一编,第43卷,第1部分,第560页。在他的报告中,厄尔利也提到谢里登"几乎摧毁了整个罗金厄姆和谢南多厄地区"。

18 与厄尔利交战之前,谢里登在8月中旬执行了一项命令,即纵火焚烧弗吉尼亚州北部劳登县的部分地区,以达到震慑游击队的目的。然后他暂停了这样的活动,直到1864年9月22日他在费舍尔山击败了厄尔利。谢里登在10月初坚决地再次展开焚烧行动。相比之下,在劳登县烧毁谷仓只是一件小事。

19 格雷纳,《菲尔·谢里登将军》,第314页。

20 谢里登,《个人回忆录》,第1册,第487—488页。

21 萨拉·维格斯,《乔赛亚·戈加斯期刊日记》,第120页。

22 惠兰,《可怕的利剑》,第131页。

23 莫斯比第一次提出这个想法的时候,军队应该是处在波普或者麦克莱伦的指挥下。

24 拉梅奇,《灰鬼》,第50页。

25 同上,第57页。

26 韦特,《莫斯比的游骑兵》,第26页。

27 麦基，《野蛮战争》，第75页。

28 韦特，《莫斯比的游骑兵》，第132—133页。

29 同上，第149页。

30 罗素，《约翰·S.莫斯比上校回忆录》，第284页。

31 拉梅奇，《灰鬼》，第68页。

32 罗素，《约翰·S.莫斯比上校回忆录》，自第175页起。

33 拉梅奇，《灰鬼》，第73页。

34 阿尔蒙，《阿拉图纳关的绝望之战》。

35 《弗朗西斯·马里恩的一生》，威廉·吉尔摩·西姆斯著，出版于1840年；《弗朗西斯·马里恩将军的生活》，M.L.威姆斯著，出版于1809年。前者相对真实，后者是莫斯比的所爱，有不少添枝加叶的内容（编造了樱桃树和乔治·华盛顿的故事的"牧师"威姆斯和上述作者是同一人）。

36 西姆斯，《弗朗西斯·马里恩的一生》，第19页。

37 瓦赫特尔，《内战的作者》。

38 同上。

39 特纳·阿什比和杰布·斯图尔特也是这些理想偶像的突出例子。

40 麦基，《野蛮战争》，第82页。

41 玛格丽特·米切尔的《飘》是20世纪对古老南方的骑士精神的一个解读。

42 吐温，《密西西比河上的生活》，第418页。

43 韦特，《莫斯比的游骑兵》，第292页。

44 伯克哈特，《南部邦联的愤怒，北方佬的怒火》，第205页。

45 同上，第204页。

46 同上，第117页。在一具尸体上有这样一张标语，上面写着"这就是所有强抢食物者的命运"。

47 在谢里登的回忆录中，他列举了河谷地区的四个主要游击队领导人："莫斯比、怀特、吉尔摩和约翰·汉森·麦克尼尔。"

48 罗素，《约翰·S.莫斯比上校回忆录》，第283页。

49 谢里登，《个人回忆录》，第2册，第99页。

50 拉梅奇，《灰鬼》，第193页。

51 这项命令虽然没有得到执行，但也没有被撤销。

52 谢里登写给格兰特的信，1864年8月19日，见《官方记录》，第一编，第43卷，第1部分，自822页起。

53 拉梅奇，《灰鬼》，第199页。

54 韦特，《莫斯比的游骑兵》，第245页。

55 罗素，《约翰·S.莫斯比上校回忆录》，第302—303页。

56 拉梅奇，《灰鬼》，第212页。

57 沃夫，《重新选举林肯》，第329页。

58 沃伦伯格，《畸形儿童》，第240页。

第16章　成名之路

1 我后来注意到谢尔曼是一个颇有才华的管理者，也是一个有才华的军队管理者，包括在管理他们的补给线方面。他只是仗打得不好。从这个意义上说，他就像乔治·麦克莱伦和约瑟夫·胡克一样，他们都知道如何指挥、训练和运送军队，但在战场上表现不佳。

2 亨利·哈勒克在1839年以第三名的成绩毕业，是一个明显的例外。

3 威廉·T.谢尔曼写给埃伦·尤因的信，1847年11月10日，谢尔曼家庭文件，圣母院档案馆。

4 康奈尔，《凶猛的爱国者》，第xii页（从原书页码格式）。

5 谢尔曼写给亨利·S.特纳的信，1858年3月4日。资料来源：俄亥俄历史学会。

6 肯尼特，《谢尔曼》，第95页。

7 我把P.G.T.博雷加德从名单上划掉了。尽管很不称职，但他很快就成名了，然后很快又失宠了。

8 肯尼特，《谢尔曼》，第98—100页，引用了1861年的各种对谢尔曼的描述。

9 谢尔曼，《回忆录》，第227页。

10 迈克尔·费尔曼，《谢尔曼的恶魔》，《纽约时报》，2011年11月9日。

11 肯尼特，《谢尔曼》，第138页。

12 同上。

13 哈特，《谢尔曼》，第106页。

14 马尔沙韦克，《谢尔曼》，第160—163页。

15 究竟是什么导致了谢尔曼的精神失常还不清楚。他的妻子埃伦指出，她以前也见过他处于类似的状态，比如他在旧金山的银行倒闭那次。他的一个叔叔被描述为"忧郁的"———一种在现代与双相障碍有关的疾病。

16 马尔沙韦克，《谢尔曼》，第165页。

17 同上，第207页。

18 同上，第154—155页。

19 麦克唐纳，《威廉·特库姆塞·谢尔曼》，第444页；马尔沙韦克，《谢尔曼》，第244—245页。

第17章 来自地狱的道德家

1 "全面战争"一词通常与谢尔曼的理论和实践有关。我没有在这里使用它，因为这些年来，它的意思已经改变了很多。在20世纪，"全面战争"意味着蓄意杀害大量平民，就像"二战"期间盟军在德累斯顿、东京、广岛和其他地方所做的那样。谢尔曼和联邦军队都没有这样做。内战期间的军事目标扩大到包括平民财产，但从未包括平民生命。

2 格里姆斯利在《战争中的铁腕》（第172页）一书中有谢尔曼对自我解释的需要的精辟分析；另见康奈利，《凶猛的爱国者》，第xii页（从原书页码格式）。

3 1862年12月26日，戴维斯在密西西比州杰克逊市发表的演讲《致邦联的人民》。

4 1864年5月2日，戴维斯在里士满美利坚联盟国国会上的演讲，见克里斯特，《杰斐逊·戴维斯文件》，第10卷。

5 《死亡的新教训》，《纽约时报》。

6 马尔沙韦克，《谢尔曼》，第200—201页。

7 谢尔曼，《回忆录》，第286页。

8 马尔沙韦克，《谢尔曼》，第194页。

9 柏林和辛普森，《谢尔曼的内战》，第292页。

10 琼斯，《美国内战时的田纳西州》，第109页。

11 同上。

12 同上。

13 谢尔曼，《回忆录》，第295页。

14 同上，第300页。

15 格里姆斯利，《战争中的铁腕》，自第158页起。

16 罗伊斯特，《毁灭性战争》，第341页。

17 谢尔曼写给H.W.希的信，1863年9月7日，见《官方记录》，第一编，第30卷，第3部分，第402页。

18 福斯特，《谢尔曼的第一战》，第61页。

19 马尔沙韦克，《谢尔曼》，第254页。

20 《居民待遇》，《纽约时报》。

21 这句话和下面的引文都出自谢尔曼于1864年4月28日写给亚拉巴马州亨茨维尔市田纳西陆军助理副官R.M.索耶少校的信，刊登当天的《纽约时报》上。

第18章 比利叔叔的时时刻刻

1 肯尼特，《谢尔曼》，第101页。

2 波特对谢尔曼的描述都来自波特1897年的书《与格兰特一起战斗》，自第290页起。

3 同上。

4 马尔沙韦克，《谢尔曼》，第285页。

5 谢尔曼，《回忆录》，第599页。

6 谢尔曼写给亚特兰大市长詹姆斯·卡尔霍恩和亚历山大市议会的E.E.罗森和S.C.威尔斯的信，1864年9月12日，见《官方记录》，第一编，第39卷，第2部分，第417页。

7 同上。

8 同上。

9 马尔沙韦克，《谢尔曼》，第296页。

10 谢尔曼，《回忆录》，第628页。

11 格里姆斯利，《战争中的铁腕》，第191页。

12 马尔沙韦克，《谢尔曼》，第300页。

13 1864年11月9日第120号特别命令，见《官方记录》第一编，第39卷，第3部分，第713—714页。

14 麦克唐纳，《威廉·特库姆塞·谢尔曼》，第567页。

15 同上，第568页。

16 希契科克，《与谢尔曼同行》，第161—162页。

17 历史学家诺亚·安德烈·特鲁多发现，只有一名被假定强奸的受害者的名字是已知的。历史学家约瑟夫·T.格拉特哈尔只找到了一起士兵在出海途中因强奸而被起诉的例子。

18 格里姆斯利，《战争中的铁腕》，第199页。

19 肯尼特，《谢尔曼》，第107页。

20 安妮·J.贝利，《南部邦联中心地带的南加州大学》，见史密斯，《穿蓝色制服的黑人士兵》，第229页。

21 罗伊斯特，《毁灭性的战争》，第345页。

22 同上。

23 同上，第346页。

24 亨利·哈勒克写给谢尔曼的信，1864年12月30日。在信中，哈勒克描述了华盛顿的"某一阶层"政客告诉林肯，谢尔曼"不愿意实现政府（关于奴隶）的愿望"。

25 谢尔曼，《回忆录》，第725—727页。这段记述来自陆军将军副官爱德华·汤森·斯坦顿，大概还有他们的助手们的笔记。谢尔曼复制了这些官方文件以及斯坦顿的12个问题和答案。谢尔曼还在自己的回忆录中对这次会议做了全面的评论。

26 卡尔，《谢尔曼将军的行军》，第31页。

27 贝利，《战争与毁灭》，第117页。

28 《纽约先驱报》，1864年12月22日和27日。

29 谢尔曼写给乔治·托马斯少将的信，1865年1月21日，见《官方记录》，第一编，第45卷，第2部分，第622页。

30 《W.T.谢尔曼少将关于佐治亚州战争的报告》，1865年1月1日，见《众议院行政报告》，第39次代表大会，第1次会议，第3卷，第2部分，第1186页。

31 哈勒克写给谢尔曼的信，1864年12月18日；谢尔曼写给哈勒克的信，1864年12月24日，见《官方记录》，第一编，第44卷，第741、799页。

32 麦克弗森，《为自由而战的呐喊》，第827页。

33 《威廉·C.普里查德日记》，1865年2月23日刊登，见格里姆斯利，《战争中的铁腕》，第202页。

34 麦克弗森，《为自由而战的呐喊》，第827页。

35 马尔沙韦克，《谢尔曼》，第324—325页。

36 麦克唐纳，《威廉·特库姆塞·谢尔曼》，第608页。

37 同上，第613页。

38 《国民自由人》，1865年4月1日，见斯特林，《他们看到的麻烦》，第1页。

第19章 死亡在他们之前，在勇气之后

1 特鲁多，《最后的堡垒》，第343页。

2 路德·赖斯·米尔斯在彼得堡前线写给约翰·米尔斯的信，1865年3月2日，见希恩-迪安，《内战》，第610页。

3 马弗尔，《李最后的撤退》，第11页。

4 戈登，《追忆南北内战》，第410页。

5 特鲁多，《最后的堡垒》，第350页。

6 麦克弗森，《为自由而战的呐喊》，第826页。

7 李将军悖论是我对这一现象的描述，最先在第11章讨论过。

8 邓肯·罗斯，《为什么邦联失败》，见约翰逊，《战斗与将领》，第6册，第570页。

9 彼得·科赞斯，《流浪者之国：当战争降临到家门口时，南部难民为生存而战》，《美国内战》，2015年9月，第34页。

10 麦克弗森，《为自由而战的呐喊》，第817页。

11 博特勒，《结束倒计时》。

12 比尔，《被围困的城市》，第265页。

13　同上。

14　切斯特从詹姆斯河畔发给费城出版社的急件，选自布莱克特，《托马斯·莫里斯·切斯特》，第171页。

15　泰勒，《与李将军共事四年》，第145—146页。

16　米尔斯，给约翰·米尔斯的信。

17　比尔，《被围困的城市》，第261页。

18　尼文斯，《为联邦而战》，第4册，第280页。

19　麦克弗森，《为自由而战的呐喊》，第824页。

20　波拉德，《北方观察》，第131页。

21　早在1861年，南部邦联的日记作家玛丽·切斯努特就提到了她所赞成的这个想法。

22　克莱伯恩，《帕特里克·克莱伯恩的提议》。

23　同上。

24　戴维斯，《杰斐逊·戴维斯》，第597页。

25　维尼克，《1865年4月》，第57页。

26　李致埃特尔伯特·巴克斯代尔的信，1911年7月至12月。

27　维尼克，《1865年4月》，第61页。

28　同上，第61—62页。

29　我大体上赞同踪诺亚·安德烈·特鲁多对这场战斗的详细描述。见特鲁多，《最后的堡垒》，自第348页起。

30　同上，第354页。

第20章　里士满火光冲天

1　加拉赫，《为邦联而战》，第513页。

2　弗吉尼亚百科全书/弗吉尼亚人文学科在线资源，与弗吉尼亚图书馆合作。

3　摘自1881年7月5日《新奥尔良民主党人》的一篇文章。

4　在战争接近尾声时，对军队兵力的估计差别很大，部分原因是邦联的军事人员和亲南方的历史学家倾向于低估邦联力量，同时大大夸大联邦军队的人数。

对部队的兵力进行准确的评估相当困难。本章中使用的数字是根据历史学家威廉·马弗尔的出色研究得出的粗略估计。参见他的书《李最后的撤退》，尤其是附录A。

5 加拉赫，《为邦联而战》，第512页。波特·亚历山大还指出，格兰特还得到了另一个教训，并将此应用于彼得斯堡：不要像他在莽原之役中所做的那样，也不要像胡克在钱瑟勒斯维尔战役中一样，白费力气地追逐。

6 史密斯，《格兰特》，第399页。

7 特鲁多，《最后的堡垒》，第363页。

8 马弗尔，《李最后的撤退》，第16页；卡顿，《静静的阿波马托克斯河》，第360页。

9 马弗尔，《李最后的撤退》，第22页。

10 戴维斯，《杰斐逊·戴维斯》，第601页。

11 斯蒂芬·R.马洛里，《南方政府的最后日子》，见约翰逊，《战斗与将领》，第5册，第666页。

12 比尔，《被围困的城市》，第270页。

13 博特勒，《结束倒计时》。

14 麦奎尔，《南方难民日记》，第344页。

15 塔克，《挖掘过去》。

16 比尔，《被围困的城市》，第272页。

17 T.M.切斯特发给费城出版社的快讯，1865年4月4日。

18 布洛克，《战争期间的里士满》，第365页。

19 麦奎尔，《南方难民日记》，第345页。

20 切斯特快报，1865年4月4日。

21 布洛克，《战争期间的里士满》，第365页。

22 博特勒，《结束倒计时》。

23 埃里克森，《汉普顿锚地的黑人部队》。

24 切斯特快讯，1865年4月4日。

25 埃里克森，《汉普顿锚地的黑人部队》。

26 切斯特快讯，1865年4月4日。

27 布莱克特，《托马斯·莫里斯·切斯特》，第42页。

28 麦奎尔，《南方难民日记》，第348页。

29 伯林盖姆，《亚伯拉罕·林肯的一生》，第2册，第789页。

30 比尔，《被围困的城市》，第280页。

31 伯林盖姆，《亚伯拉罕·林肯的一生》，第2册，第789页。

32 同上，第2册，第790页。

33 布鲁克斯，《林肯时代的华盛顿》，第219页。

34 同上。

35 利奇，《华盛顿的起床号》，第378页。

36 同上。

第21章　痛苦的荣耀

1 史密斯，《格兰特》，第395页。

2 马弗尔，《李最后的撤退》，第42页。

3 同上，第205页。

4 戈登，《追忆南北战争》，第423页。

5 朗斯特里特，《从马纳萨斯到阿波马托克斯》，第614—615页。

6 卡顿，《静静的阿波马托克斯河》，第372页。

7 W.N.彭德尔顿，《对李将军的个人回忆》，《南方》第15期（1874年7月至12月），第633页。

8 同上。

9 亚历山大，《美国内战》，第605页。

10 维尼克，《1865年4月》，第169页

11 波特，《意外和轶事》，第314—315页。关于会晤，谢尔曼版本与波特版本的不同之处在于，后者经常是八卦的，不准确的，但在这一点上，他们观点一致。

12 扬，《环游世界》，第2册，第458页。

13 马歇尔，《李将军的副官》，第275页。

14 马弗尔，《李最后的撤退》，第189页。

15 同上，自191页起。

16 同上，第194—195页。

17 布鲁克斯，《林肯时代的华盛顿》，第224页。

18 同上。

19 伯林盖姆，《亚伯拉罕·林肯的一生》，第801页。

第22章 历史不可承受之重

1 伯林盖姆，《亚伯拉罕·林肯的一生》，第2册，第800页。

2 布鲁克斯，《林肯时代的华盛顿》，第225页。

3 凯克利，《幕后黑手》，第176页。

4 布鲁克斯，《林肯时代的华盛顿》，第226页。

5 伯林盖姆，《亚伯拉罕·林肯的一生》，第806页。

6 比勒，《吉迪恩·韦尔斯日记》，第2册，第281页（1865年4月14日的日记条目）。韦尔斯在事情发生3天之后写下了这个条目，他是唯一一个如此描述的人。

7 同上。注意，目前使用的战役名称是"石头河战役"。

8 这两段话都引自伯林盖姆，《亚伯拉罕·林肯的一生》，第2册，第799页。

9 格兰特，《个人回忆录》，第2册，第750页。

10 同上。

11 扬，《环游世界》，第2册，第355页。

12 格兰特致奥德的信，1865年4月15日下午4:00，见《官方记录》，第一编，第46卷，第3部分，第762页。

13 格兰特的命令，1865年4月15日，同上。

14 布鲁克斯，《林肯时代的华盛顿》，第231页。

15 伯林盖姆，《亚伯拉罕·林肯的一生》，第825页。

16 史密斯，《格兰特》，第412页。

17 邦联战争部长约翰·布雷肯里奇没有和他们在一起。他稍后会加入他们。

18 戴维斯在弗吉尼亚州丹维尔镇写的信，1865年4月4日，见戴维斯，《致南方邦联人民的信》。

19 戴维斯，《杰斐逊·戴维斯》，第611页。

20 格兰特写给斯坦顿的信，1865年4月21日，见《官方记录》，第一编，第47卷，第3部分，第263页。

21 谢尔曼，《回忆录》，第2册，第847—848页。

22 福雷斯特对他的军队发表的最后一次讲话，1865年5月9日，见《官方记录》，第一编，第49卷，第2部分。

23 科赞斯，《不可抗拒的力量》。

24 同上。

25 同上。

26 戴维斯，《杰斐逊·戴维斯》，第640—641页。

第23章 犹如炼狱，一去不返

1 奥茨，《勇敢的女人》，第309页。

2 同上，第295—297页。

3 巴顿，《克拉拉·巴顿的一生》，第1册，第306—307页。

4 同上，自第305页起。

5 麦金托什，《如果不是多伦斯·阿特沃特》，第20页。

6 普赖尔，《克拉拉·巴顿》，第138页。

7 兰塞姆，《约翰·兰塞姆的安德森维尔日记》，第262页。

8 马弗尔，《安德森维尔》，第110页。

9 奥茨，《勇敢的女人》，第324页。

10 兰塞姆，《约翰·兰塞姆的安德森维尔日记》，第92页。

11 奥茨，《勇敢的女人》，第324页。

12 弗拉维恩，《苦难与生存》。

13 普赖尔，《克拉拉·巴顿》，第140页。

14 奥茨，《勇敢的女人》，第335页。

15 阿特沃特的故事还没有结束。他一直在与各种军事官僚争夺他的名册。9月

20日，安德森维尔公墓升旗后不到1个月，阿特沃特被审判并被判犯有偷窃——实际上属于他的——死亡名单罪。虽然他完全无辜，但在监狱里待了几个月。在克拉拉·巴顿的大力帮助下，阿特沃特终于在1866年2月14日的《纽约论坛报》上发表了这些名单，其中除了克拉拉·巴顿向战争部长埃德温·斯坦顿提交的关于安德森维尔项目的完整报告外，还包括阿特沃特的个人叙述。阿特沃特在公众的关注下被无罪释放，还在1868年设法获得了美国驻塞舌尔群岛领事的任命。3年后，他成为美国驻塔希提的领事，在那里他娶了一位公主，并靠他的香草和咖啡种植园以及珍珠养殖业致富。

16　麦克弗森，《为自由而战的呐喊》，第853页。

17　哈里根，《大好事》，第306页。